Herausgegeben von:

Hans-Jürgen Lendzian
und
Wolfgang Mattes

Autoren:

Lambert Austermann,
Siegfried Bethlehem,
Ulrich Bröhenhorst,
Andreas Gawatz,
Karin Herzig,
Andy Kracht,
Hans-Jürgen Lendzian,
Christoph Andreas Marx

Zeiten und Menschen

3

Schöningh

Bildquellenverzeichnis

© 2005 Bildungshaus Schulbuchverlage
Westermann Schroedel Diesterweg Schöningh Winklers GmbH
Braunschweig, Paderborn, Darmstadt

www.schoeningh-schulbuch.de
Schöningh Verlag, Jühenplatz 1–3, 33098 Paderborn

Druck A 5 4 3 / Jahr 2018 17 16
Alle Drucke der Serie A sind im Unterricht parallel verwendbar.
Die letzte Zahl bezeichnet das Jahr dieses Druckes.

Umschlaggestaltung: Yvonne Junge-Illies, Berlin
Druck und Bindung: westermann druck GmbH, Braunschweig

ISBN 978-3-14-034510-1

Inhaltsverzeichnis

Inhaltsverzeichnis

Inhaltsverzeichnis

Die Methodenboxen in diesem Band	Historische Urteile verstehen und vergleichen (S. 17)
	Karikaturen interpretieren (S. 76)
	Einen anspruchsvollen Sachtext erarbeiten (S. 87)
	Fotografien auswerten (S. 100)
	Statistiken richtig lesen (S. 105)
	Geschichtliche Vorgänge beurteilen (S. 108)
	Ein Streitgespräch führen und auswerten (S. 117)
	Bildvergleich (S. 132)
	Fallstudie (S. 174)

Auf S. 182/183 findet sich außerdem eine Anleitung zur Erstellung eines html-Lexikons.

Die Französische Revolution

Paris, 14. Juli 1789:
Erstürmung der Bastille
(zeitgenössische
Darstellung)

Am 14. Juli 1789 stürmten die Bürger der Stadt Paris die „Bastille", eine königliche Festung mitten in der Stadt, deren Mauern bis dahin als unüberwindbar galten.

Das Ereignis steht im Zentrum der Französischen Revolution, die als eine der wichtigsten Wendepunkte der Geschichte der Neuzeit gilt. Die revolutionären Bürger stellten das seit Jahrhunderten in Europa geltende Prinzip der Königsherrschaft (Monarchie) grundsätzlich infrage. Und sie versuchten an seiner Stelle die modernen Prinzipien der Volksherrschaft (Demokratie) und der Menschenrechte zu verwirklichen.

Das Erwachen des
Dritten Standes
(zeitgenössische
französische Karikatur)

Der Ballhausschwur am 20. Juni 1789

Die Hinrichtung Ludwigs XVI. am 21. Januar 1793

Schlüsselstationen einer Revolution

5. Mai 1789
Der König eröffnet die Sitzung der Generalstände.

20. Juni 1789
Abgeordnete des Dritten Standes leisten einen Schwur im Ballhaus.

14. Juli 1789
Bürger der Stadt Paris erstürmen die „Bastille".

26. August 1789
Die Nationalversammlung verabschiedet die „Erklärung der Menschen- und Bürgerrechte".

10. August 1792
Bürger erstürmen die „Tuilerien", das königliche Schloss in Paris, und nehmen den König und seine Familie gefangen.

21. Januar 1793
Der König wird hingerichtet.

6. April 1793
Die Nationalversammlung richtet den „Wohlfahrtsausschuss" ein. Die Diktatur der Jakobiner beginnt.

28. Juli 1794
Der Vorsitzende des „Wohlfahrtsausschusses" und führende Jakobiner, Robespierre, wird hingerichtet.

9. November 1799
General Napoléon Bonaparte führt einen Staatsstreich durch und übernimmt die Macht in Frankreich.

2. Dezember 1804
Napoléon krönt sich selbst zum Kaiser.

1815
Napoléon wird endgültig besiegt, nachdem das französische Heer unter seiner Führung zuvor fast ganz Europa erobert hat.

Die Französische Revolution – das sind viele, sehr schnell aufeinander folgende Ereignisse und Entwicklungen. Sie veränderten das Land von Grund auf und kehrten – wie ein Zeitgenosse es ausdrückte – „das Unterste zuoberst."

Auf den anschließenden Seiten folgen wir diesen Fragen:

- Welche **Ursache** hatte die Revolution?
- Welcher **Anlass** löste sie aus?
- Welche **Bevölkerungsgruppen** führten die Revolution durch?
- Wie **verlief** die Revolution?
- Welche **Ergebnisse** und **Folgen** hatte sie?

Krönung in der Kirche Notre-Dame zu Paris am 2. Dezember 1804: Napoléon krönt seine Frau.

Bilder erzählen ...

Bilder erzählen vom Leben eines Königs ...

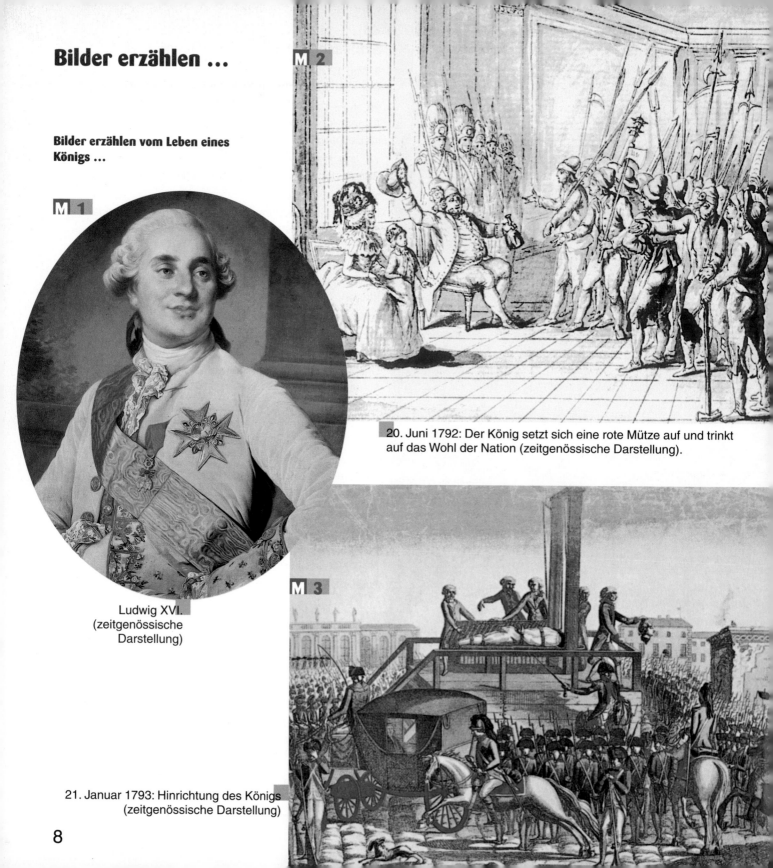

M 1

Ludwig XVI.
(zeitgenössische
Darstellung)

M 2

20. Juni 1792: Der König setzt sich eine rote Mütze auf und trinkt
auf das Wohl der Nation (zeitgenössische Darstellung).

M 3

21. Januar 1793: Hinrichtung des Königs
(zeitgenössische Darstellung)

M 4 – M 8 Bilder erzählen vom Leben einer Königin ...

Marie Antoinette, Tochter der Kaiserin Maria Theresia, wurde im Alter von 15 Jahren auf Wunsch ihrer Eltern und des französischen Königshauses mit dem Thronfolger von Frankreich vermählt.

Am 16. Mai 1770 fand die prunkvolle Hochzeit im Schloss von Versailles statt, mit dem Mann, den sie noch nie zuvor in ihrem Leben gesehen hatte. An der Seite Ludwigs XVI. wurde Marie Antoinette Königin von Frankreich.

Die Gemälde auf dieser Seite zeigen verschiedene Stationen im Leben dieser bewunderten und gehassten Königin, die am 16. Oktober 1793 auf die gleiche Art gewaltsam den Tod fand wie neun Monate zuvor ihr Gemahl.

Ludwig XVI.

1. Was erzählen euch diese Bilder über das Leben des Königs?
2. Notiert euch Gedanken oder Fragen, die euch beim Betrachten der Bilder durch den Kopf gehen.

Marie Antoinette

3. Was erzählen euch diese Bilder vom Leben der Königin?
   Bringt die Bilder in die richtige Reihenfolge und versucht zu ergründen, in welcher Lebenssituation sich die Königin jeweils befand.
4. Was würde euch am Leben der Königin interessieren? Stellt Fragen.

9

Eine ausweglose Situation?

M 1 Die Eröffnung der Generalstände

Kurz vor Beginn der Revolution, am 5. Mai 1789:
Der König tritt vor die Generalstände. Ein zeitgenössischer Maler hat die Szene festgehalten …

Die Versammlung scheint ruhig und geordnet zu sein. Doch der Eindruck täuscht. Hinter den Kulissen brodelt es. König und Stände haben Probleme und widerstreitende Interessen. Wir untersuchen sie in dieser Forschungsstation.

Eure Forschungsfragen:

1. Welches Problem hatte der König? Welche Handlungsmöglichkeiten hatte er, um sein Problem zu lösen?
2. Welche Probleme hatten der Erste und der Zweite Stand? Welche Möglichkeiten hatten sie, sie zu lösen?
3. Welche Probleme hatte der Dritte Stand? Welche Möglichkeiten hatte er, sie zu lösen?
4. Versucht zum Schluss die Frage in der Überschrift zu beantworten.

Als Forschungsgrundlage stehen euch Informationstexte, Schaubilder und Quellen zur Verfügung. Die Ergebnisse zu den Forschungsaufträgen könnt ihr in die Übersicht eintragen und zum Schluss in einem kleinen Vortrag zusammenfassen.

Eine ausweglose Situation? Die Generalstände am 5. Mai 1789 …			
	… haben diese Sorgen und Probleme:	… wollen diese Ziele erreichen:	… nennen diese Begründungen:
Der König			
Der Erste und der Zweite Stand			
Der Dritte Stand			

Die Generalstände

Die Französische Revolution begann mit einem Problem des Königs: Der Staat war hoch verschuldet. Kriege und die teure Hofhaltung in Versailles hatten Unsummen verschlungen. Der König brauchte Geld.

In seiner Not berief er die „Generalstände" ein – eine Versammlung von Vertretern aller Stände aus ganz Frankreich. Seit 175 Jahren hatte sie nicht mehr getagt.

Das Gemälde (M 1) zeigt die Eröffnungssitzung. Im Hintergrund – hoch über der Versammlung – thront Ludwig XVI., umgeben von seiner Familie. Vor ihm sitzen an den Tischen seine Minister. Im Saal seht ihr die Abgeordneten der drei Stände: 600 Abgeordnete für den Dritten Stand und je 300 für die ersten beiden Stände.

M 2 Einnahmen und Ausgaben des französischen Staates von 1788 (in Mio. Livres)

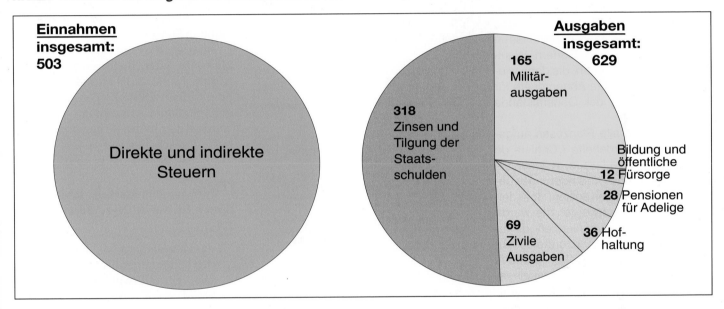

Einnahmen insgesamt: 503
Direkte und indirekte Steuern

Ausgaben insgesamt: 629
165 Militärausgaben
318 Zinsen und Tilgung der Staatsschulden
12 Bildung und öffentliche Fürsorge
28 Pensionen für Adelige
36 Hofhaltung
69 Zivile Ausgaben

1. Berechnet die Höhe des Staatsdefizits (Ausgaben – Einnahmen) im Jahr 1788.
2. Kein Problem, könnte der König denken: Dann leihe ich mir eben noch mehr Geld. Erläutert mithilfe des Schaubildes, warum das nicht geht.

M 3 Aus der Eröffnungsrede Ludwigs XVI. vor den Generalständen (5. Mai 1789)

Die Schulden des Staates, die schon bei unserer Thronbesteigung sehr groß waren, haben sich noch vermehrt. […]
5 Ein übertriebenes Streben nach Neuerungen […] wird zu einer gänzlichen Verwirrung der Meinungen führen, wenn es sich nicht mit weisen und gemäßigten Absichten verbindet. In diesem Vertrauen habe ich sie hier ver-
10 sammelt, und ich sehe schon, dass es gerechtfertigt ist, denn die ersten beiden Stände haben sich geneigt gezeigt, auf ihre finanziellen Privilegien zu verzichten.
15 Meine Hoffnung, alle Stände mit mir vereinigt zu sehen zum allgemeinen Wohl des Staates, wird nicht getäuscht werden.

(Zit. nach: B. Bouchez/P. Roux, Histoire Parlementaire de la Révolution, Paris 1834, Bd. 1, S. 354)

M 4 Forderung von Adeligen aus Amont (1789)

Die Garantie der persönlichen Steuerfreiheit und der Auszeichnungen, die der Adel zu allen Zeiten genossen hat, sind Eigenschaften, die den
5 Adel besonders hervorheben und die nur dann angegriffen und zerstört werden können, wenn die Auflösung der allgemeinen Ordnung angestrebt wird.
10 Der Adel von Amont fordert also, dass die Ordnung, an der er teilhat, mit allen persönlichen Vorrechten erhalten werde.

(Zit. nach: M. Chaulanges, Textes historiques – L'époque de la Révolution, Paris 1959, S. 13)

Forschungs-station

Die Forderungen des Dritten Standes

Nach der Wahlordnung für die Generalstände hatte jeder männliche Franzose, der mindestens 25 Jahre alt war und Steuern zahlte, ein indirektes Wahlrecht. Es bestand darin, dass in den Gemeinden und Dörfern Wahlmänner gewählt wurden, die dann wiederum aus ihrer Mitte Abgeordnete für die Versammlung der Generalstände wählten.

Zugleich waren alle Franzosen aufgefordert Beschwerdehefte („Cahiers de Doléances") zu verfassen, in denen sie ihre Sorgen und Veränderungswünsche niederschreiben sollten. Über den Inhalt dieser Beschwerdehefte wurde auf den Wahlversammlungen diskutiert. Diese Diskussionen führten dazu, dass die Bürger des Dritten Standes zusammenrückten und ein gemeinsames politisches Bewusstsein entwickelten.

Weil viele Bürger des Dritten Standes – besonders auf dem Lande – nicht lesen und schreiben konnten, baten sie ihre Pfarrer um Hilfe. Viele Angehörige des niederen Klerus entwickelten dadurch noch mehr Verständnis für die Nöte des Dritten Standes und schlossen sich seinen Wünschen an.

Viele dieser Beschwerdehefte sind erhalten und bilden heute eine wichtige Grundlage für die Arbeit von Historikern und Historikerinnen: Aus diesen Quellen können wir viel über die Lebensumstände und die politische Haltung der einfachen Bevölkerung kurz vor Beginn der Revolution erfahren.

M 5 Titelseite des Beschwerdeheftes des Dritten Standes im Gerichtsbezirk Vannes/Bretagne (1789)

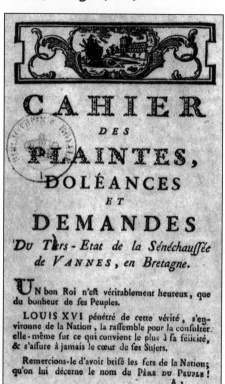

Q Ein guter König ist nur dann wirklich glücklich, wenn sein Volk glücklich ist.

Ludwig XVI., der ganz von dieser Wahrheit überzeugt ist, versammelt die Nation um sich, damit diese selbst ihm sagt, was ihrem Glück am meisten zuträglich ist, und damit er so das Herz seiner Untertanen für immer gewinnt.

Bedanken wir uns bei ihm dafür, dass er die Ketten der Nation gesprengt hat, möge man ihm den Namen „Vater des Volkes" geben.

(Ü.d.A.)

Forschungstipp: Welche politische Haltung gegenüber dem König wird in diesem Beschwerdeheft des Dritten Standes (M 5) deutlich?

M 6 Aus dem Beschwerdeheft des Dritten Standes aus Béars und Bouziès an die Generalstände (1789)

Q Die genannte Gemeinde stellt vor, dass es keine unglücklicheren Menschen gibt als den Bauern und den Tagelöhner. Um diese Grundwahrheit zu beweisen, genügt es, zu betrachten, dass nach Abführung der königlichen Steuern und nach Bezahlung der Feudallasten [...] dem Bauern nicht einmal ein Zehntel seines Ertrages von seinem Boden bleibt, sodass er, um die genannten Steuern und Lasten tragen zu können, gezwungen ist, von ein wenig Hirsebrot oder Buchweizen sich zu nähren. [...] Er hat nichts als eine Suppe und Salz. Diese Klagen sollen also der Ständeversammlung vorgelegt werden, damit Abhilfe gegen die Überlastung geschaffen werde. [...]

(Zit. nach: Geschichte in Quellen, Bd. 4, a.a.O., S. 148)

M 7 Aus dem Beschwerdeheft der Bauern des Dorfes Guyancourt (1789)

Q [Wir fordern,]

1. dass alle Steuern von den drei Ständen ohne irgendwelche Ausnahmen gezahlt werden, von jedem Stand gemäß seinen Kräften;
2. das gleiche Gesetz und Recht im ganzen Königreich;
5. die völlige Beseitigung jeglicher Art von Zehntem in Naturalien;
8. dass die Eigentumsrechte heilig und unverletzlich seien;
9. dass rascher und mit weniger Parteilichkeit Recht gesprochen werde;
10. dass alle Frondienste, welcher Art sie auch sein mögen, beseitigt werden;
11. dass die Einziehung zum Heerdienst nur in den dringenden Fällen erfolge und dass in diesem Fall alle Stände ohne irgendwelche Ausnahme oder Befreiung hierzu beitragen mögen. [...]

(Zit. nach: Alba, Histoire contemporaine, Paris o. J., S. 6)

Welche Lösung wählte der Dritte Stand?

M 8 Der Ballhausschwur am 20. Juni 1789

(zeitgenössisches Gemälde von Jacques-Louis David)

Auf dem Gemälde seht ihr die Abgeordneten des Dritten Standes. Getrennt von den anderen Ständen der Nationalversammlung hatten sie sich im „Ballhaus" versammelt. Sie schworen feierlich nicht auseinander zu gehen, bis Frankreich eine Verfassung erhalten habe.
Wie war es dazu gekommen?

Der Streit um das Abstimmungsverfahren

Schon vor der Eröffnungssitzung hatte es Streit um die Anzahl der Abgeordneten gegeben. Früher hatte jeder Stand ein Drittel der Abgeordneten gestellt. Der Dritte Stand, der 98% der Bevölkerung bildete, hatte aber verlangt, mehr Abgeordnete stellen zu dürfen.
Der König war dieser Forderung entgegengekommen und hatte die Anzahl der Abgeordneten des Dritten Standes verdoppelt. Er hatte aber offen gelassen, wie auf der Versammlung abgestimmt werden sollte. Wenn jeder Abgeordnete eine Stimme erhielte (Abstimmung nach Köpfen), dann hätten die Abgeordneten des Dritten Standes genauso viel Gewicht erhalten wie die ersten beiden Stände zusammen.
Nach der Eröffnungssitzung der Generalstände verlangte der König aber, dass die Stände getrennt voneinander tagen und abstimmen sollten. Auf diese Weise hätte jeder Stand eine Stimme gehabt (Abstimmung nach Ständen).

Die Nationalversammlung

Mit dem Vorhaben des Königs, bei den Generalständen nach Ständen abzustimmen, war der Dritte Stand von Anfang an nicht einverstanden. Nach längeren Debatten beschloss die Versammlung der Abgeordneten des Dritten Standes auf Vorschlag des Abbé Sieyès, sich selbst „Nationalversammlung" zu nennen. Das war bisher die Bezeichnung für die Versammlung aller drei Stände gewesen.
Der Beschluss des Dritten Standes bedeutete eine offene Rebellion gegen den König, denn damit hatte der Dritte Stand die Leitung der Versammlung in seine eigenen Hände genommen. Der König reagierte wütend und befahl den Abgeordneten des Dritten Standes, zu den Generalständen zurückzukehren.

Der Schwur

Die Abgeordneten des Dritten Standes beugten sich dem Befehl des Königs nicht. Weil sie befürchteten, dass der König ihre Versammlung von seinen Soldaten mit Gewalt auseinander jagen lassen könnte, schworen sie, beieinander zu bleiben, bis sie Frankreich eine Verfassung gegeben hätten. Dabei wurden sie sogar von einigen Angehörigen des Adels und des Klerus unterstützt (beachte die Verbrüderungsszene im Bild).

Der König gibt nach

Für den König hatte sich die Situation jetzt noch verschlimmert: Die Generalstände waren nur ein Hilfsorgan des absolutistischen Königs gewesen, dem es letztlich alleine zustand, Entscheidungen zu treffen und für das Wohl der Nation zu sorgen. Jetzt nahm die Nationalversammlung diese Rechte für sich in Anspruch. Nach einigen erfolglosen Einschüchterungsversuchen und einigem Zögern gab Ludwig XVI. nach, weil er die Kontrolle über die Ereignisse nicht ganz verlieren wollte. Er befahl den anderen Ständen, sich zur Nationalversammlung zu begeben.

Nur eine Nebensächlichkeit? Der Streit um die Abstimmungsweise

Übertragt die Tabelle in euer Heft, füllt sie aus und versucht anschließend die Frage zu beantworten.

	Klerus	Adel	Dritter Stand
Bevölkerungsanteil	0,5 %	1,5 %	
Stimmanteil (Abstimmung nach Ständen)			
Stimmanteil (Abstimmung nach Köpfen)			

Die Revolution beginnt

Der „Startschuss" der Revolution war der Ballhausschwur der Abgeordneten der Nationalversammlung in Versailles. Mit ihrem Schwur hatten sie die Grundlagen des Absolutismus und des Ständestaates angegriffen.

Wie handeln die Bürger von Paris?

In der nahe gelegenen Hauptstadt Paris wurden die Ereignisse in Versailles aufmerksam verfolgt und diskutiert. Die Stimmung war gespannt, denn die Brotpreise waren seit der Missernte des vorhergehenden Sommers sehr hoch. Vor den Bäckereien bildeten sich lange Schlangen.

Am 12. Juli 1789 ging in der Stadt das Gerücht um, der König habe 30 000 Soldaten mit dem Befehl, in die Stadt einzurücken, zusammengezogen. Daraufhin bildeten die Bürger der Stadt eine Miliz gegen die Armee des Königs. Auf der Suche nach Waffen stürmten sie am 14. Juli die Bastille – eine Burg mit dicken Mauern und Wehrtürmen. In ihren Verliesen waren nur noch wenige Gefangene, aber seit Jahrhunderten hatte die Bastille den Königen als Waffenlager und als gefürchtetes Gefängnis gedient. Nach kurzem Widerstand ergaben sich die Verteidiger, die Angreifer stürmten in die Bastille. Das bekannteste Symbol der Willkürherrschaft der französischen Könige war gefallen.

Der König gab erstaunlich schnell nach. Er war sogar so mutig die aufständische Hauptstadt zu besuchen – allerdings erst, nachdem er sein Testament gemacht hatte. Der Bürgermeister überreichte ihm die dreifarbige Kokarde – weiß als Farbe des Königsgeschlechts der Bourbonen, rot und blau als Farben der Stadt Paris.

Bis heute ist der 14. Juli Nationalfeiertag der Franzosen.

Wie handeln die Bauern auf dem Land?

Überall auf dem Land herrschte Angst vor bewaffneten Banden, die angeblich plündernd und raubend durchs Land zogen. Mit den ersten Nachrichten aus Versailles kam die Furcht vor einer „Verschwörung des Adels" hinzu: Viele glaubten, die adeligen Grundherren würden ihre Privilegien mit Gewalt verteidigen und sich an den Bauern rächen. Dieser teils berechtigten, teils übertriebenen Furcht haben schon die Zeitgenossen den Namen „Große Furcht" gegeben.

Zwischen dem 19. Juli und dem 6. August bewaffneten sich die Bauern mit Stöcken, Mistgabeln und Sicheln und zogen vor die Schlösser ihrer Grundherren. Sie verlangten die Herausgabe der Bücher und Urkunden mit den Lehensrechten, die sie zu Abgaben und Frondiensten verpflichteten, und verbrannten sie. Wenn sie auf Widerstand stießen, zündeten sie die Schlösser an: Die Abschaffung der adeligen Grundherrschaft über die Bauern begann auf dem Lande; die Bauern hatten ihr Schicksal selbst in die Hand genommen.

Die „Große Furcht"
(anonymer Stich, 1789)

Wie reagiert die Nationalversammlung in Versailles?

Inzwischen hatten sich auch einige Abgeordnete des Klerus und des Adels der Nationalversammlung angeschlossen. Der König hatte sie sogar dazu aufgefordert, nachdem sein Befehl sich aufzulösen von der Nationalversammlung ignoriert worden war. Nachdem eines seiner Regimenter zudem im Straßenkampf von der Bevölkerung aus Paris vertrieben worden war, zögerte er, seine Truppen in den offenen Kampf mit dem Volk zu schicken. Die Ereignisse in Paris und auf dem Land erschreckten die Abgeordneten der Nationalversammlung. Es musste etwas geschehen.

Das Ende der alten Ständegesellschaft

In der Nacht vom 4. auf den 5. August erklärte die Nationalversammlung alle Privilegien der ersten beiden Stände für abgeschafft, vor allem das Steuerprivileg und die Grundbesitzerrechte wie auch die Leibeigenschaft. Durch die Bauernbefreiung waren nun alle Franzosen juristisch gleichberechtigt. Die Begeisterung ergriff auch viele adelige Abgeordnete, im Namen der Gleichheit wollten auch sie jetzt auf ihre Vorrechte verzichten. Um drei Uhr morgens existierte das Ancien Régime nicht mehr.

Die Erklärung der Menschenrechte

Am 26. August 1789 ging die französische Nationalversammlung noch einen Schritt weiter. Sie verabschiedete in einer feierlichen Sitzung die „Erklärung der Menschen- und Bürgerrechte", die allen Menschen gleiche Rechte zusicherte. Den Entwurf zu dieser Erklärung hatte der Abgeordnete der Generalstände und später der Nationalversammlung, General Lafayette, nach dem Vorbild der amerikanischen Unabhängigkeitserklärung geschrieben.

Eine Revolution – Drei Orte

Übertragt das Schema auf die Tafel und in euer Heft. Ergänzt es, indem ihr die Ereignisse der Revolution an der richtigen Stelle eintragt. Haltet anschließend einen kleinen Vortrag, in dem ihr den Zusammenhang zwischen den verschiedenen Ereignissen erläutert.

Versailles	Paris	Land
5. Mai 1789 *Versammlung der Generalstände*		
20. Juni 1789 *Ballhausschwur*		
	14. Juli 1789 *Sturm auf Bastille* *Revolution beginnt*	Juli 1789 ....
Bauernbefreiung 4./5. August 1789 *Ende der alten Stände* *gesellschaft*	....	
26. August 1789 *Erklärung der* *Menschenrechte*		*Bewaffnung der* *Bauern und Herausgabe* *der Urkunden* *mit Lehensrechten*

So könnt ihr mit dem Text arbeiten:

1. Das Schema hilft euch, die Abfolge der wichtigsten Ereignisse zu ordnen.
2. Mithilfe der Informationen aus dem Text könnt ihr beschreiben, welche Szenen die Bilder (M 1/M 2) darstellen – und die Haltung der Maler zur Revolution erkennen.

M 2 „Der geschlagene Despotismus"

Das Symbol der Revolution – zwei zeitgenössische Gemälde

M 1 Die Erstürmung der Bastille

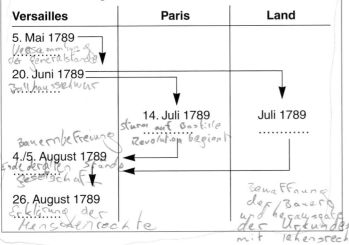

15

Ein Ereignis – Zwei Urteile

Historiker berichten und urteilen über die Erstürmung der Bastille

Die Erstürmung der Bastille ist das bedeutendste Ereignis der Französischen Revolution. Kein Wunder, dass dieses Ereignis schon von vielen Historikern untersucht und beschrieben worden ist. Erstaunlich ist aber, wie unterschiedlich sich diese Berichte anhören. Zwei Beispiele untersuchen wir auf dieser Doppelseite.

M 1 Der Historiker A. Soboul

Für das Königtum und den Adel erschien der Einsatz der Armee als einzig mögliche Lösung. Ludwig XVI. hatte beschlossen, um Paris und Versailles 5 20000 Soldaten zusammenzuziehen. Es war die Absicht des Hofes, die Versammlung aufzulösen. [...] Die Einberufung der Generalstände hatte in den Massen eine sehr große 10 Hoffnung auf Neuordnung entstehen lassen. Und es war augenscheinlich, dass die Aristokraten diese Neuordnung verhinderten: Die Opposition des Adels gegen die Verdopplung des 15 Dritten Standes und dann gegen die Abstimmung nach Köpfen hatte den Verdacht bekräftigt, dass die Adeligen hartnäckig ihre Privilegien verteidigten. [...] Selbstverständlich wollte das 20 Volk gegen die Aristokraten vorgehen, bevor dieser Feind der Nation seinerseits zum Angriff übergehen konnte. Die ökonomische Krise trug zur Mobilisierung der Massen erheblich bei. Die 25 Ernte von 1788 war außergewöhnlich schlecht. [...] Die Leidenschaften erhitzten sich. Das Volk zweifelte nicht mehr daran: Der König wollte diese Nationalversammlung [...] mit Gewalt 30 auseinander treiben. [...] Am 14. Juli verlangte die Menge dringend nach einer allgemeinen Bewaffnung. Mit dem Ziel, sich Waffen zu verschaffen, zog sie erst zum Invaliden- 35 haus, wo sie 32000 Gewehre an sich nahm, und dann zur Bastille. Mit ihren 30 Meter hohen Mauern und ihren wassergefüllten, 25 Meter breiten Gräben widerstand die Bastille dem Ansturm 40 des Volkes. [...] Die Handwerker des Faubourg St. Antoine wurden durch zwei Abteilungen von Leibgardisten und eine gewisse Anzahl von Bürgermilizsoldaten verstärkt; diese brachten 45 fünf Kanonen heran [...]. Dieses entschiedene Eingreifen zwang den Befehlshaber de Launay zur Kapitulation: Er ließ die Zugbrücke herab und das Volk stürmte herein. [...] 50 Der König erklärte sich bereit, am 17. nach Paris zu kommen. Durch seine Anwesenheit in der Hauptstadt billigte er die Ergebnisse des Aufstandes vom 14. Juli. Er wurde im Rathaus von 55 Bailly [dem Bürgermeister] empfangen, der ihm die dreifarbige Kokarde, das Symbol für die erhabene und ewige Allianz zwischen dem Monarchen und dem Volk, überreichte. 60 Ludwig XVI. war sehr bewegt und konnte nur mit Mühe diese Worte aussprechen: „Mein Volk kann stets auf meine Liebe zählen".

(A. Soboul, Précis de l'histoire de la revolution française, Paris 1962; zit. nach: H. D. Schmid, Fragen an die Geschichte, Bd. 3, Frankfurt/M (Hirschgraben) ⁴1981, S. 152)

M 2 Der Historiker B. Fay

Ludwig XVI. sah, wie die Anarchie, trotz seiner Zugeständnisse, sich überall ausbreitete. [...] Der König war nicht gewillt, diese Unordnung länger zu dul- 5 den. Er rief den Herzog von Broglie zu sich, damit er die Truppen in die Hand nehmen, die Versammlung einschüchtern und die Ordnung in Paris wiederherstellen sollte. Denn alles, was die Na- 10 tionalversammlung unternahm, deutete nur auf ihren Willen, die Macht zu erobern, und nicht auf den Wunsch, dem Land aus seinen Schwierigkeiten herauszuhelfen. Der König dachte niemals 15 daran, französisches Blut zu vergießen; er wünschte eine energische Demonstration, aber keinen Bürgerkrieg. [...]

[Am 14. Juli stieg] die Erregung. Eine aus Bewaffneten und bürgerlicher Miliz 20 bestehende Menschenmenge zog vor das Invalidenhaus, schüchterte den Gouverneur [...] ein und setzte sich [...] in den Besitz von 28000 Gewehren und 24 Kanonen. Dann schrie man ‚Auf zur 25 Bastille!'. [...] Im Übrigen war die Bastille harmlos und ihre Kanonen dienten nur zur Zierde; sie enthielt auch nur sechs Gefangene, Urkundenfälscher und Verrückte. [...] Trotzdem hatte sich 30 die öffentliche Meinung dieses Wahrzeichen ausgesucht. [...] Man versuchte noch einmal, de Launay einzuschüchtern, indem man eine Kanone auf das Gefängnis richtete, aber man erreichte 35 damit nichts anderes, als dass zwei ungeschickte Artilleristen sich selbst verletzten. [...] Launay sah ein, dass er, um sich zu verteidigen, die Angreifer nicht schonen könne. Als Menschenfreund, 40 der er war, wollte er lieber die Festung mit sich selbst in die Luft sprengen. Endlich [...] schickte der Gouverneur den Belagerern einen Zettel: „Wir sind bereit, uns zu ergeben, wenn ihr uns nicht um- 45 bringen wollt!" [...] Die Horde drang in das Gefängnis ein und sofort brach das Chaos aus und das Blut floss. Einem Schweizer, der zu fliehen versuchte, wurde der Kopf mit einem Säbelhieb ge- 50 spalten. [...] Die Aufrührer stürzten sich auf de Launay, rissen ihm die Haare aus, zerkratzten ihn und bedrohten sein Gesicht mit einem Säbel. Ein Metzgergeselle hieb ihm dem Kopf ab, als er sich, so 55 gut er konnte, zur Wehr setzte. Wer dirigierte wohl dieses Orchester? Der Herzog von Orleans, der seit zwei Jahren gegen seinen Vetter Ludwig XVI. [...] Opposition machte [...]

(B. Fay, Die Große Revolution 1715 – 1915, Paris 1959; zit. nach: Schmid, a.a.O., S. 152f.)

Methodenbox

Historische Urteile verstehen und vergleichen

Schon beim ersten Lesen der beiden Historikertexte auf der linken Seite wird euch aufgefallen sein, dass beide dasselbe Ereignis (den Sturm auf die Bastille) unterschiedlich darstellen. Die Ursache: Auch Historiker haben eine Meinung über die historischen Ereignisse, die sie beschreiben. Und die beeinflusst ihre Darstellung.

1. Schritt: **Historikertexte verstehen**	Lest beide Texte aufmerksam und klärt ihren Inhalt. Die Frageliste kann euch dabei helfen.	● Welche Gründe für die Erstürmung werden genannt? ● Welche Tatsachen und Vorgänge werden dargestellt? ● Wie werden die handelnden Personen beschrieben und charakterisiert?
2. Schritt: **Historische Urteile erkennen**	Stellt fest, welchen Standpunkt die Historiker zur Revolution einnehmen. Begründet eure Einschätzung.	Zum Beispiel: *Der Historiker Fay nennt die Menschen, die die Bastille erstürmen, eine „Horde".* *Dieses verächtliche Wort zeigt, dass ...*
3. Schritt: **Historische Urteile vergleichen**	a) Wie urteilen beide Historiker über die Revolution? Vergleicht. b) Welche Sachaussagen (Fakten) nennen beide Historiker zur Begründung? Vergleicht. c) Haltet Gemeinsamkeiten und Unterschiede fest.	(siehe Tabelle)

	Soboul	Fay
Urteile:		
Sachaussagen:		

„Erklärung der Menschen- und Bürgerrechte"

Ein Dokument und seine Wirkung

26. August 1789: Auf einer feierlichen Sitzung verabschiedet die Nationalversammlung das folgenreichste Dokument der Französischen Revolution.

> Wir untersuchen auf dieser und der folgenden Doppelseite dieses Dokument und seine Wirkung.

Die zeitgenössische Diskussion

Am 20. Juni 1789 hatten die Abgeordneten der Nationalversammlung im Ballhaus geschworen, Frankreich eine Verfassung zu geben.

Nachdem mithilfe der Revolution die Privilegien der ersten beiden Stände beseitigt und damit die alte Ständegesellschaft abgeschafft worden war, benannte sich die Nationalversammlung in „Verfassunggebende Versammlung" um und machte sich an ihre erste und wichtigste Aufgabe.

Der Marquis de Lafayette und andere Abgeordnete sprachen sich dafür aus, der Verfassung eine allgemeine Menschenrechtserklärung nach dem Vorbild der amerikanischen Unabhängigkeitserklärung voranzustellen. Das Volk müsse über seine „natürlichen Freiheiten" aufgeklärt werden.

Andere Abgeordnete, wie der Graf Mirabeau, sprachen sich dagegen aus: In Amerika habe es nie eine Ständegesellschaft gegeben, die Bürger dort seien Gleichheit gewohnt. In Frankreich gäbe es dagegen – auch nach dem Ende der ständischen Privilegien – noch immer viele Besitzlose. Würde eine allgemeine Menschenrechtserklärung nicht unerfüllbare Hoffnungen wecken?

Schmuckdarstellung der „Erklärung der Menschen- und Bürgerrechte" (zeitgenössischer Stich, um 1789)

1. Fasst die Diskussion um die Menschenrechte in der Verfassunggebenden Versammlung zusammen: Welche Argumente werden für die Erklärung vorgebracht, welche dagegen?

2. Untersucht die Präambel (feierliches Vorwort) der Erklärung: An wen richtet sich die Erklärung? Wie begründet die Verfassunggebende Versammlung die Notwendigkeit einer Erklärung der Menschenrechte?

3. Stellt fest, welche Rechte in der Erklärung niedergelegt sind.

Tipp! Die „Erklärung der Menschen- und Bürgerrechte" ist in einer möglichst genauen, aber oft auch schwer verständlichen Sprache geschrieben. Die einzelnen Artikel muss man oft mehrmals lesen, um sie richtig zu verstehen. Sucht euch – am besten in Gruppenarbeit – einzelne Artikel heraus und versucht, sie in eine einfache, leicht verständliche Sprache zu „übersetzen".

Q *Präambel:*
Die als Nationalversammlung eingesetzten Vertreter des französischen Volkes haben in der Erwägung, dass die Unkenntnis, das Vergessen oder Verachten der Menschenrechte die alleinige Ursache des öffentlichen Unglücks und der Korruptheit der Regierungen sind, beschlossen, in einer feierlichen Erklärung die natürlichen, unveräußerlichen und heiligen Rechte des Menschen darzulegen, damit diese Erklärung allen Mitgliedern der Gesellschaft stetig vor Augen steht und sie unablässig an ihre Rechte und Pflichten erinnert. [...]

Artikel I:
Die Menschen werden frei und gleich geboren und bleiben es.
Die gesellschaftlichen Unterschiede können nur auf dem allgemeinen Nutzen begründet werden.

Artikel II:
Der Zweck jeder staatlichen Vereinigung ist die Erhaltung der natürlichen und ewigen Menschenrechte. Diese Rechte sind: Freiheit, Eigentum, Sicherheit und Widerstand gegen Unterdrückung.

Artikel III:
Der Ursprung jeder Herrschaft liegt beim Volke; kein Einzelner kann Herrschaft ausüben, die nicht ausdrücklich von ihm ausgeht.

Artikel IV:
Die Freiheit besteht darin, alles tun zu können, was einem anderen nicht schadet; also hat die Ausübung der natürlichen Rechte eines jeden Menschen keine andere Grenze als jene, die den anderen Mitgliedern der Gesellschaft den Genuss dieser gleichen Rechte sichert.
Diese Grenzen können alleine durch das Gesetz bestimmt werden. [...]

Artikel VI:
Das Gesetz ist der Ausdruck das allgemeinen Willens. Alle Bürger haben das Recht, an seiner Gestaltung persönlich oder durch ihre Vertreter mitzuwirken. Es soll für alle Bürger das Gleiche sein, es mag beschützen oder bestrafen. Da alle Bürger vor dem Gesetz gleich sind, so sind sie auch alle in der gleichen Weise zu allen Ehrenämtern, öffentlichen Stellungen und Beschäftigungen gemäß ihren Fähigkeiten zugelassen, ohne einen anderen Unterschied als den ihrer Kräfte und Geistesgaben.

Artikel VII:
Kein Mensch kann beschuldigt, festgenommen und festgehalten werden als in den Fällen, die das Gesetz vorschreibt. [...]

Artikel X:
Niemand darf wegen seiner Ansichten, selbst nicht der religiösen, bedrängt werden, vorausgesetzt, dass ihre Äußerung nicht die durch das Gesetz festgelegte öffentliche Ordnung stört.

Artikel XI:
Die freie Mitteilung der Gedanken und Ansichten ist eines der kostbarsten Menschenrechte; daher kann jeder Bürger frei sprechen, schreiben, drucken, mit dem Vorbehalt, dass er verantwortlich ist für den Missbrauch dieser Freiheit in den von dem Gesetz festgelegten Fällen. [...]

Artikel XVII:
Da das Eigentum ein unverletzliches und geheiligtes Recht ist, kann es niemandem genommen werden, wenn nicht die öffentliche, gesetzlich festgestellte Notwendigkeit es klar erfordert und unter der Bedingung einer gerechten und vorherigen Entschädigung.

(Zit. nach: Irmgard und Paul Hartig, Die französische Revolution, Stuttgart (Klett) 1981, S. 47f.)

Auch Frauen mischen sich ein

Revolution – das bedeutete Kampf um persönliche Freiheit und politische Mitbestimmung. Jetzt mischte sich das ganze Volk ein, nicht nur die männliche Hälfte. Die Frauenrechtlerin Olympe de Gouges (1748–1793) veröffentlichte im Jahr 1791 eine „Erklärung der Rechte der Frau und Bürgerin".
Die Nationalversammlung lehnte diese Erklärung ab.

Patriotischer Frauenclub (Zeichnung von 1791)

M 1 Aus der „Erklärung der Rechte der Frau und Bürgerin" (1791)

 Präambel:
Wir die Mütter, Töchter, Schwestern, Vertreterinnen der Nation verlangen, in die Nationalversammlung aufgenommen zu
5 werden. In Anbetracht dessen, dass Unkenntnis, Vergessen oder Missachtung der Rechte der Frauen die alleinigen Ursachen öffentlichen Elends und
10 der Korruptheit der Regierungen sind, haben wir uns entschlossen, in einer feierlichen Erklärung die natürlichen, unveräußerlichen und heiligen
15 Rechte der Frau darzulegen, damit diese Erklärung allen Mitgliedern der Gesellschaft ständig vor Augen ist und sie unablässig an ihre Rechte und
20 Pflichten erinnert […].

(Zit. nach: Elisabeth Fuchshuber-Weiß u.a., Von den Anfängen der Demokratie bis zum Zeitalter der bürgerlichen Revolutionen, Bamberg (Buchners Verlag) 1992, S. 233ff.)

Artikel I:
Die Frau ist frei geboren und bleibt dem Manne gleich in allen Rechten. Die sozialen Unterschiede können nur im allgemeinen Nutzen begründet sein.
Artikel II:
Ziel und Zweck aller politischen Vereinigung ist der Schutz der natürlichen und ewigen Rechte sowohl der Frau als auch des Mannes. Diese Rechte sind: Freiheit, Eigentum, Sicherheit und Widerstand gegen Unterdrückung.
Artikel III:
Alle Souveränität liegt bei der Nation, die nichts anderes darstellt als die Vereinigung von Frauen und Männern.
Artikel IV:
Freiheit und Gerechtigkeit bestehen darin, dem anderen zu geben, was ihm zusteht. So stößt die Frau bei der Wahrnehmung ihrer natürlichen Rechte nur an die von der Tyrannei des Mannes gesetzten Grenzen; diese müssen durch die von der Natur und der Vernunft diktierten Gesetze neu gezogen werden. […]
Artikel VI:
Das Gesetz sollte Ausdruck des allgemeinen Willens sein. Alle Bürgerinnen und Bürger sollen persönlich oder durch Vertreter an seiner Gestaltung mitwirken.
Alle Bürgerinnen und Bürger müssen gleichermaßen nach ihren Fähigkeiten […] zu allen Würden, Ämtern und Stellungen im öffentlichen Leben zugelassen werden.
Artikel VII:
Frauen haben keine Sonderrechte. Frauen unterstehen wie Männer den gleichen Strafgesetzen. […]
Artikel XI:
Die freie Gedanken- und Meinungsäußerung ist eines der kostbarsten Rechte der Frau. […]
Artikel XVII:
Das Eigentum gehört beiden Geschlechtern vereint oder einzeln. Jede Person hat darauf ein unverletzliches und heiliges Anrecht.

Wir wollen die Erklärung aus heutiger Sicht beurteilen.

1. Vergleicht die Präambel und die einzelnen Artikel mit der Präambel und den Artikeln der „Erklärung der Menschen- und Bürgerrechte" (M S. 19).

2. Welche Vorstellung vom Verhältnis der Geschlechter liegt der „Erklärung der Rechte der Frau und Bürgerin" zugrunde?

3. Überlegt, welche Absicht Olympe de Gouges wahrscheinlich mit ihren Formulierungen verfolgt hat.

Wer war Olympe de Gouges?

Olympe des Gouges wurde 1748 als uneheliche Tochter eines Adeligen und einer Krämerin geboren. Mit 16 Jahren wurde sie mit einem reichen, aber wesentlich älteren Mann verheiratet. Mit 17 Jahren ist sie bereits Mutter eines Sohnes und als kurz darauf ihr Mann stirbt, wird sie Witwe. Sie zieht nach Paris um. Mit Beginn der Revolution engagiert sie sich – wie viele Frauen – in so genannten „Frauenclubs", in denen über den Fortgang der Revolution diskutiert wurde. An den revolutionären Versammlungen der Männer durften Frauen nicht teilnehmen, obwohl sie auf der Straße in gleicher Weise am Fortgang der Revolution beteiligt waren. Olympe de Gouges, die zuerst gar nicht lesen und schreiben konnte, schließlich aber selbst Theaterstücke und Texte verfasste, wollte die damals sehr mangelhaften Bildungsmöglichkeiten für Frauen verbessern. Und sie wollte überhaupt mehr Rechte für Frauen. Aus eigener Erfahrung wusste sie, dass nach damaligem französischen Recht nur eheliche und vom Vater anerkannte Kinder erbberechtigt waren und dass nur der Ehemann und Vater über das Vermögen der Familie entscheiden durfte. Weil Frauen kein Wahlrecht hatten und auch nach der Revolution keines bekamen, war unter den Abgeordneten der Generalstände und später der Nationalversammlung keine einzige Frau. An diese Versammlung schickte sie ihre „Erklärung der Rechte der Frau und Bürgerin".

Nach längerer Debatte lehnte die Nationalversammlung die Erklärung ab. Die Mehrzahl der Abgeordneten begründete die Ablehnung mit dem Argument, die Natur habe Männer und Frauen für unterschiedliche Aufgaben geschaffen: Frauen für die Kindererziehung und den Haushalt, Männer für Beruf und Politik. Deshalb sei die politische Betätigung von Frauen unschicklich.

Olympe de Gouges verurteilte diese Haltung der männlichen Politiker öffentlich. 1793 wurde sie verhaftet und nach monatelangen Verhören hingerichtet.

Olympe de Gouges (zeitgenössische Darstellung)

Was ist ein Geschichtsspiel?

In einem Geschichtsspiel kann man Ereignisse, die in der Vergangenheit stattgefunden haben, nachspielen. Dabei kommt es nicht auf schauspielerische Qualitäten an, sondern darauf, sich in die Perspektive der damals handelnden Personen hineinzudenken.

Diese „Rollen" (in unserem Beispiel: Männer in der Nationalversammlung und Frauen in den Frauenclubs) solltet ihr zu Beginn des Geschichtsspiels festlegen und auf Rollenkarten näher beschreiben.

Nach dem Spiel solltet ihr gemeinsam überlegen, ob die historischen Rollen eurer Meinung nach richtig „nachgespielt" wurden.

Ein Vorschlag:

Die Auseinandersetzung zwischen Olympe de Gouges und der Nationalversammlung könnt ihr in in einem Geschichtsspiel bearbeiten.

Da in der Nationalversammlung nur Männer waren, könnten die Jungen in eurer Klasse die Rolle der Nationalversammlung übernehmen und die Mädchen die Rolle der Frauen, die de Gouges unterstützen. Dann könnt ihr ein Treffen von Nationalversammlung und Vertreterinnen der Frauenclubs spielen, bei dem ihr eure Argumente austauscht. Denkt zum Schluss des Spieles daran: Wer trifft die Entscheidung über Annahme oder Ablehnung des Vorschlages von Olympe de Gouges?

Wie denkt ihr über das Leben von Olympe de Gouges?
Was findet ihr besonders bemerkenswert?

Die Revolutionäre geraten in Streit: Wollen wir noch einen König?

Am 3. September 1791 verabschiedete die Nationalversammlung eine Verfassung. Damit waren – zusammen mit der Erklärung der Menschenrechte – die Grundlagen des neuen Staates gelegt. Schon bald aber wurden sie wieder infrage gestellt. Der Streitpunkt: die Rolle des Königs.

> Wir untersuchen Hintergründe, Verlauf und Folgen des Streits.

22. Juni 1791: Varennes (zeitgenössischer Stich von P. Berthault). Die Zeitleiste hilft euch, die Szene zu verstehen.

M 1

M 2 Die Revolution und der König: eine Zeitleiste

26.8.1789: Die Nationalversammlung beschließt die „Erklärung der Menschen- und Bürgerrechte". Der König stimmt nicht zu.

5.10.1789: Mehrere tausend Frauen, die unter weiterhin steigenden Brotpreisen in Paris leiden, ziehen von Paris nach Versailles, dringen in das Schloss ein und zwingen den König, nach Paris umzuziehen.
Der König willigt in die Beschlüsse der Nationalversammlung ein. Wenige Tage später zieht auch die Nationalversammlung nach Paris um.

20./21. 6. 1791: Der König versucht, heimlich mit seiner Familie aus Frankreich zu fliehen. Ein Postmeister erkennt in dem Ort Varennes die Königsfamilie in ihrer Kutsche. Sie werden nach Paris zurückgebracht.

3.9.1791: Die erste Verfassung tritt in Kraft.

14.9.1791: Der König leistet einen Eid auf die Verfassung.

3.12.1791: Der König richtet ein geheimes Ersuchen an den König von Preußen. Darin bittet er ihn darum, ihm mit seinen Truppen zu Hilfe zu kommen. Die europäischen Monarchien beginnen eine Armee aufzustellen, um die Französische Revolution niederzuschlagen.

25.7.1792: Der Herzog von Braunschweig, Kommandant der feindlichen Truppen, droht Paris „der gänzlichen Zerstörung preiszugeben", falls dem König Leid zugefügt wird.

10.8.1792: Die Bevölkerung von Paris stürmt daraufhin die Tuilerien, das Pariser Schloss des Königs. Der flieht in die Nationalversammlung, die aber beschließt, sich selbst aufzulösen. An ihrer Stelle soll nach allgemeinem Wahlrecht eine neue Versammlung, der Konvent, gewählt werden. Der neue Konvent soll die Aufgabe haben, eine neue Verfassung auszuarbeiten und über das Schicksal des Königs zu beschließen …

11.8.1792: Der Konvent tritt zum ersten Mal zusammen …

Der Streit hat Folgen

Am 3. September 1791 hatte die Nationalversammlung eine Verfassung verabschiedet.
Schon am 24. Juni 1793 trat eine neue Verfassung in Kraft.
Warum?

1. Schildert mithilfe der beiden Schaubilder die Merkmale der beiden Verfassungen und stellt anschließend die wichtigsten Veränderungen fest.

2. Erklärt mithilfe der Zeitleiste auf Seite 22 die Hintergründe der Veränderungen.

Zwei Verfassungen – Viele Urteile

3. Beurteilt (am besten in Gruppen) die Einführung der neuen Verfassung am 24. Juni 1793 aus der Sicht des Königs, der Großbürger, der Kleinbürger und Kleinbauern, der Adeligen und der Frauen.
Zieht dazu die Materialien M 1 bis M 4 heran.
Wie ihr schon wisst, verbreitete man damals seine Meinung vor allem mit Flugblättern. Stellt eure Urteile jeweils in einem Flugblatt dar.

M 3
Die französische Verfassung vom 3. September 1791 („konstitutionelle Monarchie")

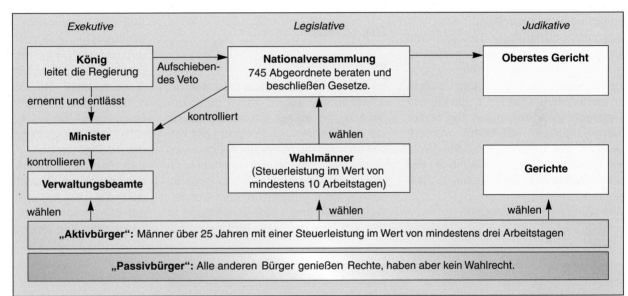

Erläuterung: Aufschiebendes Veto = das Recht, Einspruch gegen ein Gesetz zu erheben (von lat. „veto" = ich erhebe Einspruch).

M 4
Die französische Verfassung vom 24. Juni 1793 („Republik")

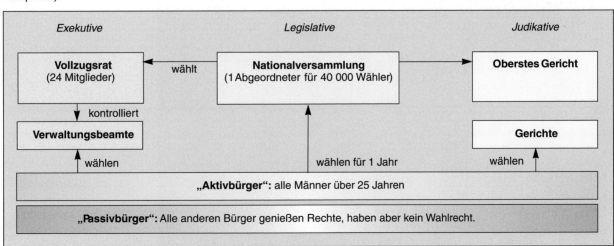

Info Wer bestimmt den Fortgang der Revolution?

Nach der Annahme der Verfassung vom 3. September 1791 erklärte die Nationalversammlung in einer Proklamation an das Volk: „Die Revolution ist zu Ende."

Das war – wie ihr schon wisst – ein Irrtum. Die Revolution entwickelte sich weiter; neue Akteure und neue Streitfragen traten auf den Plan.

Besonders Großbürger einerseits und Kleinbürger andererseits begannen ihre eigenen Interessen zu erkennen und zu verfolgen. Sie organisierten sich in so genannten „Clubs", in denen alle wichtigen Entscheidungen der Nationalversammlung diskutiert wurden. Obwohl alle behaupteten, das Wohl der gesamten Nation im Auge zu haben, spaltete sich der ehemalige „Dritte Stand".

Wer würde sich durchsetzen?

Tipp: Auf Seite 24–27 begegnen euch unter anderem Ereignisse wieder, die ihr schon auf Seite 22/23 kennen gelernt habt.
Wenn ihr euch nicht mehr ganz sicher seid, schlagt noch einmal nach!

Die „Clubs"

Der Jakobinerclub

Im Verlauf der Revolution bekamen die so genannten „Clubs" immer mehr Bedeutung. In diesen Clubs diskutierte die Bevölkerung den Fortgang der Revolution und die Politik der Nationalversammlung. Besonders einflussreich wurde der Jakobinerclub, so genannt nach seinem Tagungsort, dem Dominikanerkloster in der Rue St. Jacques. In ihm war das gebildete und begüterte Großbürgertum vertreten. Über ganz Frankreich war ein Netz von Tochterorganisationen verteilt.

Die Volksgesellschaften

Auch in den unteren Schichten gab es viele Clubs, die so genannten „Volksgesellschaften", in denen sich vor allem Handwerker und Kleinhändler versammelten. Auch patriotische Frauenclubs entstanden.

Die „Sansculotten"

Seit dem Sommer des Jahres 1792 bestimmten aktive Bürger aus den Mittel- und Unterschichten der Stadt Paris immer mehr das Geschehen. Sie wurden „Sansculotten" (= „Ohnehosen") genannt – nach den langen Hosen, die Handwerker und Arbeiter im Unterschied zu den vornehmen Kniehosen der Adeligen trugen.

Das Ideal der Sansculotten war neben der politischen Gleichheit aller Bürger auch die wirtschaftliche Gleichheit: Jeder Bürger sollte nicht mehr als einen Laden oder eine Werkstatt besitzen. Da-

Eine Sitzung im Jakobinerclub (anonyme zeitgenössische Zeichnung)

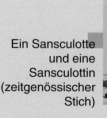

Ein Sansculotte und eine Sansculottin (zeitgenössischer Stich)

24

mit wandten sie sich unmittelbar gegen die Großbürger und deren politische Vertreter, die Girondisten.

Die Sansculotten entwickelten ihre eigene politische Kultur, die in ihren Straßenfesten, antireligiösen Umzügen, republikanischen Gesängen und Zeitungen zum Ausdruck kam. Viele Sansculotten waren im Club der Cordeliers organisiert, der niedrige Beitragssätze hatte und in dem auch einfache Bürger und Frauen zugelassen waren. Seit dem Sommer 1792 beeinflussten und bestimmten sie aber auch zunehmend die Diskussionen im Jakobinerclub.

Die Streitfragen

1. Die Kriegserklärung

Innerhalb des Jakobinerclubs traten unterschiedliche Meinungen zum ersten Mal im Sommer 1791 deutlich zutage: Sollte man den europäischen Monarchien den Krieg erklären?

Die europäischen Monarchien hatten den Verlauf der Revolution in Frankreich mit zunehmender Besorgnis verfolgt und sich nach dem misslungenen Fluchtversuch des Königs auf eine gemeinsame Politik gegen Frankreich verständigt.

Die Spaltung des Jakobinerclubs

Eine Gruppe von Abgeordneten aus den Reihen der Jakobiner wollte den feindlichen Monarchien den Krieg erklären. Diese Gruppe wurde „Girondisten" genannt, weil sie zu einem großen Teil aus dem Departement Gironde stammte. Die Girondisten und ihr Wortführer Brissot begründeten die Kriegserklärung mit der Notwendigkeit, den ausländischen Feinden der Revolution zuvorzukommen.

Ein anderer Teil der Jakobiner, unter ihnen der immer einflussreichere Rechtsanwalt Maximilien Robespierre, lehnte eine Kriegserklärung ab. Sie wollten zunächst die Revolution in Frankreich erfolgreich zu Ende führen und befürchteten, dass ein Krieg zu viele neue Probleme mit sich bringen würde.

Heute urteilen die Historiker unterschiedlich: Manche geben – auch aus heutiger Sicht – den Girondisten Recht. Andere Forscher sind der Meinung, dass die Girondisten mit der Kriegserklärung eher von den inneren Problemen der Revolution ablenken und die Revolution durch den gemeinsamen äußeren Feind einigen wollten. Wieder andere sind der Ansicht, die Kriegserklärung sei das Werk Ludwigs XVI. gewesen, dem die Nationalversammlung auf den Leim gegangen sei. Denn der König hätte in jedem Fall profitiert: Im Falle eines Sieges als Verteidiger seines Volkes und im Falle einer Niederlage als König in einer von den ausländischen Mächten wiederhergestellten Monarchie.

Tatsächlich verschärfte der Krieg die Gegensätze in Frankreich. Nach den ersten Niederlagen der französischen Truppen begann die Suche nach Verrätern. Das erste und prominenteste Opfer war der König, dem von immer größeren Teilen des Volkes vorgeworfen wurde, heimlich mit den gegnerischen Truppen zusammenzuarbeiten.

Der Sturm auf die Tuilerien am 10. August 1792 (Gemälde von Jean Duplessi Bertaux, 1747–1819). Die Erstürmung des königlichen Stadtschlosses und die Flucht des Königs in die Nationalversammlung stellten einen Wendepunkt im Verlauf der Revolution dar. Die „Sansculotten" hatten ihren ersten großen Sieg errungen.

2. Die Rolle des Königs

Unter ihrem Wortführer Maximilien Robespierre gewannen diejenigen Jakobiner, die schon immer für eine Republik eingetreten waren und dem König keinen Platz in der Verfassung mehr einräumen wollten, die Oberhand. Nach dem Manifest des Herzogs von Braunschweig und dem Sturm auf die Tuilerien war der König nicht mehr zu halten.

Die Nationalversammlung löste sich selbst auf und eine neue Versammlung, der Nationalkonvent, wurde auf der Grundlage eines gleichen Wahlrechts für alle Männer gewählt. Im Dezember 1792 wurde dem König vom Konvent der Prozess gemacht.

Im Dezember wurde der König vom Konvent wegen Hochverrats angeklagt und – mit einer Stimme Mehrheit – zum Tode verurteilt. Am 21. Januar 1793 wurde die Hinrichtung auf der Place de la Revolution vor einer großen Zuschauermenge vollstreckt.

3. Wirtschaftliche Gerechtigkeit

Seit Beginn der Revolution war der Brotpreis in Paris noch weiter angestiegen. Für den Hunger und die langen Schlangen vor den Bäckereien machten die Sansculotten „Spekulanten" verantwortlich: Reiche Großbürger und Großkaufleute würden Lebensmittel horten, um sie später mit größerem Gewinn zu verkaufen.

Die Enteignung des Kirchenbesitzes

Um das Problem der Staatsverschuldung in den Griff zu bekommen, hatte die Nationalversammlung schon im November 1789 den Besitz der katholischen Kirche enteignet und das ehemalige Kirchenland an Bürger verkauft. Durch diese Maßnahme wechselten etwa zehn Prozent des französischen Grund und Bodens den Besitzer. Nutznießer waren aber vor allem reiche Großbürger und wenige reiche Bauern, die über genügend finanzielle Mittel zum Landkauf verfügten. Alle anderen gingen leer aus.

Als sich die wirtschaftliche Krise zuspitzte, war dies Wasser auf die Mühlen der Sansculotten: Sie warfen Girondisten und konservativen Jakobinern vor, Großbürger und Spekulanten zu begünstigen und das revolutionäre Prinzip der Gleichheit zu verletzen.

4. Die Rolle der Kirche

Außerdem führte die Enteignung zu einem weit reichenden Konflikt der Revolution mit der Kirche. Als die Nationalversammlung von allen Priestern einen Eid auf die Revolution verlangte und der römische Papst den Priestern, die diesen Eid leisteten, mit Kirchenausschluss drohte, wurden viele Priester, die ursprünglich mit der Revolution sympathisiert hatten, in schwere Gewissenskonflikte gestürzt. Viele von ihnen wurden nun zu Gegnern der Revolution.

Neue Machtverhältnisse

Die Revolution gerät unter Druck

Im Sommer 1792 war die Revolution damit gleich von zwei Seiten her unter Druck geraten: Erstens wurde sie im Krieg von den ausländischen Monarchien angegriffen. Zweitens wandten sich Teile der Bevölkerung des Landes gegen die Revolution. Getragen vor allem von den eidverweigernden Priestern entwickelten sich gegenrevolutionäre Aufstände in vielen Teilen Frankreichs, vor allem in der Vendée.

Der Berg

Unter diesem Druck gewannen die Sansculotten mit ihrer Forderung nach konsequenterem Vorgehen gegen die „Feinde der Revolution" immer mehr Einfluss auf den Nationalkonvent. Die radikalen Jakobiner im Nationalkonvent unter Führung von Maximilien Robespierre gaben der Revolution ab dem Sommer 1793 eine neue Richtung. Nach ihren höher liegenden Sit-

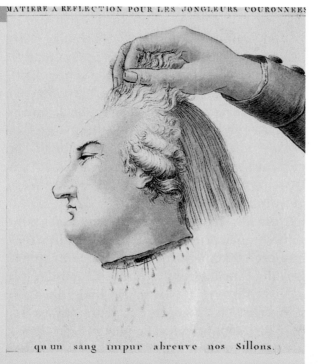

Das Haupt Ludwigs des XVI. nach der Hinrichtung (Radierung von Villeneuve, 1793). Oben steht: „Gegenstand zum Nachdenken für gekrönte Jongleure"; unten: „Das unreine Blut tränke unsere Äcker".

zen im Nationalkonvent wurden sie „Les Montagnards" („Der Berg") genannt. Mithilfe der Sansculotten schalteten sie ihre politischen Gegner aus:

Im Juni 1793 ließ der Konvent 29 Girondisten verhaften und anklagen. 21 von ihnen wurden im Oktober 1793 hingerichtet.

Im Sommer 1793 begann damit ein neuer Abschnitt der Revolution, die Diktatur der Jakobiner.

M 1 Politische Gruppierungen in den Nationalversammlungen

Verfassunggebende Nationalversammlung 17.6.1789 ca. 800 Mitglieder der Ständeversammlung	Demokraten (Jakobiner) vertreten stärker die Interessen des Volkes	Konstitutionelle vertreten die Interessen der Großbürger	Monarchisten treten für eine starke Stellung des Königs in der Verfassung ein	Aristokraten treten für die Beibehaltung der adeligen Privilegien ein
Gesetzgebende Nationalversammlung 1.10.1791 gewählt nach der Verfassung vom 3.9.1791	**Jakobiner** (136) Radikale Jakobiner, vertreten Interessen des Kleinbürgertums Girondisten, vertreten das mittlere Bürgertum	**Unabhängige** (345) ohne feste Meinung		**Konstitutionelle** (264) für die Aufrechterhaltung der konstitutionellen Monarchie
Nationalkonvent 21.9.1792 gewählt nach allgemeinem und gleichem Wahlrecht für Männer	**Der „Berg"** (140) radikale Jakobiner, treten für politische und wirtschaftliche Gleichheit ein	**Die „Ebene"/Der „Sumpf"** unentschieden, neigen immer mehr radikalen Positionen zu		**Girondisten** (160) rücken an den rechten Rand des Parteienspektrums

(Nach: W. Mickel (Hg.), Geschichte, Politik und Gesellschaft, Bd. 1, Frankfurt/M. (Cornelsen/Hirschgraben) 1987, S. 35, geringfügig verändert)

1. Untersucht die Übersicht (M) und stellt mithilfe der Informationen aus dem Text dar, wie sich die politischen Gewichte im Zeitraum von 1789 bis 1793 in den Nationalversammlungen verschoben haben.

2. Die Informationen des Textes könnt ihr in einer Mind-Map strukturieren. Einen Anfang haben wir schon gemacht ...

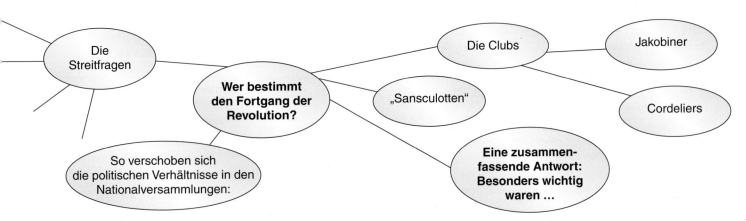

Terror im Namen der Demokratie?

Im Sommer des Jahres 1793 begann eine neue Phase der Revolution. Mit Unterstützung der Sansculotten bestimmte die Bergpartei die Politik des Nationalkonvents.

Um ihre Ziele durchzusetzen, bediente sie sich einer Methode, die schon die Zeitgenossen „le terreur", den Terror, nannten.

Die Ziele der Jakobiner

Am 24. Juni 1793 war eine neue (die insgesamt dritte) Verfassung im Konvent verabschiedet worden. Sie stellte den Gleichheitsanspruch der Menschenrechte in den Vordergrund. Zum ersten Mal wurden auch soziale Grundrechte, wie das Recht auf Arbeit und das Recht der Armen auf staatliche Unterstützung, festgelegt.

Die Verfassung machte die Vorstellung, die Sansculotten und Jakobiner von „Gleichheit" hatten, deutlich: Unter „Gleichheit" verstanden sie nicht nur, dass alle das gleiche Recht zu wählen haben (politische Gleichheit) und alle vor Gericht gleich behandelt werden (rechtliche Gleichheit), sondern auch, dass alle ungefähr über dasselbe Einkommen und denselben Reichtum verfügen (wirtschaftliche Gleichheit).

Die Politik der Jakobiner

Die neue Verfassung trat allerdings nie in Kraft. Denn Robespierre und seine Anhänger im Konvent sahen die Demokratie bedroht: Frankreich war im Krieg und musste sich gegen die feindlichen Monarchien wehren; in manchen Gegenden Frankreichs begannen Aufstände gegen die Regierung in Paris; Nahrungsmittel waren noch immer knapp.

Um die gefährdete Revolution gegen Feinde zu verteidigen, errichteten die Jakobiner unter Führung von Robespierre ein besonderes Herrschaftssystem: die „Schreckensherrschaft". Sie zentralisierten die politische Macht in einem Ausschuss des Konvents, dem „Wohlfahrtsausschuss". Gegner ihrer Politik klagten sie an, zu Tausenden wurden sie unter der Guillotine hingerichtet. Jeder musste jetzt Angst haben, als Gegner der Revolution hingerichtet zu werden.

1962 schrieb der französische Geschichtsforscher Albert Soboul, dass die Politik des Konvents nur deshalb Erfolg haben konnte, „weil die Revolutionsregierung über eine Autorität verfügte, die von der Schreckensherrschaft abgesichert war".

Die wichtigsten politischen Maßnahmen der Jakobiner

> Mai 1793: Festlegung von Höchstpreisen für Getreide.

> Juni 1793: Landgüter von in das Ausland geflohenen Adeligen werden in kleinen Einheiten preiswert an Kleinbauern verkauft.

> August 1793: Einführung der allgemeinen Wehrpflicht: Alle männlichen Franzosen werden in die Armee einberufen.

> September 1793: Festlegung einer Obergrenze für Löhne und für die Preise wichtiger Güter.

> Mai 1794: Staatliche Fürsorge für Kranke, Alte und Bedürftige.

So könnt ihr vorgehen:

1. Erarbeitet mithilfe des Darstellungstextes die politischen Ziele und Maßnahmen der Jakobiner.

2. Überlegt, ob sich die politischen Maßnahmen der Jakobiner den Interessen bestimmter Bevölkerungsschichten zuordnen lassen und wer sich von ihnen angegriffen gefühlt haben wird.

3. Entnehmt den zeitgenössischen Quellen (M 1 und M 2) Argumente der Rechtfertigung und der Kritik an der Schreckensherrschaft.

4. Versucht abschließend eine eigene Stellungnahme.

Zeitgenössische Urteile: Rechtfertigung und Kritik

M 1 Wie rechtfertigte Robespierre die Schreckensherrschaft?

Aus einer Rede Robespierres vor dem Konvent am 5. Februar 1794:

Q Man könnte sagen, dass Licht und Finsternis [...] in dieser großen Epoche der Menschheitsgeschichte darum kämpfen, die Geschicke der Welt un-
5 widerruflich zu entscheiden, und dass Frankreich der Schauplatz dieses furchtbaren Ringens ist. Von außen kreisen euch alle Tyrannen ein, im Innern haben sich alle Freunde der Ty-
10 rannei verschworen [...].
Man muss die inneren und äußeren Feinde der Republik vernichten oder mit ihnen untergehen: Der erste Grundsatz eurer Politik muss also in
15 der jetzigen Lage sein, das Volk durch die Vernunft und die Feinde des Volkes durch den Schrecken zu leiten.
Wenn im Frieden die Tugend die treibende Kraft der Volksregierung ist, so
20 sind es in der Revolution zugleich die Tugend und der Terror. Die Tugend, ohne die der Terror unheilvoll, der Terror, ohne den die Tugend ohnmächtig ist. [...]

(Zit. nach: M. Bouloiseau/A. Soboul, Œvres de M. Robespierre, Tome X, Paris 1967, S. 356)

M 2 Wie lautete die zeitgenössische Kritik an der Schreckensherrschaft?

Am 21. Oktober 1793 schrieb der Pfarrer Johann Lavater einen Brief aus der Schweizer Stadt Zürich an den Konventsabgeordneten de Séchelles.

Q Seitdem Ihr Euren guten König umgebracht und gemordet habt; [...] seitdem Ihr, den Dolch in der Hand, zur Freiheit zwangt; seitdem Ihr die be-
5 wegliche Köpfmaschine an die Stelle der zerstörten Bastille setzt; seitdem man nichts mehr sagen oder schreiben darf, [...] seitdem zittre ich, wenn ich Euch von Freiheit reden höre. Monar-
10 chie oder Republik, das ist mir gleichgültig; aber Freiheit!
Ich habe nichts zu sagen als eine klare, einfache und niederschlagende Sache: Alle Eure Könige [...] gaben nie so viele
15 Beispiele des abscheulichsten Despotismus, wie Ihr sie seit drei Jahren gebet. Im Namen der Menschlichkeit beschwöre ich Sie auf Knien, spottet nicht mehr dem Universum und den künftigen
20 Jahrhunderten! Sprecht nie mehr das Wort Freiheit aus, indem Ihr den allerunerträglichsten Despotismus ausübt.

(Gustav Landauer, Briefe aus der französischen Revolution; zit. nach: Fuchshuber–Weiß, a.a.O., S. 244ff.)

Führende Politiker im Wohlfahrtsausschuss

Georges Jacques Danton (28.10. 1759–5.4.1794):

Der Rechtsanwalt Georges Danton war neben Robespierre einer der berühmtesten Politiker der Bergpartei. Zeitgenossen beschreiben ihn als temperamentvoll, lebenslustig und mutig. Mit Jean-Paul Marat gründete er den Club der Cordeliers und betrieb den Sturz der Monarchie. Als Justizminister (seit 1792) organisierte er den jakobinischen Terror. Als Kriegskommissar predigte er den patriotischen Kampf gegen die europäischen Monarchien. Er war von Anfang an eines der Mitglieder des Wohlfahrtsausschusses, der am 6. April 1793 eingerichtet wurde. Seit dem Juli 1793 wendete er sich allerdings gegen übertriebenen Terror und geriet deshalb in scharfen Gegensatz zu Robespierre, der ihm „Nachsichtigkeit" vorwarf.
Auf Veranlassung Robespierres wurde er verhaftet, in einem Aufsehen erregenden Schauprozess verurteilt und am 5. April 1794 unter der Guillotine hingerichtet.

Maximilien Robespierre (6.5.1758 – 28. 7.1794):

Der Rechtsanwalt Maximilien Robespierre war seit 1791 der bei weitem berühmteste Revolutionsheld. Der ehrgeizige Rechtsanwalt wurde der „Unbestechliche" genannt, weil er als äußerst prinzipientreu und sittenstreng galt. J.J. Rousseau war sein Idol. Zunächst Abgeordneter der Generalstände und der Nationalversammlung wurde er später der unbestrittene Kopf der Bergpartei im Nationalkonvent. In der Debatte um die Kriegserklärung sagte er: „Die Völker lieben keine gestiefelten Missionare. Schafft bei euch selbst Ordnung, bevor ihr darangeht, die Freiheit woanders hin zu tragen!" Im Sommer 1793 betrieb er den Sturz der Girondisten und bestimmte seitdem die französische Politik als Vorsitzender des „Wohlfahrtsausschusses". Nach der Zuspitzung des Terrors im Jahre 1794, dem nun auch Politiker der Bergpartei zum Opfer fielen, verlor er immer mehr Anhänger. Erste Siege der Revolutionsarmee entlasteten die Revolution und der Terror schien vielen seiner ehemaligen Freunde nicht mehr nötig.
Am 27.7.1794, nach dem Revolutionskalender am 9. Thermidor III, wurde er im Konvent gestürzt, verhaftet und schon am folgenden Tage hingerichtet.

Eure Meinung: Ist die Politik Robespierres zu rechtfertigen?

Wägt die Argumente ab, die eurer Ansicht nach für und gegen die Schreckensherrschaft der Jakobiner sprechen, und begründet dann euer eigenes Urteil.

Mögliche Kriterien:
– die bedrohte Lage der Revolution
– politische Ideale und Ziele
– die Interessen bestimmter Bevölkerungsschichten
– die Menschenrechte.

Sicherheit oder Freiheit?
Napoléon entscheidet ...

Die beiden bekanntesten Herrscherbilder Napoléons.
Der Maler Jacques-Louis David malte sie in seinem Auftrag.

Was können wir aus diesen Herrscherbildern über Napoléon erfahren?
Forscht mithilfe der Informationen auf Seite 31. (Berücksichtigt dabei auch, was ihr schon über die Auswertung von Herrscherbildern gelernt habt!)

M 1
Napoléon überschreitet den St. Bernhard-Pass (Gemälde von Jacques-Louis David von 1799).

M 2 **Kaiserkrönung Napoléons in der Pariser Kathedrale Notre-Dame am 2. Dezember 1804**
(Ausschnitt aus einem Gemälde von Jacques-Louis David)

Vom Soldaten zum Kaiser: Das Leben des Napoléon Bonaparte

Napoléon wurde 1769 auf der Insel Korsika geboren und wuchs unter ärmlichen Verhältnissen auf. Er trat freiwillig in die Revolutionsarmee ein und war mit 24 Jahren bereits Brigadegeneral. Im Auftrag des Konvents eroberten von ihm befehligte Truppen die Stadt Toulon, die von englischen Truppen besetzt war, für Frankreich zurück.

Inzwischen waren in Paris die Jakobiner entmachtet worden, ihre führenden Politiker, allen voran Robespierre, waren Opfer der Guillotine geworden. Gemäßigte Revolutionäre hatten die Macht übernommen und das alte Zensuswahlrecht wieder eingeführt. Napoléon rettete mit seinen Truppen die neue Regierung, das „Direktorium", vor einem Aufstand, mit dem die alte Monarchie wieder eingeführt werden sollte. Mit 26 Jahren erhielt er zum Dank den Oberbefehl über die Truppen, die in Italien kämpften, und errang in kurzer Zeit entscheidende Siege, vor allem über Österreich.

Am 9. November 1799 wagte er den Staatsstreich. Mithilfe seiner Soldaten löste er das Parlament in Paris auf und ernannte sich selbst zum Staatsoberhaupt. In den folgenden Jahren festigte er seine Macht und krönte sich schließlich 1804 selbst zum Kaiser. Die Kaiserkrönung ließ er durch eine Volksabstimmung bestätigen: 3,5 Millionen stimmten mit „Ja", 2500 mit „Nein".

Die Erstausgabe des „Code Napoléon", 1804

So veränderte Napoléon Frankreich

Weil Napoléon in den folgenden Jahren in verschiedenen Feldzügen fast ganz Europa erobern konnte (nur England und Russland waren noch unbesiegt), erzielte er den größten Teil der Staatseinnahmen aus den besetzten Ländern. So konnte er die Staatsfinanzen ordnen, die französische Bevölkerung entlasten und ein geordnetes Steuersystem entwickeln. Die Verwaltung des Staates ordnete er nach dem militärischen Prinzip von Befehl und Gehorsam; niemand wurde mehr gewählt, sondern alle Ämter von Paris aus besetzt.

Den männlichen Bürgern aber sicherte er mit seinem berühmten Gesetzbuch, dem „Code Napoléon", alle grundlegenden Rechte und persönlichen Freiheiten – nur in der Politik mitbestimmen durfte das Volk jetzt nicht mehr. Die rechtliche Situation der Frauen blieb aber auch im „Code Napoléon" wie früher. Vor dem Gesetz wurden sie behandelt wie Minderjährige.

M 3   Eine zeitgenössische Meinung über Napoléon

Nach dem Sturz der Jakobiner war nach dem Zensuswahlrecht ein neues Parlament, die „Gesetzgebende Versammlung", gewählt worden. In der folgenden Quelle ist eine Rede ihres Präsidenten, Francois de Jaubert, wiedergegeben (2. Mai 1804):

Q Was wollten wir 1789? Das Eingreifen unserer Vertreter bei der Festlegung der Steuern, die Abschaffung des Feudalsystems, die Vernichtung jegli-
5 cher […] beleidigenden Unterscheidungen, die Beseitigung der Missbräuche, die Garantie für den Wohlstand im Inneren und für unsere Achtung im Ausland. Das sind die wahren Wün-
10 sche der Nation gewesen. […]
Das französische Volk will die Quelle der politischen Unruhen austrocknen, aber es will auch die Früchte seiner langen und mühseligen Arbeit bewah-
15 ren. […]
Ja, wer könnte all die Wunder nennen, die er [Napoléon] vollbracht hat: Die Grundlagen der Verwaltung sind festgelegt, in die Finanzen ist Ordnung ge-
20 bracht, die Armee ist organisiert, […] der Handel ist in Gang gebracht, das staatliche Unterrichtswesen ist neu aufgebaut, Frankreich erhält ein einheitliches bürgerliches Gesetzbuch.

(Zit. nach: Irmgard u. Paul Hartig, Die Französische Revolution, Stuttgart (Klett) 1981, S. 116ff.)

1. Untersucht die zeitgenössische Meinung über Napoléon (M 3):
   – Welche Meinung hat der Autor über die Herrschaft Napoléons?
   – Wie begründet er seine Meinung?
   – Stellt er – eurer Meinung nach – die Umstände des Jahres 1789 richtig dar?

2. Jetzt könnt ihr euch in die Tage vor der Volksabstimmung zur Kaiserkrönung versetzen. Stellt euch ein Rededuell zwischen einem Unterstützer und einem Gegner Napoléons vor und schreibt nieder, was beide gesagt haben könnten.

Napoléon erobert Europa ...

Mithilfe des Textes und der Karten könnt ihr erarbeiten,

1. wie die Eroberungen Napoléons Europa veränderten und

2. welche Staatengrenzen seine Gegner nach ihrem Sieg festlegten.

Der Beginn der Kriege

Den Krieg gegen das revolutionäre Frankreich hatten die europäischen Monarchien unter Führung Österreichs und Preußens begonnen. Nach ersten Erfolgen der Koalition begann sich aber das Blatt zu wenden: Die französische Volksarmee war den Söldnertruppen der Koalition überlegen.

Vorherrschaft in Europa

Unter der Führung Napoléons eroberte die französische Revolutionsarmee in den so genannten Koalitionskriegen fast ganz Europa. Nach der Niederlage Österreichs und seiner Verbündeten gegen die französischen Truppen in der „Dreikaiserschlacht" von Austerlitz im dritten Koalitionskrieg (1805) legte Kaiser Franz II. im Jahre 1806 die deutsche Kaiserwürde nieder. Damit endete das Heilige Römische Reich Deutscher Nation. Im Jahre 1812 waren nur noch England und Russland unbesiegt.

Neue Staaten, neue Grenzen

Napoléon ordnete die europäischen Staatsgrenzen neu: Die ehemaligen Feindstaaten Preußen und Österreich ließ er in stark verkleinerter Form weiter bestehen. Preußen, das 1806 in der Schlacht von Jena und Auerstedt vernichtend geschlagen worden war, behielt nur noch etwa ein Drittel seines früheren Staatsgebietes und die Hälfte seiner Bevölkerung. Die preußischen Erwerbungen aus drei polnischen Teilungen wurden in ein neu gegründetes

M 1 Bevor Napoléon seine Feldzüge begann: Mitteleuropa 1789

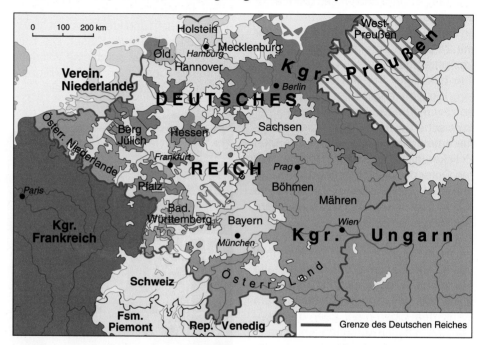

M 2 Europa unter der Herrschaft Napoléons: Mitteleuropa 1812

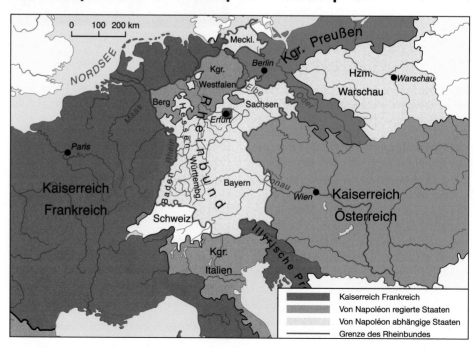

... und wird besiegt

Großherzogtum Warschau eingebracht. Außerdem bildete der Kaiser neue, künstliche Staaten, wie etwa das Königreich Westfalen und das Großherzogtum Berg. Als Herrscher dieser Staaten setzte Napoléon Mitglieder seiner Familie ein.

Sechzehn selbstständig gebliebene deutsche Staaten in der Mitte und im Süden Deutschlands hatten durch die napoléonische Eroberung gewonnen: Unter dem Einfluss Napoléons wurden diese Staaten 1803 im so genannten „Reichsdeputationshauptschluss" nach den Prinzipien der „Säkularisierung" und der „Mediatisierung" neu geordnet. Säkularisierung bedeutet die Auflösung früherer geistlicher Territorien und ihre Übernahme durch weltliche Fürsten; zwei geistliche Kurfürstentümer, 19 Bistümer und 44 Abteien wurden auf diese Weise aufgelöst. Mediatisierung bedeutet die Auflösung der Selbstständigkeit kleinerer weltlicher Territorien, vor allem freier Städte und Freier Reichsstädte; sie verloren ihre Reichsunmittelbarkeit und wurden ebenfalls den neu entstehenden Staaten zugeordnet.

Durch die Säkularisierung und die Mediatisierung entstanden nun 16 größere Flächenstaaten. Sie schlossen sich unter der „Schirmherrschaft" Napoléons 1806 im so genannten „Rheinbund" zusammen. Sie traten aus dem Deutschen Reich aus, das damit endgültig zerfiel. Der deutsche Kaiser Franz II. legte die deutsche Kaiserkrone nieder. Damit endete die fast tausendjährige Geschichte des „Heiligen Römischen Reiches Deutscher Nation".

Reformen

Im Rheinbund, in den von Napoléon neu gegründeten Staaten und in den besiegten Feindstaaten bewirkte Napoléon Reformen. Sie sollten alle von den Fortschritten der Französischen Revolution profitieren – so wie Napoléon sie verstand. In vielen Staaten wurde die Verwaltung modernisiert und alte Standesprivilegien wurden abgeschafft. Eine echte demokratische Mitbestimmung des Volkes gab es aber nicht. Auch eine Gleichberechtigung der Frau lehnte Napoléon ab.

Andererseits nutzte Napoléon diese Staaten, um seine Armee und den französischen Staatshaushalt zu stützen. Abgaben und Steuern, die an Frankreich gezahlt werden mussten, minderten die Begeisterung der deutschen Bevölkerung für Napoléon.

Niederlage im Russlandfeldzug

Als Napoléon versuchte, auch Russland zu erobern, scheiterte er: Die Armee des russischen Zaren hatte sich weit zurückgezogen und als der Winter kam, war Napoléons Armee zu schlecht versorgt: Über 400 000 Soldaten starben an Hunger und Kälte. Napoléon verlor so den größten Teil seiner Armee, zu der neben 200 000 Franzosen auch 400 000 Angehörige anderer Nationalitäten (meist Deutsche) gehörten.

Die von Napoléon beherrschten Staaten verbündeten sich jetzt gegen ihn. In der „Völkerschlacht" bei Leipzig (1813) besiegten sie ihn. Auch sein Volk vertraute ihm nun nicht mehr; er wurde verbannt. 1815 versuchte er zwar nochmals, die Macht zurückzuerobern, unterlag seinen Gegnern jedoch endgültig in der Schlacht bei Waterloo.

Der Wiener Kongress

Die siegreichen Mächte ordneten die europäische Landkarte neu. Auf einem Kongress (1814/1815) in Wien, der Hauptstadt Österreichs, beschlossen sie neue Staatsgrenzen: Frankreich bekam seine alten Grenzen wieder; die großen Siegermächte Preußen, Österreich und Russland erhielten ihre alten Gebiete zurück, ja vergrößerten ihre Staatsgebiete sogar noch. Dabei achteten sie sorgfältig darauf, ungefähr gleich mächtig zu werden.

M 3 **Als Napoléon besiegt war: Mitteleuropa 1815**

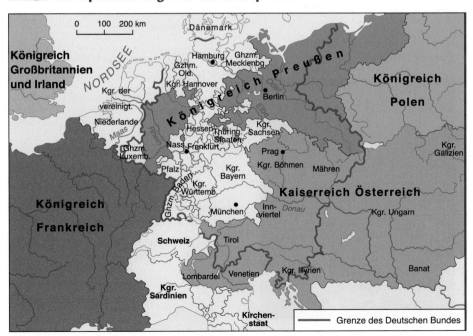

Und was geschah in Deutschland?

Stationen deutscher Geschichte

Wie unter einer Lupe betrachten wir auf den folgenden Doppelseiten zwei wichtige Stationen der deutschen Geschichte im 18. und zu Beginn des 19. Jahrhunderts.

Als Napoléon auf Deutschland traf …

… hatte die Französische Revolution in ganz Europa den Glauben an das Prinzip der Königsherrschaft tief erschüttert. Das war auch in Deutschland nicht anders. Die Idee von der Demokratie war also da – aber sollte sie auch in Deutschland Wirklichkeit werden?
Der deutsche Weg zur Demokratie verlief ganz anders als der französische. Und das hat mit den unterschiedlichen Voraussetzungen in den beiden Ländern zu tun.

Station 1:

1712–1786

Herrscht da jemand wie der Sonnenkönig?

Station 2:

1807–1815

Revolution in Frankreich! Und in Preußen!

Q Wir Friedrich-Wilhelm, König von Preußen, tun kund und fügen hiermit zu wissen:
[…]
Mit dem Martinitage 1810 hört alle Gutsuntertänigkeit […] auf. Nach dem Martinitage 1810 gibt es nur freie Leute […].

(Aus dem Edikt König Friedrich-Wilhelms vom Oktober 1807)

Station 3:

ab 1803

Napoléon schafft neue Staaten – Baden und Württemberg

Deutschland im Jahr 1789 – ein Land, das es eigentlich noch gar nicht gab …

Deutschland im Jahr 1789

Als die Französische Revolution den Absolutismus besiegte, da gab es noch keinen gemeinsamen deutschen Staat. Stattdessen gab es 314 verschiedene Territorialstaaten, meist Fürstentümer und Grafschaften, und etwa 1500 selbstständige geistliche und weltliche Herrschaften sowie selbstständige Städte. Deutschland im Jahr 1789 war also kein einheitliches Gebiet.

Die Sprache

Die wichtigste Gemeinsamkeit war die Sprache. In allen Staaten wurde deutsch gesprochen. Allerdings waren die Dialekte so unterschiedlich, dass zum Beispiel ein Untertan des bayerischen Fürsten einen Bürger der Hansestadt Hamburg kaum verstehen konnte. Auch deshalb fühlten sich die Menschen kaum als Deutsche, sondern eher als Bayern, Hamburger oder Westfalen.

Das „Heilige Römische Reich Deutscher Nation"

Die deutschen Fürsten hatten sich im „Heiligen Römischen Reich Deutscher Nation" zusammengeschlossen, das von einem deutschen Kaiser regiert wurde. Seit langer Zeit schon vererbten die Mitglieder der Familie der Habsburger, die Herrscher über Österreich, die deutsche Kaiserkrone.

Eine wichtige politische Bedeutung hatte dieses Reich allerdings schon lange nicht mehr, denn die Einzelstaaten waren sehr auf ihre eigenen Rechte bedacht.

Die großen Staaten

Die beiden größten Staaten – Preußen und Österreich – gehörten nur mit einem Teil ihres Staatsgebietes zum „Heiligen Römischen Reich Deutscher Nation".
In den anderen Gebieten lebten Menschen, die gar nicht deutsch sprachen, sondern zum Beispiel polnisch oder ungarisch, und die sich auch gar nicht als Deutsche fühlten.

Besondere Bedingungen

Während das französische Volk also in einem einheitlichen Staatsgebiet lebte und in seiner Revolution gegen einen absolutistisch herrschenden König gekämpft hatte, hatten es die Deutschen mit vielen verschiedenen Staaten und vielen verschiedenen Fürsten zu tun. Die Ausgangslage war also ganz anders.

Und um sie richtig verstehen zu können, müssen wir sogar noch einen Schritt weiter zurückgehen und die Geschichte des Staates untersuchen, der später für die deutsche Geschichte bestimmend wurde: das Königreich Preußen.

---

1. Listet auf, was die Deutschen im Jahr 1789 gemeinsam hatten und was sie trennte.

2. Schaut euch die Karte an: Welche großen Staaten könnt ihr erkennen?

M 1 Das „Heilige Römische Reich Deutscher Nation" (1789)

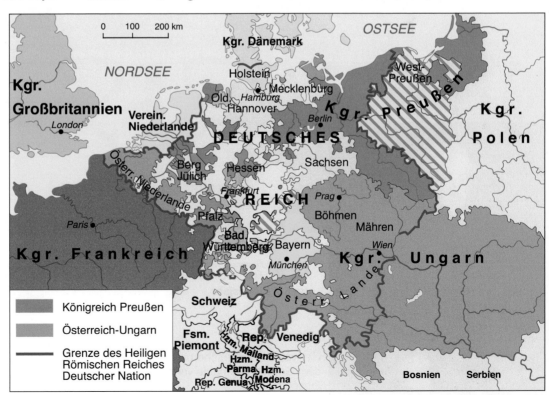

35

Forschungs-station

Station 1:
Herrscht da jemand wie der Sonnenkönig?

Der Sonnenkönig und sein Schloss in Versailles – das war zu Beginn des 18. Jahrhunderts der Mittelpunkt Europas. Wollten die deutschen Fürsten ihm nacheifern?

Wir erforschen diese Frage am Beispiel Friedrichs des Großen, König von Preußen.

Eure Forschungsaufträge:

1. War Friedrich der Große ein absolutistischer Herrscher?

2. Welche Rolle spielte die Aufklärung in seinem Leben?

3. Listet Gemeinsamkeiten und Unterschiede zu Ludwig XIV. auf.

Als Forschungsgrundlage stehen euch Bilder, schriftliche Quellen und Informationstexte zur Verfügung.

In diesem Schloss herrschte Friedrich der Große, von 1740 bis 1786 König von Preußen. Ludwig XIV., der Sonnenkönig, war 1715 gestorben.

M 1 Schloss „Sanssouci" bei Potsdam, erbaut 1745 –1747

M 2 Friedrich der Große im 58. Lebensjahr

Ein typisches Herrscherbild von Friedrich dem Großen (Gemälde von Johann Georg Ziesenis)

1. Wie ihr wisst, wollten sich Herrscher in solch einem Bild (M 2) immer selbst darstellen. Was wollte Friedrich der Große über sich und seine Herrschaft aussagen?

2. Erinnert ihr euch noch an das Herrscherbild von Ludwig XIV.? Haltet Gemeinsamkeiten und Unterschiede fest.

Friedrichs Vater: der „Soldatenkönig"

Friedrich-Wilhelm I. (1688–1740) war persönlich das Gegenteil des französischen Sonnenkönigs: Er war von den „preußischen Tugenden" Pflichterfüllung, Gehorsam und Sparsamkeit erfüllt. Mithilfe dieser Tugenden verfolgte er zwei Ziele: aus den verstreuten Gebieten seines Königreiches ein zusammenhängendes Staatsgebiet zu formen und es zu einer europäischen Großmacht zu machen.

Um seinen Willen im ganzen Land durchzusetzen, schuf er eine zentrale Verwaltung, das „Generaldirektorium" in Berlin.

Außerdem baute er eine starke Armee auf. Alle Bauernsöhne waren dazu verpflichtet, drei Monate im Jahr als Soldaten zu dienen. Auch die Söhne aus den adeligen Familien mussten – allerdings als Offiziere – in der Armee des Königs dienen.

Der König erlaubte den Adeligen, die meist große Landgüter besaßen, selbstständig über „ihre" Bauern zu herrschen. Sie hatten die richterliche und die polizeiliche Gewalt über die untertänigen Bauern, sie beaufsichtigten die Kirchen und Schulen. Als Gegenleistung mussten sie dem König absoluten Gehorsam und Treue schwören.

Als Friedrich-Wilhelm I. starb, hinterließ er seinem Sohn eine schlagkräftige Armee und zehn Millionen Taler in der Kriegskasse.

1. Listet anhand des Textes Ziele und Maßnahmen des Soldatenkönigs auf.

2. Erklärt mithilfe von M 3 und M 4, wie und auf welche Weise das Königreich Preußen entstand.

Der Staat: Brandenburg-Preußen

M 3

Herr Friderich von Gottes Gnaden, König in Preussen, Marggraf zu Brandenburg, des Heil. Römischen Reichs Ertz-Cämmerer und Churfürst, Souverainer Prinz von Oranien, Neufchatel und Valangin, in Geldern, zu Magdeburg, Cleve, Jülich, Berge, Stettin, Pommern, der Cassuben und Wenden, zu Mecklenburg auch in Schlesien zu Crossen Hertzog, Burggraff zu Nürnberg, Fürst zu Halberstadt, Minden, Cammin, Wenden, Schwerin, Ratzeburg, Ost-Friesland und Moers, Graf zu Hohenzollern, Ruppin, der Marck, Ravensberg, Hohenstein, Tecklenburg, Lingen, Schwerin, Bühren und Lehrdam, Herr zu Ravenstein, der Lande Rostock, Stargard, Lauenburg, Bütow, Arlay und Breda, rc. rc.   Thun kund und fügen hiermit zu

Titelblatt einer Urkunde von Friedrich I., Urgroßvater Friedrichs d. Gr.

M 4
Die Entwicklung Preußens bis 1786

Aus dem Kurfürstentum Brandenburg wird das Königreich Preußen:
Aus der Mark Brandenburg wuchs durch Erwerbungen, Schenkungen oder durch Heiraten das Kurfürstentum Brandenburg um immer weitere Gebiete an.
Friedrich I. erklärte sich 1701 selbst zum „König von Preußen".

Forschungs-station

Kronprinz Friedrich
(Gemälde von Antoine Pesne)

Friedrichs Jugend (1712–1740)

Schon in ganz jungen Jahren wurde deutlich, dass Friedrich sehr intelligent und musisch hoch begabt war. Er interessierte sich sehr für die Ideen der Aufklärung und geriet deshalb in schwere Konflikte mit seinem Vater, der die musikalischen und literarischen Interessen seines Sohnes ablehnte.

Der junge Friedrich versuchte schließlich sogar – zusammen mit seinem Freund Katte – nach England zu fliehen, aber der Fluchtversuch scheiterte und sein Vater griff zu drastischen Erziehungsmaßnahmen: Friedrich musste für Monate in Festungshaft in Küstrin an der Oder und zusehen, wie sein Freund Katte hingerichtet wurde.

Friedrichs Regierungsantritt (1740)

Sofort nach seinem Regierungsantritt im Jahre 1740 verfügte er die Abschaffung der Folter im Strafprozess, verkündete den Grundsatz der Toleranz für alle Religionen und ließ die Berliner Akademie der Wissenschaften neu errichten.

1750 gelang es Friedrich, seinen Freund, den berühmten französischen Aufklärer Voltaire, für drei Jahre auf sein Schloss Sanssouci einzuladen.

Eroberungskriege (1740–1763)

Schon bald nach seinem Regierungsantritt nutzte Friedrich die Armee, um die Macht Preußens auszudehnen.

In den beiden Schlesischen Kriegen (1740–1742 und 1744/1745) eroberte er mit ihrer Hilfe Schlesien. Als Zeichen seiner neuen Macht ließ er da-nach das neue Schloss „Sanssouci" bauen.

Im Siebenjährigen Krieg (1756–1763) kämpfte er im Bündnis mit England gegen eine Allianz aus Österreich, Frankreich und Russland. Im Verlaufe dieses Krieges stand Preußen mehrfach am Rande einer vernichtenden Niederlage, doch Friedrich erwies sich als glücklicher Feldherr.

Der Ausgang des Krieges erhob Preußen zu einer europäischen Großmacht, aber 120000 preußische, 69000 österreichische und 42000 russische Soldaten waren in den Schlachten gestorben.

Das „Mährische Viertel" in Neusalz an der Oder

Im gerade eroberten Schlesien ließ Friedrich der Große diese Siedlung für protestantische Aussiedler aus dem katholischen Böhmen erbauen. Hier konnten sie ihren Glauben ungestört leben und eine Textilmanufaktur betreiben.

Insgesamt konnten zu seiner Regierungszeit über 300000 Menschen nach Preußen einwandern – meist waren es Menschen, die aus religiösen Gründen aus ihren Herkunftsländern geflüchtet waren.

M 5 Das „Mährische Viertel"

Reformen (1763–1786)

Nach dem Krieg versuchte Friedrich, die Lebensverhältnisse seiner Untertanen zu verbessern. Er förderte unter staatlicher Kontrolle das Gewerbe und die Landwirtschaft, ordnete Maßnahmen zum Landausbau an (z.B. durch die Trockenlegung von Sümpfen), verbesserte das Schulwesen (alle Kinder zwischen dem 5. und 13. Lebensjahr sollten zur Schule gehen und lesen und schreiben lernen) und gab ein Gesetzeswerk in Auftrag, das das Recht in allen preußischen Provinzen vereinheitlichen sollte.

Friedrich der Große schrieb: „Ich bin der erste Diener meines Staates."

Friedrich der Große
(Porträt von Anton Graff)

M 7 Der König und seine politischen Grundsätze

Aus dem Testament Friedrichs des Großen (1752):

Q Katholiken, Lutheraner, Reformierte, Juden und zahlreiche andere christliche Sekten wohnen in Preußen und

M 6 Bilder erzählen Geschichte: Wie zeitgenössische Maler den König sahen

Friedrich II. überwacht die Kartoffelernte
(Gemälde von R. Warthmüller, 1886, Ausschnitt).

leben friedlich beieinander. Wenn der
5 Herrscher aus falschem Eifer auf den Einfall käme, eine dieser Religionen zu bevorzugen, so würden sich sofort Parteien bilden und heftige Streitereien ausbrechen. Allmählich würden Ver-
10 folgungen beginnen und schließlich würden die Anhänger der verfolgten Religion ihr Vaterland verlassen, und tausende von Untertanen würden unsere Nachbarn mit unserem Gewerbe-
15 fleiß bereichern und deren Volkszahl vermehren.

(Zit. nach: Geschichte in Quellen, Bd. 3, a.a.O., S. 608)

M 8 Die Einschätzung eines modernen Historikers

Der Historiker Sebastian Haffner über Preußen (1979):

Die preußische Armee wurde unter dem „Soldatenkönig" auf eine Friedensstärke von 83 000 Mann gebracht, von seinem Nachfolger sofort auf
5 100 000 und später im Krieg sogar auf das Doppelte. Das war für ein kleines Land unverhältnismäßig viel, unglaublich viel; große Staaten wie Frankreich, Österreich und Russland hielten nur
10 wenig größere Armeen. Es erforderte Sparsamkeit […] in allen anderen Staatsausgaben; vier Fünftel der Staatsausgaben gingen für die Armee drauf. Die preußische Armee war […] das
15 wichtigste Instrument des Staates, seine Trumpfkarte und sein Herzblatt; für sie geschah alles, um sie drehte sich alles, mit ihr stand und fiel alles. Von der Sorge um diese Armee war der
20 Staat „besessen". Auch seine – für die damalige Zeit hochmoderne und fortschrittliche – Finanz-, Wirtschafts- und Bevölkerungspolitik diente letzten Endes seiner Kriegstüchtigkeit, und das
25 hieß: seiner Armee.

(Sebastian Haffner, Preußen ohne Legende, Hamburg 1979, S. 92 u. 95, bearbeitet)

Station 2:

21 Jahre später – im Jahre 1807 ...

Revolution in Frankreich! Und in Preußen?

M 1 **5. Oktober 1807**

Friedrich-Wilhelm III., Sohn des Neffen Friedrichs des Großen, König von Preußen, unterschreibt ein Edikt:

Q Wir Friedrich-Wilhelm, König von Preußen, tun kund und fügen hiermit zu wissen: [...]
Mit dem Martinitage 1810 hört alle Gutsuntertänigkeit [...] auf. Nach dem Martinitage 1810 gibt es nur freie Leute [...].

(Aus dem Edikt König Friedrich-Wilhelms vom Oktober 1807)

Und dabei blieb es nicht:

1808: Neue Städteordnung!
Die Bürger in den Städten dürfen ab jetzt ihre Angelegenheiten selbst verwalten.

1811: Regulierungsedikt!
Auch Nichtadelige dürfen jetzt Landbesitz erwerben. Bauern erhalten das Eigentum an den von ihnen bisher bewirtschafteten Höfen, müssen aber dafür an ihre ehemaligen Grundherren eine Ablösesumme bezahlen. Viele haben dafür nicht genug Geld und müssen als Landarbeiter gegen Lohn arbeiten.

1810: Gewerbefreiheit!
Die seit dem Mittelalter bestehenden Zünfte werden aufgehoben, jeder darf jetzt ein Gewerbe ausüben.

1812: Judenemanzipation!
Menschen jüdischen Glaubens – bisher in Preußen nur geduldet – werden jetzt preußische Staatsbürger mit gleichen Rechten.

Was war geschehen?
So könnt ihr die Vorgänge in Preußen untersuchen:

1. Listet die Maßnahmen des Königs in den Jahren 1807 bis 1812 auf.

2. Klärt mithilfe von M2, welche Rechte und Pflichten vor 1807 in Preußen galten.

3. Untersucht jetzt alle Veränderungen und beurteilt sie aus der Sicht verschiedener Bevölkerungsgruppen (reicher Landadel, verarmter Landadel, Großbürger, Handwerker, untertänige Bauern, religiöse Minderheiten).

4. Versucht die Folgen der Maßnahmen des Königs (S. 41) zu erklären: Auf welche Bestimmungen sind sie wahrscheinlich zurückzuführen?

M 2 **Preußen vor 1807**

Auszüge aus dem preußischen Landrecht von 1794:

Q

§1 Unter dem Bauernstande sind die Bewohner des platten Landes begriffen [...], sofern sie nicht durch adelige Geburt [...] von diesem Stand ausgenommen sind.

§2 Wer zum Bauernstande gehört, darf weder selbst ein bürgerliches Gewerbe betreiben, noch seine Kinder.

§3 Kinder untertäniger Eltern werden derjenigen Herrschaft untertan, welcher die Eltern zur Zeit der Geburt untertan waren.

§150 Untertanen dürfen das Gut ohne Bewilligung der Grundherrschaft nicht verlassen.

§154 Sie sind derselben zu Dienst und Abgaben verpflichtet.

§161 Untertanen sind bei ihrer [...] Heirat der herrschaftlichen Genehmigung nachzusuchen [verpflichtet].

§171 Kinder der Untertanen müssen dem Bauernstande der Eltern sich widmen.

§227 Faules [...] Gesinde kann die Herrschaft durch Züchtigung zu seiner Pflicht anhalten.

(Zit. nach: Schmid, Bd. 3., a.a.O., S. 180)

Welche Motive hatte der preußische König?

Warum hat der preußische König all diese Maßnahmen ergriffen? Wollte er seinen Untertanen Gutes tun oder verfolgte er auch eigennützige Ziele? Diese Fragen könnt ihr mithilfe der Materialien auf dieser Seite beantworten.

So könnt ihr vorgehen:

1. Beachtet die geschichtlichen Umstände, in denen sich Preußen im Jahr 1807 befand (Seite 40).
2. Untersucht nochmals die Folgen der Maßnahmen des Königs: Worauf sind sie zurückzuführen? Liegen sie auch im Interesse des Königs?
3. Untersucht die beiden Quellen M 3 und M 4.
4. Versucht zum Schluss die Frage in der Überschrift zusammenfassend zu beantworten.

Wichtige Folgen der Edikte Friedrich-Wilhelms III.

1. Der Arbeitsertrag in der Landwirtschaft nahm bis 1864 auf das Vierfache zu.
2. Die preußische Bevölkerung vermehrte sich zwischen 1815 und 1848 von 10 auf 16 Millionen Menschen.

Friedrich-Wilhelm III. (1797–1840)

Karl von Hardenberg (1750–1822). Der preußische Minister hatte großen Einfluss auf seinen König. Die Edikte Friedrich-Wilhelms beruhten in weiten Teilen auf seinen Vorstellungen.

M 3 So behandelte Napoléon die Deutschen im „Königreich Westfalen"

Aus einem Brief Napoléons an seinen Bruder Jérôme, den König von Westfalen (1807):

Q Mein Bruder! Ihr Thron wird in der Tat nur auf dem Vertrauen und der Liebe Ihrer Untertanen befestigt sein. Was aber das deutsche Volk am sehnlichsten
5 wünscht, ist, dass diejenigen, die nicht von Adel sind, durch ihre Fähigkeiten gleiche Rechte [...] haben, damit jede Leibeigenschaft aufgehoben werde. [...] Ihr Volk muss sich in seiner Freiheit
10 und Gleichheit eines Wohlstandes erfreuen, die den übrigen Völkern Deutschlands unbekannt sind. [...] Eine solche liberale Regierung [...] wird eine mächtigere Schranke gegen
15 Preußen sein als [...] alle Festungen. [...] Welches Volk wird zu der willkürlichen preußischen Regierung zurückkehren wollen, wenn es einmal von den Wohltaten einer weisen und libe-
20 ralen Verwaltung gekostet hat?

(Zit. nach: Kleßmann (Hg.), Deutschland unter Napoléon in Augenzeugenberichten, München 1976, S. 277f.)

M 4 Und so reagierte die Regierung des preußischen Königs Friedrich-Wilhelm III.

Aus einer Schrift des preußischen Ministers Karl von Hardenberg (1807):

Q Der Wahn, dass man der Revolution am sichersten durch das Festhalten am Alten [...] entgegenstreben könne, hat besonders dazu beigetragen, die
5 Revolution zu befördern und derselben eine stets wachsende Ausdehnung zu geben.
Also eine Revolution im guten Sinn, gerade hinführend zu dem großen
10 Zwecke der Veredelung der Menschheit, durch Weisheit der Regierung und nicht durch gewaltsame Impulsion [Anstoß] von innen oder außen – das ist unser Ziel, unser leitendes Prin-
15 zip.
Demokratische Grundsätze in einer monarchischen Regierung: Dies scheint mir die angemessene Form für den gegenwärtigen Zeitgeist. Die reine
20 Demokratie müssen wir noch dem Jahre 2440 überlassen [...].

(Zit. nach: Geschichte in Quellen, a.a.O., Bd. 5, S. 625f.)

Zu Aufgabe 3:

a) Entnehmt der Quelle, warum Napoléon will, dass sein Bruder dem Volk im Königreich Westfalen „Freiheit und Gleichheit" gibt.
b) Versucht Hardenbergs Text in eure eigene, modernere und verständliche Sprache zu übertragen. Könnt ihr das, was er sagen will, in drei einfachen Sätzen ausdrücken?
c) Erklärt – wieder möglichst verständlich –, was Hardenberg unter einer „Revolution im guten Sinn" versteht.

Info Station 3:
Napoléon schafft neue Staaten – Baden und Württemberg

Die „napoléonische Flurbereinigung" im deutschen Südwesten

„Am Anfang war Napoléon"

Mit diesem Satz beginnt der Historiker Thomas Nipperdey seine mehrbändige Deutsche Geschichte seit dem 19. Jahrhundert. In der Tat stand die politische Entwicklung in Deutschland zu Beginn des 19. Jahrhunderts ganz unter Napoléons überragendem Einfluss.

Das zeigt sich besonders im deutschen Südwesten, an den beiden Staaten Baden und Württemberg.

Die „napoléonische Flurbereinigung": Das Entstehen von Flächenstaaten

Deutschland, das „Alte Reich", zerfiel unter dem Ansturm der französischen Armeen und wurde unter dem Einfluss Napoléons neu geordnet. Nach der so genannten „napoléonischen Flurbereinigung" zeigte die Landkarte, die davor an einen bunt gescheckten Flickenteppich erinnert hatte, nur noch größere Flächenstaaten.

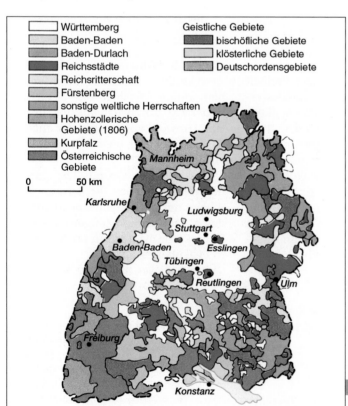

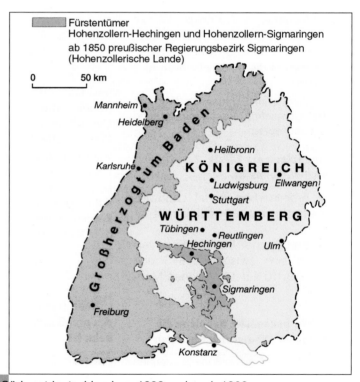

Südwestdeutschland vor 1803 und nach 1809

Die Markgrafschaft Baden und das Herzogtum Württemberg waren zur Zeit der Französischen Revolution zwar nicht gerade unbedeutende, aber doch recht kleine Territorien. Sie waren allerdings umgeben von kleineren Herrschaften: Reichsstädte, Klöster, reichsritterschaftliche Territorien sowie Teile der bayerischen Kurpfalz um Mannheim und verstreute Besitzungen Österreichs. Am Ende eines knappen Jahrzehnts der Umgestaltung waren diese Herrschaften verschwunden; Württemberg war in der Größe hinter Österreich, Preußen und Bayern auf den vierten Platz, Baden auf den siebten Rang in Deutschland gerückt.

Ein Jahrzehnt der Gebietserweiterungen

Die Gebietserweiterungen im Südwesten erfolgten weitgehend in drei Stufen. Ein Teil ging auf den Reichsdeputationshauptschluss (1803) zurück, in dem die deutschen Fürsten für den Verlust derjenigen Gebiete entschädigt wurden, die die französische Armee westlich des Rheins erobert hatte. So verlor Württemberg das Städtchen Mömpelgard (bzw. Montbéliard). Die Entschädigung geschah auf dem Rücken derjenigen, die sich am wenigsten dagegen wehren konnten: durch die Säkularisierung auf Kosten der Kirche, durch die Mediatisierung auf Kosten der kleinen, ehemals reichsunmittelbaren Kleinherrschaften. Die Kirche wurde dabei nicht allein in ihren Herrschaftsrechten säkularisiert, auch ihr Besitz fiel größtenteils an den Staat: Silber wurde eingeschmolzen, Bücher wanderten in die staatlichen Bibliotheken, Klöster wurden zu Krankenhäusern, Gefängnissen, Fabriken und Ähnlichem. Den Austritt aus dem Reichsverband und den Eintritt in den mit Napoléon eng verbundenen Rheinbund (1806) bekamen Baden und Württemberg ebenfalls mit Gebietserweiterungen belohnt. Schließlich zeigte sich Napoléon auch für die militärische Unterstützung im Kampf gegen Österreich mit Gebietserweiterungen erkenntlich. Weder die Herrscher Württembergs noch Badens waren Freunde der Französischen Revolution, auch nicht zur Zeit Napoléons. Sie sahen in einem Bündnis mit Frankreich vielmehr Vorteile für ihre eigene Machtposition. Baden signalisierte schon allein wegen seiner räumlichen Nähe zu Frankreich daher recht früh die Bereitschaft zur Zusammenarbeit mit dem übermächtigen Nachbarn. Württemberg zögerte etwas. Es gehörte anfangs noch zu den Kriegsgegnern Frankreichs und schlug sich erst 1801 auf dessen Seite.

Napoléon hatte mit beiden Herrscherhäusern langfristige Pläne. Entsprechend versuchte er, sie auch familiär eng an sich zu binden. In Baden heiratete Karl, der Enkel des Landesherrn, Napoléons Adoptivtochter Stephanie Beauharnais. Die Tochter des württembergischen Königs heiratete in Paris den jüngsten Bruder Napoléons, Jérôme, der als König von Westfalen eingesetzt wurde.

Für Baden und Württemberg zahlte sich das Bündnis mit Napoléon aus

Das Bündnis mit Napoléon hatte sich für beide Länder gelohnt. Beide Staaten nannten sich entsprechend ihrer gestiegenen Bedeutung und Unabhängigkeit nun Großherzogtum Baden beziehungsweise Königreich Württemberg. Rund 200 recht unterschiedliche Gebiete und Gebietssplitter mussten sich dem badischen oder württembergischen Herrscher unterwerfen. Nur Hohenzollern-Hechingen und Hohenzollern-Sigmaringen, die später an Preußen fallen sollten, blieben erhalten. Baden vervierfachte sich an Fläche und Bewohnern. Das etwas größere Württemberg verdoppelte sich.

Erst 1813, als Napoléons Herrschaft nach dem erfolglosen Russlandfeldzug ins Wanken geriet, schlugen sich Baden und Württemberg noch rechtzeitig auf die Seite Preußens und der anderen Gegner Napoléons. So konnten sie ihre Erwerbungen auch für die Zeit nach dem Sieg über Frankreich bewahren.

Thron des württembergischen Königs: Beispiel für die Verwendung von säkularisiertem Kirchengut. Für die Bezüge von Sitz und Rückenpolster wurden aus liturgischen Gewändern und Tüchern passende Motive herausgeschnitten.

Auf dem Weg zur modernen Staatlichkeit

Die innere Staatsgründung

Der massive Zugewinn an Land und Menschen kam einer Staatsneugründung gleich. Dieser äußeren Staatsgründung folgte eine innere, bei der umfassende Reformen durchgeführt wurden.

Gründe für Reformen

Das neue Baden wie auch das neue Württemberg setzten sich aus bunt zusammengewürfelten Gebieten zusammen, die von ihrer alten Herrschaft jeweils sehr unterschiedlich in politischer, rechtlicher, wirtschaftlicher, aber auch kultureller und hier besonders konfessioneller Hinsicht geprägt waren. So waren etwa beide Herrscherhäuser protestantisch, viele der neu gewonnenen Gebiete aber katholisch. Diese Gebiete galt es nun unter dem neuen Herrscher zu einem einheitlichen Staatsverband zusammenzuschließen.

Die Durchsetzung des Herrschaftsanspruchs nach innen war jedoch nur ein Beweggrund für Reformen. Schon vor und während der Französischen Revolution gab es Bestrebungen des „aufgeklärten Absolutismus", das Staatswesen machtvoller, effektiver und rationaler zu gestalten. Unter Napoléon forcierten der badische und der württembergische Herrscher diese Reformbemühungen und schufen gleichsam in einer „Revolution von oben" den modernen Verwaltungsstaat. Das große Vorbild war dabei der zentralistische Einheitsstaat Frankreich.

Zentralisierung der Staatsgewalt

Die Durchsetzung des Herrschaftsanspruchs nach innen verlangte nach der

Der württembergische König Friedrich ließ sich gern mit den Zeichen seiner neuen Würde darstellen.

Der badische Großherzog Karl Friedrich auf dem Höhepunkt seiner Macht

Ausschaltung aller Zwischengewalten. Die Mediatisierung beließ zwar dem Adel viele Privilegien, doch bedeutete sie seine vollständige politische Entmachtung. Das Gleiche gilt für die Säkularisierung. Sie trennte Staat und Kirche und war insofern ein wichtiger Schritt in Richtung moderner Staatlichkeit. Auch die Rechtsprechung wurde vereinheitlicht, modernisiert und lag von nun an ausschließlich in den Händen des Staates.

Regieren hieß vor allem auch verwalten. Nach französischem Vorbild setzte man an die Spitze der Verwaltung ein Staatsministerium, dem streng nach Sachgebieten getrennte Fachministerien zugeordnet waren. Die weitere Verwaltung wurde streng hierarchisch geordnet. Auf der mittleren Ebene teilte man das Land in Kreise, auf der unteren in Ämter beziehungsweise Oberämter auf. Bei der Einteilung der Verwaltungsbezirke ging man ohne Rücksicht auf regionale Traditionen rein nach geographischen und bevölkerungsstatistischen Kriterien vor, um annähernd gleiche Einheiten zu erhalten.

Um den gestiegenen Verwaltungsaufwand zu bewältigen, benötigte man gut ausgebildete Staatsdiener. Der Staat schuf durch entsprechende Aufnahmeprüfungen und Karrieremöglichkeiten die Grundlage für ein modernes Berufsbeamtentum.

Die Lage der Bauern

Die inneren Reformen betrafen vor allem die Verwaltung, die Justiz und auch das Militär. Bildung, Kultur sowie die Gewerbe- und vor allem die Agrarverfassung blieben dagegen weitgehend unverändert. Zwar bedeuteten Säkularisierung und Mediatisierung den Bruch mit der Feudalgesellschaft, doch hatten sich die persönlichen Abhängigkeitsverhältnisse der Bauern kaum geändert. Baden führte 1810 den Code Napoléon als Zivilgesetzbuch ein, allerdings in etwas abgewandelter Form. Dieses bürgerliche Gesetzbuch ging von der Freiheit der Person und des Eigentums aus und rückte insofern von der Feudalordnung ab. Im Effekt wurden jedoch die Feudalverhältnisse nur in zivilrechtliche Vertragsverhältnisse umgewandelt. Aufgrund dieser Verträge mussten die Bauern, die nunmehr zu Pächtern geworden waren, weiterhin Abgaben leisten. Gegen Geld konnten sie sich von ihren Feudallasten freikaufen, dies aber nur, wenn der Grundherr zustimmte. Württemberg zeigte sich noch weniger als Baden bereit, in diesem Bereich Reformen zuzulassen. Zu einer wirklichen Bauernbefreiung kam es erst bis Mitte des 19. Jahrhunderts.

Verfassung und Parlament

Ein zweites Manko betraf die politische Mitsprache. Ein Mitspracherecht des Volkes in Form von Ständeversammlungen hätte den Handlungsspielraum des Herrschers nur eingeengt. Baden und Württemberg wurden deshalb absolutistisch regiert. In Württemberg setzte der Herrscher 1805 das auf den Tübinger Vertrag von 1514 zurückgehende „alte Recht" der ständischen Mitsprache kurzerhand außer Kraft. Allerdings waren auch die absolutistischen Herrscher im deutschen Südwesten so weit „aufgeklärt", dass sie den Absolutismus nur als Übergangzeit ansehen konnten. Sie selbst strebten daher Verfassungen mit Volksvertretungen an. Entsprechend erhielten 1818 Baden und 1819 Württemberg im Vergleich zum restlichen Deutschland sehr früh recht fortschrittliche Verfassungen. Sie können als Schlussstein der inneren Reformen gesehen werden.

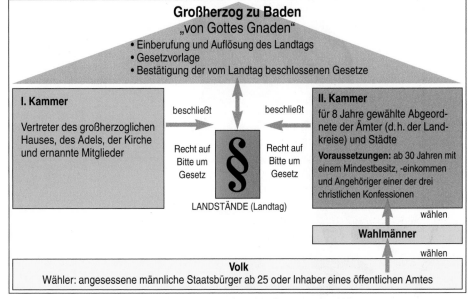

Staatliche Willensbildung nach der badischen Verfassung von 1818

Haltet einen kurzen Vortrag über die Entwicklungen in Baden und Württemberg um 1800.

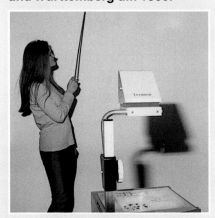

Was ist während des Vortrags zu beachten?

- Eine klare Gliederung in
  a) Einleitung (Interesse für das Thema wecken, einen Überblick über die wichtigsten Gesichtspunkte des Vortrags geben),
  b) Hauptteil (strukturierte und gegliederte Informationen, Thesen, Zusammenhänge, Argumente),
  c) Schluss (Zusammenfassung, offene Fragen),
  erleichtert das Verständnis für die Zuhörer und Zuhörerinnen.

- Ein Vortrag sollte frei vorgetragen und nicht abgelesen werden. Schaut während des Vortrags eure Zuhörer an. Stichwortzettel und die Präsentation von Materialien helfen euch beim freien Vortragen.

- Ein Vortrag sollte nicht zu lange dauern.

- Am Ende solltet ihr den Zuhörern Gelegenheit zu Fragen geben. Eine Diskussion über die Ergebnisse des Vortrags kann sich anschließen.

Stopp
Ein Blick zurück

Die Revolution in Spottbildern

Satirisches Flugblatt aus Frankreich, 1789

„Der Zenit des französischen Ruhms"
(Spottbild des Engländers J. Gillray, 1798)

„Königsbäcker Napoléon"
(englische Karikatur aus dem Jahre 1806).
Auf dem Schieber die Figuren Bayern,
Württemberg und Baden – frisch gebacken
aus dem Ofen. Unten, im Aschenloch, die
Französische Republik, Spanien, Italien und
Österreich. Davor der „Korsische Besen der
Zerstörung". Für den nächsten Schub stehen
auf der Truhe bereits die kleinen
„Teig-Vizekönige" bereit.

Zwei Begriffe – richtig zugeordnet!

Revolution
(lat. „revolutio" = Umwälzung)

Definition: der politische und soziale Umsturz der politischen, gesellschaftlichen und kulturellen Ordnung mit dem Ziel, eine grundlegend neue Gesellschaftsordnung zu schaffen und zu verteidigen.

Typische **Merkmale** einer Revolution sind:

→ **Träger und Beteiligte:** große Teile der Bevölkerung.

→ **Ursachen:** lang anhaltende und tief greifende Missstände in Gesellschaft und Staat.

→ **Anlass:** meist ein akutes, die alte Ordnung schwächendes Problem.

→ **Verlauf:** sehr schneller und grundlegender Wandel, oft begleitet von Gewalt.

→ **Ziele:** grundlegender Wandel der gesellschaftlichen und politischen Ordnung; Verbesserung der Lebenssituation bisher benachteiligter Bevölkerungsgruppen; Entmachtung der bisher herrschenden Personen und Gruppen.

→ **Folgen:** grundlegender Wandel und Aufbau einer neuen Ordnung.

Reform
(neulat. „Neugestaltung")

Definition: die Veränderung einzelner Elemente der Gesellschaft oder des Staates mit dem Ziel der Bekämpfung von Missständen.

Typische **Merkmale** einer Reform sind:

→ **Träger und Beteiligte:** einzelne fortschrittliche Gruppen, meist Führungsgruppen, oft die Regierung eines Staates.

→ **Ursachen:** einzelne Missstände oder veraltete Strukturen.

→ **Anlass:** meist ein akutes Problem, das die längerfristigen Ursachen deutlich hervortreten lässt.

→ **Verlauf:** unterschiedlich schneller Wandel, meist langsamer als im Fall einer Revolution.

→ **Ziele:** Verbesserung, Modernisierung und Stabilisierung der gesellschaftlichen und politischen Ordnung.

→ **Folgen:** Wandel von Teilen der gesellschaftlichen oder politischen Ordnung.

---

1. Ordnet die Prozesse des historischen Wandels in Frankreich und Deutschland, die ihr in diesem Kapitel kennen gelernt habt, den beiden Begriffen zu.

2. Begründet eure Zuordnungen möglichst genau.

Diese Begriffe kann ich jetzt erklären:

* Menschen- und Bürgerrechte
* Privilegien
* Reform
* Revolution
* Verfassung

1848: Revolution in Deutschland

18./19. März 1848: Barrikadenkämpfe in Berlin (Darstellung der Ereignisse in einer zeitgenössischen Lithografie)

Löste die Revolution von 1848/49 die drängenden Probleme der Zeit?

Im Frühjahr des Jahres 1848 kam es in Paris, Wien, Berlin und vielen weiteren deutschen Städten zu revolutionären Unruhen. Überall gingen Menschen auf die Straße und setzten sich für die Lösung der aktuellen Probleme ein.

Die revolutionären Ereignisse lassen wie in einem Brennspiegel die drei Problembereiche erkennen, die für das gesamte 19. Jahrhundert kennzeichnend sind. Die Ausbildung des Nationalstaates (= nationale Frage), die verfassungsmäßige Absicherung von Rechten (= politische Frage) und die Überwindung von Massenarmut und sozialer Not (= soziale Frage).

Die nebenstehend abgedruckten Liedertexte erlauben eine erste Annäherung an diese Problembereiche. Die drei Lieder wurden während der Revolution häufig gesungen und waren weit verbreitet. Uns geben sie Auskunft über die Wünsche, aber auch über die Ängste und Nöte der Menschen.

Lieder setzen Akzente

In unruhigen Zeiten sind politische Lieder weit verbreitet. Sind die Texte und Melodien eingängig, werden die Menschen unmittelbar angesprochen. Indem sie singen, ergreifen sie Partei für die Sache, die das Lied vertritt.

1. Welchen Problembereich hat das jeweilige Lied zum Thema: die nationale, die politische oder die soziale Frage? Welche Akzente setzt es?
2. Welche konkreten Wünsche oder Hoffnungen lässt es erkennen?

Die Mannheimer Bürger Gustav Struve und Friedrich Hecker führen den Aufstand an (zeitgenössische Darstellung).

M 1 Das Lied der Deutschen
Q

Deutschland, Deutschland über alles,
Über alles in der Welt.
Wenn es stets zu Schutz und Trutze
Brüderlich zusammenhält.
Von der Maas bis an die Memel,
Von der Etsch bis an den Belt –
Deutschland, Deutschland über alles,
Über alles in der Welt!

Deutsche Frauen, deutsche Treue,
Deutscher Wein und deutscher Sang
Sollen in der Welt behalten
Ihren alten schönen Klang,
Uns zu edler Tat begeistern
Unser ganzes Leben lang.
Deutsche Frauen, deutsche Treue,
Deutscher Wein und deutscher Sang.

Einigkeit und Recht und Freiheit
Für das deutsche Vaterland!
Danach lasst uns alle streben
Brüderlich mit Herz und Hand!
Einigkeit und Recht und Freiheit
Sind des Glückes Unterpfand –
Blüh im Glanze dieses Glückes,
Blühe deutsches Vaterland!

(August Heinrich Hoffmann von Fallersleben, 1841. Seit 1952 wird die 3. Strophe bei offiziellen Anlässen als Nationalhymne der Bundesrepublik Deutschland gesungen.)

M 2 Die Freiheit hoch!
Q

Die Freiheit kommt auf Flammenwogen
Mit Sturmesbrausen, starker Glut.
Ihr Männer auf! Das Schwert gezogen,
Und schwimmt sie auch mit eurem Blut.
Die Freiheit hoch und Deutschland hoch,
Zerschlagt das morsche Sklavenjoch!

Wir haben lang den Zwang getragen
Der Knechtschaft und der Tyrannei.
Jetzt an dem Ziele unsrer Plagen,
Jetzt, deutsche Brüder, macht euch frei!
Die Freiheit hoch und Deutschland hoch,
Zerschlagt das morsche Sklavenjoch!

(Entstanden 1848; vermutlich gedichtet von Ph. Groos, Lehrer in Flehingen/Baden, 1849 aus dem Schuldienst entlassen)

M 3 Das Hungerlied
Q

Verehrter Herr und König,
Weißt du die schlimme Geschicht?
Am Montag aßen wir wenig,
Und am Dienstag aßen wir nicht.

Und am Mittwoch mussten wir darben,
Und am Donnerstag litten wir Not;
Und ach, am Freitag starben
Wir fast den Hungertod!

Drum lass am Samstag backen
Das Brot fein säuberlich –
Sonst werden wir sonntags packen
Und fressen, o König, dich!

(Georg Weerth, Journalist und Schriftsteller, 1846)

Die Deutschen entdecken ihr Nationalgefühl

sich Souveränität beanspruchten. Kurzum: Deutschland war ein Alptraum für jeden Kartenzeichner.

Johann Wolfgang von Goethe brachte den Sachverhalt auf den Punkt, als er 1796 schrieb: „Deutschland! Aber wo liegt es? Ich weiß das Land nicht zu finden".

Folgende Fragen helfen euch, den Infotext sinnorientiert zu lesen:

● Deutschland: Seit wann gibt es „Deutschland" und was ist die besondere Problematik?
● Wann wandelt sich das Bewusstsein „der Deutschen"?
● Wie ist diese Verhaltensänderung zu erklären?

Deutschland – wo liegt es?

Spanier, Engländer, Franzosen oder Schweizer haben schon seit Jahrhunderten „ihren" Staat. Nicht immer blieben die Grenzen gleich, aber im Grundsatz war die Existenz des jeweiligen Nationalstaates nie umstritten. Bei den Deutschen sieht es anders aus. „Seit wann gibt es Deutschland?" – Das ist eine Frage, die gar nicht leicht zu beantworten ist. Zwar sprach man seit dem Mittelalter vom „Heiligen Römischen Reich Deutscher Nation", aber dieses Reich besaß keine klaren Grenzen und auch kein einheitliches Staatsvolk (viele Millionen Reichsangehörige sprachen polnisch, tschechisch oder italienisch). Es gab auch keine anerkannte Zentralgewalt. Ständig änderte sich die Zahl der deutschen Teilstaaten, je nachdem welcher Fürst gestorben, welcher Kleinkrieg beendet oder welche Erbstreitigkeit geschlichtet worden war. Im Jahre 1789 zählte man innerhalb des „Heiligen Römischen Reiches Deutscher Nation" genau 1789 politische Einheiten, die für

Johann Wolfgang von Goethe

Deutschland ...?

Mitteleuropa am Ende des 18.-Jahrhunderts

1806: Das Ende des Deutschen Reiches

Erst die Feldzüge unter Napoléon machten der Kleinstaaterei ein Ende. 1806 dankte der letzte deutsche Kaiser Franz II. ab. Wie reagierte die Bevölkerung? Es klingt fast unglaublich: Fast 1000 Jahre hatte das „Deutsche Reich" existiert und jetzt war sein Ende den meisten „Deutschen" völlig egal. Goethe kommentierte spöttisch, ein Streit seines Kutschers mit seinem Diener errege ihn mehr als die Nachricht vom Ende des Reiches. Es gab eine deutsche Sprache und eine deutsche Kultur, aber ein deutsches Nationalgefühl war unbekannt.

Ein Blick ins Jahr 1813: Das Bewusstsein wandelt sich

Wenige Jahre später hatte sich das Blatt völlig gewendet, Als König Friedrich Wilhelm III. von Preußen am 17. März 1813 seinen Aufruf „An mein Volk" erließ, in dem er „Preußen und Deutsche" zum Kampf gegen die Truppen Napoléons aufforderte, zeigte sich spontan das Nationalgefühl. Vor allem die jungen und gebildeten Menschen traten mit großer Leidenschaft für die „deutsche Sache" ein. „Ich will Soldat werden", schrieb der Dresdner Dichter Theodor Körner voller Begeisterung an seinen Vater, „um, sei's auch mit meinem Blute, mir mein Vaterland zu erkämpfen." Körner trat den „Lützower Jägern" bei, einem Freiwilligenverband, der eine einfache schwarze Uniform mit roten Aufschlägen und goldfarbenen Knöpfen trug. Hier liegt der Ursprung für die späteren deutschen Nationalfarben. Auch die Frauen waren vom nationalen Denken ergriffen. In vielen Städten bildeten sich „Frauenvereine zum Wohl des Vaterlandes". Ihre Mitglieder verkauften Handarbeiten und Textilien und bezahlten so die militärische Ausrüstung ihrer Männer und Söhne. Auch sammelten sie Gold, Silber und wertvollen Schmuck. Als ein preußischer Handwerksmeister bekannt gab, er wolle gespendete goldene Trauringe einschmelzen und gegen eiserne austauschen, gerieten „die Leute ... in Rage, sie hinzugeben", wie Prinzessin Marianne von Preußen einer Freundin schrieb. Noch spektakulärer ist folgender Fall: In das Freikorps Lützow tritt auch eine bartlose, junge Person ein, die sich August Renz nennt und durch hervorragende Schießleistungen auffällt. Diese Person wird bei einem Sturmangriff tödlich getroffen. Erst jetzt stellt sich heraus, dass August Renz ein Deckname ist: Es handelt sich um ein junges Mädchen, das sich als Mann verkleidete, um mitzukämpfen.

Wie ist die Verhaltensänderung zu erklären?

Goethes distanziertes Verhältnis zu „Deutschland" zeigt beispielhaft, dass eine gemeinsame Sprache, Kultur oder auch Geschichte nicht ausreichen, damit sich die Menschen als Angehörige einer Nation empfinden. Was war hinzugetreten und hatte den Bewusstseinswandel in Deutschland ausgelöst?

Ein wichtiger Geburtshelfer des Nationalgefühls war die französische Besetzung unter Napoléon. In den Jahren nach 1806 hatten immer mehr Preußen, Bayern oder Schwaben den Eindruck gewonnen, dass mit der Herrschaft Napoléons erhebliche Nachteile verknüpft waren. Man fühlte sich regelrecht ausgebeutet, denn die Bevölkerung musste hohe finanzielle Abgaben zahlen, die über Steuern aufgebracht wurden. Zudem schützte das Zollsystem die französische Wirtschaft und verteuerte die eigene Lebenshaltung. Die dauernden Einquartierungen von Soldaten waren mehr als lästig und als empörend wurde empfunden, dass Napoléon zigtausende junger Männer rekrutierte, die für Frankreich auf den Schlachtfeldern kämpfen und sterben sollten. Was eine deutsche Nation nun genau sei, war immer noch unklar. Aber im Jahre 1813 war deutlich: Der das Zeitalter des Nationalismus prägende

Auf Vorposten (Gemälde von G. F. Kersting). Es entstand 1815 und stellt die drei Schriftsteller Körner, Hartmann und Friesen dar, die als Lützower Jäger im Verlauf der Befreiungskriege gegen Napoléon gefallen sind. Kersting, selbst ein Lützower Jäger, wollte das Selbstverständnis seiner Kameraden betonen: Der „teutsche" Eichenwald steht für das Nationalgefühl, das Eiserne Kreuz symbolisiert die Opferbereitschaft, die lässige Haltung und das in der Öffentlichkeit streng verbotene Rauchen (!) signalisieren Freiheit und Rebellentum.

Zeitgeist gewann auch in Deutschland Einfluss und der gemeinsame Feind Frankreich hatte bei vielen Deutschen das Bewusstsein entstehen lassen, Mitglied einer Nation zu sein.

Was wird aus den nationalen Hoffnungen? Der Wiener Kongress

Nach dem Sieg über Frankreich (1813) waren die Erwartungen der deutschen Öffentlichkeit hoch gespannt. Die nationalen Hoffnungen richteten sich auf den Wiener Kongress. Auf Einladung des österreichischen Kanzlers Metternich trafen sich die führenden Politiker Europas zu einem internationalen Gipfeltreffen. In den Jahren nach der Französischen Revolution war es turbulent zugegangen. Kaum ein Teil Europas, der in den vergangenen 25 Jahren nicht von Unruhen oder von Kriegen erfasst worden war! Im September 1814 begannen die Verhandlungen über eine stabile Neuordnung in Europa. In Deutschland interessierte vor allem eine Frage: Würde in Wien der ersehnte deutsche Nationalstaat gegründet?

> Um die Chancen abwägen zu können, bietet sich der Vergleich zweier Veranstaltungen an, die zeitgleich stattgefunden haben: die eine auf dem Schutterlindenberg in Baden, die andere auf dem Wiener Kongress.

1. Vergleicht beide Veranstaltungen, achtet auf die Atmosphäre, den Teilnehmerkreis, die Inhalte.

2. Stellt Vermutungen an: Was wurde aus den nationalen Hoffnungen?

3. Ein Gedankenexperiment: Von Liebenstein (M 1) ist Gast beim Empfang des Fürsten Metternich (S. 53). In einem Brief an seine politischen Freunde in Baden schildert er seine Eindrücke:

   Liebe deutsche Freunde!

   Hier in Wien …

Die Feier auf dem Schutterlindenberg in Baden

Im Spätsommer des Jahres 1814 hatte der Schriftsteller Ernst Moritz Arndt eine ungewöhnliche Idee. In der Zeitschrift „Rheinischer Merkur" schlug er vor, den ersten Jahrestag der Völkerschlacht bei Leipzig in der Art von Volksfesten zu begehen. An möglichst vielen Stellen sollte die „teutsche" Bevölkerung Freiheitsfeuer entzünden und auf diese Weise an den gemeinsamen Sieg über Nepoléon erinnern. Dieser Vorschlag traf offenbar genau den Nerv der Zeit, denn Arndts Anregung verbreitete sich in kürzester Zeit. An ungezählten Stellen in Deutschland begannen die Menschen, auf Hügeln vor den Dörfern und Städten Holzstöße zu errichten. Vor allem in Baden war die Begeisterung groß. In ungezählten Wirtshäusern übte man vaterländische Lieder und gebildete Bürger feilten an ihren Redetexten. Auch Pfarrer engagierten sich. Sie entwarfen Predigten für Dankgottesdienste. Dann war es so weit. Am Abend des 19. Oktober zogen die Menschen zu den vorbereiteten Versammlungsplätzen. Die zeitgenössischen Quellen berichten, dass „die fast sommerliche Witterung die teutsche Sache befördert" habe und dass „die hell lodernden Flammen" alle Teilnehmer sehr ergriffen. Der Anblick der „Freiheitsfeuer aus den Nachbargemeinden" habe allen bewusst gemacht, dass eine neue Gemeinsamkeit unter den Deutschen entstanden war.

M 1 Auf dem Schutterlindenberg bei Lahr (Schwarzwald) hielt der badische Politiker von Liebenstein eine „Rede zur Jahresfeier der großen Rettungsschlacht bei Leipzig" (18. 10. 1814). Er beschwor seine Zuhörer:

Q Von allen Höhen unseres Vaterlandes steigen Feuersäulen zum Himmel empor, dem Höchsten ein wohlgefälliges Dankopfer, unsern Feinden aber
5 ein schreckendes Sinnbild des neu, fest und ewig verbrüderten Germaniens. Rein, hell und glühend wie diese Flammen lodert das heilige Feuer der Vaterlandsliebe in den Herzen seiner Bür-
10 ger, und alle schwören, treu, fest und unverbrüchlich aneinander zu halten, und an dem gemeinsamen Vaterlande. […] Vergesset nie, dass in den Tagen eurer Kindheit euer Vaterland in den
15 Fesseln fremder Herrschaft seufzte, dass der Mut und die Tugend eurer Väter die Schande getilgt und euch euer Germanien frei, stolz und fleckenlos wiederhergestellt hat. Vergesset nie,
20 dass Mut und Tugend eurer Väter euch die Verpflichtung auferlegt haben, unter dem Schutz einer glücklichen und kräftigen Verfassung, die wir von der segensreichen Versammlung der erha-
25 benen Befreier erwarten, euer Germanien frei, stolz und fleckenlos bis an euer Ende zu bewahren und es so euren Kindern zu übergeben.

(Redetext: Stadtarchiv Lahr)

Freiherr von Liebenstein

Die Feier auf dem Wiener Kongress

Am 19. Oktober 1814 sollte auch in Wien der Jahrestag der Völkerschlacht festlich begangen werden. Fürst Metternich hatte zu einem Fest in seine Villa geladen. Alles, was in Europa Rang und Namen hatte, wandelte durch die Hallen, Gänge und den großen Garten. Raffiniert angebrachte Spiegel reflektierten den Schein der Kronleuchter, auch von außen wurde das Gebäude beleuchtet. Der Glanz war unermesslich. Dem Anlass entsprechend hatten sich viele Damen Zweige des Ölbaums in die Haare gesteckt (als Friedenssymbol), während die Herren ordenübersäte Fräcke und Uniformen trugen. Unter den hunderten von Gästen fielen nur wenige unangenehm auf. Etwa der Freiherr vom Stein, der unentwegt seinen Plan von der Erneuerung des Reiches vortrug und somit die Harmonie des Festes störte. Noch auffälliger war der „Turnvater" Jahn, der sich vermutlich selbst eingeladen hatte. Er trug seine „teutsche Tracht", einen Rauschebart und unsaubere Stiefel. Als er im kleinen Kreis an das Ziel der deutschen Einheit erinnerte, bestaunte ihn die feine Gesellschaft wie einen Tanzbären. Dieser merkwürdige „Jakobiner im Bärenfell" passte nun wirklich nicht zu den kostbaren Leuchtern und Möbeln, die aus Frankreich stammten, oder zu den Knöpfen der Bedienstetenuniformen, die Metternich eigens aus London hatte herbeischaffen lassen. Der neueste Modetanz, der Wiener Walzer, entzückte die Besucher. „Ein versöhnender, ruhiger, bequemer Friedenszustand": Diese Zielsetzung hatte Metternich für den Kongress vorgegeben – und unter diesem Motto stand auch das Fest. Es erreichte seinen Höhepunkt, als ein Feuerwerk die Szenerie überstrahlte. Der Bankier Eynard, der die Stadt Genf auf dem Kongress vertrat, zog das Fazit: „Dieser Ball", so Eynard, „übertrifft die Empfänge Nepoléons in den Pariser Tuilerien bei weitem."

Fest beim Fürsten Metternich. Der Zeichner hat den Holzschnitt erst 1880 angefertigt. Was meint ihr: Ist es ihm gelungen, die Atmosphäre einzufangen?

M 2

Deutschland – nur ein Teilproblem

Der Kongress entscheidet über ganz Europa

Hinter den Kulissen des „tanzenden Kongresses" wurde zäh verhandelt. Die getroffenen Grundsatzentscheidungen prägten über Jahrzehnte hinweg die europäische Geschichte und gaben den Jahren zwischen 1815 und 1848 ihren Namen: Restaurationszeit.

Schauplatz der Verhandlungen war das Gebäude der Wiener Staatskanzlei – das „Haus der Restauration" (S. 55).

Auf den Spielkarten findet ihr, bunt durcheinander gemischt, Aussagen von Konferenzteilnehmern zu den Begriffen, die die Diskussion prägten. Jede Karteikarte (S. 55) erläutert eine Aussage und einen Leitbegriff.

Vorschlag: Die (Gruppen-)Arbeit beginnt mit einer Lesephase (Spielkarten und Karteikarten). Jeder versucht sich die wesentlichen Punkte für die fünf zentralen Aussagen einzuprägen. Fünf Mitschülerinnen und Mitschüler werden ausgewählt und setzen sich an einen „Konferenztisch", auf dem – verdeckt – die fünf Spielkarten liegen. Jeder zieht eine Karte. Dann muss die Aussage der gezogenen Karte vorgetragen und in einem freien Vortrag erläutert werden.

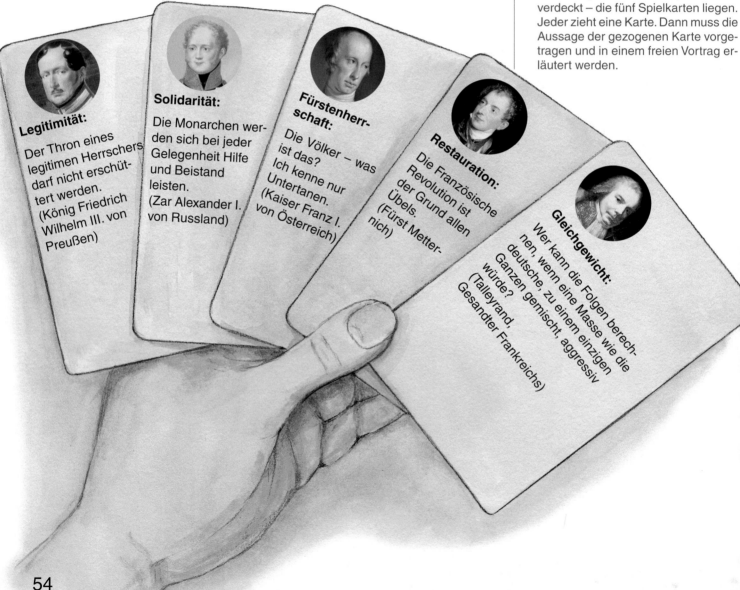

Legitimität:
Der Thron eines legitimen Herrschers darf nicht erschüttert werden.
(König Friedrich Wilhelm III. von Preußen)

Solidarität:
Die Monarchen werden sich bei jeder Gelegenheit Hilfe und Beistand leisten.
(Zar Alexander I. von Russland)

Fürstenherrschaft:
Die Völker – was ist das? Ich kenne nur Untertanen.
(Kaiser Franz I. von Österreich)

Restauration:
Die Französische Revolution ist der Grund allen Übels.
(Fürst Metternich)

Gleichgewicht:
Wer kann die Folgen berechnen, wenn eine Masse wie die deutsche, zu einem einzigen Ganzen gemischt, aggressiv würde?
(Talleyrand, Gesandter Frankreichs)

Leitbegriff: Restauration

Restauration bedeutet wörtlich „Wiederherstellung" und meint die Rückkehr zu den Verhältnissen, wie sie vor der Französischen Revolution geherrscht haben.
Die Großmächte wurden im Wesentlichen in den Grenzen von 1792 bestätigt. Nur Preußen erhielt ausgedehnte Gebiete im Rheinland und wurde zum Nachbarn Frankreichs, während Österreich sich im Süden und Südosten erweiterte.
Auch die politischen Herrscherhäuser sollten „restauriert" werden. Deshalb wurde Ludwig XVIII. als französischer König eingesetzt, denn er galt als legitimer Thronfolger des hingerichteten Ludwig XVI., dessen Bruder er war.

Leitbegriff: Fürstenherrschaft

Innenpolitisch wurden keine gemeinsamen Lösungen gefunden, da die Staaten zu unterschiedlich entwickelt waren.
Die Idee der Volkssouveränität wurde strikt abgelehnt. Aus der Sicht der Fürsten konnte nur die gestärkte Fürstenherrschaft für stabile Verhältnisse sorgen. Der Fürst sollte unabhängig und der „einzige ganz Freie" sein. Ob Verfassungen gegeben werden sollten oder nicht, blieb jedem Herrscher überlassen.

Leitbegriff: Gleichgewicht

Im Zentrum des außenpolitischen Krisenmanagements stand die Neufestsetzung der Grenzen in Europa. Die allgemeine Hoffnung war, dass ein Gleichgewicht unter den fünf europäischen Großmächten Frankreich, Großbritannien, Preußen, Österreich und Russland einen dauerhaften Frieden ermöglichen würde.
Kein Staat sollte zu mächtig werden. Die Großmächte sicherten einander zu, die neuen Grenzen zu respektieren. Dieser Gedanke bedeutete eine klare Absage an das Prinzip der Nationalstaaten, denn die Staatsgrenzen wurden unabhängig von der Volkszugehörigkeit der Bewohner gezogen.

Leitbegriff: Legitimität

Nach Auffassung der Konferenzteilnehmer lag die Legitimität einer Staatsgewalt vor, wenn sie bereits vor der Revolution existiert hatte; sie war aber auch legitim, wenn sie sich in den letzten Jahrzehnten durchgesetzt hatte. Das Verständnis von Legitimität war also recht biegsam. Es erlaubte den Großmächten, Entwicklungen für rechtmäßig zu erklären, die für sie vorteilhaft waren. So erhielt Preußen große Teile des Rheinlandes, der russische Zar erhielt Polen und Österreich bekam Gebiete in Norditalien.

Leitbegriff: Solidarität

Auf Betreiben des Zaren schlossen die christlichen Herrscher ein Bündnis der Solidarität, die „Heilige Allianz". Erklärter Zweck war die gegenseitige Unterstützung bei der Abwehr künftiger revolutionärer Strömungen. Das gefundene System sollte, wie der Zar sagte, „eingefroren" werden, um die auf dem Kongress gefundene Einheit der christlichen Völker und die Brüderlichkeit der christlichen Herrscher zu sichern.

Der Deutsche Bund ist gegründet … Ist die nationale Frage damit gelöst?

Deutschland! Aber wo liegt es?

Eine wichtige Frage auf dem Wiener Kongress war die Neugestaltung der deutschen Länder. Das Heilige Römische Reich Deutscher Nation war 1806 untergegangen, was sollte an seine Stelle treten? Das Prinzip vom Gleichgewicht der Mächte schloss von vornherein einen einheitlichen deutschen Nationalstaat aus. In der am 9. Juni 1815 beschlossenen Bundesakte einigte sich der Kongress auf die Konstruktion eines lockeren Staatenbundes. Dieser „Deutsche Bund" war ein höchst merkwürdiges Gebilde. Es bestand aus insgesamt 35 souveränen Fürstentümern und vier freien Städten. Darunter befanden sich Kleinstfürsten-

tümer wie das Fürstentum Hohenzollern und europäische Großmächte wie Preußen und Österreich. Diese Reiche allerdings gehörten nur mit Teilen ihres Staatsgebietes dem Bund an, beträchtliche Teile lagen außerhalb. Zum Deutschen Bund gehörten auch ausländische Herrscher, etwa die Könige von England (für Hannover), Dänemark (für Holstein und Lauenburg) sowie der Niederlande (für Luxemburg und Limburg). Eine gesamtdeutsche Regierung gab es nicht; die einzige gesamtdeutsche Einrichtung war die Bundesversammlung in Frankfurt, die aber

Untersucht den Text und die Materialien:
– Fällt Goethe die Antwort jetzt leicht?
– Sind die Hoffnungen auf Einheit erfüllt?

keine nennenswerten Befugnisse besaß. Hier trafen sich keine Abgeordneten der Bundesländer, sondern Gesandte, die sich als Außenminister ihrer Staaten verstanden und auf die Souveränität ihres jeweiligen Staates achteten.

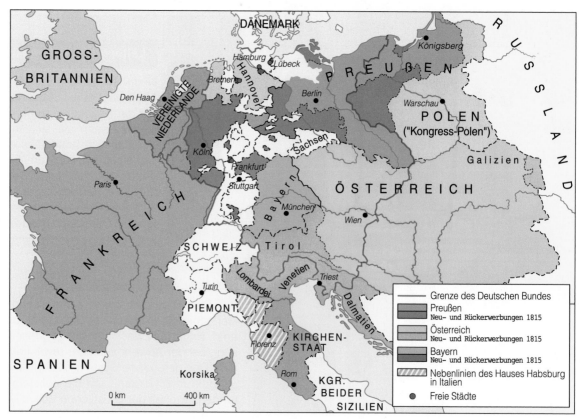

M 1
Mitteleuropa um 1815

Grenze des Deutschen Bundes
Preußen Neu- und Rückerwerbungen 1815
Österreich Neu- und Rückerwerbungen 1815
Bayern Neu- und Rückerwerbungen 1815
Nebenlinien des Hauses Habsburg in Italien
Freie Städte

0 km   400 km

M 2 Deutschland

M 4 Auszüge aus dem „Aufruf" des Professors L. Oken an die deutschen Studenten (1817). Oken verlor kurz nach diesem Aufruf seine Professur an der Universität Jena.

Q Eine Schande ist es, es nicht weiter gebracht zu haben, als ein Thüringer, ein Hesse, ein Franke, ein Schwabe, ein Rheinländer geblieben zu sein. Eine
5 Schande ist es, darauf sich etwas einzubilden, dass man nichts weiter als ein Provinziallandsmann ist. [...] Verdient ein solcher Völkerklumpen anders behandelt zu werden, als Napolé-
10 on ihn behandelt hat? [...] Volksbrocken können und sollen nicht existieren. [...] Sprachen scheiden die Völker, nicht Beschlüsse. Eine Menge, die eine Sprache spricht, ist ein Volk,
15 muss durch einerlei Gesetz sich erhalten.

Zollschranken zerrissen Deutschland, wie es eine Karikatur des „Kladderadatsch" im Jahre 1852 drastisch zeigte. Zollverein und späteres Zollparlament versuchten, auf dem Wege der Einigung wenigstens wirtschaftlich rascher voranzukommen.

1. Welche Schwierigkeiten musste ein Hamburger Kaufmann überwinden, wenn er 1000 kg Baumwolle nach München liefern wollte? (M 2 und M 3)

2. Versetze dich in das Jahr 1817. Entwirf ein Flugblatt, das zur Gründung eines einheitlichen deutschen Staates aufruft, der keine Zollschranken mehr kennt und gemeinsame Maßeinheiten einführt. Vorschlag für die Überschrift: „Freier Handel in einem freien Deutschland!"

3. Wie beurteilt Professor Oken den damaligen Zustand? (M 4)

M 3 Maße, Gewichte, Währungen in deutschen Staaten (um 1840)

	1 Elle (in cm)	1 Pfund (in g)	Münzfuß (gleicher Metallwert)
Baden	60,00	500	24,5 Gulden
Bayern	58,37	560,1	24,5 Gulden
Hamburg	57,31	500	34 Mark
Preußen	66,69	467,7	14 Taler
Württemberg	61,42	467,7	24,5 Gulden
Frankreich	1 m = 100 cm	1 kg = 1000 g	1 Franc = 100 Centimes

Politische Frage: Der Liberalismus – eine neue Idee begeistert die Bürger

Der Wiener Kongress (1814/15) hatte die innenpolitischen Verhältnisse in den einzelnen Staaten noch in der Schwebe gelassen. Würde das monarchische Prinzip beibehalten, also die möglichst uneingeschränkte Macht der souveränen Fürsten über ihre Untertanen? Oder würden aus den Untertanen freie Staatsbürger?

Das Bürgertum hoffte, die zweite Variante würde Wirklichkeit. Der Artikel 13 der Bundesakte von Wien gab den Reformern Anlass zur Hoffnung: „In allen Bundesstaaten wird eine landständische Verfassung stattfinden", hieß es dort. Tatsächlich erließen jedoch zwischen 1818 und 1821 nur wenige Fürsten Verfassungen. Bürger, die Steuern zahlten, durften wählen; auch die Religions-, Meinungs- und Pressefreiheit wurden gewährt. In der Praxis jedoch war es mit den Freiheitsrechten oft nicht weit her und die Fürsten der großen Monarchien Preußen und Österreich ließen über Jahrzehnte gar keine Verfassung zu.

Die Herrscher der Restaurationszeit wollten Stabilität: Deshalb wendeten sie sich nicht nur gegen die nationalen Bestrebungen der Völker, sondern auch gegen die Ideale der Freiheit, wie sie die Philosophie der Aufklärung und die Französische Revolution verbreitet hatten. Aus der Sicht der Fürsten war Gehorsam die erste Pflicht der Untertanen!

Das Wartburgfest

Vor allem die gebildeten Bürger und viele Studenten waren empört. Schließlich hatten sie in den Freiheitskriegen gegen die Truppen Nepoléons ihr Leben aufs Spiel gesetzt und jetzt sollten ihnen die grundlegenden politischen Rechte verwehrt bleiben?

Im Oktober 1817 kam es zur ersten großen Demonstration der deutschen Geschichte. Anlässlich des vierten Jahrestages der Völkerschlacht bei Leipzig und der Dreihundertjahrfeier der Reformation äußerten etwa 500 Professoren und Studenten auf der Wartburg ihre Kritik an der Restauration. Die Gemüter waren erhitzt. In vielen Reden wurde die nationale Einigung gefordert und die Gewährung von „liberalen Rechten" in den „unverzüglich zu schaffenden Verfassungen". Abends wurden Bücher verhasster Schriftsteller verbrannt sowie ein österreichischer Korporalstock und eine Uniform als Symbole der militärischen Unterdrückung.

Fest auf der Wartburg (zeitgenössischer Stich, nachträglich koloriert)

Liberalismus – Wir machen uns klar, was der Begriff bedeutet

Zu Beginn des 19. Jahrhunderts verbanden die Zeitgenossen mit dem Begriff „Liberalismus" noch recht unterschiedliche Sachverhalte. Vor allem an den Universitäten, aber auch in vielen Städten bildeten sich Debattierclubs und Lesezirkel, in denen sich die Bürger trafen und über die neue „liberale Idee" diskutierten. Im Laufe der Jahre erhielt der Liberalismus klare Konturen.

Für mich ist wichtig, dass ich auf staatliche Entscheidungen Einfluss nehmen kann.

Welche Zeitung ich lese, geht niemanden etwas an.

Adlige und Bürger müssen sich an die gleichen Gesetze halten.

Ich möchte frei meine Meinung sagen dürfen.

Kein Staat darf mir vorschreiben, was ich in meiner Fabrik produzieren soll.

Lesekabinett, um 1840

Eine Definition: Liberalismus

Der Begriff stammt aus der lateinischen Sprache, von „liber" = „frei". Er bezeichnet eine weltanschauliche Richtung, die die persönliche Freiheit eines jeden Menschen betont. Jeder soll sich ungehindert entfalten können. Liberale Bürger fordern vom Staat Schutz (z. B. des Lebens und des Eigentums) und eine Justiz, die Gleichheit vor dem Gesetz praktiziert. Andererseits verlangt der Liberalismus vom Staat Zurückhaltung: Wirtschaft und Gewerbe dürfen nur in einem unumgänglichen Maße durch Steuern, Vorschriften u. Ä. reguliert werden. Von zentraler Bedeutung sind für jeden Liberalen die individuellen Freiheitsrechte, etwa die Meinungs-, Rede-, Presse- und Versammlungsfreiheit sowie die freie Religionsausübung. In politischer Hinsicht fordern die Liberalen Verfassungen, die Mitwirkung an politischen Entscheidungen durch gewählte Vertreter ermöglichen.

Welche Vorstellungen und Akzente von „Liberalismus" betonen die verschiedenen Leser?
Nutze die Definition für deine Antwort.

Forschungs-station

Ist das noch liberal?

Thema nennen!
– Ereignis/Sachverhalt
– Denk- und Verhaltensweisen
– Folgen
– Ist das noch liberal?

Auf jeder der folgenden drei Doppelseiten ist ein spektakuläres Ereignis dargestellt, das ihr unter der gemeinsamen Leitfrage „Ist das noch liberal?" selbst erforschen könnt. Zu diesem Zwecke müsst ihr die vielfältigen Materialien und darstellenden Texte nutzen.

Folgende Forschungsfragen helfen dabei:

1. Um welches Ereignis/welchen Sachverhalt geht es?
2. Welche Denk- und Verhaltensweisen werden sichtbar?
3. Welche Folgen werden erkennbar?
4. Ist das noch liberal? Zusammenfassende Antwort.

Am sinnvollsten ist eine Erarbeitung in kleinen Gruppen; dann könnt ihr die auftauchenden Fragen und Ergebnisse intensiv diskutieren.
Abschließend informiert ihr die Klasse über die Ergebnisse eurer Forschungen und mögliche Kontroversen.
Der Notizzettel hilft bei der Gliederung.

Karl Ludwig Sand ermordet August von Kotzebue

M 1

Zeitgenössische Darstellung der Ermordung des russischen Staatsrats Kotzebue am 23. März 1819 in Mannheim (nachträglich koloriert)

Wer war das Opfer?

August von Kotzebue (1761–1819), geboren in Weimar, Jurist, ging 1781 in den russischen Staatsdienst. 1817 wurde er als russischer Staatsrat nach Deutschland entsandt. Er hatte großen Erfolg als Lustspieldichter, verspottete die Ideen und die patriotischen Gefühle des gebildeten Bürgertums. Seine Bücher waren 1817 auf der Wartburg verbrannt worden. Als Studenten die Fenster seiner Wohnung mit Steinen einwarfen, zog er in das ruhige Mannheim. Dort wurde von Kotzebue von dem Studenten Karl Ludwig Sand ermordet und damit das erste Opfer eines politischen Attentates in Deutschland seit dem Mittelalter.

Wer war der Täter?

Karl Ludwig Sand (1795–1820), geboren in Wunsiedel, Theologiestudium in Jena. Er nahm als Freiwilliger an den Befreiungskriegen teil. 1817 war Sand beim Wartburgfest aktiv beteiligt. Am 23. März 1819 erdolchte er in Mannheim den Schriftsteller von Kotzebue, in dem er einen Feind Deutschlands sah. Der anschließende Selbstmordversuch schlug fehl. Nach der Genesung wurde Sand am 20. Mai 1820 öffentlich enthauptet.

M 2 Aussagen des Attentäters Karl Ludwig Sand

1812: „Ich wünschte, Napoléon ermorden zu können." (Eintrag im Tagebuch)

1818: „Ich habe mein letztes Weihnachtsfest gefeiert. Soll die Sache der Menschheit aufkommen in unserem Vaterlande, so muss der Verräter der Jugend, A.v.K., nieder." (Eintrag im Tagebuch)

10 **1819:** „Der Freiheit eine Gasse!" (Eintrag im Stammbuch auf der Wartburg)

1819: „Ich danke dir, Gott, für diesen Sieg!" (Ausruf nach der Tat vor dem Haus des Dichters von Kotzebue)

1820: „Ich kam etwa sechs Schritte vorwärts in das Zimmer und grüßte Kotzebue, der etwas näher zur Türe trat 20 […]. Nach einigem Hin- und Herreden sprach ich: ‚Ich rühme mich' – indessen zog ich den Dolch und fuhr fort –, ihrer gar nicht. Hier, du Verräter des Vaterlands', und mit dem letzten Rufe stieß 25 ich ihn nieder […]. Wie viele Stöße ich ihm gegeben, kann ich nicht sagen […]. Kotzebue fiel zum Sitzen zusammen, dann sah ich ihm noch einmal in die Augen […]; ich glaubte, genug getan 30 zu haben." (Aussage vor dem Vernehmungsrichter in Mannheim)

Reaktionen auf die Tat

a) Karlsbader Beschlüsse

Der österreichische Kanzler Metternich nahm die Mordtat zum Anlass für Unterdrückungsmaßnahmen gegen die liberale und nationale Bewegung im Deutschen Bund. Er berief im böhmischen Karlsbad eine Konferenz ein, deren Beschlüsse später als Bundesgesetze verabschiedet wurden. Die Gesetze sahen u.a. ein Verbot der Burschenschaften vor sowie die staatliche Aufsicht für Professoren und Studenten mit Androhung von Entlassung und Berufsverbot. Presse- und Meinungsfreiheit wurden eingeschränkt, Zeitungen und Zeitschriften wurden einer Vorzensur unterworfen. Eine neu geschaffene Ermittlungsbehörde sollte die politische Szene beobachten und alle „revolutionären Umtriebe" im Keim ersticken. Die Karlsbader Beschlüsse bedeuteten für alle liberalen und nationalen Bürger eine Zeit der Verfolgung. Die freiheitliche Bewegung kam fast zum Erliegen.

b) Sand – ein Märtyrer der Opposition?

Eine öffentliche Hinrichtung war um 1820 nichts Besonderes. Ungewöhnlich war jedoch, dass die große Menge der Schaulustigen die Hinrichtung schweigend verfolgte. Viele nahmen ihre Halstücher ab und tauchten sie in das Blut. Der Scharfrichter, so berichten einige Quellen, wurde reich, denn er hatte eine Idee, die uns heute gleichermaßen makaber und geschäftstüchtig vorkommt. Er verkaufte Haare des Getöteten für viel Geld. Tatsächlich gab es viele Menschen, die ein solches Haar wie eine Reliquie verehrten. Noch monatelang sollen viele Hunderte zum Richtplatz gepilgert sein wie zu einer Wallfahrtsstätte.

M 3

Die Enthauptung Sands (zeitgenössischer Kupferstich, nachträglich koloriert)

Forschungs- station

Ist das noch liberal?

Herr Biedermeier arrangiert sich

Es ist das Jahr 1839. Der Münchener Kunstverein lädt das Bürgertum der Stadt zu einer großen Gemäldeausstellung ein. Auch der 30-jährige Carl Spitzweg stellt aus. Er hofft auf einen großen Verkaufserfolg. Er hat sich sehr bemüht, seine Zeitgenossen genau zu beobachten und ihr Verhalten mit großer Sorgfalt und viel Liebe zum Detail zu malen. Da ist zum Beispiel „Der Bücherwurm". Völlig abgekehrt von der Welt hat sich dieser Bürger in seine Bibliothek zurückgezogen. Was auch immer rund um ihn herum passieren mag, interessiert ihn nicht. Der Bücherwurm wirkt zufrieden, denn seine Welt ist klein, überschaubar und ruhig.

Hauptthema der Gemälde sind aber nicht Sonderlinge wie der Bücherwurm, sondern der Alltag typischer Bürgerfamilien. Spitzweg malte die private Idylle des Bürgers, der sich in der behaglichen Atmosphäre seiner Familie am wohlsten fühlt. Aus heutiger Sicht gilt als sicher: Spitzweg hat seine Zeitgenossen hervorragend getroffen. In Reaktion auf die jahrzehntelangen Wirren der Französischen Revolution und der napoleonischen Zeit hatten sie sich von der „Weltpolitik" abgewandt. Er hat ihre Hinwendung zu den „kleinen Dingen" halb liebevoll, halb spöttisch ins Bild gesetzt. Die Ausstellung aber wurde ein Misserfolg. Die „Biedermänner" wollten keine Bilder kaufen, von denen sie sich „beleidigt" fühlten.

Thema nennen!
– Ereignis/Sachverhalt
– Denk- und Verhaltensweisen
– Folgen
– Ist das noch liberal?

M 1 Der Bücherwurm (1839)

M 2 Das Biedermeier:
Erfindungen und Elemente, die sich bis heute gehalten haben

Einrichtungsgegenstände:	Polsterstühle und Sofas; Bilder und Tapeten als Wandschmuck; Vitrinen, um Wertvolles zu zeigen – diskret, nicht protzend!
Kleidung:	Internationale Mode, Paris und London als Vorbild (Abwendung von Trachten). Die korrekte Kleidung, mit der man sich überall zeigen kann, wird wichtig.
Hygiene:	Tägliche Körperpflege, Betonung des sauberen Körpers und der sauberen Kleidung; das weiße Hemd mit gestärktem Kragen bzw. die blasse Haut (Sonnenschirme, Handschuhe) gelten als vornehm.
Familiensinn:	Kinder erfahren große Zuwendung und Fürsorge, sie bekommen Geschenke (z.B. Spielzeuge, Kinderbücher, auch Haustiere). Die Familie unternimmt etwas gemeinsam (z.B. Hausmusik, Spaziergänge in der „freien Natur"). Das Weihnachtsfest unter dem Tannenbaum ist der jährliche Höhepunkt des Familienlebens.
Vereine:	Insbesondere die Männer treffen sich im Kegel-, Schützen-, Gesang- oder Turnverein. Auch der wöchentliche Stammtisch ist normal.

M 3 Der Sonntagsspaziergang (Gemälde von Spitzweg)

M 4 Herr Biedermeier

Gedicht von Ludwig Pfau (1846):

Q Schau, dort spaziert Herr Biedermeier
Und seine Frau, den Sohn am Arm;
Sein Tritt ist sachte wie auf Eier,
Sein Wahlspruch: Weder kalt noch warm.

5 Das ist ein Bürger hoch geachtet,
Der geistlich spricht und weltlich trachtet.
Er wohnt in jenem schönen Haus
Und – leiht sein Geld auf Wucher aus.

Gemäßigt stimmt er bei den Wahlen,
10 Denn er missbilligt allen Streit;
Obwohl kein Freund vom Steuerzahlen,
Verehrt er sehr die Obrigkeit. […]

Am Sonntag in der Kirche fehlen,
Das wäre gegen Christenpflicht;
15 Da holt er Labung seiner Seelen –
Und schlummert, wenn der Pfarrer spricht.
[…]

(Jost Hermand (Hg.), Der deutsche Vormärz,
Stuttgart (Reclam) 1967, S. 233)

M 5
Eine Bürgerfamilie
(Gemälde von Eduard
Gärtner)

1. Was ist typisch für Herrn Biedermeier? Welche Kritik wird geübt? (M 4)

2. Zeigen die Gemälde typische Situationen der Biedermeier-Zeit? Begründe. (M 2, M 3, M 5)

63

Forschungs-station

Ist das noch liberal?

Das Hambacher Fest

Thema nennen!
– Ereignis/Sachverhalt
– Denk- und Verhaltensweisen
– Folgen
– Ist das noch liberal?

Im Frühjahr 1832 berichteten viele Zeitungen über die Vorbereitungen zu einem „Nationalfest", zu dem „Männer und Frauen jedes Standes" und „aus allen deutschen Stämmen" ins pfälzische Hambach eingeladen wurden. Unter den Initiatoren waren auch die Journalisten Siebenpfeiffer und Wirth, die – in heutigen Begriffen – das Marketing übernahmen. Sie verteilten Handzettel mit Einladungen und verpflichteten den bekannten Schriftsteller Börne als Redner. Dennoch waren sie lange unsicher, wie viele Teilnehmer kommen würden. Als das „Hambacher Fest" begann,

wussten sie, dass ihre Idee den Nerv der Zeit getroffen hatte. Etwa 30000 Menschen versammelten sich am 27. Mai 1832 an der Schlossruine – eine fast unvorstellbare Zahl! Nicht nur Studenten und Professoren, sondern auch Kleinbürger, Handwerker und Bauern waren gekommen – Hambach erlebte die erste Massendemonstration der deutschen Geschichte! Auch viele Frauen nahmen begeistert teil. Die zahlreichen Redner wurden stürmisch gefeiert, überall wurde diskutiert. Selbst ein heftiger Platzregen tat der Stimmung keinen Abbruch. Über konkrete

Schritte, wie es weitergehen sollte, wurde jedoch keine Einigung erzielt. Was vom Hambacher Fest übrig blieb, war die Erinnerung an ein großartiges Fest, von dessen „Stimmung" die Teilnehmer noch Jahre später schwärmten. Der Zug zur Ruine wurde auf vielerlei Weise nachgestellt: auf Bildern, Pfeifenköpfen, Schürzen und Schnupftabakdosen. Es gab Hambach-Hüte und sogar Hambach-Haarschnitte. Die schwarz-rot-goldene Fahne stand von nun an für ein freies und geeintes Deutschland.

M 1 Der Zug zur Hambacher Schlossruine am 27. Mai 1832 (Lithografie von 1832)

Vorgeschichte

Die liberale Bewegung war trotz der Unterdrückungsmaßnahmen der Restauration nie völlig zum Erliegen gekommen.

Als der französische König Karl X. im Juli 1830 das Parlament auflöste, die Zensurbestimmungen verschärfte und das Wahlrecht einschränkte, empfand dies das liberale Bürgertum als ein Signal zum Widerstand. Es kam zum offenen Aufruhr und zu Barrikadenkämpfen. Studenten, Bürger und auch Arbeiter zwangen die königstreuen Truppen zum Rückzug. Die Abgeordneten in Paris wählten einen neuen König, für den sich bald der bezeichnende Name „Bürgerkönig" durchsetzte, und entmachteten den Adel.

Die Ereignisse in Paris weckten überall in Europa die Liberalen aus ihrem Dornröschenschlaf. In mehreren deutschen Staaten kam es zu Konflikten und Zugeständnissen der Fürsten.

M 2 Rede Siebenpfeiffers auf dem Hambacher Fest (Auszug)

Und es wird kommen der Tag, der Tag des edelsten Siegstolzes, wo der Deutsche vom Alpengebirg und der Nordsee, vom Rhein, der Donau und Elbe
5 den Bruder im Bruder umarmt, wo die Zollstöcke und die Schlagbäume, wo alle Hoheitszeichen der Trennung und Hemmung und Bedrückung verschwinden, samt den Konstitiön-
10 chen, die man etlichen mürrischen Kindern der großen Familie als Spielzeug verlieh; wo freie Straßen und freie Ströme den freien Umschwung aller Nationalkräfte und Säfte bezeugen;
15 [...] wo nicht 34 Städte und Städtlein, von 34 Höfen das Almosen empfangend, um den Preis hündischer Unterwerfung, sondern wo alle Städte, frei emporblühend aus eigenem Saft, um
20 den Preis patriotischer Gesinnung, patriotischer Tat ringen; wo jeder Stamm, im Innern frei und selbstständig, zu bürgerlicher Freiheit sich entwickelt, und ein starkes, selbst gewo-
25 benes Bruderband alle umschließt zu politischer Einheit und Kraft. [...]
Wir selbst wollen, wir selbst müssen vollenden das Werk, und, ich ahne, bald, bald muss es geschehen, soll die
30 deutsche, soll die europäische Freiheit nicht erdrosselt werden von den Mörderhänden der Aristokraten.

(J. G. A. Wirth, Das Nationalfest der Deutschen zu Hambach, Neustadt a./H. 1832, Nachdruck der Original-Ausgabe, Neustadt an der Weinstraße 1981, S. 34ff.)

Siebenpfeiffer

Reaktionen

Auf die Nachrichten über das Hambacher Fest reagierten die Fürsten mit Entsetzen. „So weit sind die Dinge in Deutschland gekommen!", klagte Fürst Metternich. Die zuständige bayrische Regierung entsandte Soldaten in die Pfalz, um „Ruhe und Ordnung" herzustellen. Am 28.6.1832 ordnete Feldmarschall Fürst von Wrede an: „Die Gemeindebehörden haben insbesondere das Tragen von dreifarbigen Kokarden, das Aushängen oder Aufstellen von dreifarbigen Fahnen [...] sofort abzustellen." Siebenpfeiffer und Wirth wurden zu zwei Jahren Gefängnis verurteilt.

M 3 Der Schriftsteller Heinrich Heine äußerte sich rückblickend im Jahre 1839

Q Während der Tage des Hambacher Festes hätte mit einiger Aussicht guten Erfolges die allgemeine Umwälzung in Deutschland versucht werden können.
5 [...] Was war es aber, was die Männer von Hambach abhielt, die Revolution zu beginnen? Ich wage es kaum zu sagen, denn es klingt unglaublich, aber ich habe die Geschichte aus authentischer
10 Quelle, nämlich von einem Mann, der als wahrheitsliebender Republikaner bekannt und selber zu Hambach im Komitee saß, wo man über die anzufangende Revolution debattierte; er ge-
15 stand mir nämlich im Vertrauen: Als die Frage der Kompetenz zur Sprache gekommen, als man darüber stritt, ob die zu Hambach anwesenden Patrioten auch wirklich kompetent seien, im Na-
20 men von ganz Deutschland eine Revolution anzufangen – da seien diejenigen, welche zur raschen Tat rieten, durch die Mehrheit überstimmt worden, und die Entscheidung lautete: „man sei nicht
25 kompetent". O Schilda, mein Vaterland!

(Heinrich Heine, Ludwig Börne. Eine Denkschrift, 1839)

---

1. Welche Überlegungen Siebenpfeiffers sind typisch liberal (M 2)?
2. Versetze dich in die Lage Metternichs bzw. der bayrischen Regierung. Wie könnte die Gefängnisstrafe für Siebenpfeiffer begründet werden?
3. Wie kommentiert Heine die Ereignisse (M 3)?

Soziale Frage: Texte und Bilder geben Auskunft über die Not vieler Menschen

Soziale Not – Was berichten Textquellen?

In der ersten Hälfte des 19. Jahrhunderts verschlechterte sich die wirtschaftliche Lage für die große Masse der Bevölkerung immer mehr. Nach der „Bauernbefreiung" waren viele Bauern zwar rechtlich nicht mehr abhängig von ihren Grundherren, aber die meisten litten noch unter Zusatzlasten und hatten sich hoch verschulden müssen, um ein eigenes Stück Land zu kaufen. Deshalb mussten sie nicht nur die eigenen Äcker bestellen, sondern zusätzlich als Tagelöhner oder im Heimgewerbe (Weber, Spinner, Korbmacher usw.) arbeiten. In einer ähnlichen Lage waren die meisten Handwerker. Die einsetzende Industrialisierung hatte die Konsumgüter verbilligt und bedrohte somit alle, die trotz größten Arbeitseinsatzes nicht so produktiv arbeiten konnten wie die Maschinen. Die Industrie war andererseits noch nicht so fortgeschritten, dass sie eine entsprechende Zahl von Arbeitskräften hätte aufnehmen und existenzsichernd entlohnen können. Zusammenfassend urteilt der Historiker Conze: Es lebten „mindestens 50–60% der Bevölkerung […] nicht bürgerlich-bäuerlich behäbig und gesichert, sondern knapp, ja dürftig und in Krisenzeiten elend und gefährdet".

Rückblickend überrascht, dass es trotz der Massenarmut nur selten zu offenem Aufruhr kam. Eine Ausnahme ist der Aufstand der Weber in Schlesien, wo die Unternehmer immer niedrigere Preise für die in Heimarbeit hergestellten Produkte zahlten. Die Verzweiflung der Weber entlud sich im Juni 1844. Die Aufständischen forderten eine bessere Bezahlung für ihre Produkte und plünderten die Häuser vieler Fabrikanten. Das Militär schlug diesen Aufstand blutig nieder, viele Weber wurden zu Zuchthausstrafen verurteilt.

Die ohnehin schwierige Lage verschlechterte sich weiter durch die Missernten von 1846 und 1847 („Kartoffelfäule"). Das Angebot an Grundnahrungsmitteln sank rapide, die Preise stiegen stark an. Bis zum März 1848 spitzte sich die Lage immer mehr zu. Wer kaum Geld hatte, drohte zu verhungern.

Hungeraufruhr in Stettin, 1847

> Die Quellen (M1–M3) geben Auskunft über die soziale Lage und die Einstellung von Handwerkern in der ersten Hälfte des 19. Jahrhunderts.

Folgende Leitfragen können euch helfen:

1. Welche Quellenart liegt vor? Gibt es Besonderheiten?
2. Wie wird die eigene soziale Lage gesehen?
3. Welche Rolle spielen die nationale und die politische Frage?
4. Ist erkennbar, gegen wen sich die Kritik richtet und wie man eine Verbesserung erreichen will?

Arbeitet in Gruppen, tragt die Ergebnisse im Unterrichtsgespräch zusammen und prüft abschließend Gemeinsamkeiten und Unterschiede.

M 1 Ein Gerbergeselle erzählt rückblickend von seiner (zünftigen) Wanderung in Südwestdeutschland, die er um 1825 durchgeführt hat; mit zwei Zunftkollegen lernt er in der Stadt Freiburg einen Studenten kennen.

Er bestellte uns für den Abend in ein Gasthaus, wo die Studenten ihre geheimen Assemblees[1] abhielten, und durfte keiner nit davon wissen. […]
5 Ließ sich zuerst alles passabel an. Die Herren Studenten hielten sich gleich wie uns und tractierten uns ordentlich mit Wein, Kaiserstühler nannten sie ihn, sodass bald eine allgemeine Lus-
10 tigkeit entstand. Sie wollten von unserer Reise hören, und als wir auf die Kujoniererei[2] der Stadtsoldaten kamen, die allerwärts andere Vorschriften uns unter die Nase hielten, schimpften die
15 Herren Studierer weidlich darüber, holten dicke Liederbücher vor und sangen mit wahrem Eifer darauf los. Den Fürsten widerfuhr wenig Gutes darin, und war ein Gelächter und To-
20 ben, wenn sie einen so recht abkonterfeit[3] hatten. Schließlich gebot einer Ruhe und hielt eine lange Rede, aus der ich nur so viel weiß, dass alle Schlagbäume Brennholz werden müssten, an
25 Straßen, […] die zwischen Menschen des deutschen Landes gelegen seien. Eine Sprache nur wäre in Deutschland, und die Studenten aus Rostock seien nit anders Deutsche wie die von Frei-
30 burg oder wie der Handwerksbursche vom Rhein. So sagte er und hieß uns als deutsche Brüder willkommen, womit er auf uns wies. Ich wusste nit, worauf das hinaus sollte. Dann begann
35 er von einem einzigen Deutschland zu sprechen. […]

(Der Gerbergeselle setzt seine Wanderung fort.)

Den schönen See entlang kamen wir […] nach Lindau. […] So waren wir al-
40 so in Bayern. Hier fiel mir eins bei, wie die Studenten in Freiburg doch in man-

chem Recht gehabt hatten. Diese ewigen Grenzen sind wahrhaft vom Teufel erfunden. Das unaufhörliche Passieren von Schlagbäumen und das Durch-
45 schnüffeln des Wanderbuches von Constablern und Stadtsoldaten aller Art ist mit viel Verdruss verbunden. […] Wie ein Spinnennetz, darin sich der ehrlichste Kerl verfangen kann,
50 laufen die Zollschranken über das Land.
(Zit. nach: Franz X. Vollmer, Vormärz und Revolution 1848/49 in Baden, Frankfurt a. M. 1979)

———————

[1] Versammlungen
[2] Schikanen
[3] hier: nachmachen, parodieren

M 2 Wanderbuch des 19-jährigen Schuhmachergesellen Alois J. Kerker, Konstanz, aus dem Jahr 1845 (Auszug)

20. Mai 1845 Konstanz; 23. Mai Radolfzell; 27. Mai Triberg; 2. Juni Basel; 9. Juni Schaffhausen; 12. Juni Zürich; 13. Juni Einsiedeln; 17. Juni Luzern; 25.
5 Juni Basel; 28. Juni Waldkirch; 4. Juli Villingen; 5. Juli Donaueschingen – *wird angewiesen, sich unverzüglich um Arbeit umzusehen.* 8. Juli Überlingen; 10. Juli Lindau – *Inhaber wird we-*
10 *gen Mangels an Reisegeld über die Grenze gewiesen;* 13. Juli – *wird angewiesen, sich um Arbeit umzusehen;* 14. Juli Stein a. Rhein; 18. Juli Zürich; 20. Juli Einsiedeln; 23. Juli Luzern; 28. Juli Basel; 31.
15 Juli Waldkirch; 5. August Kehl – *Inhaber hat zwey Tage vom 12. bis 14. dahier am Eisenbahnbau zur Zufriedenheit gearbeitet;* 16. August Basel; 22. August Zürich; 25. August
20 Einsiedeln (nach Glarus) – *ändert Route nach Schaffhausen;* 26. August Lachen; 31. August Schaffhausen (via Sigmaringen) – *Inhaber wegen Arbeitslosigkeit nach Hause gewiesen;*
25 2. September Radolfzell.
(Zit. nach: Alfred G. Frei, Wegbereiter der Demokratie, Karlsruhe 1997, S. 59)

M 3 Flugblatt aus dem Frühjahr 1848

Handwerksburschen, die ihr am Bettelstabe Deutschland durchzieht, geschunden von den jammervollsten Polizeischergen, geprügelt und ge-
5 plagt von den erbärmlichsten Gendarmentröpfen, lasst euch doch nicht länger mehr als Hunde behandeln, steht auf, fletscht die Zähne, bringt jede Schmach, jede Schikane, mit denen
10 man euren armen schweißgetrieften Buckel beladen will, an die Öffentlichkeit. […] Deutsche Handwerksburschen, ihr seid der Kern des Volks, zeigt euch dessen wert, erhebt euer
15 Haupt stolz. […] Zeigt, dass ihr Männer seid, und wenn die Zeit des Kampfes kommt, schlagt zu.
(Zit. nach: Karl Obermann, Flugblätter der Revolution 1848/49, München 1972, S. 35)

Ein Handwerksgeselle muss sich ausweisen (Zeichnung von Carl Spitzweg, abgedruckt im Deutschen Bürgerbuch für 1845).

Wie stellen zeitgenössische Künstler die soziale Lage dar?

Gemälde aus vergangenen Zeiten sind für Historikerinnen und Historiker aufschlussreiche Erkenntnisquellen über die Vergangenheit – vorausgesetzt, man wertet sie fachlich angemessen aus, denn diese Bilder bieten keine rein objektive Sachinformation, sondern spiegeln die Sichtweise des jeweiligen Künstlers. Sie sind Deutungen der Realität. Ein gutes Beispiel dafür, wie Experten vorgehen, wenn sie Gemälde als historische Quelle nutzen, liefert uns die Historikerin Karin Schambach, die das hier abgedruckte Gemälde von Carl Wilhelm Hübner interpretiert.

Carl Wilhelm Hübner: Die schlesischen Weber, 1844
(Öl auf Leinwand, ca. 78 x 106 cm)

M 1b Karin Schambachs Interpretation des Bildes

Das Bild ist klar in zwei Hälften geteilt: links der üppig mit Teppich, kostbaren Stoffen und Möbeln ausgestattete Raum des Fabrikanten, rechts der
5 kärglich mit Steinfußboden, nackten Wänden und Holzbänken eingerichtete Raum der Weber. Während der Fabrikbesitzer links in seiner Gestik wie die Parodie auf ein Herrscherporträt
10 wirkt, sind die von ihm abhängigen Weber von Hunger und Elend gepeinigt. Ins Bildzentrum hat Hübner eine flehend niedergesunkene Frau gesetzt, deren Mann mit entsetztem Blick und
15 beschwörender Handbewegung die Zurückweisung seines Stoffes zu verhindern sucht. Machtlosigkeit und Unschuld werden durch das Kind unterstrichen, das sich um seine nahezu
20 ohnmächtige Mutter bemüht. Hübner gibt in dieser Szene zu erkennen, wem seine Sympathien gehören. An einer Stelle des Bildes deutet Hübner an, dass er eine Zuspitzung des Konflikts
25 erwartet: Der rechts aus dem Bild tretende Mann, der seine Hand wütend zur Faust ballt, ist offensichtlich nicht länger bereit, sein Schicksal zu erdulden. Er wird sich wehren. […] Sowohl
30 in der Komposition als auch in der Darstellung der Charaktere schlägt sich die sozialkritische Tendenz des Werkes nieder . […] Friedrich Engels betonte, dass es eine größere agitatori-
35 sche Wirkung ausübte als hundert Flugschriften.

(Text und Bild aus: 1848 – Aufbruch zur Freiheit, hrsg. v. Lothar Gall, Frankfurt 1998, S. 78)

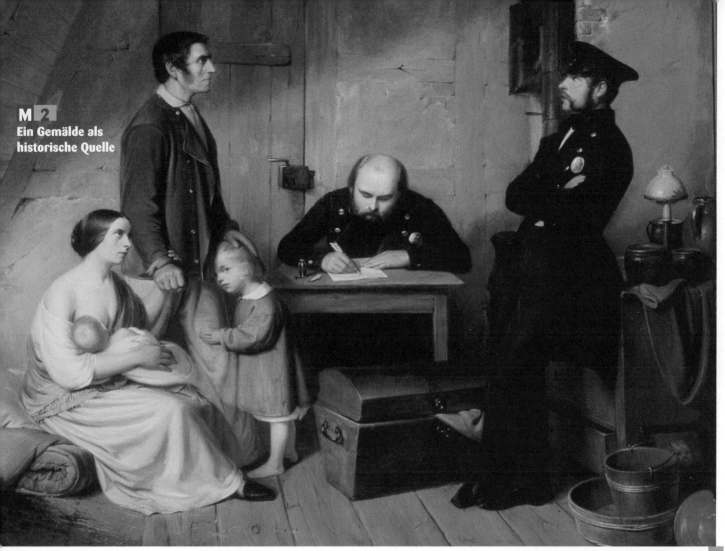

Leopold Bendix: Auspfändung, 1847
(Öl auf Leinwand, ca. 80 x 86 cm)

Wir interpretieren das Gemälde: Was erzählt es zum Thema „soziale Lage"?

Orientiert euch an dem Interpretationsbeispiel M 1b, indem ihr wie die Expertin eure Bildinterpretation anhand folgender Schritte erarbeitet:

1. Schaut euch das Gemälde genau an und beschreibt die einzelnen Bildelemente (Personen, ihre Stellung, Kleidung, Gegenstände, Bildaufbau).

2. Fügt die zentralen Bildelemente zu einer systematisch geordneten Bildbeschreibung zusammen (vom zentralen Bildkern zu den Einzelheiten).

3. Klärt offene Fragen, indem ihr soweit möglich zusätzliche Informationen heranzieht (z. B. Bildlegende, vergleichbare Ab-

bildungen, bekannte Quellentexte, Informationstexte, vorhandene oder erfahrbare Hinweise zum Künstler bzw. Auftraggeber).

4. Formuliert eine Gesamtdeutung des Bildes. Orientiert euch in der Anordnung und Abfolge eurer zusammenfassenden Aussagen an dem Interpretationsbeispiel M 1b.

Tipp zur Präsentation in der Klasse:

Projiziert das Gemälde mithilfe einer Folie und stellt eure Bildinterpretation vor. (Hinweis: Bild mithilfe eines Rechners einscannen und auf Folie drucken oder mithilfe eines Beamers projizieren.) Wenn ihr dabei mit mehreren Mitschülerinnen und Mitschülern zusammenarbeitet, fällt eine solche Bildauswertung leichter und gelingt besser.

Die Bevölkerung stürmt den Regierungssitz in Paris, 24.2.1848 (zeitgenössisches Gemälde).

Frühjahr 1848: Europa kämpft gegen die Restauration

Vier Schauplätze – Vier Nachrichtenüberblicke

Schauplatz 1: Paris

Der „Bürgerkönig" Louis Philippe weigerte sich, das Zensuswahlrecht aufzuheben (der Zensus sah vor, dass nur die etwa 200 000 reichsten Franzosen wählen durften). Als er im Februar 1848 politische Großveranstaltungen zum Thema Wahlrecht verbot, war dies der Funken am Pulverfass: Innerhalb weniger Stunden hatten Bürger, Handwerker und Arbeiter etwa 1500 Straßen verbarrikadiert; in den Straßen tobte der Bürgerkrieg gegen die königstreuen Truppen. Wenige Tage genügten, um die Monarchie hinwegzufegen; Louis Philippe entkam mit knapper Not nach England. In Frankreich wurde zum zweiten Mal die Republik ausgerufen, neun Millionen (männliche) Franzosen erhielten das Wahlrecht.

Schauplatz 2: Deutscher Bund

Im März 1848 griff die Revolution von Paris auf die Staaten des Deutschen Bundes über. Als hätte man nur auf einen Anlass gewartet, wurden überall Versammlungen und Kundgebungen abgehalten. Je nach Ort und anwesenden Personen fielen die Forderungen durchaus unterschiedlich aus. Besonders häufig wurden die jahrzehntelang unterdrückten Wünsche nach nationaler Einheit und einer liberalen Politik vorgebracht. Zur Verblüffung vieler Zeitgenossen gaben die meisten Fürsten sofort nach. Nur in den beiden größten Staaten, Österreich und Preußen, gab es Sonderentwicklungen.

Schauplatz 3: Wien

In Österreich führten erst heftige Kämpfe in den Straßen Wiens zum Einlenken des Kaisers. Er versprach eine Verfassung und entließ Metternich. Der Freudentaumel kannte keine Grenzen, als mit Metternich das Symbol der Unterdrückung aus Wien fliehen musste.

Karikatur zur Flucht Metternichs im März 1848

Schauplatz 4: Berlin

Als die Wiener Vorgänge in Berlin bekannt wurden, spitzte sich auch hier die Lage zu. Die Stimmung war gereizt. Immer wieder hatten Soldaten ihre Säbel und Gewehre eingesetzt, um die Ansammlung diskutierender Personen aufzulösen oder gegen „Provokationen" vorzugehen (z.B. das in der Öffentlichkeit verbotene Tabakrauchen). Jeder hatte entsprechende Vorfälle beobachtet oder kannte Personen, die vom Militär verwundet oder niedergeschlagen worden waren. Deshalb versammelte sich am 18. März vor dem Berliner Schloss eine große Menschenmenge, um den König zum Abzug der Truppen zu zwingen. Der König reagierte. Er hielt eine Rede, in der er zwar nicht das verhasste Militär zurückzog, aber große Zugeständnisse machte. Er sicherte eine Verfassung zu, die Pressefreiheit und die Bereitschaft, sich für einen deutschen Nationalstaat mit einer frei gewählten Volksvertretung einzusetzen.

Plötzlich fielen zwei Schüsse …

M 1 Ein Augenzeugenbericht

Q Der äußerste Schrecken war dadurch in die Volksmassen gedrungen. Man glaubte sich verraten, man schrie:
5 „Wir werden niedergehauen, niedergeschossen!" Das Entsetzen und die Erbitterung pflanzten sich mit reißender Schnelle fort und wuchsen in der Verbreitung, wie alle Gerüchte. […] In allen Straßen wurden Barrikaden auf-
10 gerichtet. Das Volk stürzte zu den Waffen. Es nahm sie, wo es derer habhaft werden konnte. Es eilte auf die Dächer der Häuser und waffnete sich mit Ziegeln. In zwei Stunden war die ganze
15 Stadt umgestaltet, in Verteidigungszustand gesetzt. […] Eine der stärksten verteidigten Barrikaden war in der Breiten Straße, am Köllnischen Rathause errichtet. Vielfache Infanterie-
20 und Artillerieangriffe geschahen gegen dieselbe, bevor es den Truppen ge-

M 2

Barrikadenkämpfe in Berlin in der Nacht vom 18. zum 19. März 1848

lang, sie zu besetzen. […] Von vielen Häusern der Friedrichsstraße wehte die schwarz-rot-goldene Fahne.

(Berlinische Zeitung, 20.3.1848)

Wie reagierte der König?

Friedrich Wilhelm IV. war schockiert. Noch in der Nacht auf den 19. März schrieb er eine Erklärung „An meine lieben Berliner". Darin sprach er von einem „Unglücksfall" (zwei Gewehre der Infanterie hätten sich von selbst entladen) und einer „Rotte von Bösewich-

tern", die diesen Irrtum ausgenutzt und die „treuen und lieben Berliner" zum Blutvergießen verleitet hätten. Die aber ließen sich nicht besänftigen. Am nächsten Morgen brachten sie die Leichname getöteter Barrikadenkämpfer in den Schlosshof. Als Friedrich Wilhelm IV. den Balkon betrat, brüllte die Menge: „Hut ab!" Totenbleich gehorchte der König. „Nun fehlt bloß noch die Guillotine", jammerte die Königin. Am 21. März ritt der König mit einer schwarz-rot-goldenen Armbinde durch die Stadt.

Wie würden die Berliner Ereignisse in einer heutigen Nachrichtensendung dargestellt? Versucht eine entsprechende Umsetzung.
Ihr könnt alle Formen heutiger Nachrichtensendungen nutzen, z.B. die reine Information, eine Reportage, Interview oder Kommentar.

Die erste deutsche Nationalversammlung soll die Probleme lösen

Frühjahr 1848 – alles ist offen

Die Märzereignisse hatten die Fürsten zum Nachgeben gezwungen. Von der Nordsee bis zu den Alpen wehte die schwarz-rot-goldene Fahne. Zwar war nirgends ein Monarch gestürzt worden, aber der Deutsche Bund existierte nur noch auf dem Papier. Wie sollte es jetzt weitergehen?

In einigen Staaten, vor allem Süddeutschlands, rebellierten Bauern gegen die Grundherren; sie zogen mit

Germania (Gemälde von Philipp Veit, 1848). Das Gemälde hing in der Frankfurter Paulskirche oberhalb des Rednerpultes.

Sensen und Äxten vor die Schlösser, verbrannten Urkunden, Schuldscheine und Bücher und verlangten den Verzicht der Adeligen auf alle Privilegien. Mit Erfolg, denn die alten Vorrechte wurden gestrichen – und damit war für die meisten die Revolution erfolgreich beendet. Sieht man von Baden ab, wo sich unter Führung der populären Politiker Hecker und Struve eine „Republikanische Streitmacht" bildete, deren „Angriff gegen die Staatsordnung" durch herbeigerufene Truppen allerdings schnell gestoppt wurde, warteten die meisten Bürger geduldig auf die versprochenen Verfassungen und Reformen. Aber auch wenn die Märzforderungen nach Volksbewaffnung, nach Meinungs-, Presse- und Versammlungsfreiheit, nach dem allgemeinen Wahlrecht flächendeckend bewilligt wurden, konnte niemand sagen, wie stark die alten, beharrenden Kräfte noch waren.

In dieser offenen Situation trafen sich etwa 500 Liberale in Frankfurt (sog. Frankfurter Vorparlament). Von niemandem beauftragt oder legitimiert, beschlossen sie, in ganz Deutschland müssten umgehend Wahlen zu einer Nationalversammlung durchgeführt werden. Ihr Terminvorschlag: 1. Mai 1848!

Wahl zur Nationalversammlung

Es klingt unwahrscheinlich, aber das improvisierte Unternehmen gelang. Insgesamt waren etwa drei Viertel der volljährigen Männer zur Wahl zugelassen – so demokratisch ging es in keiner anderen Nation Europas zu. Die Wahlbeteiligung schwankte zwischen 40 und 80%. Das Wahlrecht für Frauen allerdings wurde nicht einmal erwogen. Schon am 18. Mai 1848 trat die erste

deutsche Nationalversammlung in der Frankfurter Paulskirche zusammen. Die Frankfurter Abgeordneten waren jetzt keine Regierungsgesandten mehr, sie verstanden sich als gewählte Vertreter der deutschen Nation. Eine Inschrift oberhalb des Präsidentenstuhles brachte die riesigen Erwartungen auf den Punkt: „Des Vaterlands Größe, des Vaterlands Glück, o, schafft sie, o, bringt sie dem Volke zurück!" Für viele Abgeordnete war es nur eine Frage der (kurzen) Zeit: Dann würde ein einheitliches und freies Deutschland geschaffen sein.

Zusammensetzung

In der Paulskirche kamen mehr als 400 Abgeordnete zusammen (einschließlich der Stellvertreter zählte die Versammlung gut 800 Personen). Sie stammten aus allen deutschen Staaten, sogar aus Gebieten, die gar nicht zum Deutschen Bund gehörten (Ost- und Westpreußen). Fast alle gehörten den gebildeten Schichten des Bürgertums an – Arbeiter und Handwerker gab es im Parlament kaum –, sodass man verkürzend vom „Professorenparlament" sprach.

Aufgaben

Wichtigste Aufgabe der Abgeordneten war die Erarbeitung einer Verfassung. Relativ unstrittig war, dass diese Verfassung die bürgerlichen Grundrechte sicherstellen musste. Besonders lebhaft und kontrovers wurden die Fragen diskutiert, wo die Grenzen Deutschlands liegen sollten (Staatsgebiet), welche Staatsform die beste sei (Republik, Wahlmonarchie oder erbliche Monarchie?) und ob das neue Reich als Bundesstaat oder als Einheitsstaat zu organisieren sei.

„Parteienbildung"

Nur die wenigsten der Abgeordneten dürften klare Antworten auf diese Fragen im Kopf gehabt haben, als sie am 18. Mai feierlich in die Paulskirche einzogen. Es überrascht, wie schnell sich Gruppierungen bildeten und die unterschiedlichen Positionen entwickelten. Gleichgesinnte Abgeordnete trafen sich in bestimmten Gasthäusern, wählten Redner, die ihre gemeinsame Ansicht vortragen sollten, und setzten sich bei Parlamentsdebatten zusammen. So entstanden innerhalb kürzester Zeit die Vorläufer unserer heutigen Parteien. Vor allem die Frage der Staatsform wurde weichenstellend. Etwa jeder sechste Abgeordnete trat für die Republik ein, nannte sich „Demokrat" und saß „links". Wer für das erbliche Kaisertum war (etwa 6%), saß als „Konservativer" ganz „rechts". In der Mitte der Nationalversammlung trafen sich die Anhänger einer parlamentarischen oder konstitutionellen Monarchie (ca. 45%). Ein Drittel der Abgeordneten gehörte keiner der Fraktionen an. Schnell wurde deutlich, dass die meisten Abgeordneten weniger an einer Herrschaft des Volkes dachten als an eine Übereinkunft mit den Fürsten. Um überhaupt handeln zu können, einigte man sich im Juni 1848, eine vorläufige Zentralregierung zu bilden und den Erzherzog Johann aus Österreich als Reichsverweser einzusetzen. Eigene Machtmittel, vor allem eine Armee, besaß er jedoch genauso wenig wie die Nationalversammlung.

Entscheidungen

Die Abgeordneten berieten intensiv bis weit in das Jahr 1849 hinein. Zuerst wurden die „Grundrechte des deutschen Volkes" als Fundament der Verfassung festgelegt. Langwierig gerieten die Diskussionen um die Nationalitätenfrage. Sollte der neu zu schaffende Staat nur Gebiete umfassen, in denen Deutsche lebten? Dies hätte einen Ausschluss großer Teile des Vielvölkerstaates Österreich bedeutet – was aus der Sicht Österreichs unannehmbar war. Mit Mehrheit einigte man sich schließlich, „schweren Herzens", wie mehrere Redner betonten, auf eine kleindeutsche Lösung und grenzte damit Deutsch-Österreich aus. In der Diskussion um die Staatsform konnten sich die Anhänger eines Bundesstaates durchsetzen. Die Regierung sollte einem frei zu wählenden Parlament verantwortlich sein. Wer sollte Staatsoberhaupt werden? Da der Erzherzog Johann als Anhänger der großdeutschen Lösung ausschied, wählten die Abgeordneten den preußischen König Friedrich Wilhelm IV. zum erblichen Kaiser.

Das Scheitern

Feierlich bot eine Delegation der Paulskirche dem König von Preußen die Kaiserwürde an. Als dieser die Krone ablehnte, war damit das Verfassungswerk der Paulskirche zusammengebrochen. Die Regierungen in Preußen, Österreich, Sachsen, Bayern, Württemberg und weiteren bedeutenden Staaten erkannten die Verfassung nicht an und zogen ihre Abgeordneten zurück. Das nach Stuttgart verlegte „Rumpfparlament" wurde bald aufgelöst. Anhänger der Revolution riefen an mehreren Orten, vor allem in Sachsen und im Südwesten, dazu auf, die Errungenschaften zu sichern und die Reichsverfassung durchzusetzen, aber die Truppen der Fürstenmächte, vor allem aus Preußen, schlugen die Aufstände nieder. Mit der Kapitulation von 6000 Kämpfern in der Festung Rastatt war die Revolution 1848/49 endgültig gescheitert.

Blick in den Sitzungssaal der Paulskirche (Anordnung aus Sicht des Rednerpults)

| Die Rechte Konservative Fürstensouveränität | Die Mitte Gemäßigte Liberale Parlamentarische Monarchie | Die Linke Demokraten Republik |

73

Info

Radikale Demokraten in Südwestdeutschland – Können wir heute stolz sein auf diese Männer und Frauen?

Im Südwesten Deutschlands, vor allem in Baden, haben engagierte Demokraten die Ziele der Revolution besonders intensiv vertreten. Unter Zeitgenossen löste das „radikale" Verhalten gleichermaßen Verachtung wie Bewunderung aus. Wie ist ihr Verhalten aus heutiger Sicht zu beurteilen?

Vorschlag für ein Projekt

Informiere die Klasse über das Leben eines der Anführer der Revolution im Südwesten. Dein besonderes Interesse sollte dem Verhalten während der Revolution 1848/49 gelten.

Tipp 1: Die Doppelseite informiert grob über die Abläufe in Südwestdeutschland, sie gibt erste Hinweise und einige Anregungen; um eine eigene Urteilsbildung zu ermöglichen, sollten aber weitere Informationen besorgt werden, z.B. über eine Suchmaschine im Internet.

Tipp 2: Oft ist es sinnvoll, wenn sich die Urteilsbildung auf eine konkrete Frage bezieht, etwa: Sollte auch in unserer Gemeinde eine Straße oder eine Schule nach einem Anführer der Revolution benannt werden?

Friedrich Hecker

Gustav Struve

Ludwig Uhland

Mathilde Franziska Anneke

Amalie Struve

Die Revolution in Südwestdeutschland

Die Anfangsphase

Vor allem in Baden hatten viele neue Vereine, wie Turner oder Sänger, aber auch Lesegesellschaften, ein politisches Bewusstsein geschaffen, das in öffentlichen Veranstaltungen seinen Ausdruck fand. Die „Forderungen des Volkes in Baden", die im September 1847 im Gasthaus Salmen in Offenburg niedergeschrieben wurden, machten den Anfang: Volksvertretung, Presse-, Versammlungs- und Vereinsfreiheit, Abschaffung aller Privilegien, Volksbewaffnung und progressive Einkommensteuer wurden zum Programm dieser „Radikalen" unter Führung von Friedrich Hecker und Gustav Struve. Einen Monat später meldeten sich in Heppenheim die bürgerlichen Liberalen, etwa Daniel Bassermann, mit ihren Forderungen: Ein gesamtdeutsches Parlament mit einer gemeinsamen deutschen Regie-

74

rung war ihnen besonders wichtig. Beide Forderungskataloge verbreiteten sich rasend schnell und bildeten die Diskussionsbasis für liberale und demokratische Bewegungen in ganz Deutschland.

Als Ende Februar in Mannheim die Nachricht von dem Aufstand in Paris eintraf, ging die Initialzündung wieder von Baden aus: Im „Pariser Hof" erreichte die Nachricht von der Ausrufung der Republik eine Gruppe badischer Landtagsabgeordneter. „Jetzt rasch ans Werk für Deutschlands Befreiung" – unter diesem Motto verfassten die Männer noch in der gleichen Nacht eine „Petition" an den Landtag in Karlsruhe. Am nächsten Abend war bereits eine große Volksversammlung organisiert, die Eisenbahn brachte Tausende nach Karlsruhe, wo der Großherzog von Baden, völlig überrumpelt und verängstigt, den Forderungen nach Einheit, Freiheit, Schwurgerichten, Volksbewaffnung und einem deutschen Parlament nachgab. In den nächsten Tagen folgten fast alle Fürsten diesem Beispiel, oft nur widerstrebend, wie die Aussage des württem-

bergischen Königs Wilhelm I. gegenüber dem russischen Botschafter Gorcakov zeigt: „Ich versuche Zeit zu gewinnen […]. Durch die Ernennung des neuen Ministeriums gewinne ich Zeit und vermeide blutige Szenen."

Die bäuerliche Bevölkerung verstand die neuen Freiheiten auf eine ganz besondere Weise. So strömten wütende Bauern in der Nacht vom 7. auf den 8. März das Schloss Adelsheim im Odenwald. Sie zwangen den Freiherrn von Adelsheim zur Herausgabe aller Papiere und verbrannten im Schlosshof Bücher, Akten, Schuldscheine und Rechnungen. Die Polizisten und Beamten konnten nur mit Mühe verhindern, dass das ganze Schloss in Flammen aufging – aber mit der Lösung aus der Abhängigkeit von den Großgrundbesitzern war auch der revolutionäre Ehrgeiz der Bauern erloschen.

Standrechtliche Erschießung eines aufständischen Schwarzwälders

Versuche der Radikalisierung

Als die radikalen Demokraten wie Hecker und Struve sich mit ihren Forderungen nach Abschaffung der Monarchien beim Frankfurter Vorparlament nicht durchsetzen konnten, riefen sie am 12. April in Konstanz die Republik aus, um die „Volksrevolution" zu beschleunigen. Am 20. April wurden Hecker und Struve mit etwa 1200 Freischärlern bei Kandern (Südschwarzwald) von regulären Soldaten besiegt. Den Anführern und vielen Kämpfern blieb nur die Flucht ins Schweizer Exil. Auch ein zweiter Versuch im Spätsommer des Jahres 1848 schlug fehl.

Die Reichsverfassungskampagne

Als das Scheitern der Frankfurter Nationalversammlung im Frühjahr 1849 immer deutlicher wurde, sammelten sich in Baden und der Pfalz diejenigen Kräfte, die die revolutionären Ideen nicht kampflos preisgeben wollten. In der Pfalz wurde ein demokratischer „Lan-

desausschuss" Mitte Mai von preußischen Truppen aufgelöst. Heftige Gegenwehr leisteten die Demokraten in Baden, darunter auch Frauen wie Mathilde Franziska Anneke, die nach der Devise: „Mein Leben soll mehr sein als nur ein Schatten von Glück" als Soldatin für die Demokratie und für Rechte der Frauen kämpfte. Nachdem die badische Garnison in der Festung Rastatt gemeutert hatte, floh der Großherzog von Baden ins Elsass. Für sechs Wochen übernahmen die Demokraten in Baden die Macht: Der liberale Politiker Lorenz Brentano wurde an die Spitze einer provisorischen Regierung gewählt; eine badische Revolutionsarmee wurde aufgestellt, um den drohenden Angriff der 60 000 Soldaten unter Prinz Wilhelm von Preußen abzuwehren. Der „Kampf um die Freiheit" misslang: Die letzten Revolutionäre ergaben sich am 23. Juli in der Festung Rastatt. 80 000 Badener verließen ihre Heimat, gegen 40 verhaftete „Anführer" wurden Todesurteile vollstreckt. Einigen der Revolutionäre gelang die Flucht.

Die Revolution im Spiegel von Karikaturen

Frühling

Sommer

Herbst

Michel und seine Kappe im Jahre 48
(Karikatur aus dem „Eulenspiegel", 1848)

Methodenbox
Karikaturen interpretieren

Karikaturen sind Sonderformen der politischen Darstellung, mit denen auf Missstände oder Probleme aufmerksam gemacht oder auch Kritik an Personen geübt wird. Dies geschieht nicht objektiv, sondern parteilich. Typische Mittel der Darstellung sind absurde Übertreibungen, Zuspitzungen oder Wortspiele, die sofort erkennen lassen, dass es den Karikaturisten nicht um eine schlichte Abbildung von Wirklichkeit geht. Nach ihrem Verständnis sorgen gerade diese Verzerrungen dafür, dass die Wirklichkeit umso deutlicher erfasst werden kann („zur Kenntlichkeit entstellt", wie es Experten nennen). Karikaturen lösen bei den verspotteten Opfern oft wütende Reaktionen aus, bei den Parteigängern des Karikaturisten dagegen großes Vergnügen.

Als während der Revolution 1848/49 die Zensurbestimmungen der „Karlsbader Beschlüsse" wegfielen, nutzten die Karikaturisten die neuen Freiheiten. In Druckschriften aller Art erschienen jetzt ihre Zeichnungen. Etwa zwei Drittel der Menschen konnten damals nicht lesen und schreiben – da bot die Karikatur besondere Chancen, auf die Meinungsbildung der Öffentlichkeit Einfluss zu nehmen. Aber sind Karikaturen immer so einfach, dass sie jeder versteht? Und: Sind sie auch immer sachgerecht?

Folgende Schritte helfen bei der Interpretation einer Karikatur als historische Quelle:

1. Schritt: Betrachte die Karikatur, notiere Auffälligkeiten und erste spontane Eindrücke. Stelle dann erste Vermutungen über das Thema der Karikatur und die mögliche Aussageabsicht an.

2. Schritt: Beschreibe die Karikatur (z.B. Überschrift, dargestellte Personen oder Sachverhalte, Bildaufbau, wichtige einzelne Bildelemente, auffallende Symbole); vergiss nicht die Textelemente zu erwähnen.

3. Schritt: Deute die Karikatur im Kontext ihrer Zeit:

- Auf welches Ereignis bezieht sich die Karikatur?
- Welches Thema behandelt sie?
- Welche Position bezieht der Karikaturist zu dem Thema?
- Welche Aussageabsicht (Intention) verfolgt er mit seiner Darstellung?
- Welche zeichnerischen Mittel setzt er ein? Wie treffend sind sie?

4. Schritt: Zusammenfassende Beurteilung der Karikatur

- Trifft sie deiner Ansicht nach den Sachverhalt?
Ist sie sachgerecht oder eher irreführend, zu bösartig oder unangemessen überzeichnend?

Borussia (Symbolfigur für Preußen) spricht mit dem Präsidenten der Nationalversammlung (Karikatur 1849): „Wat heulst'n, kleener Hampelmann?" – „Ick hab Ihr'n Kleenen 'ne Krone jeschnitzt, nu will er se nicht!"

- Wähle eine der drei Karikaturen aus, um sie mithilfe der Methodenbox zu interpretieren.
- Die Datenliste hilft dir, genau herauszufinden, auf welche Ereignisse sich die jeweilige Karikatur bezieht.
- Für M 3 lohnt sich der Blick zurück auf die Seite 74/75.

Datenliste zur Abfolge der Ereignisse

März 1848 Märzunruhen

April 1848 Hecker und Struve rufen die Republik aus; der „Hecker-Zug" scheitert.

18.5.1848 Eröffnung der Nationalversammlung in der Frankfurter Paulskirche

Juni 1848 In Frankfurt versuchen Arbeiter, das Zeughaus, in dem Waffen gelagert werden, zu stürmen; die Bürgerwehr schießt auf sie.

Juni 1848 Österreichische Truppen unterdrücken einen tschechischen Aufstand in Prag.

26.8.1848 Preußische Truppen marschieren auf Bitten der Nationalversammlung in Dänemark ein (Dänemark hatte sich am 3. März Schleswig einverleibt).

18.9.1848 Aufstand radikaler Kräfte gegen die Nationalversammlung; zwei preußische Abgeordnete werden ermordet. Die Nationalversammlung bittet um militärische Hilfe.

31.10.1848 Nach neuerlichen Unruhen in Wien besetzen kaiserliche Truppen die Stadt.

November 1848 In Wien werden die Anführer des Oktoberaufstandes hingerichtet.

November 1848 Preußische Truppen marschieren in Berlin ein.

Dezember 1848 Friedrich Wilhelm IV. erlässt für Preußen eine Verfassung („oktroyierte[1] Verfassung"); diese hat bis 1918 Gültigkeit.

26.2.1849 Der König übergibt die preußische Verfassung den Vertretern des Landtages.

28.3.1849 Die Nationalversammlung beschließt eine Verfassung. Das Reich soll eine konstitutionelle Monarchie werden. Friedrich Wilhelm IV. wird zum Kaiser der Deutschen gewählt.

März 1849 Österreich lehnt die Verfassung ab; Kaiser Joseph I. oktroyiert[1] eine eigene Verfassung.

3.4.1849 Friedrich Wilhelm IV. lehnt Kaiserkrone ab.

Mai 1849 Reichsverfassungskampagne; Unruhen und Aufstände in mehreren deutschen Ländern werden militärisch niedergeschlagen.

1850 Im Vertrag von Olmütz erneuern Preußen und Österreich den Deutschen Bund.

---

[1] oktroyieren: aufzwingen

M 3 „Der deutsche Michel"

Anlässlich der revoutionären Unruhen in Baden unter Führung Friedrich Heckers im April 1848 entstand diese Karikatur.

Die Unterschrift lautet: „Der deutsche Michel ist uneinig mit sich auseinander gegangen, wird sich aber bald wieder zusammenfügen!"

Tipp! Informiere dich zunächst über die Figur „Der deutsche Michel" in Encarta oder unter folgenden Internetadressen: www.wissen.de oder www.brockhaus.de.

Experten urteilen über die Nationalversammlung

Lothar Gall

M 1 Interview mit dem Frankfurter Historiker Lothar Gall

Anlass für das Interview war eine viel beachtete Ausstellung, die im Jahre 1998 an die Revolution von 1848/49 erinnerte.

FRAGE: Herr Professor Gall, Sie haben der Frankfurter Ausstellung zum 150. Geburtstag der Revolution von 1848/49 den optimistischen Titel „Aufbruch zur Freiheit" gegeben. […]

GALL: Der Titel zielt auf das, was der Kern der Bewegung von 1848 war und
5 was über die Jahrzehnte trotz aller Gegenkräfte fortgewirkt hat. Wesentliche Elemente unseres Gemeinwesens, die Garantie von Grundrechten, der Parlamentarismus, die demokratische Legitimation politischen Handelns, gehen auf 1848 zurück. […] Ich glaube, die Identität der Deutschen sollte im Bekenntnis zu den Ideen und Ordnungsprinzipien liegen, die 1848 formuliert worden sind:
10 Menschenrechte und Demokratie, vor allem.

FRAGE: Und die Nation?

GALL: Die Idee der Nation hat ja zwei Seiten: die dunkle eines militanten und gegenüber allen Andersdenkenden intoleranten und expansiven Nationalis-
15 mus und diejenige, die darauf zielt, die verschiedenen Gruppen einer Gesellschaft über gemeinsame Ideen zusammenzuführen, sie in einem gemeinsamen Willensbildungsprozess zu einem freien Gemeinwesen zu vereinigen. […]

FRAGE: Hatte die Revolution je eine Chance?

GALL: Ich glaube, ja. Im März 1848 waren die Träger der alten Ordnung fast
20 vollständig zurückgewichen. Und auch im Sommer behielten die Revolutionäre noch die Oberhand, während in der Frankfurter Paulskirche an der Verfassung gearbeitet wurde. Die Situation kippte erst endgültig, als sich die Führungsschichten der beiden deutschen Großmächte Österreich und Preußen von ihrem Schrecken erholten, ihre Bataillone wieder sammelten und zum Ge-
25 genschlag, zur Gegenrevolution ausholten.

FRAGE: Haben die Abgeordneten zu lange über die Verfassung diskutiert und damit wichtige Zeit verloren?

GALL: Nein. Was hier zur Debatte stand, ließ sich in der Tat nicht im Handumdrehen bewältigen. Die Revolution ist ja auch nicht an den Differenzen zwi-
30 schen dem Volk und den Parlamentariern gescheitert, sondern an denen, die dieser Revolution feindlich gegenüberstanden.

FRAGE: Wen zählen Sie dazu?

GALL: Vor allem den Adel. In England war und blieb der Adel zu Reformen bereit, in Deutschland in seiner Mehrheit nicht. […] Dass der konservative Adel
35 1848 und auch in den folgenden Jahrzehnten starr auf seinen Privilegien beharrte, hat die Entwicklung Deutschlands sehr gehemmt.

(Der Spiegel 7/1998)

1. Welche Aufgaben hat die Nationalversammlung nach Meinung Prof. Galls gelöst, welche hat sie nicht lösen können?

2. Wie beurteilt Prof. Gall insgesamt die Arbeit der Nationalversammlung?

Hagen Schulze

Aber was sollte Deutschland sein? Über diese Frage hatte nie Einigkeit geherrscht, und auch die Paulskirchenabgeordneten waren darüber heillos zerstritten. […]

Immerhin verabschiedete man schließlich eine Verfassung in der ehrwürdigen Tradition amerikanischer, französischer (und belgischer) Vorbilder, und auch eine provisorische Zentralgewalt kam zustande. Aber es war eine Verfassung ohne Geltung, eine Regierung ohne Macht. In der Revolution siegt, wer die Machtfrage zu seinen Gunsten beantwortet, und das Frankfurter Parlament war völlig machtlos; […] die Nationalversammlung besaß keine eigene Macht, sie musste sich preußische Truppen ausleihen, die auch weit nach Jütland vorstießen, aber auf den Protest der europäischen Mächte hin zurückgezogen werden mussten. Britische Kriegsschiffe demonstrierten in der Nordsee, russische Truppen marschierten an der ostpreußischen Grenze auf, französische Gesandte intervenierten bei den deutschen Regierungen: Das Ausgreifen des deutschen Nationalismus auf die Länder der dänischen Krone bestätigte die Befürchtungen der europäischen Höfe, dass ein deutscher Einheitsstaat im Herzen Europas das Gleichgewicht der europäischen Staaten insgesamt gefährdete. Gegen das europäische Mächtesystem, das war jetzt deutlich sichtbar geworden, waren Veränderungen in Mitteleuropa, war die deutsche Einheit nicht zu haben.

Aber nicht nur an der gesamteuropäischen Konstellation scheiterte die Nationalversammlung, sondern auch an der Gefahr einer Radikalisierung der Revolution. Die bürgerlich-liberalen Kräfte, die von einem konstitutionellen, wirtschaftsfreundlichen Nationalstaat träumten und die jetzt die zweite, die soziale Revolution, Jakobinerterror und Guillotine herannahen sahen, arrangierten sich mit den erstarkenden Kräften der Gegenrevolution in Berlin und Wien und suchten das Erreichte hastig zu konsolidieren. So genügte die Gewährung einer Verfassung in Preußen, um im November 1848 dort die Revolution faktisch […] zu beenden.

Und auch der späte Versuch der Nationalversammlung, die Machtfrage zu lösen, indem man über den eigenen Schatten sprang, auf die von der Mehrheit erhoffte Lösung verzichtete und dem preußischen König die Krone eines kleindeutschen Kaiserreichs anbot, scheiterte. Friedrich Wilhelm IV. hätte die Führung in Deutschland gerne gehabt, aber nur aus den Händen der Fürsten, nicht aus denen des Parlaments. Was die Delegation der Paulskirche ihm da anbiete, sei eine „Schweinekrone", ein „Reif aus Dreck und Letten", an dem der „Ludergeruch der Revolution" hinge.

(Hagen Schulze, Kleine deutsche Geschichte, München 1996, S. 106ff.)

Um den Text zu erfassen und zu verstehen, solltet ihr eines der beiden Verfahren wählen:

Möglichkeit 1

Beantwortung von texterschließenden Fragen/ Aufträgen:

a) Der Verfasser benutzt teilweise schwierige (Fremd-)Wörter. Schlage unbekannte Wörter in einem Lexikon nach.

b) Welche Gründe für das Scheitern der Revolution nennt der Text? Schreibe diese Gründe heraus. (**Tipp!** Achte auf die Absätze.)

c) Einige Gründe werden im Text näher ausgeführt, andere müsstest du im Rückgriff auf die vorherigen Seiten selbst erläutern können.

d) Wie beurteilt Prof. Schulze insgesamt die Arbeit der Nationalversammlung? Vergleiche mit M 1!

Möglichkeit 2

Umformung des Textes in ein Interview: Versetze dich in die Situation einer Journalistin, die Prof. Schulze befragt. Der Text M 2 enthält alle Antworten. Du musst also die Fragen der Interviewerin formulieren.

Möglicher Beginn:

Frage: *Herr Prof. Schulze, welche Vorstellung von Deutschland hatten die Abgeordneten der Paulskirche?*

Schulze: …

Diese Daten und Ereignisse kenne ich jetzt:

1814/15	Wiener Kongress, Gründung des Deutschen Bundes
1815–1848	Zeit der Restauration
1832	Hambacher Fest
1848/49	Revolution in vielen Ländern Europas
März 1848	Märzforderungen
Mai 1848	Zusammentritt der Nationalversammlung
April 1849	Ablehnung der Kaiserkrone durch Friedrich Wilhelm IV.
Mai–Juli 1849	Reichsverfassungskampagne

Diese Begriffe kann ich jetzt erklären:

* Restauration
* Liberalismus
* Nationalismus
* Vormärz
* Nationalversammlung
* Reichsverfassungskampagne

Löste die Revolution von 1848/49 die drängenden Probleme der Zeit in Deutschland?

Dies war die zentrale Leitfrage des Kapitels.
Beschriftet in kurzer Form die einzelnen Felder der Tabelle und formuliert auf dieser Grundlage eine zusammenfassende Einschätzung.

Problembereich/ Fragestellung	Wie heißt das Problem genau?	Welche Lösungsvorschläge werden 1848/49 entwickelt?	Welches Ergebnis hat die Revolution?
Nationale Frage			
Politische Frage			
Soziale Frage			

Ein komplizierter Sachverhalt – anschaulich ins Bild gesetzt

Mehr als 30 Jahre lang hatte sich das System der Restauration behaupten können. Jetzt, Ende der 1840er-Jahre, geriet es in eine Existenzkrise, denn nicht nur Nationalismus und Liberalismus nahmen die Restauration in die Zange. Die soziale Notlage erhöhte den Druck zusätzlich.

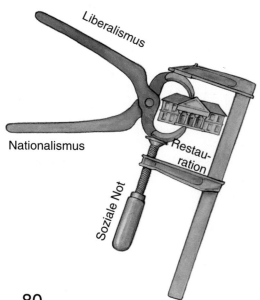

Mithilfe der Zeichnung könnt ihr diesen recht komplizierten Sachverhalt gut veranschaulichen. Übertragt sie in euer Heft und tragt die folgenden Fachbegriffe, die ihr jetzt kennt, sachgerecht und begründet ein. Jeder der vier Oberbegriffe wird durch zwei weitere Begriffe erläutert.

– Armut
– Eigenständigkeit der Nation
– Freiheitsrechte
– Fürstenherrschaft
– Hunger
– **Liberalismus**
– Mächtegleichgewicht
– **Nationalismus**
– **Restauration**
– Selbstständigkeit der Völker
– **Soziale Not**
– Verfassung

Zwei Flugblätter im Vergleich

1. Analysiert zunächst jedes der beiden Flugblätter für sich; achtet vor allem auf die Verfasser!
2. Vergleicht die Forderungen; arbeitet Gemeinsamkeiten und Unterschiede heraus.
3. Versucht zu erklären, worauf die Unterschiede zurückzuführen sind.
4. Erlaubt der Vergleich Rückschlüsse auf das spätere Scheitern der Revolution?

M 1 Erklärung Dresdner Bürger (7. März 1848)

[…] Die unterzeichneten Bürger und Einwohner Dresdens [sprechen] die Erwartung aus, dass auch von der sächsischen Hohen Staatsregierung den Forderungen der Zeit, deren Gewährung […] für die einheitliche Entwicklung Deutschlands und seine Erhebung auf die unter den Nationen Europas ihm gebührende Stufe unerlässlich und unabweisbar ist, […] [die] schleunige Erfüllung werde zuteil werden. […]

Diese Wünsche sind:

1. Freiheit der Presse […] und Überweisung der Pressvergehen an die ordentlichen Gerichte.
2. Freiheit des religiösen Bekenntnisses und der kirchlichen Vereinigung.
3. Freiheit des Versammlungs- und Vereinsrechtes.
4. Gesetzliche Sicherstellung der Person gegen willkürliche Verhaftung, Haussuchung und Untersuchungshaft.
5. Verbesserung des Wahlgesetzes, namentlich durch Herabsetzung des Zensus und Ausdehnung der Wählbarkeit auf das ganze Land.
6. Öffentlichkeit und Mündlichkeit der Rechtspflege mit Schwurgericht.
7. Vereidigung des Militärs auf die Verfassung. […]
9. Vertretung der deutschen Völker bei dem deutschen Bunde.
10. Lossagung der sächsischen Regierung von den Karlsbader Beschlüssen. […]

Wir zweifeln nicht an dem landesväterlichen Sinne des allverehrten, allgeliebten Königs, wir geben uns seiner Huld und Weisheit mit Vertrauen hin. […]

Es lebe der König! Es lebe die Verfassung! Es lebe die Eintracht zwischen Regierung und Volk!

Dresden, den 7. März 1848

Blöde, Jurist	Kell, Jurist	Münch, Kaufmann
Bromme, Buchhändler	Klette, Kürschnermeister	Naumann, Arzt
Dindorf, Kaufmann	Köchly, Oberlehrer	Schultze, Arzt
Graf, Vergolder	Kröner, Fabrikant	Schwartze, Schneidermeister
Herz, Redakteur	Kugelmann, Schuhmachermeister	Stege, Färbermeister
Hirschel, Arzt	Larick, Fabrikant	Wittig, Theologe
Hitzschold, Jurist	Linnemann, Schneidermeister	Zacharias, Jurist

(Zit. nach: Karl Obermann, Flugblätter der Revolution – Eine Flugblattsammlung zur Geschichte der Revolution von 1848/49 in Deutschland, Berlin (Ost) 1970, S. 70f.)

M 2 Forderungen Berliner Arbeiter an die Nationalversammlung (18. Juni 1848)

1. Bestimmung des Minimums des Arbeitslohns und der Arbeitszeit durch Kommissionen von Arbeitern und Meistern oder Arbeitgebern.
2. Verbindung der Arbeiter zur Aufrechterhaltung des festgesetzten Lohnes.
3. Aufhebung der indirekten Steuern, Einführung progressiver Einkommensteuer mit Steuerfreiheit derjenigen, die nur das Nötigste zum Leben haben.
4. Der Staat übernimmt den unentgeltlichen Unterricht und, wo es nötig ist, die unentgeltliche Erziehung der Jugend mit Berücksichtigung ihrer Fähigkeiten.
5. Unentgeltliche Volksbibliotheken. […]
8. Herabsetzung der Wählbarkeit für die preußische Kammer auf das 24. Jahr.
9. Beschäftigung der Arbeitslosen in Staatsanstalten, und zwar sorgt der Staat für eine ihren menschlichen Bedürfnissen angemessene Existenz. […]
11. Der Staat versorgt die Hilflosen und also auch alle Invaliden der Arbeit.
12. Allgemeine Heimatberechtigung und Freizügigkeit.
13. Schranken gegen Beamtenwillkür in Bezug auf die Arbeitsleute.

(Zit. nach: Walter Grab (Hrsg.), Die Revolution von 1848/49 – Eine Dokumentation, München 1973, S. 121f.)

Industrialisierung und Soziale Frage

Das Eisenwalzwerk
(Gemälde von Adolph Menzel, 1872–75)

Das Bild zeigt eine der größten Werkstätten für Eisenbahnschienen in Königshütte in Oberschlesien. Der Betrachter blickt auf einen langen Walzenstrang, dessen erste Walze ein glühendes Eisenstück aufnehmen soll. Arbeiter befördern das Eisenstück. Im Hintergrund wird ein Puddelofen bedient. Da der Schichtwechsel bevorsteht, sind andere Arbeiter beim Waschen. Wieder andere verzehren das Mittagsbrot.

Der Maler zeichnet ein optimistisches Bild der neuen industriellen Arbeitsweise. Arbeiter gehen selbstbewusst in ihrer neuen Tätigkeit auf, sie sind handwerklich geschickt, fleißig, vom Sinn ihrer Arbeit überzeugt.

Das Bild erlaubt keinerlei Zweifel an der neuen industriellen Wirtschaftsweise, die das Leben der Menschen grundlegend veränderte. Unter Industrialisierung verstehen wir einen langfristigen, komplexen Vorgang, der ausgehend von der maschinengestützten Produktion in Fabriken Wirtschaft und Gesellschaft umgestaltete. Er ersetzte eine Wirtschaftsordnung, die auf Landwirtschaft und Handwerk beruhte.

Die Schwierigkeiten und Nöte, die für die Menschen damit verbunden waren, bezeichnen Historiker als „Soziale Frage". Adolf Menzel hatte für sie noch keinen Blick, für die Abhängigkeit des Arbeiters von der Maschine, die Härte der Arbeitsbedingungen, den gänzlich veränderten Lebensrhythmus.

Das folgende Kapitel soll beide Phänomene sichtbar machen: die technischen Errungenschaften, die Chancen der industriellen Entwicklung, aber ebenso die fragwürdigen sozialen und kulturellen Veränderungen, den Preis, den die Menschen bezahlten.
Die Industrialisierung begann in England, Deutschland war der verspätete „Senkrechtstarter".

Eine neue Wirtschaftsordnung entsteht – warum zuerst in England?

England im Jahre 1787: Ein Kriminalfall beschäftigte die Regierung in London. Der englische Unternehmer Matthew Boulton (1728–1809), in dessen Fabrik Dampfmaschinen hergestellt wurden, berichtete von einem seltsamen Vorfall. Ein Graf Vidi aus Deutschland zeigte auffallendes Interesse an seinen neuen Maschinen. Heute würde man sagen: Dieser Herr Vidi (lat.: ich habe gesehen) betrieb Industriespionage. Er war der Freiherr vom Stein, ein hoher preußischer Beamter, der später ein bedeutender preußischer Staatsmann wurde.

Das neue Maschinenzeitalter begann in England etwa um die Mitte des 18. Jahrhunderts. Da die Zeitgenossen von den technischen Neuerungen beeindruckt waren und die Veränderungen als umwälzend empfanden, wurde schon seit dem 19. Jahrhundert der Begriff „Industrielle Revolution" dafür verwandt. Viele Historiker beurteilen diesen Übergang zur modernen Welt als ähnlich grundlegend wie den Wandel des Menschen vom Jäger und Sammler zum Ackerbauern und Viehzüchter.

Warum begann diese Industrielle Revolution in England, sodass das Land zum Gegenstand der Industriespionage, etwa aus Deutschland, wurde? Auf dieser Doppelseite werden zentrale Ausgangsbedingungen der Industriellen Revolution im Überblick dargestellt. Auf den beiden folgenden Doppelseiten werden zwei Faktoren genauer untersucht: das wirtschaftsliberale Denken von Adam Smith und die Erfindung der Dampfmaschine durch James Watt als Basis der technologischen Entwicklung.

● Nach der Lektüre des Informationstextes könnt ihr eine erste Teilantwort auf die Frage geben, warum England zur „Werkstatt der Welt" und damit interessant für Industriespionage wurde.

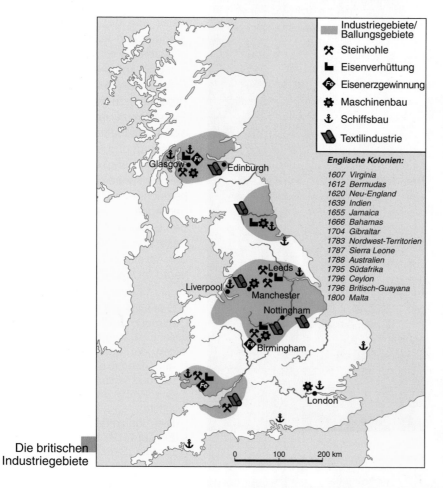

Die britischen Industriegebiete

Legende:
- Industriegebiete/Ballungsgebiete
- ⚒ Steinkohle
- 🔩 Eisenverhüttung
- Fe Eisenerzgewinnung
- ⚙ Maschinenbau
- ⚓ Schiffsbau
- 📖 Textilindustrie

Englische Kolonien:

1607 Virginia
1612 Bermudas
1620 Neu-England
1639 Indien
1655 Jamaica
1666 Bahamas
1704 Gibraltar
1783 Nordwest-Territorien
1787 Sierra Leone
1788 Australien
1795 Südafrika
1796 Ceylon
1796 Britisch-Guayana
1800 Malta

0   100   200 km

Die Gunst der natürlichen Gegebenheiten

Die Karte der britischen Inseln führt euch diesen wesentlichen Vorteil Englands vor Augen: Die Insel besaß Eisenerz- und große Steinkohlevorkommen. Durch tief eingeschnittene Flussmündungen und Kanäle hatte England billige Verkehrswege. Keine Industriestadt lag weit von einem Hochseehafen entfernt.

Die Weltmacht

Die Insellage begünstigte Englands Aufstieg zur Weltmacht. Die mächtige Seeflotte schützte Kaufleute und Siedler. Englands Wirtschaft war auf den Handel mit fernen Ländern ausgerichtet. So war England vor allem in der Lage, große Mengen Baumwolle zu importieren, im Mutterland zu verarbeiten und fertige Baumwollprodukte auf fernen Absatzmärkten zu verkaufen. Zu Beginn des 19. Jahrhunderts hatten Baumwollprodukte einen Anteil von ca. 50 % am englischen Gesamtexport.

Innere Einheit

Auf der Reise durch Stadt und Land hielten keine lästigen Zollschranken den Verkehr auf. Im Unterschied etwa zum Deutschen Reich war England politisch und verwaltungsmäßig geeint.

Fortschrittliche Lebensverhältnisse: die Agrarrevolution

Dem Adel war es gelungen, sich auf Kosten der kleinen Bauern immer mehr Grundbesitz anzueignen (sog. „Bauernlegen"), sodass sich der landwirtschaftlich nutzbare Boden in England Mitte des 18. Jahrhunderts in den Händen einer kleinen Gruppe zumeist adeliger Grundbesitzer befand. Sie vergaben ihr Land durch langjährige Verträge an „Farmer", die bestrebt waren, ihre Betriebe wirtschaftlich erfolgreich zu gestalten. Sie hatten ein großes Interesse an Neuerungen, die eine Steigerung der Erträge versprachen. Da die Dreifelderwirtschaft mit einem jeweils brachliegenden Ackeranteil durch die Fruchtwechselwirtschaft ersetzt wurde, erhöhte sich die Nutzfläche. Auch technische Neuerungen, wie z. B. die Sämaschine und der Eisenpflug, erhöhten die Erträge.
Diese Modernisierung hatte zur Folge, dass die Zahl der benötigten Arbeitskräfte sank. Die Landbewohner waren weder durch Leibeigenschaft an ihr Land gebunden, noch wurde der Zuzug in Städte behindert. Folglich drängten immer mehr Menschen in die Städte, wo sie nach neuen Beschäftigungsmöglichkeiten suchten.

Bevölkerungswachstum

Die Tabelle führt eindringlich vor Augen, dass es etwa ab 1750 ein bislang nicht gekanntes Bevölkerungswachstum in Großbritannien gab. Verbesserte Hygienebedingungen und neue medizinische Errungenschaften sorgten dafür, dass Krankheiten wie Pest und Tuberkulose zurückgedrängt wurden. Vor allem auch die Säuglingssterblichkeit ging zurück. Besonders hohe Wachstumsraten wiesen die städtischen Ballungsräume auf.

Bevölkerung Großbritanniens (in Mio)

Jahr	England/Wales	Schottland
1690	5,5	–
1800	9,25	1,675
1820	12,2	2,13
1840	16,0	2,64
1860	20,15	3,09
1880	26,05	3,76
1900	32,527	4,71
1910	36,07	4,71

(Nach: W. Köllmann, Die industrielle Revolution – Quellen- und Arbeitshefte zur Geschichte und Politik, Stuttgart (Klett) 1970)

Die wachsende Bevölkerung stellte zum einen mehr Arbeitskräfte zur Verfügung. Zum anderen bewirkte sie eine erhöhte Nachfrage nach Konsumgütern, wie z. B. Textilien und Möbeln.

Textilindustrie als Leitsektor

Die Industrialisierung begann nicht in allen Wirtschaftsbereichen gleichzeitig. Es bildete sich ein Führungssektor heraus: die Textilindustrie.
England wurde zum Weltexporteur für Baumwollprodukte. Es besaß nahezu ein weltweites Handelsmonopol.
Der Aufstieg der Textilindustrie wurde durch technische Neuerungen gefördert. Diese bezogen sich zunächst auf die Verbesserung von Handmaschinen. Einen entscheidenden Einschnitt stellte die von Richard Ark-wright 1769 eingesetzte wassergetriebene Spinnmaschine dar. Mit ihr begann die Fabrikproduktion. Den nächsten Entwicklungsschritt markierte die dampfangetriebene Spinnmaschine.
Maschinenarbeit und Produktion in Fabriken steigerten Umfang und Qualität der Produkte. Heimarbeit wurde überflüssig, die Textilproduktion verlagerte sich vom Land in die Städte.
Mit zeitlicher Verzögerung profitierten auch andere Industriezweige vom Aufschwung der Textilbranche, vor allem die Schwerindustrie. Aufgrund des Energiebedarfs der Industrie und der Städte erhöhte sich die Nachfrage nach Kohle. Diese wurde zusätzlich dadurch angestoßen, dass neue Produktionsverfahren die Qualität des Eisens verbesserten und neue Einsatzbereiche erschlossen. Eisen wurde zu einem umfassend einsetzbaren Baustoff. Eisenerzeugung und Kohleförderung wiederum profitierten vom Einsatz der Dampfmaschine. Zwischen der Verarbeitung von Baumwolle, Kohle und Eisen gab es somit ausgeprägte Kopplungswirkungen.

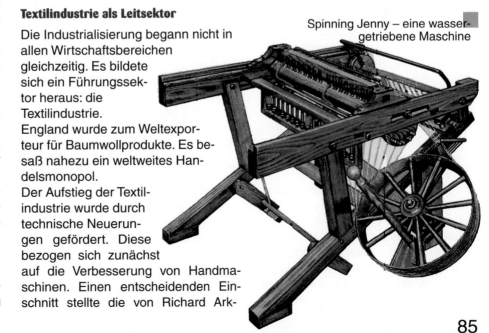

Spinning Jenny – eine wassergetriebene Maschine

Eine neue Form wirtschaftlichen Denkens: der Wirtschaftsliberalismus

Zu den günstigen Startvoraussetzungen Englands gehörte eine neue Form wirtschaftlichen Denkens, zu deren Herausbildung wohl auch die calvinistische Lehre beigetragen hat und die der Philosoph und Wirtschaftstheoretiker Adam Smith (1723–1790) prägte: In seinem Hauptwerk „The Wealth of Nations" („Der Reichtum der Nationen", 1776) entwickelte er jene Wirtschaftslehre, die die Grundlage der industriellen Wirtschaftsweise wurde. Demnach ist die Basis des wirtschaftlich erfolgreichen Handelns die Freiheit des einzelnen Menschen, selbst zu entscheiden, wie er sein Kapital einsetzt. Kapital meint nicht nur Geld, sondern vor allem auch das Privateigentum an Produktionsmitteln. Der Wirtschaftsliberalismus lieferte die Idee des freien Unternehmertums, das Werk Adam Smiths wurde zur „Bibel des Kapitalismus".

Solche theoretischen Texte sind nicht leicht zu verstehen. Deshalb ist es besonders wichtig, dass man mit der richtigen Methode an sie herangeht. Die Methodenbox bietet deshalb Hilfestellungen zum besseren Verständnis dieses schwierigen Textes.

Adam Smith

M 1 Die Wirtschaftslehre von Adam Smith

Der Einzelne ist *stets* darauf bedacht, herauszufinden, wo er sein Kapital, über das er verfügen kann, so vorteilhaft wie nur irgend möglich einsetzen kann. Und
5 tatsächlich hat er dabei den eigenen Vorteil im Auge und nicht etwa den der Volkswirtschaft. […] Da aber jeder Mensch Kapital zur Unterstützung eines Erwerbsstrebens nur mit Aussicht auf
10 Gewinn einsetzt, wird er stets bestrebt sein, es zur Hilfe für solche Gewerbe anzulegen, deren Ertrag voraussichtlich den höchsten Wert haben wird oder für den er das meiste Geld oder die meisten
15 anderen Waren bekommen kann. […] Wenn daher jeder Einzelne so viel wie nur möglich danach trachtet, sein Kapital zur Unterstützung der einheimischen Erwerbstätigkeit einzusetzen und da-
20 durch diese so lenkt, dass ihr Ertrag den höchsten Wertzuwachs erwarten lässt, dann bemüht sich auch jeder Einzelne ganz zwangsläufig, dass das Volkseinkommen im Jahr so groß wie möglich
25 werden wird. Tatsächlich fördert er in der Regel nicht bewusst das Allgemeinwohl, noch weiß er, wie hoch der eigene Beitrag ist. Wenn er es vorzieht, die nationale Wirtschaft anstatt die ausländi-
30 sche zu unterstützen, denkt er eigentlich nur an die eigene Sicherheit, und wenn er dadurch die Erwerbstätigkeit so fördert, dass ihr Ertrag den höchsten Wert erzielen kann, strebt er lediglich nach ei-
35 genem Gewinn. Und er wird in diesem wie auch in vielen anderen Fällen von einer unsichtbaren Hand geleitet, um einen Zweck zu fördern, den er zu erfüllen in gar keiner Weise beabsichtigt hat.
40 Auch für das Land selbst ist es keineswegs immer das Schlechteste, dass der Einzelne ein solches Ziel nicht bewusst anstrebt. Ja, gerade dadurch, dass er das eigene Interesse verfolgt, fördert er häu-
45 fig das der Gesellschaft nachhaltiger, als wenn er wirklich beabsichtigt, es zu tun. […]
Gibt man daher alle Systeme der Begünstigung und Beschränkung (von
50 staatlicher Seite) auf, so stellt sich ganz von selbst das einsichtige und einfache System der natürlichen Freiheit her. Solange der Einzelne nicht die Gesetze verletzt, lässt man ihm völlige Freiheit, da-
55 mit er das eigene Interesse auf seine Weise verfolgen kann und seinen Erwerbsfleiß und sein Kapital im Wettbewerb mit jedem anderen oder einem anderen Stand entwickeln oder einsetzen kann.

(Zit. nach: Adam Smith, Der Wohlstand der Nationen, 1776, hrsg. u. übers. von H.C. Recktenwald, München 1974, S. 9f., 369–371)

Methodenbox

Einen anspruchsvollen Sachtext erarbeiten

1. Schritt: **Ein erstes Gesamtverständnis herstellen**	Wenn man ermittelt, wovon der Text insgesamt handelt, hat man schon einen Teil verstanden. Lest dazu den Text Satz für Satz durch. Macht nach jedem Satz eine längere Pause. Wahrscheinlich werdet ihr nicht auf Anhieb jede Aussage verstehen, aber doch die eine oder andere. Prägt euch dieses Teilverständnis ein. Ihr könnt dann am Ende des Textes sagen, worum es in diesem Text insgesamt geht. *Ich denke, in dem Text von Adam Smith geht es um ...*
2. Schritt: **Teilaussagen verstehen**	Gliedert nun den Text in einzelne Abschnitte, wobei euch natürlich die Textabsätze helfen. Je nachdem, wie schwierig der Text ist, wird es ganze Sätze oder einzelne Begriffe geben, die unverständlich sind. Schlagt diese in einem Wörterbuch oder im Glossar des Geschichtsbuches nach und notiert kurze Erklärungen. *Kapital ist ein unklarer Begriff. Smith verwendet ihn im Sinne von Geld und Vermögen.* Fasst nun jeden untergliederten Abschnitt mit eigenen Worten zusammen. *Erster Abschnitt: Der einzelne Mensch hat immer seinen Vorteil im Auge. Daher überlegt er, ...*
3. Schritt: **Die Gesamtaussage auf den Punkt bringen**	Im ersten Arbeitsschritt habt ihr ein erstes Gesamtverständnis formuliert. Dieses Verständnis wurde durch die genaue Behandlung der Teilabschnitte konkretisiert. Verschafft euch jetzt noch einmal einen Gesamtüberblick: • Was ist die Kernaussage des Textes? • Welches sind die zentralen Argumente des Verfassers?
4. Schritt: **Zentrale Aussagen erklären**	Die ersten Schritte dienten dazu, die Aussagen von Smith zu verstehen und wiederzugeben. Wir gehen jetzt noch einen Schritt weiter: Wir wollen diese Aussagen erklären, d.h. die Ausführungen des Autors in einen Zusammenhang einordnen und begründen. Wir fragen z.B.: Welche Annahmen liegen den Aussagen von Smith zugrunde? *Adam Smith behauptet, dass jeder Mensch, der Kapital besitzt, danach strebt, Vorteile zu erwirtschaften.* *Von welchem Menschenbild geht er dann aus? > Adam Smith sieht den Menschen als egoistisch an.* *Adam Smith will jedem größtmögliche Freiheit gewähren.* *Welche Erwartungen richtet er damit an jeden Menschen? ...*
5. Schritt: **Den Text kritisch bewerten**	Jetzt ist eure eigene Meinung gefragt. • Sind die Menschen wirklich nur auf ihren Vorteil aus? • Kann sich jeder Mensch in Freiheit bewähren? Was geschieht mit Schwachen? • Ist eine Gesellschaft erstrebenswert, in der jeder seinen eigenen Vorteil verfolgt?

Geniale Erfindung oder gezielte Entwicklung? Die Dampfmaschine

- Ihr habt bestimmt schon einmal den Namen James Watt gehört. In vielen Büchern wird er als der geniale Erfinder der Dampfmaschine vorgestellt. Anhand der folgenden Materialien könnt ihr dieses Urteil überprüfen, um zum Abschluss eine begründete Stellungnahme abzugeben.
- Völlig unbestritten ist die technische Fortschrittlichkeit, die diese Kraftmaschine auszeichnet. Worin besteht sie? Findet auch darauf eine Antwort. Weitere Anregungen zur Bearbeitung findet ihr am Ende der Doppelseite.

Begabte Tüftler

Ihr habt wichtige Bedingungen kennen gelernt, die England zur „Werkstatt der Welt" werden ließen. Ein bedeutender Faktor kam noch hinzu: eine Vielzahl von technischen Erfindungen, seit dem 18. Jahrhundert gab es sechsmal so viel wie in den 17 Jahrhunderten zuvor. Als die Schlüsselerfindung der beginnenden Industrialisierung gilt die Dampfmaschine von **James Watt**. Was trieb ihn? James Watt besuchte keine Universität, er forschte zunächst nicht zielgerichtet nach einer Erfindung. Er war Feinmechaniker, ein begabter Tüftler, der zunächst eher zufällig mit einem alten Modell einer Dampfmaschine in Berührung kam.

Dieses Modell stammte von **Thomas Newcomen**, einem Schmied, der 1712 eine Art Kraftmaschine gebaut hatte. Diese trug bereits wesentliche Merkmale einer Dampfmaschine: In einem Kessel wurde unter Druck stehender Dampf erzeugt, der eine mechanische Bewe-

gung in Gang setzte. Der Einsatzort: Bergwerke, in denen sie Pumpen zur Entwässerung der Schächte betrieb. Thomas Newcomen ist typisch für das gesellschaftlich fortschrittliche und technisch aufgeschlossene England des 19. Jahrhunderts: Handwerker entwickelten eine Vielzahl von Arbeits-, Antriebs- und Werkzeugmaschinen, die kontinuierlich verbessert wurden.

Ein Professor der Universität Glasgow brachte ein Modell der Maschine Newcomens zur Reparatur und dieses Modell geriet in die Hände von James Watt. Er war als Feinmechaniker an der Uni-

versität beschäftigt. Er beschränkte sich nicht darauf, dieses Modell zu reparieren; er veränderte es grundlegend. Er testete unterschiedliche Zylindermaterialien (Holz, Metall), er maß den Dampfdruck bei verschiedenen Temperaturen. Monatelang grübelte er, wie der Dampf am besten zur Kondensation gebracht werden konnte, wie hohe Wärmeverluste zu vermeiden waren. 1765 fand er eine Lösung: die Trennung von Arbeitszylinder und Kondensation. **1769 war die Maschine einsetzbar**, von 1782 bis 1784 verbesserte er sie noch einmal.

M 1 Und so funktioniert die doppelt wirkende Dampfmaschine von James Watt (1782):

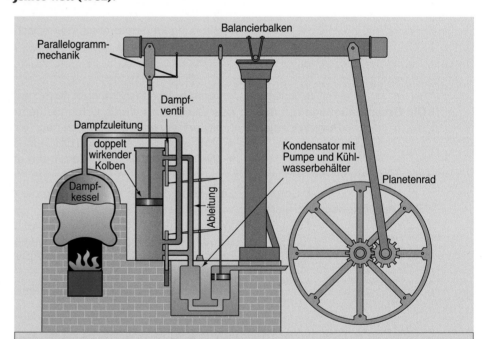

☞ In einem Dampfkessel wird Wasser erhitzt.
☞ Der Dampf wird, durch Ventile gesteuert, in einen Zylinder geleitet.
☞ Der sich ausdehnende Dampf bewegt den Kolben.
☞ Aus dem Zylinder wird der Dampf in einen Kondensator gedrückt und abgekühlt: Der Dampf verflüssigt sich, er kondensiert.
☞ Die Auf- und Abbewegung des Kolbens wird über einen Balancierbalken auf ein Rad übertragen. Sie wird in Drehbewegung umgesetzt.
☞ Durch einen Übertragungsmechanismus werden Maschinen angetrieben.

(Nach: Geschichte lernen, 41/1994, S. 26f.)

Der Geldgeber: Matthew Boulton

Ein technisches Problem und seine Lösung

James Watt war nicht reich. Ihm fehlte das Geld, um seine Ideen alleine auszuführen und Maschinen herzustellen. In dieser Situation half ihm Matthew Boulton, ein reicher Fabrikant aus Birmingham. Er hatte das Geschäft seines Vaters übernommen und erweitert. In seiner Fabrik beschäftigte er 600 Arbeiter. Diese stellten z. B. Eisen- und Silberwaren, Uhrenketten und Werkzeuge her. Er hatte ein technisches Problem: Im Sommer reichte die Wasserkraft nicht aus, sodass Pferde die stillstehenden Wasserräder bewegen mussten, die seine Maschinen antrieben. Die technische Lösung: der Einsatz der Dampfmaschine. Um sie serienreif zu machen, brauchte man Geld. Davon hatte Matthew Boulton genug. Durch geschickte Heirat erwarb er nämlich beträchtlichen Grundbesitz.

1774 schloss Boulton mit James Watt einen Vertrag. Er verpflichtete sich, für alle Kosten der Weiterentwicklung der Dampfmaschine aufzukommen. Außerdem bezahlte er James Watt ein jährliches Gehalt von 330 Pfund. Bis 1800 bauten James Watt und Matthew Boulton 500 Dampfmaschinen, höchst vielseitige Kraftmaschinen. Ihre Erfindung erhielt also *Serienreife*, wurde zu einem Hilfsmittel, das die Menschen in Bergwerken und Fabriken anwandten.

M 2

„Ich verkaufe, was die ganze Welt haben will: KRAFT."
(Matthew Boulton)

Verschiedene Arbeitsmaschinen

Die Kraftmaschine

Der Übertragungs- oder Transmissionsmechanismus

Dampfmaschinenmodell einer Spielzeugfirma

M 3

Technische Neuerungen in England		
Maschinenrevolution:	1733	verbesserte Webstühle
	1769	Spinnmaschine mit Wasserantrieb
	1785	Spinnmaschine mit Dampfantrieb
Revolution des Antriebssystems:	1711	Newcomens Dampfmaschine
	1769	Dampfmaschine von James Watt
Revolution der Eisen- und Stahlerzeugung:	1709	Kokshochöfen
	1740	Gussstahl
	1766	Erzverhüttung
	1769	Einsatz der Dampfmaschine
	1784	Puddelverfahren
Verkehrsrevolution:	1814	Dampflokomotive Eisenbahnbau

1. Boulton und Watt starten einen Werbefeldzug für ihre neue Dampfmaschine. Entwerft eine Anzeige. Erklärt die Wirkungsweise und stellt die Vorzüge der Maschine heraus, vergleicht dabei mit früheren Kraftquellen.

2. Stellt für eure Klasse ein Dampfmaschinenposter zusammen. Material findet ihr z. B. in Spielzeugkatalogen. Versucht dabei möglichst viele verschiedene Einsatzgebiete der Dampfmaschine zu zeigen.

3. Ihr könnt jetzt die Frage beantworten, warum England zur „Werkstatt der Welt" wurde. Die folgenden Stichworte helfen euch dabei: wirtschaftliche Bedingungen – politische Verhältnisse – soziale Strukturen – geistige Strukturen – Außenbeziehungen – geografische Voraussetzungen.

Blickt noch einmal zurück!

Deutschland auf dem Weg zur Industrialisierung

Info — Der Nachzügler holt auf

Folienvortrag:
Ein Nachzügler holt auf.
Wertet diese Info-Doppelseite mithilfe einer Mind-Map aus. Präsentiert sie auf einer Folie und tragt eure Ergebnisse auf dieser Basis vor.

Dortmund um 1847, von Norden gesehen (Aquarell von Wilhelm Müller)

Dortmund: ein Dorf

Das Gemälde zeigt die Nordansicht der Stadt Dortmund vor 150 Jahren. Die Stadt war ein Dorf mit etwa 8000 Einwohnern. Der Maler sah sie eingerahmt von freier Natur. Ein preußischer Staatsrat erblickte nur „schlecht gepflasterte Gassen, meist alte Gebäude, viel Unreinlichkeit."

Als Freiherr vom Stein von seiner Spionagefahrt zurückkehrte, fuhr er durch dieses Ruhrgebiet. Es sah damals nicht nur ganz anders aus als heute, es war auch gar nicht vergleichbar mit der Industrieregion in England. Im südlichen Ruhrgebiet bewunderten Reisende „prachtvolle Eich- und Buchenwälder, die rechts und links die Berge krönen." Im Norden des heutigen Ruhrgebiets durchquerten sie eintönige Heidelandschaften, wie ein französischer Reisender 1794 schrieb.

Rückständigkeit

Nicht nur das Ruhrgebiet, verglichen mit England war das ganze Deutschland rückständig. Warum war das so?

Der geografische Raum: Deutschland bestand aus relativ selbstständigen einzelnen Landschaften, z. B. der Küstenregion, dem Rhein-Ruhrgebiet, großen Gebieten östlich der Elbe, dem Gebiet Schlesiens. Die Lage der Gebirge und das Flusssystem begünstigten die Trennung der Gebiete, erschwerten den Austausch der Güter.

Der wirtschaftliche und soziale Rahmen: Gegen Ende des 18. Jahrhunderts arbeiten 80 % der Bevölkerung in der Landwirtschaft. Ihr Ziel war es, das Überleben zu sichern. Gewinn- und Leistungsstreben wurden nicht gefordert. Abhängige Bauern bewirtschafteten das Land von Gutsbesitzern. Sie durften ihre Scholle nicht verlassen, durften nicht in die Stadt ziehen, um z. B. ein Gewerbe zu eröffnen. Dort waren Handwerker in Zünften zusammengeschlossen, die Herstellung und Absatz kontrollierten. Die Gutsherren pflegten das zurückgezogene Leben von Landadeligen. Sie waren wenig an der Modernisierung ihrer Landwirtschaft interessiert. Gar Geld in Fabriken anzulegen, war ihnen ganz fremd. Es mangelte folglich am Kapital, das in Industrieanlagen investiert wurde. Die Gesellschaft war in Stände aufgeteilt, die klar von einander abgetrennt waren.

Der politische Raum: Deutschland war wirtschaftlich und politisch zersplittert. Es bestand am Ende des 18. Jahrhunderts aus 314 selbstständigen Körperschaften. Es gab 1800 Zollschranken, die den Austausch von Gütern erschwerten und verteuerten.

Überwindung der Rückständigkeit

Warum holte das verspätete Deutschland dennoch auf, warum gerade im Ruhrgebiet?

Die Gunst der Lage: Vom englischen Vorbild wisst ihr bereits, dass Lage und Bodenbeschaffenheit eines Gebietes dessen Geschichte beeinflussen. Deshalb fragen wir auch beim Ruhrgebiet zunächst nach dessen geografischen Voraussetzungen. Einerseits war das Ruhrgebiet ein abgeschiedener Raum: Es ist weit von der Küste entfernt und war von Heidelandschaft im Norden, von Waldgebieten im Süden umgeben. Andererseits verfügte es über günstige Standortbedingungen: Im mittleren Teil bei Mühlheim, Essen, Bochum und Dortmund gab es reichhaltige Steinkohle- und Erzvorkommen. Wichtige Flüsse waren schiffbar. Und vor allem: Die dort lebenden Menschen verfügten über breite handwerkliche Kenntnisse, z. B. im Bereich der Eisenherstellung und -verarbeitung. Es gab also Fortschrittskerne.

Der preußische Staat förderte die Industrialisierung: Die natürlichen Voraussetzungen und die Fähigkeiten der Menschen konnten erst zur Geltung kommen, als der preußische Staat begann, die wirtschaftliche und soziale Modernisierung des Landes aktiv zu fördern.

Ein einheitlicher Markt:
Ausgehend von Württemberg und Bayern schlossen sich 1834 mehrere deutsche Staaten zum Deutschen Zollverein zusammen. Unter preußischer Führung wuchsen 18 Staaten mit 21 Mio. Einwohnern zu einen einheitlichen Zoll- und Handelsgebiet zusammen. Währungen erhielten einen festen Wechselkurs. Der Handel wurde hierdurch erheblich gefördert und die Bedeutung des Zollvereins für die gesamte wirtschaftliche Entwicklung war enorm. Zu verdanken hatte Deutschland dies vor allem dem Reutlinger Nationalökonomen Friedrich List (1789–1846), der sich in besonderem Maße für die Aufhebung der Zollschranken einsetzte.

Freie Entfaltung – Bauernbefreiung (1807) und Gewerbefreiheit (1810):
Der preußische Staat beschloss, dass Bauern persönlich frei wurden und Wohnort und Beruf frei wählen konnten. Soweit sie nicht Land als Eigentum erwarben, verließen sie die Dörfer und arbeiteten in Fabriken. Die Gewerbefreiheit erlaubte es jedem, der Geld und Ideen hatte, in der Industrie zu investieren. Andererseits wurden Handwerker nicht mehr vor Konkurrenz geschützt. Jetzt konnte sich auch Unternehmerinitiative entwickeln. Unternehmerisches Handeln, die Übernahme von Risiko, die Teilnahme am Wettbewerb waren wichtige Bedingungen des Aufschwungs.

Bildung – Der Ausbau von Schulen:
Der preußische Staat baute sein Schulsystem aus und gründete Gewerbeschulen für Handwerker und Techniker. Auf diese Weise wurde technisches „Knowhow" gefördert.

Neue Verkehrswege:
Der Staat baute Kanäle und Straßen: zwischen 1816 und 1852 wurden 10 000 km Straßen gebaut. Zwischen 1840 und 1849 entstanden 6 500 km Eisenbahnstrecke in Deutschland. Damit konnten schwere Rohstoffe auf dem Schienenweg transportiert werden.

In England setzte die Industrialisierung bei der Textilerzeugung ein, in Deutschland wurden Eisenbahn, Bergbau und Maschinenherstellung die Leitsektoren der Industrie. Etwa seit den 1840er-Jahren gewann die industrielle Entwicklung soviel Eigendynamik, dass man auch für Deutschland von der Industriellen Revolution sprechen konnte. Dennoch waren es zunächst nur einzelne traditionelle Gewerberegionen, auf die sich die Entwicklung konzentrierte. Kennzeichen dieser Regionen waren eine hohe Bevölkerungsdichte, technisch erfahrene Meister, relativ gute Kapitalausstattung und qualifizierte Arbeitskräfte. Hinzu kamen Bodenschätze, günstige Transportwege und solide Absatzmärkte. Erst nach der Reichsgründung von 1871 erfasste die Industrialisierung fast ganz Deutschland.

Die Fabrik Friedrich Harkorts (1793–1880), eine der ersten Maschinenfabriken des Ruhrgebiets

Die Eisenbahn – Motor der Industrialisierung und dennoch umstritten?

Am 7.12.1835 wurde die erste Eisenbahnstrecke in Deutschland offiziell eingeweiht. Sie führte von Nürnberg nach Fürth. Die Lokomotive stammte von einem englischen Ingenieur, auch der Lokführer war Engländer. Die erste Eisenbahn fuhr in England im September 1825; ihre Geschwindigkeit: zwölf Stundenkilometer.

Das Beispiel der Eisenbahn zeigt: Die Industrialisierung in Deutschland war eine „nachgeahmte".

In England begann die Industrialisierung in der Textilindustrie; in Deutschland in der Schwerindustrie, also dem Bergbau, der Eisen- und Stahlherstellung sowie im Maschinenbau. Ihr Motor: die Eisenbahn. Der Eisenbahnbau wurde zum Führungssektor der deutschen industriellen Entwicklung. Diese begann zwischen 1840 und 1850, sie erreichte ihren ersten Höhepunkt zwischen 1867 und 1873. Deutschland wurde ein industrialisierter Staat.

Diesen Vorgang sollt ihr näher untersuchen. Euer Forschungsauftrag lautet:

1. Wie ist es zu erklären, dass die Eisenbahn für die wirtschaftliche Entwicklung eine solch herausragende Bedeutung erhielt?

2. Warum beurteilten die Zeitgenossen die Eisenbahn dennoch so unterschiedlich und widersprüchlich?

Untersucht die verschiedenen Materialien, d.h. die Karten, die Grafik und die Statistiken. Zu jedem Einzelmaterial notiert ihr, welche Antwort es auf die erste Untersuchungsfrage gibt. Zum Schluss formuliert ihr eine Zusammenfassung.

Auf der folgenden Doppelseite findet ihr kontroverse Meinungen zur Bedeutung der Eisenbahn. Bearbeitet sie in Gruppen. Abschließend könnt ihr ein begründetes Urteil fällen: War die Eisenbahn eine teuflische Erfindung?

Motor der Industrialisierung

M 1 Entwicklung des deutschen Eisenbahnnetzes (Streckenkarten)

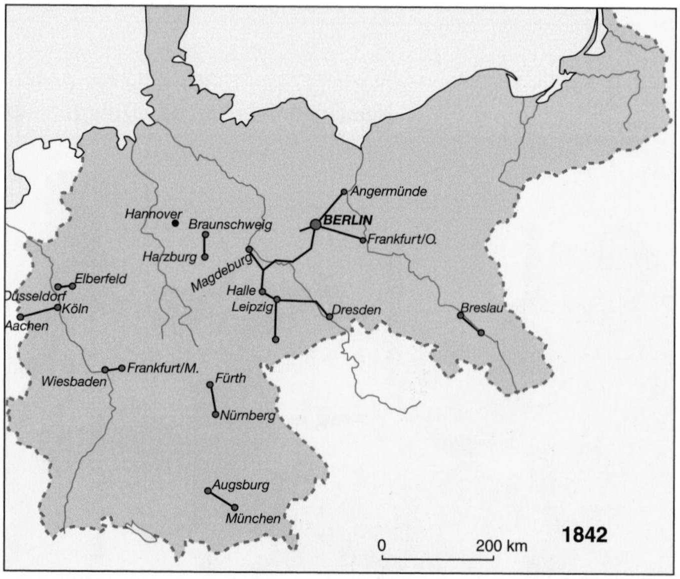

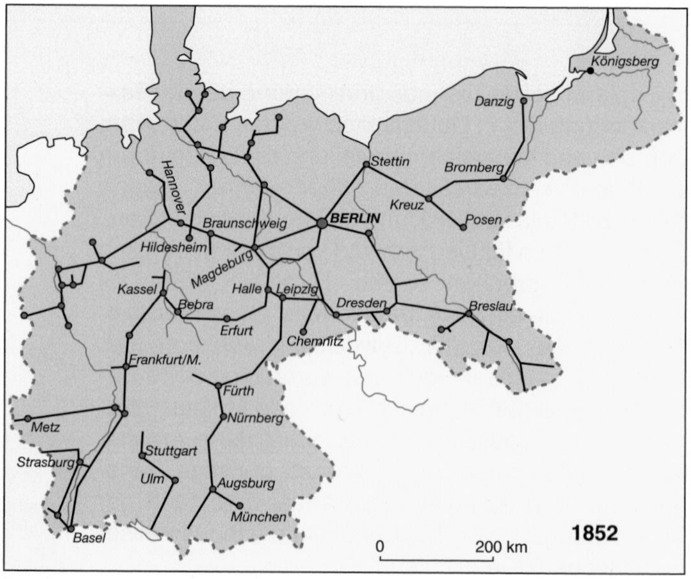

Vergleicht die Entwicklung der Streckennetze. Welche Schlussfolgerungen erlauben sie im Hinblick auf die Bedeutung der Eisenbahn?

1842

1852

M 2 Statistik

a) Die Streckenlänge der Eisenbahnen in Deutschland 1835–1865 (km zum Jahresende)

1835	6
1840	469
1845	2 143
1850	5 856
1855	7 826
1860	11 089
1865	13 900

(Nach: B. R. Mitchell, Statistischer Anhang; in: Carlo M. Cipolla/Knut Borckardt, Die Entwicklung der industriellen Gesellschaften, Bd. 4., Stuttgart/New York 1985, S. 515 f.)

b) Die Transportleistung der Eisenbahnen in Deutschland 1840–1865 (in Mio. Personen- bzw. Tonnenkilometern)

Jahr	Personenverkehr	Güterverkehr
1840	62,3	3,2
1845	308,5	50,8
1850	782,7	302,7
1855	1 090,4	1 094,9
1860	1 732,9	1 675,2
1865	2 676,0	3 671,8

(Nach: Rainer Fremdling, Eisenbahnen und deutsches Wirtschaftswachstum 1840–1879. Ein Beitrag zur Entwicklungstheorie und zur Theorie der Infrastruktur, Dortmund 1975, S. 17)

c) Statistik: Der durchschnittliche Transportpreis pro Tonnenkilometer auf deutschen Eisenbahnen 1840–1865 (in Pfennig)

1840	16,9
1845	13,6
1850	10,1
1855	8,2

d) Roheisenverbrauch im Zollverein 1835–1863, Gesamtverbrauch und Verbrauch für Eisenbahnen (in 1000 Zentnern)

Zeitraum	Gesamtverbrauch	Verbrauch für Eisenbahnen
1833–1835	7 385	6
1839–1841	16 402	1 606
1845–1847	20 379	7 013
1851–1853	21 066	9 340
1859–1863	76 414	30 920

(c/d nach: Horst Wagenblaß, Der Eisenbahnbau und das Wachstum der deutschen Eisen- und Maschinenbauindustrie 1835–1860. Ein Beitrag zur Geschichte der Industrialisierung Deutschlands, Stuttgart 1973)

e) Die Entwicklung der Reisegeschwindigkeit

Reisedauer in Stunden von Berlin nach	Anfang des 19. Jahrhunderts (Postkutsche)	Ende des 19. Jahrhunderts (Eisenbahn)
Breslau	38	5,5
Dresden	23	3
Frankfurt am Main	64	9
Hamburg	36	5
Hannover	40	5
Köln	82	10
Königsberg	67	10
München	81	11
Stettin	16	2,5

(Nach: Die Reise in die Vergangenheit, Bd. 2, Braunschweig o. J., S. 233)

Auch diese Statistiken nutzt ihr, um die wirtschaftliche Bedeutung des Eisenbahnbaus zu erschließen. Ihr könnt schrittweise vorgehen.

1. Formuliert für jede Statistik, welche grundlegende Entwicklung jeweils deutlich wird.
2. Stellt fest, wo es Entwicklungssprünge gab.
3. Erklärt die Entwicklung. Warum, z. B., nahm der Personentransport so stark zu?
4. Fasst eure Ergebnisse mit Blick auf die Untersuchungsfrage zusammen.

M 3

Auswirkungen des Eisenbahnbaus in der Wirtschaft (1864–1900)

Welche Wirkungen und wirtschaftlichen Zusammenhänge des Eisenbahnbaus macht das Schaubild sichtbar?

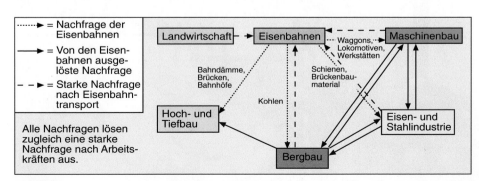

········► = Nachfrage der Eisenbahnen

——► = Von den Eisenbahnen ausgelöste Nachfrage

– – ► = Starke Nachfrage nach Eisenbahntransport

Alle Nachfragen lösen zugleich eine starke Nachfrage nach Arbeitskräften aus.

Forschungs-station

Zeitgenossen: unterschiedliche Meinungen – unterschiedliche Sichtweisen

Im Rückblick lässt sich leicht nachweisen, dass die Eisenbahn von großer wirtschaftlicher Bedeutung war und den Menschen langfristig viele Vorteile brachte. Für die Zeitgenossen war die Beurteilung schwieriger, so wie es auch uns ergeht, wenn wir die Vor- und Nachteile einer technischen Neuerung abwägen.

M 4 Zum ersten Mal: Fahrt mit der Eisenbahn

Am 12.9.1840 wurde die Eisenbahnstrecke zwischen Heidelberg und Mannheim eröffnet. Darüber berichtet ein Zeitgenosse:

Q Die Behörden hatten die angesehenen Bürger der Stadt, darunter auch einen Professor der Universität, zur Eröffnungsfeier eingeladen.

5 Als der Tag der Einweihung gekommen war, machte er sich mit seiner Familie etwas verspätet rasch auf den Weg zum Bahnhof. Während sie gingen, beriet sich der Professor mit den Seinen, in 10 welchem Teil des Zuges sie wohl am sichersten führen. Der jüngste Sohn riet, in den vordersten Wagen einzusteigen, weil man die Lokomotive von da am besten überwachen könnte. Der Vater 15 erinnerte sich, gelesen zu haben, man solle den hintersten wählen, denn weit vom Schuss sei weit von der Gefahr, und entschloss sich für den hintersten. Auf dem Bahnhof stand der Zug zur Ab-20 fahrt bereit. Die Gesellschaft musste sich beeilen und stürzte in den letzten Wagen. Sie saßen bequem und sicher. Ein schriller Pfiff, der Zug flog rasselnd davon. „Vater!", schrien die Söhne, „der 25 Zug fährt fort, und wir bleiben sitzen!" „Dumme Jungen!", erwiderte der Vater, „Was fällt euch ein? Der Wagen ist in vollem Fluge, man merkt es nur nicht, das ist ja eben die große Geschwindig-30 keit!" Er dachte an die Erde, die mit rasender Geschwindigkeit um die Sonne fährt, und wir merken es nicht. Diesmal betrog ihn die Sternenkunde: Der Wagen war abgehängt worden und blieb 35 stehen. Der Zug war längst aus dem Bahnhof, als sie ausstiegen und in die Stadt zurückkehrten. […]

Sooft mein Vater in den ersten Monaten nach Eröffnung der Bahn nach Hei-40 delberg kam, musste ich ihn vor die Stadt begleiten, wo man den Zug vorüberfahren sah. Noch immer höre ich seine Worte:

„Nichts ergreift mich mehr als diese 45 Erfindung. Eine neue Welt entsteht, und ich sinne vergeblich darüber nach, wie sie sich gestalten mag".

(Zit. nach: H. Christmann (Hg.), Quellensammlung für den Geschichtsunterricht, Bonn (Dümmler), Heft 2, S. 21)

M 6 Friedrich List (1837)

Q Der Tagelöhner, der kleine Bauer und Handwerker in den Dörfern und in den Landstätten, dem es oft wochenlang an Arbeit fehlt, wird seine 5 Zeit nicht mehr mit dem Müßiggange verbringen, sondern sich nach den entfernteren Städten oder Gegenden begeben, wo für den Augenblick eine außergewöhnliche Zahl von Arbeitern 10 gesucht wird; und die Lage einer großen Zahl von Gewerbsleuten und Arbeitern wird dadurch bedeutend verbessert werden, dass sie sich mit ihren Familien auf dem Land ansie-15 deln und für die Stadt arbeiten oder die Woche über in die Stadt auf Arbeit gehen und den Sonntag im Kreise ihrer Familien zubringen.

(Zit. nach: Friedrich List, Eisenbahnen; in: Carl von Rotteck/ Carl Welcker (Hg.), Staats-Lexikon oder Encyclopädie der Staatswissenschaften, Bd. 4, Altona 1837, S. 658)

1835 wird zwischen Nürnberg und Fürth die erste Eisenbahnlinie in Deutschland eröffnet.

M 5

M 7 König Friedrich Wilhelm III. von Preußen

Q Alles soll Karriere [schnell] gehen; die Ruhe und Gemütlichkeit leidet darunter. Kann mir keine große Seligkeit davon versprechen, ein paar Stunden
5 früher von Berlin in Potsdam zu sein.

M 8 Nikolaus Lenau

Q „An den Frühling 1838"
[…]
Mitten durch den grünen Hain,
Ungestümer Hast,
5 Frisst die Eisenbahn herein,
Dir ein schlimmer Gast.
Bäume fallen links und rechts,
Wo sie vorwärts bricht,
Deines blühenden Geschlechts
10 Schont die Raue nicht.
[…]
Pfeilgeschwind und schnurgerad,
Nimmt der Wagen bald
Blüt und Andacht unter's Rad,
15 Sausend durch den Wald.

M 9 Ein Zeitgenosse

Q Als im März 1848 ein brotloses Lohnkutschenproletariat die Schienen der Taunuseisenbahn aufriss und gleich daneben hungernde Schiffszieher die
5 Dampfboote des Rheins und Mains beschossen, sah ich einen Maschinenarbeiter, welcher die vollendete Verwüstung höhnisch überschaute und mit der […] Siegesgewissheit eines Propheten
10 des Proletariats ausrief: Durch dieses Land wird keine Maschine mehr fahren. Es lag ein […] Grimm in diesem Ausrufe, denn es war vielleicht des Mannes eigene Existenz, die vor ihm mit der Ei-
15 senbahn in Trümmern lag, und doch begrüßte er freudig diesen Ruin, weil die unheimliche Nebenbuhlerschaft der Maschine zugleich die tiefste Demütigung für das Menschenbewusstsein des
20 Arbeiters ist.

(W. H. Riehl, Die Bürgerliche Gesellschaft, Stuttgart/Augsburg ⁴1856, S. 358)

Spottbild aus dem Jahr 1835

M 11 Ch. F. Scherenberg (1845)

Q Die Felder, sie fliegen, die Bäume, der See.
Die Farben verschwimmen in Massen des Lichts.
5 Es schreien die Pfade, es zittert die Höh'.
Wir sehen Alles und sehen doch Nichts.

M 12 König Ernst August von Hannover

Q Ich will keine Eisenbahn im Lande! Ich will nicht, dass jeder Schuster und Schneider so rasch reisen kann wie ich!

(M 4, 5, 8, 9 zit. nach: S. Thurn/K. Bergmann, „Vorwärts mit Dampf. Die Eisenbahn – ein Vehikel des Fortschritts?", Geschichte Lernen 1/1987, S. 44 f.)

1. Betrachtet die Bilder. Welche Haltung zur Eisenbahn kommt in ihnen zum Ausdruck? Ihr könnt auch Reportagen über die Vorgänge schreiben – so, wie die Bilder sie darstellen. Beginnt jeweils mit einer treffenden Schlagzeile.

2. Lest die Quellen genau durch. Formuliert die Argumente der Befürworter bzw. Gegner der Eisenbahn jeweils in einem Satz. Erläutert, welches Interesse oder Motiv hinter der jeweiligen Meinung steht. Folgende Stichworte können euch helfen: soziale Vorrechte, Umweltzerstörung, Arbeitslosigkeit, Selbstwertgefühl, Beweglichkeit …

3. Haben die Gegner der neuen Erfindung Recht oder sind sie rückständige Maschinenstürmer? Bildet euch eine Meinung und tragt sie in der Klasse vor. Berücksichtigt dabei die Statistiken auf S. 93.

Die Fabrik – Wie verändert die Industrie die Gesellschaft?

Die bisherige Darstellung verfolgte die Industrialisierung in ihrem zeitlichen Ablauf. Sie begann in England und erfasste das rückständige Deutschland. Der Nachzügler holte auf.

Jetzt ändern wir die Blickrichtung: Wir untersuchen zentrale Merkmale der neuen Zeit, die Arbeit in der Fabrik, das Leben der Menschen in ihrem privaten Umfeld. Nicht die Entwicklung wird erläutert, sondern das für die Epoche typische Zusammenspiel verschiedener Aspekte.

Wie sehen die neuen Fabrikanlagen aus?

Die neue industrielle Welt wurde geprägt durch den neuen Ort der Arbeit: durch die Fabrik. Die Krauss'sche Lokomotivfabrik, die im Westen der Stadt München direkt am Bahnkörper lag, ist in ihrem Aufbau typisch für die neuen Arbeitsstätten.

M 1

Das Gebäude links mit gusseisernem Balkonvorbau war der Sitz der Direktion. Davor befand sich eine kleine Parkanlage mit Springbrunnen.

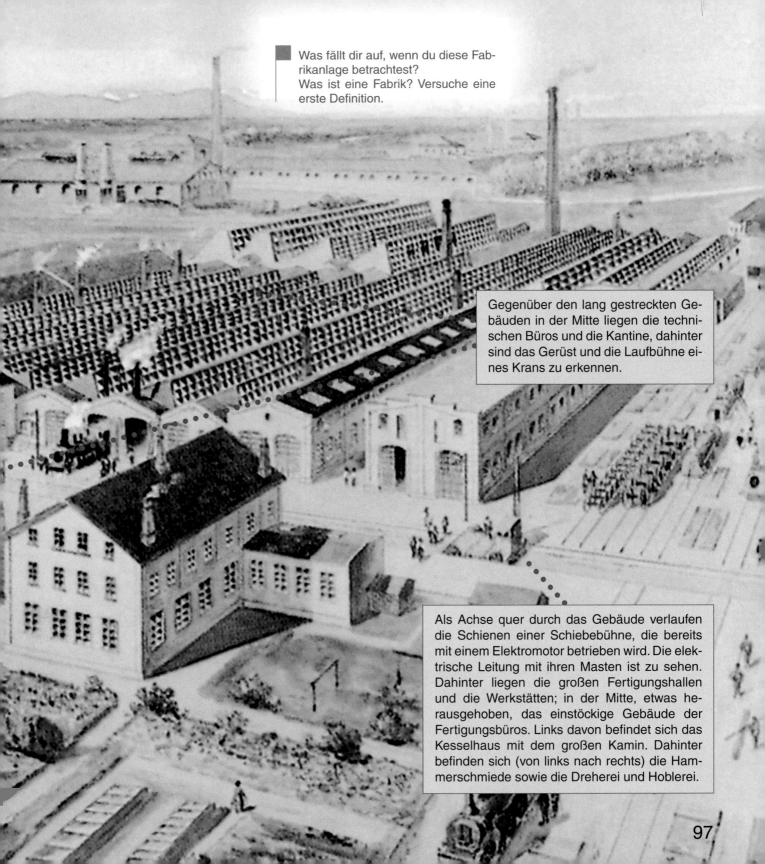

Was fällt dir auf, wenn du diese Fabrikanlage betrachtest?
Was ist eine Fabrik? Versuche eine erste Definition.

Gegenüber den lang gestreckten Gebäuden in der Mitte liegen die technischen Büros und die Kantine, dahinter sind das Gerüst und die Laufbühne eines Krans zu erkennen.

Als Achse quer durch das Gebäude verlaufen die Schienen einer Schiebebühne, die bereits mit einem Elektromotor betrieben wird. Die elektrische Leitung mit ihren Masten ist zu sehen. Dahinter liegen die großen Fertigungshallen und die Werkstätten; in der Mitte, etwas herausgehoben, das einstöckige Gebäude der Fertigungsbüros. Links davon befindet sich das Kesselhaus mit dem großen Kamin. Dahinter befinden sich (von links nach rechts) die Hammerschmiede sowie die Dreherei und Hoblerei.

97

Menschen in der Fabrik: ihre Aufgaben, ihre Positionen

Wie die Fabrikanlagen eine klare Gliederung aufweisen, so war auch den Menschen, die in der Fabrik arbeiteten, ein klarer Platz zugewiesen. Menschen in der Fabrik nahmen unterschiedliche Stellungen ein, sie übten Macht aus oder waren abhängig beschäftigt.

Betrachtet die Bilder genau. Beschreibt und vergleicht Kleidung, Körpersprache und Verhalten der Menschen sowie ihren Arbeitsplatz. Inwiefern spiegelt sich hierin die Über- und Unterordnung, die Hierarchie des Betriebs?

M 1

Die Familie Alfred Krupp mit Verwandten und Freunden, um 1870

M 2

Der Direktor auf dem Weg in sein Büro, um 1913. Er wird vom Bürodiener erwartet, der sich beim Nahen des Chefs von seinem Platz erhoben hat.

Der Unternehmer

Ursprünglich war er der Eigentümer des Betriebs. Er besaß die so genannten Produktionsmittel; das sind das Kapital sowie Rohstoffe, Maschinen und Werkzeuge. Deshalb bestimmte er die Ziele des Unternehmens; er wählte das Personal aus, entschied über Einstellungen und Entlassungen sowie über die Bezahlung.

Oberstes Geschäftsprinzip war es, Gewinn zu erzielen. Deshalb musste die Fabrik zweckmäßig aufgebaut und geleitet werden. Den geringsten Kosten mussten größtmögliche Gewinne gegenüberstehen. Um Arbeitsplätze zu erhalten, mussten Gewinne im Betrieb angelegt werden.

Der Direktor oder Manager

Immer häufiger rückte in die Chefetagen der Großbetriebe ein neuer Typ von Unternehmer auf. Er verwaltete, organisierte, suchte neue Wege. Er besaß eine hohe Fachausbildung und hatte vorher schon in verschiedenen Betrieben gearbeitet. Er handelte nach wirtschaftlichen Gesichtspunkten und brauchte auf Familientraditionen keine Rücksicht zu nehmen.

Da diese Art des Unternehmers zuerst in Amerika auftrat, bezeichnet man ihn als Manager.

Der Abteilungsleiter und seine Mitarbeiter im Büro einer elektrotechnischen Spulenwicklerei, um 1906

Die Angestellten

Wenn ein Unternehmen wuchs, konnte der Unternehmer nicht alle Aufgaben selbst übernehmen. Ingenieure entwickelten neue Produkte, technische Zeichner setzten sie in Pläne um, Buchhalter überprüften die Kosten, andere Angestellte waren für Verkauf und Werbung zuständig. Angestellte hatten eine höhere Ausbildung als Arbeiter. Sie saßen im Büro, hatten weniger Handarbeit zu erledigen. Sie waren in unternehmerische Verantwortung einbezogen, erhielten Gehalt statt Lohn. Etwa seit dem Beginn des 20. Jahrhunderts nannte man solche „Kopfarbeiter" Angestellte.

Fabrikarbeiter in einer Montagehalle der AEG, um 1900

Die Arbeiter und Arbeiterinnen

Menschen, die überwiegend mit ihren Händen arbeiteten, wurden als Arbeiter bezeichnet. Ihre Arbeit konnte ungelernt, angelernt oder gelernt sein. Sie waren häufig unterschiedlicher sozialer Herkunft: stammten aus verarmten Stadtfamilien, waren ehemalige Handwerker, kamen vom Land.

Bei allen Unterschieden hatten sie ein Merkmal gemeinsam: Sie verrichteten Lohnarbeit, ohne die Maschinen oder Werkzeuge selbst zu besitzen. Sie besaßen nur ihre Arbeitskraft. Das galt zwar auch für Angestellte, diese zeigten aber aufgrund ihrer anders gearteten Ausbildung und Tätigkeit ein gänzlich anderes Selbstverständnis. Die Arbeiter bildeten die zahlenmäßig bei weitem größte Gruppe von Beschäftigten.

In der zweiten Hälfte des 19. Jahrhunderts nahmen die Beschäftigungsverhältnisse von Frauen stark zu. Fabrikarbeiterinnen waren überdurchschnittlich in der Textilindustrie beschäftigt. Verheiratete Frauen waren deutlich in der Minderheit. 1875 war nur etwa ein Drittel der Fabrikarbeiterinnen verheiratet. Die weitaus meisten Ehefrauen von Arbeitern gingen keiner regelmäßigen außerhäuslichen Erwerbsarbeit nach.

Frauen in einer Näherei, 1910

Der neue Arbeitsplatz: Mensch und Maschine

Die Industrialisierung schuf eine neue große soziale Gruppe, die Fabrikarbeiterschaft. Um die Jahrhundertwende waren etwa die Hälfte aller erwerbstätig Beschäftigten Lohnarbeiter.
Auskunft über ihre neue Arbeitswelt in der Fabrik geben zeitgenössische Fotografien.

M 1

An den Pressen, um 1910

Methodenbox
Fotografien auswerten

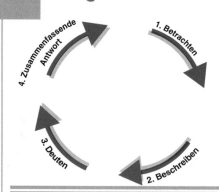

1. Betrachten
2. Beschreiben
3. Deuten
4. Zusammenfassende Antwort

Ihr wisst bereits, wie Bilder ausgewertet werden. Das nebenstehende Logo erinnert euch an die methodischen Schritte. Wie wendet man diese nun auf ein Foto an?

Auch ein Foto ist keine objektive Spiegelung von Wirklichkeit. Der Fotograf nimmt eine Perspektive ein. Worauf richtet er sein Objektiv? Bei diesem Foto ist es die gesamte Halle; der Fotograf blickt nicht auf die Gesichter der Arbeiter, auf einen gefährlichen Transmissionsriemen oder andere Details. Um also herauszufinden, was wir aus einem Foto über den neuen industriellen Arbeitsplatz erfahren, müssen wir es – wie jedes Bild – deuten.

Die folgenden Arbeitsschritte helfen dabei:

1. Schritt: **Wie wirkt das Foto auf euch?**	Betrachtet das Bild in Ruhe und notiert eure ersten Eindrücke.
2. Schritt: **Was ist fotografiert?**	Beschreibt das Bild. Benennt zuerst das Thema und gebt dann die Einzelheiten an.
3. Schritt: **Wie ist das Foto gestaltet?**	Betrachtet den Bildausschnitt, Blickwinkel, Nähe und Ferne, Licht und Schatten. Es kann eine Hilfe sein, wenn ihr das Foto in eine Schemaskizze umwandelt, in der die Gegenstände in ihren Größenverhältnissen skizziert und benannt werden.
4. Schritt: **Welche Absicht verfolgt der Fotograf?**	• Was erfahrt ihr über leichte und schwere Arbeit, über Gefahren, über das Verhältnis der Menschen untereinander, das Verhältnis von Mensch und Technik? • Stellt begründete Vermutungen über die mögliche Absicht des Fotografen an. Für welchen Zweck und für welchen Betrachter hat er fotografiert?
5. Schritt: **Fasst die Ergebnisse zusammen.**	Was sagt das Foto über die neue Arbeitswelt aus?

M 2
Der Websaal (1910)

M 3 In einer Flachsspinnerei

Der österreichische Journalist Max Winter schildert seinen Besuch dort (1899):

Q Im Maschinenraum, wohin mich auf Geheiß des weißbärtigen Direktors ein Arbeiter führt, beginnt unser Rundgang. Ein 400 Pferde kräftiger Dynamo,
5 ein Maschinenkoloss, geht hier in majestätischer Ruhe seinen Gang. Er und drei von der Mohra (Fluss im mährisch-schlesischen Gebiet) gespeiste Turbinen, die je 100 Pferdestärken
10 präsentieren, treiben die 8000 Spindeln in den fünf bis sechs Sälen, sie treiben die große Anzahl von Maschinen, die die Vorarbeit leisten. [...]
Als wir, aus der frischen Luft kom-
15 mend, in den Saal traten, verschlug es mir den Atem, und Hustenreiz stellte sich ein, so dick ist die Luft in diesem Saale mit den unendlich feinen Stäubchen erfüllt. Wenn man eintritt, ist es,
20 als ob der Saal von dichtem Nebel erfüllt wäre.
[...] Was die 500 Menschen erdulden müssen, die dort roboten, davon hat nur der eine Ahnung, der die verkrüp-
25 pelten, missgestalteten, flachsstaubfarbenen Geschöpfe gesehen hat; das kann nur der richtig ermessen, der durch die stauberfüllten, fast gar nicht ventilierten Säle gewandert ist, da und dort Halt
30 gemacht und der mörderischen Arbeit zugesehen, die mörderische Luft auch nur eine halbe Stunde lang eingesogen hat. Schon im ersten Saale erscheint alles grau in grau. Der Fußboden, die
35 waagrechten Maschinenflächen und die Menschen haben eine Farbe. Alles ist mit einer dicken Staubkruste überdeckt. Wie mögen die Lungen aussehen? Lagert auf ihnen und nistet in
40 ihren feinen Gängen nicht auch der atemnehmende Staub? Gewiss, und todgeweiht sind die Menschen, die hier ihre Kraft zu Markte tragen. Den Fußboden kann man fegen, die Maschinen-
45 flächen abstauben, den Körper kann man durch Wasser und Seife vom Staub reinigen, die Haare kann man auskämmen [...] aber wie kann man die Lunge vom Staub befreien?

(Stefan Riesenfellner (Hg.), Arbeitswelt um 1900. Texte zur Alltagsgeschichte von Max Winter, Wien 1988, S. 1 f.)

Aber Vorsicht!

Ein Foto kann niemals die gesamte Wirklichkeit zeigen.
Vergleicht z. B. die Fotografie aus dem Websaal von 1910 (M 2) mit der Schilderung eines Besuches in einer Spinnerei (M 3):

1. Welchen Eindruck erweckt das Foto von der Arbeitswirklichkeit von Frauen in einem Textilbetrieb?

2. Was berichtet der Journalist über die Arbeitsbedingungen in der Spinnerei?

3. Was zeigt also das Foto nicht?

Zur Weiterarbeit:

Stellt euch vor, am Ende der Betriebsführung werden dem „weißbärtigen Direktor" kritische Fragen gestellt. Wie würde er möglicherweise die Arbeitsbedingungen rechtfertigen?
Verfasst eine Begründung aus seiner Sicht.

Der neue Arbeitsplatz: Fremdbestimmung oder notwendige Disziplin?

Die neue Zeit

Die Fotografie unten stammt aus dem Jahre 1900. Sie zeigt Arbeiter, die vor einer Stempeluhr Schlange stehen. Diese Kontrolluhr musste beim Betreten und Verlassen der Fabrik gedrückt werden, um „vorschriftsmäßig" die Zeit des Ein- und Ausgehens festzuhalten. Diese Uhr symbolisiert den neuen Lebensrhythmus der Fabrikarbeiter. Dieser richtete sich nicht mehr nach dem natürlichen Zyklus der Tages- und Jahreszeiten, der die Zeiteinteilung der Landarbeit, aber auch des Hausgewerbes und des Handwerks bestimmte. Anforderungen und Tempo der Maschine legten jetzt den Arbeitsrhythmus fest.

Die Fabrikordnung

Das zweite Symbol der neuen Arbeitsverhältnisse ist die Fabrikordnung. In ihr hielt der Unternehmer alle Vorschriften, die für die Arbeiter der Fabrik galten, fest. Sie wurde in den Fabriksälen angeschlagen; wer sie zerriss oder beschmutzte, wurde bestraft.

Mittagspause bei Krupp, 1907

Aus der Sicht der Zeit urteilen:

1. Die in der Fabrik geltenden Vorschriften empfindet ihr vielleicht als reine Willkür, vor allem die Fabrikordnung selbst: Lest sie genau durch und schreibt euer spontanes Urteil auf. Sind die Bestimmungen nicht anmaßend?

2. Vielleicht, wahrscheinlich sogar, seid ihr aus heutiger Sicht zu diesem Urteil gekommen. Ihr habt vielleicht spontan Partei ergriffen für die Arbeiter und dafür gute Gründe angegeben. Um aber den Menschen der damaligen Zeit gerecht zu werden, müssen wir ihre unterschiedlichen Perspektiven und Interessen erschließen. Wir berücksichtigen das Denken der Zeitgenossen.

a) Was sind die zentralen Bestimmungen der Fabrikordnung? Welche Rechte werden den Arbeitern eingeräumt, welche Vorschriften bestehen, welche Strafen bei Nichtbefolgung werden angedroht?
Zur Beantwortung kann es hilfreich sein, für jeden Paragrafen ein knappe Überschrift zu finden.

b) Welches Interesse und welche Absicht bestimmen das Handeln des Unternehmers?
Sein Interesse und seine Absicht formuliert der Verfasser nicht; wir müssen sie unter Berücksichtigung der Zeitumstände erschließen. Wenn in § 1 die Entlassung bei Ungehorsam angedroht wird, folgt daraus z. B., dass der Unternehmer ein Fehlverhalten der Arbeiter grundsätzlich fürchtet; sonst gäbe es eine solche Vorschrift nicht.
Hinterfragt auf diese Weise weitere zentrale Artikel. Denkt z. B. an die Anforderungen, die das neue Fabriksystem an das Verhalten der Beschäftigten stellt, die einen ganz anderen Lebensrhythmus gewohnt waren.

c) In welcher Rolle befindet sich der Arbeitnehmer im Betrieb?
Abschließend lässt sich zusammenfassend beantworten: Was sagt die Quelle über Autoritätsverhältnisse in der Fabrik aus?

d) Wie beurteilt ihr die Fabrikordnung aus der Sicht der Zeit?
– Ist nicht die Fabrikordnung aufgrund der Anforderungen der Maschinen verständlich und dient eher dem Schutz der Arbeiter?
– Oder nutzt der Unternehmer seine Machtstellung unangemessen aus? Begründet!
Vergleicht mit eurem ersten Urteil. Wurde es der Zeit gerecht?

Aus dem Fabrik-Reglement für die Ravensberger Spinnerei[1]

§ 1 […] Die wegen Untreue, Ungehorsam, Untauglichkeit oder wegen schlechter Arbeit und Aufführung verabschiedeten Arbeiter […] können augenblicklich aus der Arbeit entlassen werden.

§ 2 Die Arbeit beginnt an jedem Tage, außer an den Sonntagen und den gesetzlichen Feiertagen, des Sommers früh 5 1/2 Uhr, des Winters früh 6 Uhr, und dauert mit Ausnahme von 1/2 Stunde Frühstückszeit, 1 Stunde Mittagsruhe (12–1 Uhr) im Sommer bis abends 7 Uhr, im Winter bis abends 7 1/2 Uhr, also volle 12 Stunden, […]

§ 5 Jedem Arbeiter, der zu spät in die Arbeit kommt oder ohne Erlaubnis zu Hause bleibt, wird eine Strafe von dem doppelten Werte der Zeit seines Ausbleibens auferlegt; […]

§ 6 Kein Arbeiter kann sich während der Arbeitszeit ohne Ausgangzettel von der Verwaltung aus der Fabrik entfernen; befolgt der Pförtner diese Regel nicht, so verfällt er der Strafe und der Arbeiter wird ebenfalls für den Ungehorsam nach dem Verhältnis bestraft.

§ 7 Während der Arbeitszeit sind sämtliche in der Fabrik beschäftigten Personen den Fabrikverwaltern, deren Stellvertretern und den Aufsehern unbedingten Gehorsam schuldig; ein jeder muss Fleiß mit Treue, Reinlichkeit und Ordnungsliebe verbinden und zur Vermeidung von eigenem Unglück und Nachteilen der Fabrik seine ganze Aufmerksamkeit auf die ihm angewiesene Arbeit richten […]

§ 10 Zur Verhütung von Unglücksfällen darf außer dem Aufseher und den dafür bestimmten Personen niemand Lampen anzünden oder auslöschen, die Heizung regulieren wollen, die Dampfröhren, Betriebswellen oder Räder berühren noch Fenster öffnen oder schließen. […]

§ 14 Jeder Ungehorsam vonseiten der Arbeiter gegen ihre Vorgesetzten soll nach Verhältnis des Fehlers mit einer Strafe von mehreren Löhnen belegt werden und der Fehlende wird für alles, was daraus entstehen könnte, verantwortlich gemacht. […]

§ 17 […] Es wird bei dieser Gelegenheit bemerkt, dass es untersagt ist, selbst wertlose Abfälle einzustecken, und sollen auch solche Kleinigkeiten als Diebstahl betrachtet und als solche geahndet werden […]

§ 18 Den Arbeitern, welche eine von anderen begangene Untreue entdecken und dieselbe auf dem Comptoir anzeigen, wird eine Belohnung versprochen […]

§ 19 Sämtliche Personen dürfen nur auf den schon bestehenden Wegen kommen und gehen, keine Feldwege bahnen und am wenigsten durch die Fenster der Säle ein- und aussteigen […]

§ 21 Sollte der Fall eintreten, dass von den Fabrik-Arbeitern einer oder der andere, männlich oder weiblich, den hier vorstehenden Vorschriften wiederholt entgegenhandeln sollte, so steht es der Verwaltung frei, einen solchen Arbeiter oder eine solche Arbeiterin ohne irgendeine Entschädigung sofort zu entlassen.

(Zit. nach: Historisches Museum Bielefeld, Quellen und Dokumente 4, o.O.o. J.)

---

[1] Die Ravensberger Spinnerei wurde 1854 auf Initiative von Hermann Delius durch alteingesessene Kaufmannsfamilien in Bielefeld gegründet.

Forschungs-station

Frauenarbeit, Frauenforderungen – und die Sicht von Männern

Durch die Industrialisierung mit ihren neuen Beschäftigungsverhältnissen änderte sich die Funktion und Arbeitsteilung der Familien grundlegend. Die Industrialisierung trennte Arbeitsplatz und Wohnort; der Arbeitsplatz erhielt eine gänzlich neue Qualität, auch für berufstätige Frauen. Obwohl in der Arbeiterschaft weitaus mehr Männer als Frauen berufstätig waren – bei verheirateten Frauen war Fabrikarbeit nicht die Regel – nahm die Beschäftigung von Frauen außerhalb des Hauses seit der zweiten Hälfte des 19. Jahrhunderts ständig zu. Das galt auch für Frauen aus höheren Gesellschaftsschichten.

Diese neue Lebenssituation von Frauen wollen wir anhand von drei Fragen untersuchen:

1. Wie sahen die Beschäftigungsverhältnisse von Frauen aus?
2. Wie beurteilten Frauen selbst ihre Berufstätigkeit?
3. Welches Bild hatten Männer von berufstätigen Frauen?

Anhand der unterschiedlichen Materialien auf zwei Doppelseiten lassen sich diese Fragen beantworten. Dabei könnt ihr arbeitsteilig vorgehen; die Ergebnisse werden stichwortartig festgehalten und in der Klasse vorgetragen.

Männerarbeit – Frauenarbeit: Zahlen geben Auskunft

Betrachtet zunächst diese Statistiken. Hinweise zum methodischen Vorgehen findet ihr auf der folgenden Seite.

M 1 Erwerbsstatistiken von Frauen und Männern in Deutschland (1882–1907)

Frauen	1882		1907	
	Mio.	%	Mio.	%
Erwerbsquote		37,5		45,9
Erwerbspersonen insg.	5,54		9,49	
Erwerbspersonen nach Wirtschaftsbereichen:				
– Landwirtschaft	2,53	45,6	4,60	48,4
– Industrie/Handwerk	1,13	20,4	2,10	22,2
– Handel/Verkehr	0,30	5,4	0,93	9,8
– Häusliche Dienste	1,47	26,5	1,57	16,6

Männer	1882		1907	
	Mio.	%	Mio.	%
Erwerbsquote		95,5		95,2
Erwerbspersonen insg.	13,42		18,6	
Erwerbspersonen nach Wirtschaftsbereichen:				
– Landwirtschaft	5,70	42,5	5,28	28,4
– Industrie/Handwerk	5,27	39,3	9,15	49,2
– Handel/Verkehr	1,27	9,5	2,55	13,7
– Häusliche Dienste	0,26	1,9	0,17	0,9

(Nach: Statistisches Bundesamt (Hg.), Bevölkerung und Wirtschaft 1872–1972, Stuttgart 1972, S. 142 und 145; A. Willms, Grundzüge der Entwicklung der Frauenarbeit von 1880–1980; in: W. Müller u.a., Strukturwandel der Frauenarbeit 1880–1980, Frankfurt/M. 1983, S. 25–54)

M 2 Erwerbstätige in Deutschland in ausgewählten Gewerben nach Geschlecht und Stellung im Beruf (1895–1907)

Branche	Stellung im Beruf in % der männl./weibl. Erwerbstätigen			
	Männer		Frauen	
	1895	1907	1895	1907
Maschinenbau/ Elektrotechnik				
– Selbstständige	21,4	8,8	12,3	3,3
– Heimarbeiter	0,5	0,4	1,9	2,0
– Aufsichtspersonal	2,2	3,5	0,1	0,3
– Technische Angestellte	3,2	4,6	0,0	0,1
– Gelernte Arbeiter	46,8	49,6	12,6	11,7
– Ungelernte Arbeiter	22,7	27,5	69,7	65,8
Textilindustrie				
– Selbstständige	9,8	5,3	3,9	2,0
– Heimarbeiter	14,9	7,2	13,3	8,4
– Aufsichtspersonal	2,4	5,6	0,2	0,5
– Kaufm. Angestellte	4,2	7,8	0,2	1,0
– Gelernte Arbeiter	40,0	37,2	41,5	36,6
– Ungelernte Arbeiter	28,4	36,5	40,0	51,5

(Nach: Gerhard A. Ritter/Klaus Tenfelde, Arbeiter im Deutschen Kaiserreich 1871 bis 1914, Bonn 1992, S. 215)

Methodenbox

Statistiken richtig lesen

In Statistiken werden Aspekte miteinander in Beziehung gesetzt. Die Tabelle M 3 z. B. bietet eine zahlenmäßige Übersicht zu den Löhnen von Männern und Frauen in verschiedenen Berufen in der Stadt Bielefeld. Es geht also nicht um einzelne Fälle, sondern um eine Vielzahl von Fällen, die „im Durchschnitt" betrachtet werden. Weil Statistiken so verdichtet sind, muss man sie nach bestimmten Regeln bearbeiten.

M 3   Löhne in Bielefeld in den 1860er-Jahren

Beruf	Tag	Jahr
Textilarbeiter	15 Sgr.	150 Taler
Textilarbeiterin	9 Sgr.	100 Taler
Näherin	12 1/2 Sgr.	125 Taler
Handwerksgeselle	20 Sgr.	150–175 Taler
Maschinenbauarbeiter	20–40 Sgr.	200–300 Taler
Tagelöhner	12 1/2–15 Sgr.	125–150 Taler
(Sgr. = Silbergroschen)		

(Nach: Karl Ditt, Industrialisierung, Arbeiterschaft und Arbeiterbewegung in Bielefeld 1850–1914, Dortmund 1982, S. 115)

1. Schritt: Beschreibung

a) Was ist dargestellt?

Zunächst müssen die **inhaltlichen Merkmale** erfasst werden. Wir verschaffen uns Klarheit darüber, welche Frage die Statistik überhaupt beantworten will, für welche Zeit und für welchen Zeitraum die Angaben gelten. Auskunft geben die Überschrift und die Erläuterung, die Legende.

Statistik 1 stellt dar, wie viel Männer und Frauen 1882 und 1907 in Deutschland Erwerbspersonen waren und in welchen Wirtschaftsbereichen sie arbeiteten. Erwerbspersonen sind Personen, die in einem Arbeitsverhältnis stehen, erwerbslos oder selbstständig sind.

Statistik 2 …

b) Welche Zahlen werden verwendet?

Sind es Prozentangaben oder absolute Zahlen? Es müssen also auch die **formalen Merkmale** klar sein.

In Statistik 1 erhalten wir einmal die absoluten Zahlen der Erwerbspersonen. 1882 z. B. gab es 5,54 Mio. weibliche Erwerbspersonen. Weiterhin gibt die Statistik Vergleichszahlen an. Der Wert 45,6 % besagt, dass von 100 weiblichen Erwerbspersonen rechnerisch 45,6 Frauen in der Landwirtschaft arbeiteten. Beschreibe weiter!

c) Wer hat die Statistik verfasst?

2. Schritt: Auswertung

a) Wie stellt sich die Gesamtentwicklung dar?

Die bisher erarbeiteten Ergebnisse werden **im Zusammenhang beschrieben und bewertet**.

In allen Jahren waren viel mehr Männer Erwerbspersonen als Frauen. Die Erwerbstätigkeit von Frauen nahm aber stärker zu, in 25 Jahren von 5,54 Mio. auf 9,49 Mio. (Statistik 1).

Wir erfahren etwas über die Wirtschaftsbereiche. Männer waren vor allem in Industrie und Handwerk tätig, Frauen dagegen in der Landwirtschaft und in häuslichen Diensten. …

Jetzt schaut euch die Statistik 2 an: Wer stellte das Aufsichtspersonal? Wer war gelernt und ungelernt? Fahrt fort!

b) Wie lässt sich die Entwicklung erklären?

Bisher haben wir beschrieben. In einem nächsten Schritt versuchen wir zu erklären.

Warum waren Frauen vor allem in der Landwirtschaft, in der Textilindustrie und in den häuslichen Diensten tätig? Denkt z. B. an Vorkenntnisse. Warum war der Anteil gelernter Arbeiterinnen im Maschinenbau so niedrig? Warum verdienten Frauen weniger als Männer?

c) Wie kann man die Kernaussage zusammenfassen?

Zahlen geben Auskunft, so lautet die Überschrift. Zusammenfassend können wir jetzt erste Aussagen dazu treffen, welchen Einfluss die Industrialisierung auf die berufliche Tätigkeit und die Lebensführung der Geschlechter hatte:

- *Frauen gewannen an Gleichberechtigung, weil … Aber im Vergleich …*
- *Frauen waren im Beruf zumeist nicht gleichberechtigt, weil …*

3. Schritt: Beurteilung

Sind die Angaben der Statistik eindeutig und vollständig? Lässt sich ein bestimmtes Interesse an der Veröffentlichung erkennen?

Die Lebenssituation von Frauen hing entscheidend davon ab, aus welcher Schicht sie stammten. Folglich hing auch die Berufstätigkeit davon ab, zu welcher Schicht die berufstätige Frau gehörte. Frauen aus Arbeiterfamilien arbeiteten vorrangig in der Industrie. War die Frau verheiratet, bedeutete Fabrikarbeit eine erhebliche Beanspruchung, da es industrielle Teilzeitarbeit nicht gab. Unverheiratete bürgerliche Frauen konnten seit dem Ende des 19. Jahrhunderts Angestelltenberufe oder im Einzelfall auch akademische Berufe, vor allem als Lehrerin, ergreifen.

> Die Materialien dieser Doppelseite geben Auskunft darüber, warum Frauen berufstätig waren, welche Beanspruchung mit dieser Berufstätigkeit verbunden war und welche Einstellung Männer hatten.

Eine Arbeiterin bedient mehrere Spinnmaschinen gleichzeitig. Hergestellt wird Asbestgarn; die Schädlichkeit von Asbest war noch nicht bekannt.

M 5 Eine Weberin berichtet

Q Die Weberin lässt an sausenden Webstühlen die Fäden sich zum feinsten Garn drehen. An der Seite des Mannes steht sie an den gleichen Maschi-
5 nen und fertigt die gleichen Produkte an. [Hier] steht die qualifizierte Arbeiterin, deren Tätigkeit lange Übung und besonderes Talent erfordert.

(Die Gleichheit, Nr. 17/23.5.1910; zit. nach: Parlamentarische Staatssekretärin für die Gleichstellung von Frau und Mann (Hg.), Geschichte auch für Mädchen, Dokumente und Berichte 11, Düsseldorf 1989, S. 48f.)

M 6 Ottilie Bader

Ottilie Bader (1847–1925), Fabrikarbeiterin, Sprecherin der sozialdemokratischen Frauenbewegung in Deutschland:

Q Die wirtschaftliche Entwicklung brachte es mit sich, dass immer mehr Frauen aus der Familie gerissen und in die Fabriken, Werkstätten, auf die Bau-
5 ten, in die Landarbeit, die Kohlengruben gedrängt wurden. Diese Frauen aber, deren Tätigkeitsfeld bisher nur die Familie war, verstanden es nicht, die Erwerbsarbeit in Geld zu bewerten; sie be-
10 trachteten ihren Lohn meist nur als Zubuße zu dem des Mannes. Sie arbeiteten für viel geringeren Lohn als die Männer und beeinflussten so die Lebenshaltung der Arbeiterklasse auf das Aller-
15 schlimmste. Das Unternehmertum aber begriff sehr schnell, dass trotz der niedrigen Löhne die weibliche Arbeitskraft meist nicht geringer als die der männlichen Arbeiter war, der Profit dadurch
20 also deutlich erhöht wurde. […]

(Ottilie Bader – Ein steiniger Weg (1921); zit. nach: Wolfgang Emmerich (Hg.), Proletarische Lebensläufe, Bd. 1, Reinbek (Rowohlt, das neue Buch) 1974, S. 268f.)

M 7 Motive der Arbeiterinnen – eine Befragung von 1899 in verschiedenen Industrien in Oberbayern (mit München)

Gründe	absolut	%
1. ungenügender Verdienst des Mannes	548	43,7
2. bessere Lebenshaltung	219	17,5
3. verwitwet/geschieden/getrennt lebend	167	13,3
4. um Ersparnisse zu machen	120	9,6
5. Unterhalt Verwandter	100	8,0
6. Krankheit und Erwerbsunfähigkeit des Mannes	59	4,7
7. Ehemann verwendet Verdienst weitgehend allein bzw. besteht auf Fabrikarbeit der Ehefrau	40	3,2

(Nach: Die Jahresberichte der Königlich-Bayerischen Fabriken- und Gewerbe-Inspektoren für das Jahr 1899, München 1900, S. 9f.)

M 8

M 10

Karikatur auf die
Frauenbildung aus
den „Fliegenden
Blättern", 1908/09:
„Aber ich bitt' Sie,
mit so einem lieben
G'sichterl studiert
man doch nicht!"

M 9 Eine Arbeiterfrau berichtet über ihre Arbeit in der Fabrik und im Haushalt (um 1900)

Q Meine tägliche Arbeitszeit in Haushalt und Fabrik beträgt 16 bis 18 Stunden. Unsere Familie zählt fünf erwachsene Köpfe im Alter von 15, 17, 19, 42 und 44 Jahren. Frühmorgens 4.30 Uhr ist die Nacht vorbei; dann ist es höchste Zeit, mich anzukleiden, zu waschen und das Frühstück für die anderen zu besorgen und alle zu wecken, denn 5.15 Uhr heißt es nach dem Betrieb gehen, da ich 45 Minuten bestimmt laufen muss. Um 6 Uhr beginnt die Arbeitszeit im Betrieb. Ich arbeite in einer Tuchfabrik und zwar in der Zwirnerei. Zuspätkommen darf im Betriebe nicht vorkommen. Wir arbeiten in Schichten von 6 bis 14 Uhr und von 14 bis 22 Uhr. Arbeite ich in der Vormittagsschicht, so geht von 14 Uhr die häusliche Arbeit an. Ich muss dann auf dem Wege von der Fabrik bis nach Hause die Einkäufe besorgen, sodass es dann meistens schon 16 Uhr ist, ehe ich im Heim bin.

Hier angekommen geht es sofort hurtig weiter. Das Mittagessen ist zu kochen, denn der Ehemann und die Kinder haben auch bald Feierabend. In der Zeit von 18 bis 19 Uhr halten wir unseren Mittagstisch. Nachdem und während der Zeit, wo das Mittagessen kocht, werden andere häusliche Arbeiten verrichtet. Bei der Nachmittagsschicht kommt noch hinzu, dass ich an drei Vormittagen neben der häuslichen Arbeit die Wäsche für die Familie waschen muss. Wir wohnen in einer Siedlung und haben noch zwei Gärten, die erfordern ebenfalls vom Frühjahr bis zum Herbst nicht wenig Arbeit. Von meinem Mann kann ich dabei sehr wenig unterstützt werden. Er verrichtet in einer Hutfabrik schwere Arbeit und ist abends sehr abgespannt.

(Zit. nach: Helmut Paul Fielhauer, „Kartoffeln in der Früh, des Mittags in der Brüh"; in: Wolfgang Ruppert (Hg.), Die Arbeiter – Lebensformen, Alltag und Kultur, München 1986, S. 168f.)

> **Zur Weiterarbeit:**
> Ihr könnt versuchen, eure Arbeitsergebnisse für ein Flugblatt zu verwenden. Es wird von Weberinnen vor dem Fabriktor verteilt, natürlich auch an Männer. Hierin fordern die Frauen eine Verbesserung ihrer Situation. Wie könnten sie argumentieren? Bedenkt, was die Frauen gegen männliche Vorurteile einwenden könnten.
> **Tipp!** Weitere Informationen zur Situation der Frauen in dieser Zeit: Seite 142.

M 11 Aufgabenteilung im Büro aus männlicher Sicht (1907)

Q Es wird sich sicherlich […] nur die Scheidung fortsetzen, die schon jetzt besteht: Dass die schwierigen Stellungen im Kontor und auf der Reise, ja selbst beim Verkauf und überall dort, wo es gilt kaufmännisch zu wirken, […] mehr den Männern, die kleineren Verrichtungen im Kontor und das Verkaufen, wo es weiter nichts ist als ein Verabfolgen von Waren, mehr den Frauen zufallen.

(J. Reif, Frauenarbeit im Handel, Leipzig 1907, S. 13)

M 12 Die Aufgabe der Frauen

Q Wenn wir nur dadurch den Frauen Gleichberechtigung schaffen, dass wir ihnen gleiches Recht zu arbeiten gestatten: Dann müssen wir annehmen, dass das Familienleben aufgehoben werde. […] Die beste Freiheit, welche wir für die Frauen erstreben, ist, dass sie später im Stande seien, einer Haushaltung vorzustehen, damit der Arbeiter, wenn er abends nach Hause kommt, eine Heimat finde, und nicht alles, was auf der einen Seite gewonnen wird, auf der anderen Seite wieder durch Vernachlässigung zu Grunde gehe.

(Der Volksstaat, Nr. 33 v. 23.4.1870; zit. nach: Geschichte auch für Mädchen, a.a.O., S. 53)

Kinderarbeit: Was sagen die Beteiligten? – Und was sagt ihr?

Ich würde das so sehen ...

Wir blicken zurück

Vor der Industrialisierung galt es als selbstverständlich, dass die Kinder von Bauern auf dem Feld und am Spinnrad, die von Handwerkern in der Werkstatt und die von Heimarbeitern in der guten Stube stundenlang mitarbeiteten. Die Gesellschaft war also an Kinderarbeit gewöhnt.

Mit der Industrialisierung entstand die Kinderarbeit in der Fabrik, vor allem in Textil- und Tabakfabriken sowie in der Eisen- und Metallindustrie. Zwar wurde Kinderarbeit für kleinere Kinder zunehmend untersagt, 1853 in Preußen für Kinder unter zwölf; die Arbeitszeit wurde auf sechs Stunden begrenzt. Aber: In den 1880er-Jahren arbeiteten etwa 20 000 Kinder in Fabriken. In Großstädten gingen 10–20 Prozent der Schulkinder einer Lohnarbeit nach.

Aus der heutigen Sicht erscheint uns Kinderarbeit unzumutbar oder gar unmenschlich. Ob wir es wollen oder nicht, wir fällen ein Urteil über die Vergangenheit, finden sie gut oder schlecht. Früher sahen viele Menschen Kinderarbeit ganz anders. Sie hatten ganz andere Interessen, ganz andere Werte, rechtfertigten Kinderarbeit. Wie werden wir ihnen gerecht?

1. Lest die folgenden Stellungnahmen und Berichte genau durch. Verschafft euch zunächst inhaltliche Klarheit über die Argumentation der Menschen. Wendet dann die methodischen Schritte zur Urteilsfindung an, wie sie in der Methodenbox erläutert werden.

2. Begebt euch anschließend auf eine Zeitreise in das 19. Jahrhundert. Verfasst ein Gespräch mit einem Befürworter der Kinderarbeit. Was kann er gegen eure modernen Vorstellungen einwenden?

Methodenbox

Geschichtliche Vorgänge beurteilen

Wie geht das?	Wenn wir geschichtliche Vorgänge beurteilen, unterscheiden wir zwei Perspektiven: Wir urteilen von unserem heutigen Standpunkt aus oder wir wählen die Sicht der Zeitgenossen mit ihren ganz anderen Voraussetzungen.
1. Schritt: **Wir erklären aus der Sicht der Zeit, in der die Handelnden lebten.**	Dieser Schritt ist euch bereits vertraut; denkt nur an die Beurteilung der Fabrikordnung (S. 102f.). Wir fragen nach den Interessen und Absichten der Menschen, z. B. der Unternehmer, der Vertreter des Staates, der Arbeitskollegen, der Eltern und natürlich der Kinder selbst. Wir fragen nach Rechtfertigungen. Wir vergleichen Interessen und Rechtfertigungen.
2. Schritt: **Wir urteilen aus der Sicht der Zeit.**	Auch diesen Schritt kennt ihr: Sind die Argumente aus der Sicht der Zeit verständlich; verschleiern sie; hätten die Menschen es besser wissen können; sind sie nur auf ihre eigenen Vorteile aus? (Kann es denn sein, dass der Vater seinen Sohn liebte, dass Fabrikarbeit den Kindern nützte?)
3. Schritt: **Wir urteilen aus der heutigen Sicht.**	Kinderarbeit ist in Deutschland verboten. Wir sind also heute der Auffassung, dass Kinder geschützt werden müssen. Aber unsere Rechte und Normen galten vor hundert Jahren noch nicht. Ein ausgewogenes Urteil muss somit diese unterschiedlichen Beurteilungsebenen klar trennen.

Die Sicht eines Kindes

M 1
Kinderarbeit an der Maschine (um 1910)

Das Mädchen reicht der Arbeiterin zu. Für solche Hilfsarbeiten der „Handlangerei" wurden Kinder als die billigsten Arbeitskräfte beschäftigt.

M 2 Der dreizehnjährige Nikolaus Osterroth berichtet

Q Zwei Tage nach meiner Schulentlassung ging mein [erkrankter] Vater mit mir nach einer im nächsten Dorf gelegenen Ziegelfabrik, deren Besitzer
5 zwei Jahrzehnte vorher ein paar bescheidene Schuppen mit Handbetrieb errichtet und jetzt drei riesige miteinander verbundene Gebäude dastehen hatte, in denen neben 60 Erwachsenen
10 400 jugendliche Arbeiter und Mädchen beschäftigt waren [...].
Die Natur seines Betriebes machte ihm die erwachsenen Arbeiter ziemlich entbehrlich. Maschinen holten den
15 Ziegelton hervor, Maschinen kneteten ihn, Maschinen nässten ihn, pressten ihn und lieferten in je zwei Sekunden dem ‚Presser' die Ziegel auf eine vorgehaltene Holzleiste. Der Presser saß
20 auf einem Stuhl hinter der Presse und gab die Holzleiste mit Ziegeln an einen dreizehnjährigen Jungen weiter. Der

Junge machte in einer Sekunde einen meterlangen Satz und legte die Holz-
25 leiste auf einen rotierenden Aufzug. Dann machte er in der nächsten Sekunde den Satz zurück und nahm die neuen Ziegel in Empfang. Der Presser verdiente durchschnittlich sechs Mark,
30 wenn keine Störungen in der Presse oder bei der Weiterbeförderung vorkommen. Und mit eiserner Strenge sorgte er dafür, dass alles glatt ablief.
Am Abend meldeten er und die ande-
35 ren acht Presser dem Oberaufseher [...], dass sie je 18 000 Ziegel abgenommen hätten.
Der Junge erhielt 85 Pfennig Tagelohn bei zehnstündiger Arbeitszeit. Er hatte
40 in dieser Zeit zwischen dem Presser und dem rotierenden Aufzug 36 Kilometer zurückzulegen und hatte 1260 Zentner geformten Ziegelton zu transportieren. Da gab's kein Warten und
45 kein Verschnaufen, er war das Zwischenglied zweier automatischer Maschinen, die das Tempo seiner Sätze re-

gelten; dann war zur Aufsicht der riesig große, rohe Presser da, der furcht-
50 bar schrie, wenn er die Ziegel eine Viertelsekunde länger in der Hand halten musste.
Am Abend waren ihm die Knochen wie zerschlagen, und er wusste bald
55 nicht mehr heimzukommen [...]; von dem vielen roten Staub wurden seine Hände rot; und rot war, was er spuckte, und er glaubte, es sei Blut und er müsse sterben [...]. Aber er starb nicht,
60 die Augen wurden zwar wie Glas und lagen tief in den Höhlen, und lachen konnte er auch nicht mehr. Wenn er gewaschen war, war er nicht mehr rot, ganz gelbbleich und mager war er.
65 Außer an Ruhe und Sterben dachte der Junge oft gar nichts mehr. Nur hie und da meinte er, wie schön es wäre, wenn er noch in die Schule gehen und singen und lachen könnte [...]. Der Junge war
70 ich.

(Zit. nach: E. M. Johansen, Betrogene Kinder. Eine Sozialgeschichte der Kindheit, Frankfurt/Main 1978, S. 93f.)

Die Sicht von Eltern

Ein Weberjunge hilft seinem Vater bei der Arbeit (vgl. M 4).

M 4 Q Das Weberkind hatte dem Vater zur Hand zu gehen […]! Ein Weber ließ seinen sechsjährigen Sohn von 5 Uhr früh bis 7 Uhr abends ununter-
5 brochen spulen und treiben; darauf wurde er in die Abendschule geschickt, von wo er erst um 9 Uhr nach Hause kam und dann noch gezwungen war, seine Schulaufgaben zu erle-
10 digen. Schwarzer Rübenkaffee und Schwarzbrot, Kartoffeln und Salz waren seine Kost, und erlahmte seine Tätigkeit, so feuerte der Holzpantoffel seines Vaters ihn aufs Neue an. Und
15 doch hatte der Vater seinen Sohn lieb! Aber es musste geschehen […]

(F. Marschner, Die Chemnitzer Weberei in ihrer Entwicklung bis zur Gegenwart, Chemnitz 1917, S. 81)

M 5 Q Kaum sind die Kinder so weit herangewachsen, dass ihre Kräfte zur Verrichtung einer Arbeit auszureichen scheinen, so werden sie von den
5 Eltern in die Fabriken gesandt, oder sie sitzen neben dem Webstuhl, den ganzen Tag mit Spulen beschäftigt. […] Die Stunden, welche die Kinder nicht dem Schulunterricht zu widmen haben, sind
10 sie genötigt, in den Wohnungen ihrer Eltern zuzubringen; diese zwingen sie, die Zeit mit Arbeiten jeder Art, die einen Gewinn abwerfen, auszufüllen, und sind leider auch wieder durch den
15 Drang der Umstände darauf angewiesen, streng darauf zu halten, weil es dem Haupt der Familie höchst selten möglich ist, allein die Subsistenzmittel [Lebensunterhalt] für die ganze Familie
20 zu erwerben, weil das Mitarbeiten seiner Kinder deren Erhalten bedingt […]

(Zit. nach: R. Hoppe, Dokumente zur Geschichte der Lage des arbeitenden Kindes in Deutschland von 1700 bis zur Gegenwart, Berlin 1969, S. 57ff.)

Die Sicht von Unternehmern

M 6 Q In den Fabriken werden die Kinder nicht nur an Arbeit, sondern auch an eine stets geregelte Arbeit, an Ordnung und Pünktlichkeit
5 gewöhnt, und der Aufenthalt in den Fabriken selbst wird in der Regel ein reichlicher und gesünderer sein, als er in den engen, mit allen möglichen Dünsten angefüllten Wohnungen der
10 Eltern sein kann […]

(Motive zu dem Entwurf einer Fabrikgewerksordnung, als Ergänzung zur allgemeinen deutschen Gewerkeordnung, Dem volkswirtschaftlichen Ausschuss von seinem Mitglied Degenkolb, Frankfurt a. M., 1. Nov. 1848; zit. nach: Deutsches Zentralarchiv, Abt. Merseburg, Reg. 120 Ki. 1, 59. Bd. 3, S. 359f.)

M 7 Q In den Fabrikdistrikten dagegen, wo die Eltern selbst vom frühen Morgen bis zum späten Abend beschäftigt sind, blieben die Kinder ohne
5 Aufsicht sich selbst überlassen; sie fänden in der in der Regel sehr beschränkten Wohnung und dem kümmerlichen Hausstande weder Raum noch Gele-
10 genheit, sich zu beschäftigen, und würden daher, wenn ihre Tätigkeit in den Fabriken aufhört, sich auf den Straßen herumtreiben und vielleicht der Bettelei, der Dieberei und anderen
15 Lastern sich ergeben […] Eine bekannte Tatsache ist es nun, dass diejenigen Richtungen, welche das Kind in zartem Alter einschlägt, für sein künftiges Leben maßgebend sein
20 werden. Wenn dasselbe von früher Jugend an zur Arbeit angehalten wird, so befestigt sich bei ihm die Liebe zur Arbeit; wird es aber von zartem Alter an sich selbst überlassen oder die Arbeit ihm gar untersagt, so wird aus ihm ein
25 Müßiggänger usw. […]

(Auszüge aus dem Jahresbericht der Handelskammer Aachen und Burscheid für das Jahr 1865; zit. nach: R. Hoppe, Die Geschichte der Lage der Arbeiter, Bd. 20, S. 101ff.)

M 8 Q […] wir können nun auf das Zuversichtlichste behaupten, dass weder den jugendlichen Arbeitern, […] noch auch den weiblichen Arbeitern durch die Beschäftigung in unseren Spinnereien irgendwelcher Schaden an ihrer Gesundheit erwächst.

(Schreiben der Streichgarn-Vigonespinnerei-Unternehmer in Crimmitschau, Glauchau, Plauen und Werdau an das Ministerium des Innern in Dresden; zit. nach: R. Hoppe, Dokumente zur Geschichte der Lage des arbeitenden Kindes in Deutschland von 1700 bis zur Gegenwart, Berlin 1969, S. 133ff.)

M 9 Q Ich pflichte Ihnen, meine Herren, vollkommen bei, dass die armen Kinder, deren Kräfte ausnahmsweise mitunter zu sehr in Anspruch
5 genommen sein mögen, unter den Schutz milder Gesetze gestellt werden; jedoch dürfen diese keine so großen Beschränkungen enthalten, wie hier vorgeschlagen wird, [… da] dadurch
10 der Bestand unserer Industrieanlagen wegen der Konkurrenz des Auslandes unmöglich gemacht wird […]

(Die erste Kinderschutzdebatte in Preußen, Sitzung des 5. Rheinischen Provinziallandtages vom 6. Juli 1837; zit. nach: Ritter/Kocka (Hg.), Deutsche Sozialgeschichte, Bd. 1, München 1973, S. 245)

Die Entwicklung der Kinder in den  Arbeitervierteln wurde durch die unhygienischen und elenden Wohn- und Lebensbedingungen erheblich beeinträchtigt. In den Arbeitervierteln Berlins lag die Säuglingssterblichkeit rund achtmal höher als in den reichen Wohnvierteln. In Berlins armer Bevölkerung starben jährlich 345 von 1000 Kindern. Im Jahre 1901 starben im Alter bis zu sechs Jahren 55,1 Prozent der Kinder von Arbeitern, 1–1,4 Prozent bei Reichen.

Ein Hinterhof in Berlin (um 1900)

Die Sicht von Vertretern des Staates

M 11 Der Staatskanzler von Hardenberg (1750–1822) in einer Mitteilung an seine Oberpräsidenten

Q Die ausschließlich frühe Gewöhnung der Menschen an die unaufhörliche Wiederholung eines einzelnen Handgriffes gibt ihnen zwar in diesem
5 eine unglaubliche Fertigkeit, aber sie macht dieselben auch in gleichem Maße unfähig, zu irgendeiner anderen Verrichtung überzugehen. Und es ist bekannt, dass die Fabrikanten selbst
10 die größte Schwierigkeit, Verbesserungen einzuführen, in der Gewöhnung ihrer Arbeiter an das von Jugend auf geübte Verfahren finden.
[…] Wie wenig endlich Menschen, wel-
15 che in der Werkstätte bei der unaufhörlichen Wiederholung eines Handgriffes erzogen wurden, geschickt sind, das Vaterland in der Stunde der Gefahr zu verteidigen, wo nicht guter Wille al-
20 lein, sondern Körperkraft, Geistesgegenwart, Abhärtung gegen die Einflüsse der Witterung und Leichtigkeit, sich in die ungewohntesten Lagen zu finden, über den Erfolg entscheiden, kann
25 auch keinem Zweifel unterworfen sein.
Es kann [aber] nicht im Entferntesten die Absicht sein, den Fortschritten der Fabrikation irgendein positives Hin-
30 dernis entgegenzusetzen […]

(Zit. nach: Deutsches Zentralarchiv, Abt. Merseburg, Rep. 74. K3VIII, Nr. 24)

M 12 Ein Polizeibericht

Auszug aus dem Bericht des Polizeikommissars Huthsteiner, Berlin, an das Ministerium des Innern, Berlin, vom 8. März 1847:

Q In den meisten Fabriken beginnen die Arbeiten von 6–7 Uhr morgens und dauern ununterbrochen bis 12 Uhr mittags, beginnen um 1 Uhr mit-
5 tags wieder und dauern bis 7–8 Uhr abends. Mindestens arbeiten die Kinder also 11 Stunden täglich. Die Fabrikanten behaupten zwar, dass das spätere Kommen der Kinder, das öftere
10 Befriedigen natürlicher Bedürfnisse täglich wohl eine Stunde Zeit hinneh-
me und die Kinder eigentlich doch nur 10 Stunden arbeiteten. […] Auch die 1/4-stündige Ruhezeit des Vor- und
15 Nachmittags nach §4 findet selten oder doch nur in der Art statt, dass man ihnen etwa gestattet, im Lokale das mitgebrachte Brot zu verzehren; eine gestattete 1/4-stündige Bewegung in
20 freier Luft kommt selten oder nie vor, und die Fabrikanten erklären wiederum, dass das öftere Hinausgehen der Kinder zur Befriedigung ihrer Bedürfnisse – in neuerer Zeit hat man in den
25 Arbeitssälen selbst zur besseren Kontrolle und Zeitersparung Latrinen [Toiletten] angebracht – mehr als eine 1/4 Stunde vor- und nachmittags betrage. […] In dem größten Teile der Fabriken
30 werden die Nächte durchgearbeitet. Wenn man auch, was gewiss anerkannt werden muss, an vielen Orten späte Abendschulen errichtet hat, so zeigt doch die Erfahrung, dass diese
35 wenig nützen. Ein Kind, das den ganzen Tag anhaltend gearbeitet hat, wird bei seiner vollständigen körperlichen Ermattung wenig Lust an dem späten Abendunterricht haben, da es
40 gar zu abgespannt sein muss […]

(Zit. nach: R. Hoppe, Dokumente zur Geschichte der Lage des arbeitenden Kindes in Deutschland von 1700 bis zur Gegenwart, Berlin 1969, S. 57ff.)

Auch das könnt ihr noch machen: In fast jeder größeren Stadt gibt es eine Zweigstelle des Kinderschutzbundes. Informiert euch, welche Rechte Kinder heute haben, und vergleicht mit dem 19. Jahrhundert. Worunter leiden Kinder heute?

Die Lösung der Sozialen Frage: Revolution oder Reform?

Auf den vorangehenden Seiten wurden Kennzeichen und Probleme der neuen industriellen Welt vorgestellt, unabhängig von der zeitlichen Anordnung. Ihr habt von den neuen Arbeitsplätzen erfahren, die früheren Landbewohnern Beschäftigung boten. Ihr habt gleichzeitig von der Abhängigkeit der Arbeiter vom Unternehmer, von niedrigen Löhnen, langen Arbeitszeiten und gefährlichen Arbeitsbedingungen, von Kinderarbeit und Wohnungsnot gehört.

Die Menschen des Industrialisierungszeitalters mit ihren unterschiedlichen Interessen und Hoffnungen suchten nach Lösungen für diese Probleme, die Historiker die Soziale Frage nennen.

Auf drei Doppelseiten könnt ihr euch mit **fünf Lösungsmodellen** auseinander setzen, die in unterschiedlicher Tragweite die weitere Entwicklung bis in unsere Gegenwart beeinflusst haben und auch noch weiter prägen. Das sind:

- die Theorie von Karl Marx und Friedrich Engels,
- der politische Kampf der Arbeiterbewegung,
- die Sozialgesetzgebung des Staates,
- die Unterstützung durch Arbeitgeber,
- soziale Hilfe durch die Kirchen.

Euer Forschungsauftrag zur – auch arbeitsteiligen – Bearbeitung der Materialien lautet:

1. Welche Ziele werden verfolgt und wie werden diese begründet?
2. Welche Lösungswege werden vorgeschlagen?

Eine Kurzbiografie

Karl Marx wurde 1818 als Sohn eines jüdischen Rechtsanwalts in Trier geboren. Er studierte Rechtswissenschaft und Philosophie, wurde 1841 Redakteur der demokratischen Zeitung „Rheinische Zeitung" in Köln. 1843 wurde er nach Paris ausgewiesen. Er schloss Freundschaft mit Friedrich Engels, dem Sohn eines Textilfabrikanten aus Barmen, mit dem er 1848 nach London ging. Marx gehörte zur Gruppe „Bund der Kommunisten". Während der Revolution 1848 arbeitete er wieder in Köln, musste jedoch abermals fliehen. Er starb 1883 in London.

1. Lösungsansatz:

Eine gerechte Gesellschaft durch Klassenkampf?

Die Lehre von Marx und Engels

Auf dem Hintergrund der bedrückenden Auswirkungen der frühen Industrialisierung in England entstand die Lehre von Karl Marx und Friedrich Engels. Sie untersuchten die Ursachen des Arbeiterelends und stellten den Arbeitern in Aussicht, im Einklang mit den Gesetzen der Geschichte aus eigener Kraft ihre Lage zu verbessern. Sie riefen die Arbeiter auf, sich zusammenzuschließen und zu kämpfen. Diese Zusage eines Weges in eine hoffnungsvolle Zukunft zog die Menschen in den Bann. Ihre Gedanken fassten Marx und Engels 1848 in der Kampfschrift **„Das Kommunistische Manifest"** zusammen.

Friedrich Engels

Manifest

der

Kommunistischen Partei.

Veröffentlicht im Februar 1848.

Q a) Die Geschichte aller bisherigen Gesellschaft ist die Geschichte von Klassenkämpfen [...]. Die ganze Gesellschaft spaltet sich [...] in zwei große
5 feindliche Lager, in zwei [...] einander [...] gegenüberstehende Klassen: Bourgeoisie und Proletariat [...]. Die Bourgeoisie hat [...] kein anderes Band zwischen Mensch und Mensch übrig gelas-
10 sen als das nackte Interesse [...], die bare Zahlung [...]. Sie hat die Bevölkerung [zusammengeballt], die Produktionsmittel zentralisiert und das Eigentum in wenigen Händen konzentriert [...]. Die
15 Arbeiter, die sich stückweise verkaufen müssen, sind eine Ware [...] und daher [...] allen Schwankungen des Marktes ausgesetzt [...]. [Der] Arbeiter [...] wird ein bloßes Zubehör der Maschine, von
20 dem nur der einfachste, eintönigste, am leichtesten erlernbare Handgriff verlangt wird [...]. Die Arbeiter [...] sind [...] Knechte der Bourgeoisklasse [...], sie sind [...] stündlich geknechtet von
25 der Maschine [...]. Die bisherigen kleinen Mittelstände, die kleinen Industriellen, Kaufleute [...], Handwerker und Bauern [...] fallen ins Proletariat hinab
30 [...]

Die [...] Bedingung für die Existenz und für die Herrschaft der Bourgeoisklasse
35 ist die Anhäufung des Reichtums in den Händen von Privaten, die Bildung und Mehrung
40 des Kapitals; die Bedingung des Kapitals ist die Lohnarbeit. [Sie] beruht ausschließlich auf
45 der Konkurrenz der Arbeiter unter sich. Der Fortschritt der Industrie [...] setzt an die Stelle der Iso-
50 lierung der Arbeiter durch die Konkurrenz ihre revolutionäre Vereinigung. [Der] Untergang [der Bourgeoisie] und der Sieg des Proletariats sind unvermeidlich.

55 b) Bedarf es tiefer Einsicht, um zu begreifen, dass mit den Lebensverhältnissen der Menschen, mit ihren gesellschaftlichen Beziehungen, mit ihrem gesellschaftlichen Dasein, auch ihre
60 Vorstellungen, Anschauungen und Begriffe, mit einem Worte auch ihr Bewusstsein sich ändert? Was beweist die Geschichte anders, als dass die geistige Produktion sich mit der materiellen
65 umgestaltet? [...]
Eure Ideen selbst sind Erzeugnisse der bürgerlichen Produktions- und Eigentumsverhältnisse, wie euer Recht nur der zum Gesetz erhobene Wille eurer
70 Klasse ist, ein Wille, dessen Inhalt gegeben ist in den materiellen Lebensbedingungen eurer Klasse.

c) Der erste Schritt in der Arbeiterrevolution ist die Erhebung des Proletariats
75 zur herrschenden Klasse [...]. Das Proletariat wird seine politische Herrschaft dazu benutzen, der Bourgeoisie [...] alles Kapital zu entreißen, alle Produktionsinstrumente in den Händen des
80 Staats [...] zu zentralisieren [Diktatur des Proletariats] [...]. An Stelle der bürgerlichen Gesellschaft mit ihren [...] Klassengegensätzen tritt eine Assoziation [Vereinigung], worin die freie Ent-
85 wicklung eines jeden [gesichert ist = klassenlose Gesellschaft]! [...]
Die Kommunisten unterstützen überall jede revolutionäre Bewegung gegen die bestehenden gesellschaftlichen und po-
90 litischen Zustände. In allen diesen Bewegungen heben sie die Eigentumsfrage [...] als die Grundfrage hervor [...]. Sie erklären offen, dass ihre Zwecke nur erreicht werden können durch gewalt-
95 samen Umsturz aller bisherigen Gesellschaftsordnung [...]

d) Die Kommunisten sind [...] der entschiedenste, immer weiter treibende Teil der Arbeiterparteien aller Länder;
100 sie haben theoretisch vor der übrigen Masse des Proletariats die Einsicht in die Bedingungen, den Gang und die allgemeinen Resultate der proletarischen Bewegung voraus [...]
105 Zweck der Kommunisten [...]: Bildung des Proletariats zur Klasse, Sturz der Bourgeoisieherrschaft, Eroberung der politischen Macht durch das Proletariat.

Um anhand der folgenden Auszüge aus dem „Kommunistischen Manifest" die beiden Untersuchungsfragen beantworten zu können, ist es ratsam, schrittweise die Texte zu verstehen. Vergegenwärtigt euch dazu noch einmal das Verfahren zur Erschließung schwieriger Texte (S. 87). Folgende Stichworte können eine Orientierung bei der Verständnissicherung bieten: Bourgeoisie-Proletariat, Arbeit, Produktionsmittel, Eigentum, Klassenkampf, Revolution, klassenlose Gesellschaft. Vielleicht können kurze Definitionen hilfreich sein.

Forschungs-station

Protest, Aufruhr und Gewalt gab es auch schon vor Karl Marx und Friedrich Engels. Im Juni 1844 gingen in Schlesien 3000 Weber auf die Straße. Sie protestierten gegen Lohnkürzungen und Entlassungen. Zur gleichen Zeit gab es gewaltsame Unruhen der Eisenbahnarbeiter. Diese Aufstände waren spontan. Es gab keine Partei, die sie organisierte. Sie richteten sich gegen einen Unternehmer, einen Aufseher, eine neue Maschine.

Ganz allmählich erkannten die Arbeiter: Wir haben gemeinsame Interessen, nämlich die Verbesserung unserer Lebens- und Arbeitsbedingungen. Wenn wir mehr erreichen wollen, müssen wir gemeinsam für Veränderungen eintreten, nicht nur in einem Betrieb, in einem Ort. Sie gründeten **Gewerkschaften** und **Arbeiterparteien**. Die **Arbeiterbewegung** entstand.

1. Ihr könnt das Gemälde mit der euch bekannten Methode beschreiben und deuten. Ihr könnt auch eine Skizze/Kopie anfertigen, in der ihr die Personengruppen benennt und charakterisiert, in Sprechblasen Forderungen und Argumente formulieren lasst. Ferner könnt ihr eine mögliche Vorgeschichte zu dem Bild verfassen oder die Szene weiterschreiben. Denkt dabei an die übergeordnete Fragestellung: Ziel und Mittel zur Lösung der Sozialen Frage.

2. Fasst zusammen und erläutert: Wie soll die konkrete Arbeit der Arbeiterpartei und der Gewerkschaften aussehen (Zeittafel)?

3. Untersucht auch bei den folgenden Lösungsansätzen wieder die Motive des Handelns und die Art der Maßnahmen.

2. Lösungsansatz:
Eine gerechte Gesellschaft durch Streiks und Gesetze?

Die Politik von Arbeiterparteien und Gewerkschaften

M 2 Streikende Arbeiter (Gemälde von Robert Köhler, 1866)

Ob das Gemälde eine bestimmte historische Situation zeigt, ist nicht bekannt. Es zeigt aber eine Streiksituation, die sich so oder ähnlich abgespielt haben könnte.

Zeittafel der deutschen Arbeiterbewegung

1863
Ferdinand Lassalle gründet den „**Allgemeinen Deutschen Arbeiterverein**" (ADAV).
Sein Ziel: Das allgemeine und gleiche Wahlrecht, allerdings nicht für Frauen; Umgestaltung des Staates auf parlamentarischem Weg.

1868
Zahlreiche **Gewerkschaften** entstehen, Arbeiter bestimmter Berufszweige schließen sich zusammen.
Ihr Ziel: bessere Arbeitsbedingungen im Betrieb, gerechte Löhne, Hilfe bei Krankheit und Unfall.
Ihr Mittel: der Streik, die gemeinsame Arbeitsniederlegung, Verhandlungen mit den Unternehmern. Gemeinsa-

me Streikkassen sorgten dafür, dass die Arbeiter einen Arbeitskampf finanziell für eine gewisse Zeit durchstehen konnten.
1910 war ca. 1/5 der Beschäftigten in Industrie und Handwerk Mitglied der sozialistischen Gewerkschaften.

1869
August Bebel und Karl Liebknecht gründen die **Sozial-Demokratische Arbeiterpartei (SDAP)**.
Ihr Ziel: die rechtliche Gleichstellung der Arbeiter, z.B. beim Wahlrecht, und der Schutz der Arbeiter bei Krankheit, Unfall oder im Alter durch Gesetze.
Der Weg dorthin: Die Partei nimmt teil an den Wahlen zur Volksvertre-

tung (dem Reichstag), um dort Mehrheiten für Gesetze zu bekommen. Auf ganze lange Sicht aber hielt die Partei eine Revolution für notwendig.

1875

Die beiden Arbeiterparteien schließen sich zusammen. In ihrem Gothaer Programm betonen sie – entsprechend der marxistischen Tradition –, dass die Ursache der Sozialen Frage das Eigentum an Produktionsmitteln in der Hand der Kapitalisten sei. Sie fordern „sozialistische Produktivgenossenschaften" unter der Kontrolle der Arbeiterschaft. Ihre konkreten politischen Forderungen richten sich auf Durchsetzung des gleichen Wahlrechts innerhalb des Kaiserreiches. Seit 1890 heißt die Partei **Sozialdemokratische Partei Deutschlands (SPD)**. 1912 wird die SPD die stärkste Partei im Reichstag.

1878–1890

Durch das Sozialistengesetz werden alle sozialdemokratischen Vereine und Aktivitäten verboten. Die SPD darf aber weiter im Reichstag vertreten sein.

3. Lösungsansatz: Die christliche Fürsorge der Kirchen

Auch evangelische und katholische Geistliche kritisierten die sozialen Zustände und boten Hilfe an. In Hamburg sammelte der evangelische Pfarrer Johann Hinrich Wichern (1808–1881) verwahrloste und obdachlose Kinder, um ihnen Arbeit, Nahrung und Unterkunft zu geben. Der katholische Priester Adolf Kolping (1813–1865) kümmerte sich um die wandernden Handwerksgesellen, für die er Unterkunft, Unterhaltung und Weiterbildungsmöglichkeiten anbot. Friedrich von Bodelschwingh (1831–1910) betreute Obdachlose und Kranke in den heute noch bestehenden Anstalten in Bethel. Der katholische Bischof Wilhelm Emmanuel von Ketteler (1811–1877) forderte die Gründung von Genossenschaften, mit deren Hilfe sich die Arbeiter Maschinen beschaffen und gemeinsam verwalten sollten. Er mahnte Arbeitgeber und Arbeitnehmer, die Gesinnung des Christentums zu bedenken (s. M 3):

M 3

Ⓠ Damit die Macht des Reichtums nicht die Armen erdrücke, dazu ist notwendig, dass die Reichen sich selbst beschränken und nicht alles, was einer
5 rein egoistischen Ausbeutung aller den Reichen zustehenden Mitteln möglich wäre, sich auch erlauben. Ebenso kann aber auch nur dieser Geist der Selbstverleugnung und der Bescheidenheit,
10 den allein das Christentum erzeugt, […] der arbeitenden Klasse jene Sittlichkeit und Mäßigung, jene Arbeitsamkeit, Sparsamkeit und Genügsamkeit verleihen, wovon ihr und ihrer Arbeitgeber
15 wahres Beste abhängt.

(Zit. nach: Werner Pöls (Hrsg.), Deutsche Sozialgeschichte, Dokumente und Skizzen, Bd. 1: 1815–1870, München 1973, S. 288f.)

4. Lösungsansatz: Soziale Hilfe durch Unternehmer – selbstlose Hilfe?

Lange bevor der Staat sich entschloss, die Soziale Frage durch öffentliche Unterstützung zu mildern, versuchten einzelne Unternehmer die Lage der Arbeiter zu verbessern. Der Ruhr-Industrielle Alfred Krupp z. B. richtete für die Belegschaft seiner Betriebe Kranken-, Pensions- und Sterbekassen ein. Er gründete Fabrikschulen und stellte auch Werkswohnungen zur Verfügung. Andere Unternehmer wie Werner von Siemens und Carl Ferdinand Stumm, Schwerindustrieller aus dem Saarland, betrieben ebenfalls private betriebliche Sozialpolitik.

Die Interessen, die Unternehmer mit dieser Politik verfolgten, und ihre Einstellung gegenüber den Arbeitern lassen sich aus einem Schreiben erschließen, das Werner von Siemens 1872 an die Londoner Niederlassung seiner Firma aus Anlass der Stiftung einer Pensionskasse sandte:

M 4 **Stiftung einer Pensionskasse**

Ⓠ Unsere Absicht war, durch die Stiftung in der Lösung des berechtigten Teiles der sozialen Frage einen entscheidenden Schritt vorwärts zu machen
5 und dieselbe in ihrem unvermeidlichen Fortgange dadurch wenigstens für uns ungefährlich zu machen. Für diesen berechtigten Teil halten wir die den Arbeitern, die nur selten in der Lage sind,
10 sich Kapital zu ersparen, zu gebende Sicherheit einer sorgenfreien Existenz im Alter und der Existenz ihrer Familie bei ihrem frühzeitigen Tode. […]
Es ist aber – abgesehen selbst von
15 Streiks und anderen Arbeitsstörungen – von höchster Wichtigkeit, einen festen Arbeiterstamm zu schaffen, und zwar umso mehr, je weiter die Arbeitsteilung und die Maschinenarbeit entwickelt
20 wird. Dies soll nun wesentlich durch unsere Pensionskasse bewirkt werden. […] Steht bei ihnen erst die Überzeugung unwandelbar fest, dass denen, die bei uns bleiben, die Sorge für ihr Alter
25 und ihre Familie genommen ist, so werden sie dadurch fest an das Geschäft geknüpft; sie werden den Umsturztheorien der Sozialisten abhold, werden sich Streiks widersetzen und haben eigenes
30 Interesse am Gedeihen des Geschäftes.

(Werner von Siemens, Briefe, Stuttgart 1953; zit. nach: Gerhard A. Ritter/Jürgen Kocka (Hrsg.), Deutsche Sozialgeschichte, Bd. 2, München 1974, S. 147f.)

Forschungs-station

5. Lösungsansatz: Die Sozialgesetzgebung des Staates

Im November 1881 kündigte der Deutsche Kaiser in einer „Kaiserlichen Botschaft" die neue Sozialgesetzgebung an. Er führte aus, dass die „Heilung der sozialen Schäden nicht ausschließlich im Wege der Repression (Unterdrückung) sozialdemokratischer Ausschreitungen, sondern gleichmäßig auf dem der positiven Förderung des Wohles der Arbeiter zu suchen" sei. Auf diese Weise hoffte er, „dem Vaterlande neue und dauernde Bürgschaften seines inneren Friedens und den Hilfsbedürftigen größere Sicherheit und Ergiebigkeit des Beistandes, auf den sie Anspruch haben, zu hinterlassen."

1883, 1884 und 1889 wurden Gesetze zur Absicherung der Risiken von Krankheit, Unfall und Invalidität verabschiedet. Die Beiträge zur Krankenversicherung entrichteten die Arbeiter zu zwei Dritteln, die Arbeitgeber zu einem Drittel. Die Beiträge zur Unfallversicherung übernahmen die Arbeitgeber. Die Invalidenversicherung wurde anteilig von Arbeitnehmern und Arbeitgebern getragen. Die Rente bei Erwerbsunfähigkeit betrug 187 Mark pro Jahr, Altersrente wurde ab 70 Jahren gezahlt. Das Krankengeld belief sich auf 60 % des Durchschnittslohnes, max. zwei Mark pro Tag, zahlbar nach zwei Tagen.

Die Durchsetzung der Sozialgesetzgebung wird mit Reichskanzler Bismarck verbunden. Seine Motive waren zwar von Anfang an umstritten, dennoch enthielt die Gesetzgebung Grundele-mente, die den Sozialstaat bis heute prägen: Die Versicherungen waren obligatorisch, nicht freiwillig. Die Arbeiter hatten auf die Versicherungsleistungen einen Rechtsanspruch, sie waren keine Mildtätigkeit. Die Versicherungen wurden öffentlich organisiert. Die Beiträge wurden nicht nur von den Arbeitern bezahlt, auch Arbeitgeber und Staat waren beteiligt.

M 5 Bismarck zu seinen Motiven (April 1881)

Q Meiner Meinung nach liegt der Sieg über die lügenhaften Versprechungen und schwindelhaften Ideen, mit welchen die Führer der Sozial-
5 demokratie die Arbeitermassen ködern, namentlich in dem tatkräftigen Beweise, dass der Staat oder wie bei uns der König sich der wirtschaftlich Schwachen und Bedrängten annimmt: Nicht
10 als Almosen, sondern als Recht auf Versorgung, wo der gute Wille zur Arbeit nicht mehr kann […]. Die sozialpolitische Bedeutung einer allgemeinen Versicherung der Besitzlosen
15 scheint mir unermesslich; es gilt in der großen Masse der Besitzlosen eine konservative Gesinnung zu erzeugen, welche das Gefühl der Pensionsberechtigung mit sich bringt. Warum
20 sollte der Soldat der Arbeit nicht eine Pension haben wie der Soldat oder der Beamte? Das ist Staatssozialismus, das ist praktisches Christentum in gesetzlicher Betätigung.

(Zit. nach: Hans Rothfels, Bismarck und der Staat, 5. Aufl. Darmstadt 1969, S. 354ff.)

M 6 Bismarck im Reichstag (Mai 1884)

Q Geben Sie dem Arbeiter das Recht auf Arbeit, solange er gesund ist, sichern Sie ihm Pflege, wenn er krank ist, sichern Sie ihm Versorgung, wenn er
5 alt ist; wenn Sie das tun und die Opfer nicht scheuen und nicht über Staatssozialismus schreien, sobald jemand das Wort Altersversorgung ausspricht, wenn der Staat etwas mehr christliche
10 Fürsorge für den Arbeiter zeigt, dann glaube ich, dass die Herren [Sozialdemokraten] ihre Lockpfeife vergebens blasen werden, dass der Zulauf zu ihnen sich sehr vermindern wird, sobald
15 die Arbeiter sehen, dass es den Regierungen und den gesetzgebenden Körperschaften mit der Sorge um ihr Wohl ernst ist […]

(Zit. ebd.)

M 7

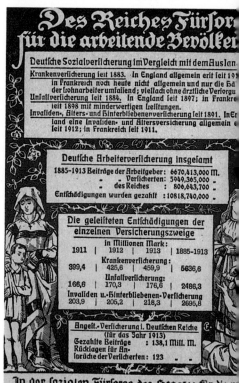

Die deutsche Sozialversicherung im internationalen Vergleich. Die Postkarte stammt aus dem Ersten Weltkrieg.

Methodenbox

Ein Streitgespräch führen und auswerten

Ihr habt sehr unterschiedliche zeitgenössische Vorstellungen zur Lösung der Sozialen Frage kennen gelernt. In einem abschließenden Schritt sollt ihr euch kritisch mit diesen Lösungsmodellen auseinander setzen, indem ihr die Rollen zeitgenössischer Beteiligter übernehmt. Kritisch zu sein heißt hier vor allem, dass die Interessen und Motive der Handelnden, ihre Sicht der Arbeiter sowie die Ausgestaltung der Maßnahmen hinterfragt werden. Das Urteil erfolgt also aus der Sicht der Zeit. Vergewissert euch deshalb noch einmal der Regeln der sachgerechten Urteilsbildung (S. 102, Methodenbox S. 108).

Dieser Meinungsaustausch soll in einem Streitgespräch stattfinden. Dieses erfordert genaue Rollenzuweisungen und einen geregelten Gesprächsablauf. Die Teilnehmer/innen vertreten eine bestimmte Position oder eine bestimmte Meinung, von der sie die anderen Gesprächsteilnehmer durch geschicktes Argumentieren überzeugen wollen.

Vorgehensweise:	**Das Thema lautet:** **Wer löst die Soziale Frage: Staat, Kirche und Unternehmen durch ihre Unterstützung oder die Arbeiter durch Selbsthilfe und Kampf?**
1. Schritt: Vorbereitung	→ Ihr bestimmt eine/n Gesprächsleiter/in, der/die das Gespräch leitet und darauf achtet, dass die Spielregeln und Zeiten eingehalten werden. → Ihr legt die Rollen fest. Teilnehmer/innen könnten sein: ein Unternehmer, ein evangelischer oder katholischer Geistlicher, ein Vertreter des Staates, ein Gewerkschaftler, ein Sozialdemokrat, ein überzeugter Marxist. → Ihr bereitet die Rollen vor. Teilt die Klasse in Gruppen auf. Jede Gruppe erarbeitet, welche Argumente ihr/e Teilnehmer/in im Streitgespräch vortragen soll. Überlegt, welche Einwände es vielleicht gibt und wie ihr darauf reagieren könnt. Argumente findet ihr in den Bildern und Texten dieses Kapitels. → Jede Gruppe wählt ihren/ihre Teilnehmer/in für das Streitgespräch aus. Diese/r muss sich in seine/ihre Rolle hineinversetzen, auch wenn er/sie die Ansichten nicht persönlich teilt.
2. Schritt: Durchführung	→ Jede/r Teilnehmer/in stellt in einem Kurzvortrag seine/ihre Position vor. → Dann tauschen die Teilnehmer/innen ihre Argumente aus, kritisieren, überzeugen. → Es ist möglich, im Anschluss an die Diskussionsrunde auf dem Podium aus dem Zuhörerkreis weitere Fragen zu stellen oder den eigenen Vertreter durch Beiträge zu unterstützen. → Während des Gesprächs auf dem Podium machen sich die Zuhörer Notizen: • Welche Argumente werden vorgetragen? • Welche sind besonders überzeugend? • Welche/r Teilnehmer/in ist besonders geschickt?
3. Schritt: Auswertung	→ Die Rollenteilnehmer/innen stellen dar, wie sie sich in der Diskussion gefühlt haben, ob es ihnen z.B. leicht oder schwer fiel, eine bestimmte Meinung zu vertreten. → Diskutiert das methodische Vorgehen und die Ergebnisse: • Überlegt, wodurch die unterschiedlichen Vorschläge zu erklären sind und aus welcher Perspektive die Teilnehmer/innen argumentiert haben. • Welchem Vorschlag zur Lösung der Sozialen Frage stimmt ihr am ehesten zu?

Deutschland als Hochindustrieland: der Fortschritt und seine Folgen

Wachstum als Prinzip

Wir haben das Industrialisierungskapitel mit den Anfängen und dem Durchbruch der Industrialisierung in England und in Deutschland begonnen. Eine Entwicklung wurde in ihrem Bedingungsgefüge erklärt. Fabrikwesen und Soziale Frage wurden unter zeitunabhängigen Aspekten betrachtet. Jetzt kehren wir zur zeitlichen Entwicklung zurück.

Neue Produkte, neue Führungsbranchen

Für die Zeitgenossen setzte mit den 1890er-Jahren eine Phase des wirtschaftlichen Aufschwungs ein. In Deutschland verdoppelte sich bis 1914 das Sozialprodukt. Der Konsum der breiten Bevölkerungsmehrheit wuchs. Es begann die zweite Phase der Industrialisierung, die wir als Hochindustrialisierung bezeichnen. Die erste war von der Schwerindustrie und der Eisenbahn bestimmt, jetzt entstanden neue Führungsindustrien mit neuen Produkten. Führend wurden:

> Chemieindustrie (zunächst vor allem Textilfarbstoffe)
> Nachrichtentechnik (kabelgebundene Telegrafie, Telefon)
> Starkstromtechnik (Elektromotor, Straßenbahn, Beleuchtung)
> Maschinenbau und Feinmechanik (Werkzeugmaschinen, Nähmaschine, Schreibmaschine)
> Motorenbau

Mit den neuen Zukunftsindustrien entstanden neuen Führungsregionen: Neben dem Ruhrgebiet und Oberschlesien waren es z.B. das Gebiet zwischen Köln und Wuppertal sowie um Frankfurt (Chemie). Elektroindustrie, Maschinen- und Fahrzeugbau siedelten in Berlin, Sachsen, Baden. Berlin wurde die größte und modernste Industriestadt Europas.

Erfindungen und Entdeckungen

Elektrotechnik/Fahrzeugbau
1861 Telefon (Reis)
1866 Dynamomaschine (Siemens)
1876 Ottomotor
1878 Elektromotor
1879 Glühbirne
1879 Elektrische Lokomotive (Siemens)
1883 Benzinmotor (Daimler/Maybach)
1884 Auto (Benz)
1889 Elektrischer Drehstrommotor
1895 Filmgerät
1897 Dieselmotor
1897 Funk

Chemie
1856 Künstliche Farbstoffe/Anilin
1876 Ammoniak-Kältemaschinen
1880 Indigo-Farbstoff

Medizin
1882 Tuberkel-Bazillus
1883 Cholera-Erreger
1884 Keimfreie Operation
1891 Diphterie-Serum
1894 Pest-Erreger
1895 Röntgenstrahlen
1898 Aspirintabletten gegen Schmerzen

Wer ist der Experte, die Expertin?

1. Suche dir eine Schlüsselerfindung heraus und erkläre ihre Bedeutung. Welche Vorzüge z.B. hat der Elektromotor gegenüber der Dampfmaschine? Warum war der Verbrennungsmotor bahnbrechend?
Informiere dich in Sachbüchern. Stelle die Ergebnisse der Klasse vor. Denke an Bildmaterial.

2. Technik verändert das tägliche Leben. Erkläre dies etwa am Beispiel der Glühbirne.

Ein stetiges Wachstum ohne Gefahren?

Diese Überschrift klingt sehr abstrakt. Auch wenn du den folgenden Text liest, denkst du vielleicht: wie kompliziert. Deshalb ist es wichtig, zunächst die wichtigen Punkte in eigenen Worten wiederzugeben und zu erklären. Die folgenden Fragen helfen dir dabei:

- Was verstehen wir unter dem „Wachstum" einer Wirtschaft?
- Wie entwickelten sich Größe und Macht der Unternehmen?
- Warum wuchs die industrielle Wirtschaft schneller als die bäuerliche? Waren Industriearbeiter etwa fleißiger als Bauern und Handwerker?
- Warum wurde das Handwerk nicht überflüssig?

Diese Seite ist mit einer Frage überschrieben: Wachstum ohne Gefahren? Führt darüber ein Gespräch.
Wägt ab die Vor- und Nachteile der Massenproduktion und des Zusammenschlusses zu immer größeren Firmen.

☞ Die Wirtschaft des Industriezeitalters unterscheidet sich grundsätzlich von einer bäuerlichen Wirtschaft: Der **Wert der produzierten Güter und Dienstleistungen** nimmt zu. Im Deutschen Reich verdreifachte sich dieser Wert, den man Sozialprodukt nennt, zwischen 1875 und 1914.

☞ Ein Grund: Produkte wurden vereinheitlicht und in großen Stückzahlen hergestellt. Es entstand die **Massenproduktion**.
Zu Massenprodukten wurden vor allem Gegenstände des Alltags, Kleidung, Möbel und Lebensmittel. In den USA waren schon vor 1914 Auto, Kühlschrank und Staubsauger Massenprodukte. Der Konsum wurde zum Motor der Industrialisierung.

☞ An leistungsfähigen Maschinen, in riesigen Fabriken straff organisiert, vergrößerte sich auf diese Weise die **Produktionsleistung** pro Arbeiter.
In der Eisen- und Stahlindustrie hat sie sich zwischen 1870 und 1910 mehr als verdoppelt.

☞ Die **Bereiche der Wirtschaft** wuchsen unterschiedlich. Der Wert der in der Land- und Forstwirtschaft erwirtschafteten Produkte ging anteilsmäßig zurück.
Fast die Hälfte der Wertes der deutschen Volkswirtschaft wurde 1910 in Industrie, Handwerk und Bergbau geschaffen.

☞ Es änderte sich auch die **Verteilung der Beschäftigten** auf die einzelnen Wirtschaftsbereiche.
1800 waren 62% der Beschäftigten im Bereich von Land- und Forstwirtschaft tätig, gegenüber 21% in Industrie, Handwerk und Bergbau. 1900 waren nur noch gut ein Drittel der Beschäftigten im sog. ersten Sektor tätig, 37% in der Industrie (zweiter Sektor) und 25% im Bereich der Dienstleistungen (dritter Sektor). Im gleichen Zeitraum erhöhte sich die Zahl der Gesamtbeschäftigten von 10,5 auf 37,4 Millionen.

☞ Die deutsche Wirtschaft wuchs nicht gleichmäßig, es gab kurzfristige Krisen. In einer Krise (z.B. 1913/14) sinken die Einkommen; es werden weniger Waren gekauft, z.B. weil der Bedarf gedeckt ist, weil Unternehmen politische Unsicherheit erwarten. Als Folge schränken die Unternehmen die Produktion ein, Arbeiter werden entlassen. Wenn sich durch neue Märkte oder durch neue Erfindungen die Situation der Unternehmen verbessert, beginnt ein neuer **Aufschwung**.

☞ Um neue Maschinen zu kaufen und die Fabriken zu erweitern, musste sehr viel Geld in den Betrieben angelegt, d.h. investiert werden. Viele kleine Betriebe, die sich das nicht leisten konnten, gingen in Konkurs. Die großen schlossen sich zusammen zu **immer größeren Unternehmen**. Sie konnten die Preise festlegen, eine Konkurrenz gab es nicht.
Zur Firma Krupp gehörten z.B. Rüstungsfabriken, Kohle- und Eisenerzgruben, Stahlwerke, ein Kraftwerk, ein Gaswerk. Sie beherrschte damit alle Stufen der Produktion von der Rohstoffgewinnung bis zur Fahrzeug-, Maschinen- und Waffenproduktion.

☞ Ein weiteres Kennzeichen der Hochindustrialisierung war die **Entstehung von Banken**. Nach 1890 konnte kaum ein Unternehmen ohne enge Bindung an eine große Bank bestehen. Diese sicherte ihm auch in Krisen Kredit und nahm Einfluss auf Zulieferer, Kunden und Konkurrenten.
Die Firma Siemens z.B. war eng mit der Deutschen Bank verbunden, die 1871 gegründet wurde.

☞ Obwohl sich immer mehr Betriebe zu riesigen Unternehmen zusammenschlossen, wurde das **Handwerk** nicht überflüssig. In den Städten entstanden sogar viele neue selbstständige Handwerksbetriebe. Diese versorgten die Menschen mit Lebensmitteln, stellten Kleidung und Möbel her oder reparierten sie. Das Handwerk nutzte somit neue Märkte; großen Aufschwung nahm es z.B. durch die Erfindung des Elektromotors.

Die Stadt – der neue Lebensraum im Industriezeitalter

Folienvortrag:
Die Stadt im Industriezeitalter.
Fasst die zentralen Aspekte dieser Doppelseite mittels einer Mind-Map zusammen.

Großstädtische Probleme – großstädtische Angebote

Städte wurden der neue Lebensraum der Menschen des Industriezeitalters. Nach Dampfmaschine und Fabrik wurde die Großstadt zum Inbegriff der modernen hoch industrialisierten Zeit.

Die neuen Städte standen vor großen Herausforderungen; sie boten den Zuwanderern ganz neue Chancen, gleichzeitig taten sich jedoch große Probleme auf.

Bevölkerungswachstum

Um 1816/19 hatte Berlin 198 000 Einwohner, 1910 waren es über zwei Millionen. Dortmund wuchs in dieser Zeit von 4000 auf 214 000 Einwohner. 1819 lebten über 90 Prozent der Bevölkerung in Städten oder Gemeinden unter 10 000 Einwohnern, etwa hundert Jahre später wohnte nur noch jeder zweite Einwohner auf dem Land.

Wanderungen

In Deutschland begann die massenhafte Zuwanderung in Städte nach 1870. Da die Geburtenrate zunächst nicht sank, die Säuglingssterblichkeit gleichzeitig abnahm, nahm die Zahl der Menschen zu. Daher riss auch der Strom der Menschen, die aus ländlichen Gebieten in die Städte abwanderten, zunächst nicht ab. Hier gab es die neuen Arbeitsplätze. Die Menschen arbeiteten jedoch nicht nur hier, sie wohnten auch dort. Die Stadt schuf eine neue Lebenswelt.

Neue Stadtstrukturen

Die neuen Industrieansiedlungen veränderten die Strukturen der Städte. Diese zeigten eine klare Aufteilung.

Mietskasernen: Um die vorhandenen Städte entstand ein Ring von Industrieansiedlungen, häufig im Osten der Gemeinde gelegen. Dort lebten auch die Arbeiter, in „Mietskasernen" mit drei oder vier Hinterhäusern auf engstem Raum. Diese Architektur wurde häufig zum spekulativen Zweck möglichst hoher Mieteinnahmen errichtet. Neben schlechter Ernährung waren die schlechten Wohnverhältnisse eine der Ursachen für Infektionskrankheiten, z. B. die Tuberkulose.

In Hamburg um die Wende des 19./20. Jahrhunderts

Das Straßenbild einer Metropole – Berlin, Ecke Unter den Linden/Friedrichstraße, um 1900

Villen: Die Villen der Wohlhabenden lagen zumeist am westlichen Stadtrand. Der Westwind verschonte sie vor dem Qualm und Schmutz der Fabriken.

Das Stadtzentrum: Die Zentren der Stadt wurden von Handel, Verwaltung, Kultur und Unterhaltung eingenommen. Sie wurden geprägt von Geschäftsstraßen und Plätzen mit breiten Bürgersteigen zum Flanieren, Einkaufen und Amüsieren. Die Straßenbahn, das neue öffentliche Verkehrsmittel, machte die Innenstädte zu Zentren ihrer Netze und transportierte die Menschen, reiche und arme, aus den Vororten in das Stadtinnere.

Daseinsfürsorge

Das Wachstum der Städte stellte alle Stadtverwaltungen vor große Probleme. Diese Probleme bezogen sich auf vier Bereiche: auf Hygiene, Stadtplanung, Verkehr und Wohnen.

Stadthygiene: Sie war das wichtigste Problem. Sie betraf nicht nur die Stadtreinigung, sondern vor allem die Gesundheit der Stadtbewohner. Die Ursache der Gefährdung war die unzureichende Trennung von Trink- und Abwasser. Deshalb richteten sich die Reformbestrebungen zunächst auf die Verbesserung der Wasserentsorgung durch den Bau von Kanälen. In einem zweiten Schritt wurde die Frischwasserversorgung durch neue Leitungssysteme verbessert.

Elektrizität: Ein wichtiger Dienstleister waren die Elektrizitätswerke. Strom löste Stadtgas ab. Straßen konnten beleuchtet werden. Nach der Jahrhundertwende wurde Strom auch in Privathaushalten möglich.

Die Straßenbahn: Der Transport war eine weitere städtische Herausforderung. Ungeahnte Menschenmassen und Güter zu ihrer Versorgung mussten befördert werden. Die Revolution begann mit der elektrischen Straßenbahn seit den 1880er-Jahren. Dennoch blieb das Pferd auch weiterhin ein wichtiger Transporteur.

Wohnen: An der Lösung der Wohnungsprobleme waren die Städte nur selten direkt beteiligt. Die Bautätigkeit war vorwiegend privat. Der Wohnungsbesitz war in wenigen Händen konzentriert.

Eine neue Lebensweise

Die Städte des 19. Jahrhunderts wuchsen nicht nur nach Zahl und Größe. Auch die Lebensweise der Menschen, die zuwanderten, änderte sich. Dieser städtische oder urbane Lebensstil zeichnete sich durch zwei Verhaltensweisen aus: Der Mensch der Großstadt lebte zum einen individueller, bestimmte seinen Lebensstil selbst, war nicht abhängig von den Kontakten der Nachbarschaft. Zum anderen orientierte er sich an Massenkonsum und Massenunterhaltung.

Der Inbegriff des Konsumangebots war das Warenhaus. Es enthielt ein maximales Angebot unterschiedlichster Produkte und Qualitätsstufen für die Kunden. Diese unterschieden sich nicht nach Ständen, sondern nach Kaufkraft und Bedürfnissen.

Verkehrsknotenpunkt Potsdamer Platz in Berlin, 1901

Das Warenhaus bietet Luxus für viele – Kaufhaus Rudolph Hertzog in Berlin-Mitte (Ansichtskarte um 1900)

Die Großstadt – ein besseres Leben für alle im Ort der Moderne?

Die Stadt war wie ein großer Markt, voll faszinierender und neuartiger Angebote, doch wer konnte sie in Anspruch nehmen? Und weiter: War dieses neue Leben so erstrebenswert? Mehr als alles andere hing somit die Verbesserung der Lebensverhältnisse der Arbeiter in der Stadt von der Entwicklung der Einkommen ab. Dabei ist zu unterscheiden zwischen dem nominalen Jahresverdienst – das ist das ausgezahlte Geld – und dem realen Verdienst. Um zu beurteilen, ob höhere Löhne auch einen höheren Lebensstandard bedeuteten, müssen Löhne und Preise in Beziehung gesetzt werden; so erhält man den realen Verdienst. Ein Zweites gilt es zu bedenken: Es stiegen nicht nur die Preise, es gab auch ganz neue Ausgaben. Die neuen Versorgungsangebote der Stadt kosteten Geld.

1. Wertet die Statistiken und Schaubilder M 1 – M 4 aus.

2. Der Autor in Quelle M 5 setzt sich sehr kritisch mit dem Leben in der Stadt auseinander. Was sind seine wesentlichen Argumente? Hat der Verfasser Recht?

3. Der Facharbeiter (M 3) bekommt Besuch von seiner Mutter, die weiter in einem Dorf in Pommern wohnt und sich weigert, zu ihrem Sohn in die Großstadt umzuziehen. Die beiden diskutieren kontrovers über die Vorzüge und Nachteile des Stadtlebens.

M 1 Durchschnittliche Jahresverdienste von Arbeitnehmern in Industrie, Handel und Verkehr (1871–1910)

Jahr	Jahresverdienst in Mark (nominal)	1895 = 100	Jahresverdienst in Mark (real)	1895 = 100
1871	493	74	466	70
1880	545	82	542	79
1890	650	98	636	96
1895	665	100	665	100
1900	784	118	737	111
1910	979	147	789	119

(Nach: G. Hohorst/J. Kocka/G. A. Ritter, Sozialgeschichtliches Arbeitsbuch, Bd. 2, München (Beck) 2/1978, S. 107)

M 2 Verteilung der Ausgaben von Arbeiterfamilien (1800 und 1907)

a) Lebenshaltungskosten einer fünfköpfigen Maurerfamilie[1] in Berlin um 1800:

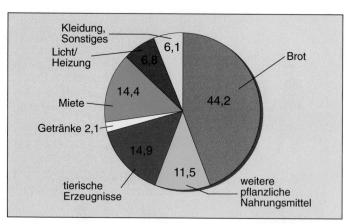

b) Lebenshaltungskosten einer fünfköpfigen Arbeiterfamilie[2] im Deutschen Reich 1907:

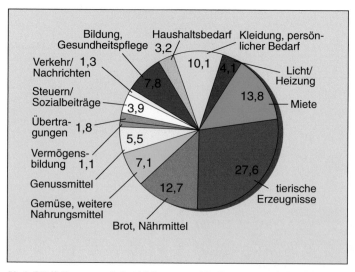

[1] Ein Maurer gehörte zu den besser verdienenden Arbeitern.
[2] Die Reichsstatistik beruht auf 523 Arbeiterhaushalten, von denen 482 (92,2%) großstädtisch waren. Die Repräsentativität der Statistik ist also als eingeschränkt zu betrachten.

(Nach: Dirk Hoffmann u. a., Industrialisierung – sozialer Wandel – Soziale Frage, München 1988, S. 113)

Einnahmen	1 700,00
Ausgaben:	
Wohnung	259,00
Haushalt	924,00
Steuern	30,00
Krankenkassen	13,00
Heizung	45,00
Winterrock für Mann	30,00
Hut	2,50
Stiefel für Mann	16,00
Stiefel für Frau	11,00
Stiefel für Kinder	10,00
Kleideranschaffungen für Frau und Kinder	23,00
Arzt und Apotheke für Frau	20,00
Zeitung	3,00
Verschiedenes (Flickerei, Wäsche, Vergnügen)	64,00
Mann (Getränke, Tabak …)	162,00
Gesamtbetrag	**1 612,50**
Ersparnis:	**87,50 Mark**

Einnahmen nebst den Zinsen von 9000 Mk	5 450,00
Ausgaben:	
Wohnung	1 225,00
Beleuchtung	45,00
Essen	2 040,00
Wäschereinigung	45.00
Mädchen für alles (monatlich 10 Mark)	120,00
Steuern	254,00
Heizung	140,00
Bekleidung und Schuhe	
– für die Hausfrau	85,50
– für den Mann	17,00
– für die Knaben	95,00
Schulgeld für Kinder	240,00
Taschengeld: jedem Knaben monatl. 50 Pf	12,00
Taschengeld für die Hausfrau	120,00
Taschengeld für den Mann	180,00
Weihnachten und Geburtstage	152,50
Vereine	40,00
Arzt und Apotheke	76,30
Wohltätigkeitsausgaben	46,00
Sparkasse: für jedes Kind vierteljährlich 5 Mk	60,00
Pferdebahn	82,50
Vergnügungen	62,00
Gesamtbetrag	**5 450,00**

(M 3/4: Leixner, Soziale Briefe aus Berlin; nach: Friedhelm Büchse/Johann B. Welz, Industrialisierung und Sozialer Wandel, Hannover 1979, S. 59 ff.)

(M 5: Curt Grottewitz, Freundschaft mit der Natur, in: Socialistische Monatshefte 7 (1903), S. 519 ff.)

Verfall menschlichen Lebens?

Die Übersicht über die Ausgaben der Arbeiter- und Beamtenfamilien zeigt, dass sich vor allem die wohlhabendere bürgerliche Familie viele Dinge leisten konnte, die es nur in der Stadt gab. Die ständige Zuwanderung vom Land belegt, wie attraktiv das Leben in der Stadt wirkte. Die Stadt wurde das Maß der neuen Dinge, das Land galt als Provinz. Auf der anderen Seite wurde das Leben in der Stadt heftig kritisiert.

M 5 Leben in der Stadt (1903)

Der sozialistische Publizist Grottewitz:

Q […] So durchaus der menschlichen Natur zuwider ist dieses Leben, dass es Anpassung hier gar nicht gibt. […] Der moderne Verkehr, diese […] Todeshetze
5 mit ihren […] Geräuschen, ruiniert die Nerven in wenigen Jahren. […] Die Nervosität führt allmählich zu vollständiger körperlicher und geistiger Erschlaffung, zur Zuckerkrankheit, zu Geisteskrank-
10 heiten. […] Was aber die sitzende Lebensweise in der Großstadt heute vollends zum fahrlässigen Selbstmord macht, das ist die ungenügende Atmung, Beleuchtung, Ernährung und Er-
15 holung. […] Ist die Arbeit in der Großstadt ungesund, so sind es leider meistens auch die Vergnügungen, die Erholung […]. Aber dieses Gedränge in der Großstadt ist auch nicht das Wün-
20 schenswerte. Es muss jeden Menschen verflachen, ihn dazu verführen, den Schein für das Sein zu nehmen. […] Das wirre Vorbeijagen immer neuer Bilder ist eine der schlimmsten Ursachen der
25 Geistes- und Gemütsverarmung. […] Der Warenluxus in den Straßen verführt zu einem ganz verkehrten Ideal. […] Zu diesem gänzlich unmännlichen, ungesunden Luxus, zu dieser Narretei, die
30 den Menschen zum Parasiten und zum Sklaven seiner Kostbarkeiten macht, verlockt, nötigt, erzieht dieses Schaugepräge der Großstadt.

Kein Baum, kein Strauch?
Der Mensch herrscht über die Natur

Berechtigte Aneignung oder Ausbeutung?

Ihr habt gesehen, dass die Industrialisierung das Verhältnis der Menschen zur Arbeit und das Leben der Menschen außerhalb der Fabrik grundlegend geändert hat. Die Industrialisierung hat darüber hinaus das Verhältnis des Menschen zur Natur entscheidend gewandelt. Der Mensch begann in bisher unbekannter Weise über die ihn umgebende Natur zu herrschen. Sich dieses klar zu machen, ist umso wichtiger, weil der Prozess der Industrialisierung noch nicht abgeschlossen ist. Wenn alle Menschen eine solche Lebensführung praktizierten wie z. B. die hoch industrialisierten Staaten, dann wären in wenigen Jahren alle Rohstoffe der Erde aufgebraucht.

Allerdings: Die Industrialisierung hat die Herrschaft über die Natur nicht erfunden. Schon immer hat der Mensch in unterschiedlicher Form auf die Natur Einfluss genommen.

> In einem Längsschnitt werden Stationen des Umgangs des Menschen mit der Natur nachgezeichnet.

1. Stellt anhand der Materialien und des Darstellungstextes zusammen, in welcher Weise der Mensch durch die Nutzung von Boden, Luft und Wasser in die Natur eingegriffen hat und welche Motive ihn dazu bewegten.

2. Welche Haltung gegenüber der Natur drücken die Gemälde aus? Vergleicht.

M 1

Die Drahtziehmühle an der Pegnitz
(Gemälde von Albrecht Dürer, 1496 – 1500)

Jäger und Sammler

Auf dieser Entwicklungsstufe erfolgte der wesentliche Schritt zur Unterscheidung des Menschen vom Tier: Der Mensch stellte Werkzeuge her und bestattete seine Toten. Um seine Existenz zu sichern, nahm er die Natur so, wie sie war; er eignete sich das an, was die Natur bot. Er tötete so viel Wild und sammelte so viele Pflanzen, wie er zur Ernährung benötigte. Wichtige Werkzeuge: Faustkeil und Speer.

Ackerbauern und Viehzüchter

Ab etwa 7000 v. Chr. wurde der Mensch sesshaft. Er betrieb Landwirtschaft, d. h. er bearbeitete den Boden, er produzierte, veränderte also diesen Bestandteil der Natur nach seinen Bedingungen. Er pflügte das Land und nutzte es zunehmend intensiver; er holzte riesige Waldflächen ab, um Brenn- und Baustoffe zu gewinnen; er machte Gelände urbar und legte Sümpfe trocken. Der Mensch gebrauchte die Natur zum Überleben. Und er fügte ihr Schaden zu.

Leben in der Stadt

Ab etwa 3000 v. Chr. vollzog sich die nächste kulturelle Wende. Erste Städte entstanden. Stadt und Land wurden getrennt. Leben in und mit der Natur und die naturferne Lebensweise der Stadt entwickelten sich als unterschiedliche Lebensstile.

Die Industrialisierung

Sie markiert die nächste Kulturschwelle. An die Stelle der agrarisch-handwerklichen Wirtschaftsordnung trat eine Wirtschaftsordnung, in deren Mittelpunkt die Maschine steht. Der industrielle Mensch veränderte nicht nur den Boden, er veränderte auch Wasser und Luft in einem ganz neuen Ausmaß. Der Mensch begriff die Natur als riesiges „Vorratslager". Die Natur hatte keinen Wert an sich, sie galt nicht als schützenswert um ihrer selbst willen.

Zu Beginn der Industrialisierung waren den Menschen die Problemzusammenhänge zwar noch nicht bewusst; dass sie die Natur in Anspruch nahmen, war ihnen aber sehr wohl klar. Wie sie diese beurteilten, zeigen die folgenden Stellungnahmen.

Beginn der Großindustrie – Baron Rothschilds Eisenwerk Winkowitz (kolorierte Lithografie, um 1850)

M 2 Beispiel Luftverschmutzung

Im Jahre 1915 klagte der Besitzer von Obstbäumen, die, in der Nähe einer Kokerei stehend, abgestorben waren, auf Schadensersatz. Das Argument:
5 Durch zusätzliche Öfen sei eine Zusatzbelastung aufgetreten. Das Reichsgericht wies die Klage zurück mit der Begründung, dass in der Gegend noch weitere Kokereien in Betrieb sei-
10 en, sodass keine nennenswerte zusätzliche Belastung entstanden sei. Die Klage wurde mit dem Hinweis auf die „ortsübliche" Schädigung abgewiesen. Die Gegend trage den „ty-
15 pischen Charakter einer Industriegegend". Sie zeige „weit und breit dasselbe Bild", überall sehe man kranke und tote Obstbäume, und soweit diese vereinzelt noch gesund sei-
20 en, tragen sie mit ganz verschwindenden Ausnahmen keine Früchte mehr. Damit werde deutlich zum Ausdruck gebracht, dass in der näheren und weiteren Umgebung der Grund-
25 stücke des Klägers infolge der von den Kokereien ausgehenden Einwirkungen kein Obstbau möglich sei, dass solcher dort auch nicht mehr betrieben werde und dass sich hiermit
30 die Bevölkerung in der Allgemeinheit abgefunden habe. Die Beklagte hat, wie die Sachverständigen bekunden, „nichts getan, was nicht in der dortigen Gegend üblich wäre".
35 Anderen Bauern war vorgeschlagen worden, ihren Betrieb nach „rationellen" Gesichtspunkten umzustrukturieren und den Anbau entsprechend den Schadstoffen zu wechseln: mehr

40 Hackfrüchte anzubauen, Rüben und Rapsmehl zu füttern, die Kühe alle acht bis neun Monate zu wechseln, kein Jungvieh mehr aufzuziehen und dafür Schweinemast zu betreiben.

(Arne Andersen/Franz-Josef Brüggemeier, Gase, Rauch und Saurer Regen; in: F. J. Brüggemeier/Th. Rommelspacher (Hg.), Besiegte Natur – Geschichte der Umwelt im 19. und 20. Jahrhundert, München (Beck) 1987, S. 70f.)

M 4 Beispiel Wasserverschmutzung

Der Chemiker Konrad Jurisch betonte im Jahr 1900 in einem Gutachten für den Verein zur Wahrung der Interessen der Chemischen Industrie:

Q Wie weit hat die Fischerei eine Berechtigung gegenüber den Interessen der Chemischen Industrie in der Abwässerfrage? Es hat sich herausge-
5 stellt, dass für ganz Deutschland der wirtschaftliche Wert der Industrien, welche Abwässer liefern, ca. tausendmal größer ist als der Wert der Binnenfischerei in Seen und Flüssen, also si-
10 cher mehr als tausendmal größer als der Wert der Flussfischerei. […]
Haben sich an einem kleinen Flusse, wie z. B. Wupper, Emscher, Bode und anderen, so viele Fabriken angesiedelt, dass
15 die Fischzucht in denselben gestört wird, so muss man dieselbe preisgeben.

Die Flüsse dienen dann als die wohltätigen, natürlichen Ableitungen der Industriewässer nach dem Meere. […]
20 In solchen Fällen muss das geringfügige Interesse der Fischzucht dem überwältigenden Interesse der Industrie weichen. […] Dieser Grundsatz entspricht nicht nur den Anforderungen des National-
25 wohlstandes, sondern auch den wirtschaftlichen Interessen der örtlichen Bevölkerung. Denn wo ein Landstrich vor dem Entstehen der Industrie nur eine spärliche und ärmliche Bevölkerung
30 trug, welche […] an dem Fortschritt der Zivilisation nur geringen Anteil nehmen konnte, da verdichtet sich die Bevölkerung durch das Aufblühen der Industrie, Arbeiterscharen strömen herbei
35 […]. Es liegt im wohlverstandenen Interesse eines jeden Landstrichs, das Aufblühen der Industrie zu fördern, selbst auf Kosten der Fischerei.

(Zit. nach: Th. Rommelspacher, Das natürliche Recht auf Wasserverschmutzung, ebd., S. 51f.)

Tipp! Verfasst einen Beschwerdebrief an die Kokerei oder an den Verband der Chemischen Industrie aus der Sicht der Betroffenen. Bedenkt dabei den Wissensstand und die Überzeugungen der Zeit.

Diese Begriffe kann ich jetzt erklären:

* Kapitalismus
* Proletariat
* Revolution des Proletariats
* Sozialismus
* Arbeiterbewegung
* Soziale Frage
* Rolle der Frau
* Sozialgesetzgebung
* Hochindustrialisierung

Die Fernsehserie „Die Sorgenstraße"

Auf dieser Doppelseite erhaltet ihr Anregungen zur Gestaltung einer Dialogseite für eine Serienfolge aus der „Sorgenstraße".

Ob ihr die Szene mit Requisiten so ausgestaltet, dass es sich gar lohnt, diese zu filmen, hängt von euren technischen Möglichkeiten und eurem Interesse ab.

Natürlich könnt ihr euch darauf beschränken, die Rollenkarten differenziert zu verschriftlichen, um auf diese Weise „spielerisch" wesentliche Inhaltsaspekte des Kapitels zu wiederholen.

Damit die Spielszene historisch fundiert ist, müsst ihr für die vorgeschlagenen Rollen die oben genannten Begriffe bzw. Aspekte abklären.

Drehbuch „Die Sorgenstraße",
Folge 152: Ein Abend bei Familie Wulkow, November 1863

Die Kamera fährt zwischen den Mietskasernen in der Sorgenstraße hindurch, einer Wohnstraße in einem typischen Arbeiterviertel in einer deutschen Großstadt. Es regnet. Im Lehm der Straße bilden sich Pfützen. Der Regen vermischt sich mit einer schmutzigen Brühe, die an den Rändern der Straße fließt. Nur vereinzelt huschen Menschen gebeugt nach Hause. Man sieht keine spielenden Kinder.

Die Kamera schwenkt in eine Eingangstür zu einem der Wohnhäuser. Eine Treppe führt nach unten in die Kellerwohnungen. Frau Wulkow erscheint in der Tür, die am Ende eines dunklen Ganges in den Hinterhof führt, schwer beladen mit zwei Wassereimern, die sie im Hof hinter dem Haus gefüllt hat. Sie bewegt sich langsam und unter der Last stöhnend die vier hölzernen Treppen bis zu ihrer Wohnung hinauf. Die Kamera folgt ihr. / Schnitt / Frau Wulkow sitzt neben dem Ofen an einem Tisch im einzigen Raum ihrer Wohnung. Das schmucklose Zimmer besteht fast nur aus Schlafstellen. Über dem Tisch an der Wand hängt neben einer Suppenkelle ein gestickter Spruch: „Herr, schütze unser Haus". Auf dem Tisch spendet eine Petroleumlampe schummriges Licht. Es ist Abend. Frau Wulkow beginnt mit dem Kartoffelschälen. Die Kamera zeigt in Großaufnahme die abgearbeiteten und schwieligen Hände der 43-jährigen Frau. Sorgfältig schält sie Stück für Stück, damit die Schalen auch recht dünn ausfallen. Sie seufzt. Vom Treppenhaus her hört man Stimmen. Nach und nach treffen die Angehörigen ein.
Wie könnte der Abend verlaufen?

Die Familie Wulkow

Vater Wulkow, 48, Arbeiter in einer Maschinenfabrik, könnte
- betrunken sein, weil er öfter in der Kneipe einen Teil seines Lohns vertrinkt;
- von einem schrecklichen Arbeitsunfall seines Freundes berichten;
- seine Kinder auffordern, sich in ihr Schicksal zu fügen.

Frau Wulkow, 43, nicht berufstätig, könnte
- erzählen, dass der Hausbesitzer schon wieder die Miete erhöht hat;
- beklagen, dass in der Kellerwohnung die kleine Trude an Typhus gestorben ist;
- die vielfältige Belastung der Umwelt verantwortlich machen;
- mehr Unterstützung von ihrem Mann erbitten.

Franz Frust, 28, Arbeiter, Untermieter der Familie, so genannter „Schlafgänger", könnte
- endlich ein eigenes Bett für seine Miete fordern;
- begründen, warum er eine Revolution des Proletariats für falsch hält;
- staatliche Gesetze zum Schutz der Arbeiter fordern.

Tochter Pauline, 16, Dienstmädchen in einer bürgerlichen Familie, ein freier Abend in der Woche, könnte
- die prachtvolle bürgerliche Wohnung und den Tagesablauf der bürgerlichen Dame kommentieren;
- ihre erniedrigende Behandlung beklagen;
- ihrem Bruder anvertrauen, dass sie schwanger geworden ist;
- unglücklich sein, weil sie keinen Ausweg sieht.

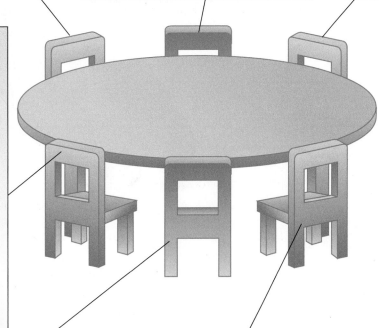

In der **Abmoderation** betont der **Sprecher,** dass die „Sorgenstraße" auf historisch verbürgten Informationen beruht, dass die weitere historische Entwicklung aber wesentliche Veränderungen gebracht hat. Er erwähnt
- die Sozialgesetzgebung der folgenden Jahre,
- die Rolle der SPD,
- die Entwicklung des Lebensstandards in der Hochindustrialisierung.

(Die Theaterszene wurde entnommen aus: Wolfgang Mattes u.a., Debatte. Gemeinschaftskunde für berufsbildende Schulen in Baden-Württemberg, Paderborn (Schöningh) 1974, S. 48)

Tochter Hanna, 23, Fabrikarbeiterin in einer Textilfabrik, jung verheiratet, könnte sich beklagen, dass
- Frauen in der Fabrik benachteiligt werden;
- ihre Arbeit so anstrengend und monoton ist;
- ihr Mann nicht bereit ist im Haushalt mitzuhelfen, sie also doppelt belastet ist;
- es noch nicht mehr Rechte für Frauen gibt.

Sohn Johannes, 17, der Eisenräder in einer Lokomotivenfabrik schmiedet, könnte erzählen, dass
- er in einer verbotenen Arbeiterversammlung gewesen ist;
- man ihm aus den Schriften von Karl Marx vorgelesen hat und er begeistert ist;
- er von der großen Revolution des Proletariats träumt.

Deutsches Kaiserreich:

Wilhelm II. als Steuermann des Schiffes „Deutschland".

Anlass für den Druck des „Schmuckblattes" (Bild und anhängender Liedtext) war das 25-jährige Kaiserjubiläum Wilhelms II. Das Bild wurde auch als Postkarte gedruckt und fand reißenden Absatz.

1888   1913
Festen Blickes   Friedgesinnt,
in die Zeit   doch kriegsbereit!

Im Herzen Europas da thront ein Kaiser mit Fürsten in einem tapferen Volk, das reich ist an Stämmen und reich an Reisern, daher gelagert wie Wolke an Wolk'. Das ist Kaiser Wilhelm mit seinen Germanen, die einig sich scharen um Deutschlands Fahnen! Kaiser Wilhelm, Kaiser Wilhelm, hurra!

Der Nationalstaat wird Wirklichkeit

Kaiser Wilhelm II. steuert das „Deutschland-Schiff" mit sicherem Griff und trotz rauer See blickt er entschlossen und zuversichtlich. Im Hintergrund beeindrucken Schiffe, der Zeppelin und ein Flugzeug; der Liedertext preist Tapferkeit, Reichtum und Einigkeit des umsichtig von Kaiser und Fürsten regierten Volkes. Unverkennbar ist Wilhelm II. stolz auf das Erreichte. 1848/49 war die Gründung eines Nationalstaates noch missglückt, aber sein Großvater, Wilhelm I., war 1871 zum ersten Deutschen Kaiser ausgerufen worden und seitdem hatte sich das Deutsche Reich offenbar prächtig entwickelt.

Aber waren mit der Reichsgründung auch die Ziele der Revolution erreicht, waren die drängenden Fragen der Zeit in nationaler, politischer und sozialer Hinsicht gelöst? Spiegelt die Karte vielleicht gar keine begründete Erfolgsstory wieder, sondern schönt sie die Wirklichkeit? Antwort auf diese Fragen gibt das folgende Kapitel, das sich in drei Schwerpunktthemen gliedert:

● **Das Deutsche Kaiserreich – seine Gründung und politische Struktur**

● **Lebensverhältnisse im Kaiserreich – zwischen Rückständigkeit und Modernität**

● **Die „innere Reichsgründung"**

Vergleiche die Darstellung dieser Germania des Kaiserreiches mit der Germania-Darstellung in der Frankfurter Paulskirche (S. 72).

Postkarte aus dem Kaiserreich mit der Germania-Briefmarke und der Schauspielerin A. Führing, die dem Markengrafiker Modell stand. Seit dem 1.1.1872 waren die Marken der Reichspost im ganzen Deutschen Reich gültig.

129

Das Deutsche Kaiserreich – seine Gründung und politische Struktur

Der Weg zum deutschen Nationalstaat: „Reichsgründung von oben"

1. Erarbeitet aus dem Darstellungstext, den Quellen und dem Kartenmaterial, wie die staatliche Einheit Deutschlands doch noch Realität geworden ist.

2. „Reichsgründung von oben": Erläutert im Vergleich zur nationalen Einheitsidee von 1848, warum man die Reichseinigung mit diesem Begriff charakterisiert.

Einheit und Freiheit – zwei Ideen trennen sich

So könnte man auf den Punkt gebracht den deutschen Reichseinigungsprozess beschreiben.

Nach der fehlgeschlagenen Revolution von 1848/49 erinnerten die Zustände an die Zeit der Restauration: Der Deutsche Bund wurde wiederhergestellt; die regierenden Fürsten bekämpften alle liberalen und nationalen Bestrebungen, weil sie ihre Macht und Souveränität bedroht sahen.

Dennoch blieben die oppositionellen Ideen lebendig. Neben der Wirtschaft förderten die Sänger-, Turn- und Schützenvereine die Idee von der Einheit der Deutschen. Viele setzten ihre Hoffnungen auf eine Führungsrolle Preußens, denn die Erfahrungen von 1848/49 hatten gezeigt, dass Preußen eine Schlüsselrolle zukommen würde.

Mit der Ernennung Otto von Bismarcks zum preußischen Ministerpräsidenten (1862) kam Bewegung in die Politik. Bismarck griff die Idee des Nationalismus auf – aber mit einer ganz neuen

Zielsetzung: Im Zentrum seiner nationalen Politik stand die Machterhaltung des preußischen Staates – auf Kosten Österreichs und auf Kosten der liberalen Bewegung, deren Verlangen nach Freiheit und politischer Mitbestimmung er rigoros bekämpfte. Bismarck verfolgte liberale Zeitungen, setzte sich eigenmächtig über Parlamentsbeschlüsse hinweg, missachtete die Verfassung und beleidigte Gegner als „Schwätzer und Schwindler" – für die liberale Opposition galt er als „der schärfste und letzte Bolzen der Reaktion von Gottes Gnaden" und als ein Mann, der „schonungslos angegriffen werden" muss.

1848 war versucht worden, die deutsche Einheit als Ergebnis einer Volksbewegung zu erreichen, auf der Grundlage von Freiheits- und Menschenrechten. Bismarck betrieb die Reichseinigung „von oben". In seiner Regierungszeit trennten sich die Ideen von nationaler und liberaler Gesinnung.

Otto von Bismarck
(Gemälde von Anton von Werner, 1888)

M 1   Grundsätze der Politik Bismarcks

Q Ich würde, sobald man mir nachweist, dass es im Interesse einer […] wohl durchdachten preußischen Politik liegt, unsere Truppen mit derselben Genugtuung auf die französischen, russischen, englischen oder österreichischen feuern sehen.
(Bismarck in einem Privatbrief vom 11.5.1857)

Q Preußens Grenzen nach den Wiener Verträgen sind zu einem gesunden Staatsleben nicht günstig; nicht durch Reden und Majoritätsbeschlüsse werden die großen Fragen der Zeit entschieden – das ist der große Fehler von 1848 und 1849 gewesen –, sondern durch Eisen und Blut.
(Bismarck in einer Rede vor Abgeordneten des preußischen Landtages, 1862)

Q [Ich gewann die Überzeugung], dass die Kluft, die die Verschiedenheit […] zwischen dem Süden und dem Norden des Vaterlandes im Laufe der Geschichte geschaffen hatte, nicht wirksamer überbrückt werden könne als durch einen gemeinsamen nationalen Krieg gegen den seit Jahrhunderten aggressiven Nachbarn.
(Bismarck erinnert sich in seinen Memoiren rückblickend an die Situation im Sommer 1870; Gedanken und Erinnerungen, 1898)

Wie sah die Einigungspolitik konkret aus?

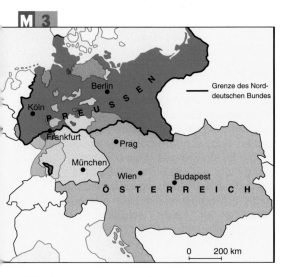

vor 1866

Rückblickend steht der Krieg, den Preußen und Österreich im Jahre 1864 gegen Dänemark führten, am Anfang der späteren Reichseinheit. Nach dem Sieg über die dänischen Truppen wurden die Herzogtümer Schleswig und Holstein an Preußen bzw. Österreich abgetreten. Der Streit um die Verwaltung der neu gewonnenen Gebiete führte zwei Jahre später zu einem Krieg zwischen Preußen und Österreich: also zu einem Krieg unter Deutschen. Die Schlacht von Königgrätz (1866) endete für Österreich mit einer katastrophalen Niederlage.

Norddeutscher Bund 1867

Preußen annektierte norddeutsche Staaten, die sich mit Österreich verbündet hatten, und zwang Österreich, der Auflösung des Deutschen Bundes zuzustimmen. 1867 schlossen sich auf preußische Initiative hin alle 22 norddeutschen Staaten zu einem Bundesstaat zusammen, an dessen Spitze der preußische König stand. Der ehemalige Deutsche Bund war in drei Teile zerfallen: den Norddeutschen Bund, die österreichischen Gebiete und die süddeutschen Staaten in der Mitte (Baden, Württemberg und Bayern). Bismarcks militärische Erfolge lösten in der liberalen Nationalbewegung einen Stimmungsumschwung aus. Nach dem Erfolg bei Königgrätz schrieb der liberale Jurist Rudolf von Ihering selbstkritisch an einen Freund: „Ich beuge mich vor dem Genie eines Bismarck. Ich habe dem Mann alles, was er bisher getan hat, vergeben, ja mehr als das, ich habe mich überzeugt, dass es notwendig war, was uns Uneingeweihten als frevelhafter Übermut erschien, es hat sich hinterher herausgestellt als unerlässliches Mittel zum Ziel." Nur eine Minderheit der Liberalen verharrte in ihrer Kritik am „Mann der Gegenrevolution", die Mehrheit räumte von nun an der nationalen Einigung den Vorrang gegenüber der Freiheit ein.

Die kleindeutsche Lösung Bismarcks 1871

In Frankreich sah man die Gefahr eines mächtigen, von Preußen beherrschten Deutschland mit Sorge. Als die französische Regierung Gebietsabtretungen am Rhein forderte, gelang es Bismarck, mit den süddeutschen Staaten geheime „Schutz- und Trutzbündnisse" abzuschließen: Die Weichen für eine kleindeutsche Reichsbildung waren damit gestellt. Der Konflikt mit Frankreich spitzte sich immer mehr zu, bis am 19. Juli 1870 Frankreich den Krieg gegen Preußen erklärte. Die süddeutschen Staaten sahen den Bündnisfall als gegeben an und kämpften Seite an Seite mit den norddeutschen Truppen gegen den gemeinsamen Feind Frankreich. Als am 2. September in der Schlacht bei Sedan der französische Kaiser Napoleon III. mit 100000 Soldaten in deutsche Gefangenschaft geriet, bereitete eine Welle nationaler Begeisterung den Boden für die Gründung des ersten deutschen Nationalstaates. Am 18. Januar 1871 trafen sich die Fürsten und Heerführer fast aller deutschen Länder im Schloss von Versailles. Der preußische König Wilhelm wurde zum Deutschen Kaiser ausgerufen. Von nun an gab es einen deutschen Nationalstaat, das Deutsche Kaiserreich.

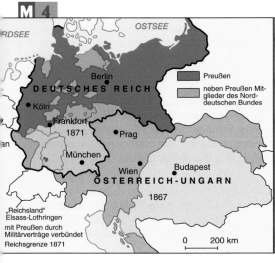

Das Kaiserreich wird ausgerufen: ein Vorgang – zwei Gemälde

Der 18. Januar 1871 bezeichnet ein wichtiges Datum in der deutschen Geschichte. Im gemeinsamen Kampf gegen den „Erbfeind" Frankreich hatten sich die deutschen Länder zusammengefunden und einen eindrucksvollen militärischen Sieg errungen. Um die Jahreswende 1870/71 hatten intensive Gespräche und Verhandlungen auf der politischen Ebene zu einer Annäherung geführt. Am 18.1.1871 trafen sich die Fürsten und Heerführer fast aller deutschen Länder im Schloss von Versailles. Der preußische Kanzler Bismarck verlas eine Urkunde und der Großherzog von Baden rief den preußischen König Wilhelm zum Deutschen Kaiser aus. Diese Kaiserproklamation galt gleichzeitig als Tag der Reichsgründung. Von nun an gab es einen deutschen Nationalstaat, das Deutsche Kaiserreich. Aber wie sah er aus, was prägte dieses neue deutsche Kaiserreich?

Die Geschichtswissenschaft ist sehr vorsichtig, wenn sie herauszuarbeiten versucht, welche Merkmale für eine Epoche typisch sind, und wenn sie diese Grundzüge beurteilt. Wer zu ganz groben Einschätzungen greift, wird den komplizierten Zusammenhängen sicher nicht gerecht.

Entsprechend vorsichtig solltet ihr auch vorgehen, wenn ihr die beiden Gemälde auf dieser Doppelseite untersucht und miteinander vergleicht. Sie sind in vielen Geschichtsbüchern abgedruckt, denn sie versprechen gute Aufschlüsse über den Charakter oder auch das Selbstverständnis des Kaiserreichs. In beiden Gemälden ist nämlich der gleiche Vorgang ins Bild gesetzt: die Kaiserproklamation in Versailles am 18. Januar 1871, also das Ereignis, das als sinnfälliger Ausdruck für die Reichsgründung angesehen wurde.

Methodenbox

Bildvergleich

Mit Gemälden, Zeichnungen oder auch Fotografien als historische Quellen habt ihr euch schon mehrfach beschäftigt. Wenn ihr an das Gemälde denkt, das Rigaud für den Sonnenkönig Ludwig XIV. gemalt hat, erinnert ihr euch bestimmt daran, dass diese Bilder selten reine Sachinformationen sind, sondern häufig einen ganz bestimmten Zweck verfolgen und eine Person oder ein Ereignis in ein bestimmtes Licht rücken möchten. Im Geschichtsunterricht genügt es also nicht, ein Bild nur zu beschreiben – man muss auch die Hintergründe des Entstehungsprozesses und vor allem die Darstellungsabsichten untersuchen. Wir müssen die Bilder interpretieren. Diese Methodenbox schlägt euch ein Verfahren vor, wie ihr zwei Bilder (in diesem Fall geht es um zwei Gemälde) vergleichend interpretieren könnt.

1. Schritt:
Interpretiert zunächst jedes Gemälde für sich als Einzelbild.

Die Methode kennt ihr bereits: Betrachten – Formulierung erster Eindrücke – Beschreiben – Deuten (im historischen Zusammenhang) – Formulierung einer Gesamtdeutung zur Bildaussage.

Tipp! *Teilt die Klasse in zwei Gruppen auf. Jede Gruppe konzentriert sich auf ein Gemälde, entweder M1 oder M2. Nur dieses Gemälde versucht ihr zu interpretieren. Tragt euren Mitschülerinnen und Mitschülern eure Interpretation vor und stellt sie zur Diskussion.*

2. Schritt:
Jetzt wird gemeinsam verglichen.

- Erarbeitet zunächst die Gemeinsamkeiten und Unterschiede, die auffallen.
- Vergleicht dann die Gesamtaussage der beiden Gemälde.
- Versucht Erklärungen für eventuelle unterschiedliche Darstellungen zu finden. Dazu gilt es zusätzliche Informationen heranzuziehen, die über den Entstehungsprozess, besondere Entstehungsbedingungen, den Auftraggeber und den Künstler Auskunft geben.

Tipp! *Solche aufschlussreichen Zusatzinformationen findet ihr in unserem Fall in einem Interview mit dem Maler Anton Werner, das auf den Seiten 134/135 abgedruckt ist.*

Gemälde von 1877
Das farbige Original
(4,3 x 7,3 m groß)
ist verschollen.

Gemälde von 1885
(1,7 x 2,1 m groß)

Jedes Gemälde hat seine Geschichte

Sicher haben eure Bildinterpretationen schon zu ersten Aufschlüssen über den Charakter des Kaiserreiches geführt. Aber vermutlich sind auch viele neue Fragen entstanden – vor allem wenn ihr genau verglichen habt! Dann müsstet ihr nämlich auf einige Unterschiede gestoßen sein, die ohne weitere Informationen nicht geklärt werden können.

Das folgende Interview stellt diese Hintergrundinformationen bereit. Es ist erfunden, aber es folgt dem Wortlaut der Lebenserinnerungen, die der Maler Anton von Werner unter dem Titel „Erlebnisse und Eindrücke 1870–1890" verfasste. Als junger Maler hatte von Werner an der Zeremonie in Versailles teigenommen. In seinem Buch äußerte er sich ausführlich über die unterschiedlichen Gemäldefassungen – und indem er dies tat, verriet er einiges über die Denkweisen seiner Zeit. Viele Äußerungen sind wörtlich übernommen.

So könnt ihr das Interview bearbeiten:

1. Lest das Interview und ordnet die zentralen Aussagen des Malers Anton von Werner unter drei Schwerpunkten in einer Tabelle.

Angaben zur Entstehung der beiden Gemälde und zu Einzelheiten der Darstellung	Darstellungsabsichten des Künstlers	Einflussnahmen von Dritten

2. Nutzt diese Informationen als Beleg für eure Erklärung der Gemeinsamkeiten und Unterschiede zwischen den beiden Bildern zur Ausrufung des Kaiserreichs. Überlegt dabei auch: Was war wichtig im Kaiserreich (Hinweise auf das Selbstverständnis)?

M 3 Mit dem Maler Anton von Werner im Gespräch …

FRAGE: Herr von Werner, können Sie sich noch an die Vorgänge im Januar 1871 erinnern?

VON WERNER: Sehr gut sogar. Ganz
5 Deutschland jubelte über den Sieg gegen den Erbfeind Frankreich. Am 15. Januar 1871 war es bitterkalt. Ich wohnte in Karlsruhe und lief mit meiner späteren Frau Schlittschuh.
10 Da stürzte ein Telegrammbote auf uns zu und überreichte mir ein Telegramm aus Frankreich. Der Kronprinz lud mich ein, sofort nach Versailles zu kommen. Als „Geschichts-
15 maler" könne ich etwas erleben, was des „Pinsels würdig" sei.

FRAGE: Wussten Sie, um welches Ereignis es sich handeln könnte?

VON WERNER: Ich hatte keine Vorstel-
20 lung. Aber ich machte mich sofort auf den Weg und traf am 18. Januar, um 4
25 Uhr in der Frühe, in Versailles ein. Überall sah ich Soldaten. Deshalb vermutete ich, es werde ein Sturm auf Paris oder etwas Derartiges vonstatten gehen. Umso erstaunter war ich,
als mir der Hofmarschall Graf Eulenburg einen Passierschein zur Feierlichkeit im Schloss gab und mich frag-
30 te: „Haben Sie Ihren Frack dabei?"

FRAGE: Hatten Sie einen Frack?

VON WERNER: Natürlich nicht. Aber ich rannte zu einem Schneider und besorgte das Kleidungsstück. Um 11
35 Uhr war ich wieder im Palast.

FRAGE: Welchen Eindruck machte das Schloss auf Sie?

VON WERNER: Ich war sehr überrascht. Ich hatte das Schloss schon früher
40 einmal besucht und kannte es als

Zentrum der französischen Macht und Stärke. Aber jetzt befand sich das deutsche Hauptquartier im Schloss.

FRAGE: Die Deutschen hatten das
45 Schloss also umfunktioniert?

VON WERNER: Das ist richtig. Vor den weltberühmten Gemälden, die an Napoleons Kaiserkrönung erinnern, standen nun Abordnungen der sieg-
50 reichen deutschen Regimenter und warteten auf die Ankunft des preußischen Königs Wilhelm.

FRAGE: Fand die Proklamation Wilhelms zum Deutschen Kaiser in die-
55 sem Saale statt?

VON WERNER: Nein. Ich durchquerte noch einige Räume und erreichte dann die Spiegelgalerie. Hier standen nach meiner Schätzung bereits
60 600 bis 800 Offiziere. Ich skizzierte, wie sie Kopf an Kopf dicht gedrängt nebeneinander standen.

FRAGE: Jetzt aber wussten Sie, welches Ereignis bevorstand.

65 VON WERNER: Ich war immer noch im Ungewissen. Und wie mir ging es auch den anderen. Alle redeten durcheinander. Dann plötzlich waren Posaunen zu hören und wir san-
70 gen alle „Nun danket alle Gott". Wilhelm I. betrat den Saal.

FRAGE: Was machten Sie jetzt?

VON WERNER: Ein Hauptmann führte mich zu einem anderen Platz. Mit
75 meinem Frack fiel ich inmitten der

Offiziere sehr auf. „Was hat dieser Zivilist hier zu suchen?", fragte einer argwöhnisch. Ich war der einzige Bürger, im Saal waren sonst nur Fürsten oder Offiziere.

FRAGE: Und dann geschah es?

VON WERNER: In der Tat. Ich sah, dass König Wilhelm etwas sprach und dass Graf Bismarck mit hölzerner Stimme etwas vorlas, hörte aber nicht, was es bedeutete. Dann rief der Großherzog von Baden laut in den Saal hinein: „Kaiser Wilhelm der Siegreiche. Er lebe hoch!"

FRAGE: Wie waren die Reaktionen im Saal?

VON WERNER: Einige zogen ihre Säbel, andere schrien Hurra. Ich schrie mit. Insgesamt hat sich der Vorgang in prunklosester Weise und außerordentlicher Kürze abgespielt.

FRAGE: Wie ging es weiter?

VON WERNER: Ich machte noch einige Skizzen, dann fuhr ich zurück und begann mit der Arbeit. Nach sechs Jahren war das Gemälde fertig. Am 22. März 1877, zum 80. Geburtstag des Kaisers, konnte es in Berlin aufgehängt werden.

FRAGE: Das Werk fand großen Beifall?

VON WERNER: Ich hörte freundliche Worte, aber mehr nicht.

FRAGE: Dabei haben Sie jahrelang gemalt und sich große Mühe gegeben, die große Zahl von Jubelnden wirklichkeitsnah darzustellen.

VON WERNER: Das stimmt. Ich wollte den Vorgang so schildern, wie ich ihn erlebt hatte. Schließlich hatten sich Offiziere aus allen deutschen Gebieten versammelt, um die nationale Einigung zu vollziehen. Links im Bild sind die preußischen und norddeutschen Offiziere zu sehen, rechts stehen überwiegend Offiziere aus Süddeutschland. Ich wollte darstellen, dass sich die deutschen Staaten endlich zu einer Einheit zusammengefunden hatten. Und ausgerechnet im Schloss von Versailles, also im Zentrum des Erbfeindes Frankreich, fand diese Zeremonie statt!

FRAGE: Einige Jahre später haben Sie mit einem anderen Gemälde zur Kaiserproklamation einen Riesenerfolg erzielt. In unzähligen Wohnzimmern wurden Kopien aufgehängt.

VON WERNER: Dieses Bild malte ich im Auftrag von Kaiser Wilhelm I. Er wollte seinem Kanzler Bismarck ein besonderes Geschenk zum 70. Geburtstag machen. Die kaiserliche Familie kam einige Male in mein Atelier und machte Vorschläge. Der Kaiser lobte mich für die Idee, Bismarck weiß zu kleiden und ihn somit deutlich sichtbar zu machen.

FRAGE: Bei der Zeremonie 1871 trug Bismarck eine dunkelblaue Uniform?

VON WERNER: Ja. Das habe ich geändert. Auch trägt Bismarck in der neuen Fassung den Adlerorden, den er erst 1884 erhalten hat. General von Roon, der im Januar 1871 krank war und fehlte, steht jetzt rechts neben Bismarck.

FRAGE: Das hört sich an, als hätten Sie die neue Fassung mit einer ganz anderen Absicht gemalt.

VON WERNER: Richtig. Der Vorgang im Jahre 1871 war, was seine äußere Erscheinung betraf, etwas vorschriftsmäßig abgelaufen. Ich wollte das Ereignis jetzt so malen, wie es seinem inneren Werte entsprach.

FRAGE: Wie reagierte Bismarck auf das Geschenk?

VON WERNER: Er dankte mir mit kräftigem Händedruck und aufrichtiger Freude. Dann fügte er freundliche Worte über die Vorzüge hinzu, die er an dem Bilde im Vergleich mit dem ersten Gemälde gefunden zu haben glaubte.

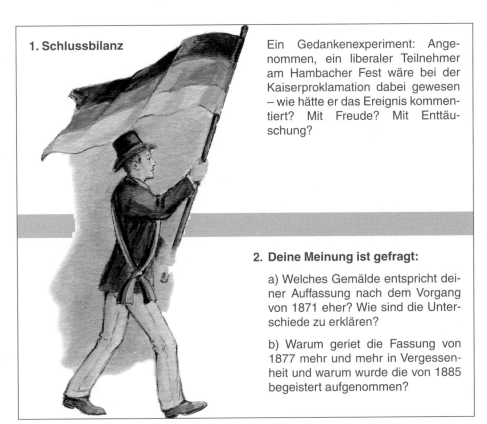

1. Schlussbilanz

Ein Gedankenexperiment: Angenommen, ein liberaler Teilnehmer am Hambacher Fest wäre bei der Kaiserproklamation dabei gewesen – wie hätte er das Ereignis kommentiert? Mit Freude? Mit Enttäuschung?

2. Deine Meinung ist gefragt:

a) Welches Gemälde entspricht deiner Auffassung nach dem Vorgang von 1871 eher? Wie sind die Unterschiede zu erklären?

b) Warum geriet die Fassung von 1877 mehr und mehr in Vergessenheit und warum wurde die von 1885 begeistert aufgenommen?

Die politische Struktur:
Wie demokratisch ist das Kaiserreich?

1. Notiert in Stichworten, was ihr im Text und den Materialien erfahrt über
   a) Verfassungsstruktur, b) Parteienlandschaft, c) Bismarck als Reichskanzler.
2. Beurteilt jetzt, wie demokratisch das Kaiserreich war (Argumente formulieren).
3. In einer Diskussion in der Klasse solltet ihr nun eure Position vertreten.

Das neue Deutsche Reich war ein Bundesstaat. 22 Fürsten und drei Freie Städte hatten den preußischen König zum Deutschen Kaiser eingesetzt und Teile ihrer Hoheitsrechte an das Reich abgetreten (unter anderem in den Bereichen Rechtswesen, Außenpolitik und Streitkräfte). Die neue Verfassung (= Konstitution) legte die Grundsätze fest, nach denen politische Entscheidungen zustande kommen sollten.

Einige Verfassungsartikel räumten dem Volk Mitwirkungsrechte ein, für die Liberale seit Jahrzehnten gekämpft hatten, etwa das allgemeine, gleiche und freie Wahlrecht für Männer. Fast überall in Europa, auch im Teilstaat Preußen, galt noch das Zensuswahlrecht, bei dem die Stimmen je nach Steueraufkommen unterschiedliches Gewicht besaßen. Auch die Meinungs- und Pressefreiheit ist zu nennen, denn sie ermöglichte eine breite öffentliche Diskussion und Kritik. Parteien, die bei vielen Wahlen um die Stimmen konkurrierten und deren Vertreter sich im Reichstag oft erbitterte Rededuelle lieferten, boten Chancen zur politischen Mitsprache und Einflussnahme. Der Reichstag besaß das Recht zur Gesetzesinitiative und das wichtige Budgetrecht (Verabschiedung des Haushalts). Jeder Staatsbürger konnte sich auf die Verfassung berufen, der Monarch war an die Artikel gebunden (konstitutionelle Monarchie).

Aufschlussreich ist ein Vergleich mit England, das zu diesem Zeitpunkt längst auf dem Weg zu einer „gekrönten Republik" war. Die britische Regierung war abhängig von der Zustimmung der gewählten Volksvertreter im Parlament. Im Deutschen Kaiserreich dagegen lag die Macht ganz eindeutig bei Krone und Regierung. Selbst eine große Reichstagsmehrheit konnte keine eigene Politik durchsetzen, etwa einen ungeliebten Kanzler abwählen. In Fortführung alter preußischer Traditionen sollte die Politik „von oben", also „für das Volk", und nicht „von unten", also „durch das Volk" gemacht werden.

M 1 Die Verfassung des Deutschen Reiches von 1871

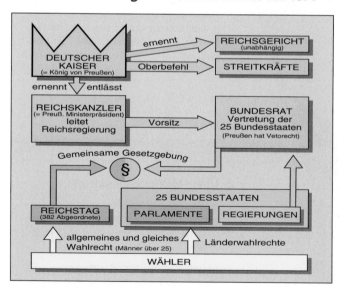

M 2

Der Zeichner E. Thöny hat zur Reichstagswahl 1912 diese Karikatur veröffentlicht. Man blickt in ein Wahllokal, wo mit der Stimmenauszählung begonnen wird. Den Wahlleiter, der auf der linken Bildhälfte zu sehen ist, lässt Thöny folgendes „Fazit" ziehen: „So, meine Herren, das Volk hat gesprochen – jetzt hat wieder fünf Jahre Seine Majestät das Wort".

Wie beurteilt Thöny (M 2) die Möglichkeiten des Volkes? Mit welcher Absicht könnte er die Karikatur veröffentlicht haben?

Die Parteienlandschaft bildet sich aus

Die Parteien erwiesen sich als Spiegelbild der gesellschaftlichen Strukturen. Parteien, die wir heute Volksparteien nennen würden, weil sie sich um die Stimmen aller Wähler bemühen, gab es im Kaiserreich noch nicht. Neben kleineren Parteien, die zum Teil nationale Minderheiten vertraten (etwa die Polen oder Dänen), gab es vier große Richtungen. Die Konservativen standen hauptsächlich für adelige und agrarische Interessen und dominierten in ländlichen Gebieten, insbesondere östlich der Elbe. Das Zentrum war die politische Organisation der Katholiken und verdankte dieser konfessionellen Ausrichtung seine Stimmengewinne quer durch alle Berufsgruppen – aber eben ausschließlich in Gebieten mit katholischer Bevölkerung. Die Sozialdemokratie dagegen bündelte die politischen Ideen der Arbeiter und besaß ihre Hochburgen folgerichtig in den Industriegebieten. Allein die Liberalen fielen etwas aus dem Rahmen; ihre Wähler und Anhänger fanden sich jedoch vornehmlich im protestantischen Bürgertum. Da in der Gesellschaft des Kaiserreiches diese Gruppen weitgehend isoliert nebeneinander lebten, gab es auch unter den Parteien kaum Berührungspunkte und wenig Anlass, sich um Kompromisse oder Annäherung zu bemühen.

M 3 Ergebnisse der Reichstagswahlen 1871–1912 (Sitzverteilung)

Sozialdemokraten	Konservative Parteien	Liberale Parteien	Zentrum	Sonstige
2	172	63	94	51
9	205	91	55	37
12	167	93	78	47
9	128	94	116	50
12	162	100	78	45
24	125	99	78	43
11	131	98	121	36
35	118	106	93	45
44	101	96	100	56
56	95	102	79	65
81	87	100	75	54
43	103	105	84	62
110	87	91	57	52

■ Sozialdemokraten □ Konservative Parteien
▨ Liberale Parteien
▦ Zentrum
□ Sonstige, vor allem nationale Minderheiten (Polen, Dänen), ab 1887 auch Antisemitenparteien

Stelle fest, welche Parteien an Bedeutung gewannen, welche verloren, welche recht stabil blieben.

M 4 Wie dachte Reichskanzler Bismarck über die Parteien?

Q Tendenzpolitik ist mir fremd […], für einen preußischen, für einen deutschen Minister ist das ganz unmöglich. Ich habe bestimmte, positive, prakti-
5 sche Ziele, nach denen ich strebe, zu denen mir mitunter die Linke, mitunter die Rechte geholfen hat, nach meinem Wunsch beide gemeinschaftlich helfen sollten. Aber wer die Ziele mit
10 mir erstrebt – ob man sie sofort erreicht oder nach langjähriger, gemeinschaftlicher Arbeit ihnen näher kommt und sie schließlich erreicht, darauf kommt es so sehr nicht an – ich gehe mit dem,
15 der mit den Staats- und Landesinteressen nach meiner Überzeugung geht; die Fraktion, der er angehört, ist mir vollständig gleichgültig.

(Bismarck in einer Reichstagsrede vom 9.10.1878; zit. nach: Bismarck, Gesammelte Werke 12, Berlin 1928, S. 12)

„Entschieden ist er, und ein gewaltiger Redner, das muss man ihm lassen." Otto v. Bismarck im Norddeutschen Reichstag (Karikatur in der französischen Zeitung „Figaro", 5.3.1870)

M 5

Die politische Struktur unter der Lupe

Die Doppelseite besitzt zwei Themenschwerpunkte zur politischen Struktur im Kaiserreich. Wähle eines der beiden Themen aus, lies die Darstellungen, erarbeite die Materialien und informiere die Klasse.

Wähle einen zugkräftigen Titel, etwa:

– „Wilhelm II. – ein autoritärer Herrscher wie aus dem Bilderbuch"

– „Wurden die süddeutschen Staaten bei der Reichsgründung über den Tisch gezogen?"

Notizen helfen, die Aussagen zu belegen.

Das persönliche Regiment Wilhelms II.

In den ersten 17 Jahren regierte Wilhelm I., nach dessen Tod folgte bald sein Enkel Wilhelm II. (1888–1918). Beide verstanden sich als Herrscher von Gottes Gnaden, beanspruchten uneingeschränkte Loyalität und lehnten politische Diskussion und Kritik als Störung und Anmaßung der Untertanen ab. Während Wilhelm I. seinem Kanzler Bismarck weitgehend freie Hand ließ, weshalb sich für die ersten zwei Jahrzehnte des Kaiserreiches der Begriff „Bismarckzeit" eingebürgert hat, sprach Wilhelm II. offen von seinem „persönlichen Regiment" und prägte die „Wilhelminische Epoche". Selbstbewusst kündigte er einen „neuen Kurs" an, Minister und Kanzler betrachtete er nur als Vollzugsorgane der eigenen Politik. Einen starken Kanzler konnte er neben sich nicht dulden. Folgerichtig wurde 1890 Bismarck entlassen, was im In- und Ausland ungeheures Aufsehen erregte. Den Schein gegenseitiger Achtung bewahrten beide nur mit Mühe. Von Bismarck ist bekannt, dass er seine Fünfmarkstücke stets umdrehte, um das Konterfei des jungen Kaisers nicht sehen zu müssen.

Obwohl sich Wilhelm II. sehr für Technik und Wissenschaft interessierte und beides nach Kräften förderte, bestand sein politischer Beraterstab fast ausschließlich aus Vertretern der „alten" Oberschicht des Landadels – und deren Ratschläge befolgte oder verwarf er nach Gutdünken. Die drei von Preußen siegreich geführten Kriege zwischen 1864 und 1871 hatten bei ihm die Überzeugung gefestigt, dass die großen Fragen nur militärisch zu lösen seien. Er selbst präsentierte sich gern in der Rolle des obersten Kriegsherrn, wobei er Uniformen auswählte, die oft sehr fantasievoll waren. Forsches Auftreten, schneidiges Reden, auch die Barttracht sollten Entschlossenheit, Kampfbereitschaft und Führungsanspruch ausdrücken.

Wie kaum ein anderer Herrscher verkörperte Wilhelm I. die Idee vom Obrigkeitsstaat. Er war sich sicher, das Wohl des Gesamtstaates genau zu kennen und die Politik für das „große Ganze" auch gegen den entschiedenen Widerstand von Interessengruppen vertreten zu müssen. Seine Herrschaftsauffassung gipfelte in dem privat geäußerten Wunsch: „Meine Untertanen sollten einfach tun, was ich ihnen sage". Gleichberechtigte Partner für Diskussionen oder gar Widerspruch duldete er nicht. Die selbst denkenden Untertanen störten die Vorstellung von einer konfliktfreien, autoritär gelenkten Gesellschaft.

Kaiser Wilhelm II.
(Gemälde von M. Koner, 1890)

M 2 Einige Äußerungen Kaiser Wilhelms II.

Q Mein Kurs ist der richtige, und er wird weiter gesteuert.
(Rede in Berlin am 24.2.1892)

Q Rekruten! Ihr habt jetzt vor dem geweihten Diener Gottes und angesichts dieses Altars Mir Treue geschworen […], ihr seid jetzt Meine Soldaten, ihr habt
5 euch Mir mit Leib und Seele ergeben; es gibt für euch nur einen Feind, und der ist Mein Feind. Bei den jetzigen sozialistischen Umtrieben kann es vorkommen, dass Ich euch befehle, eure eignen Ver-
10 wandten, Brüder, ja Eltern niederzuschießen – was ja Gott verhüten möge –, aber auch dann müsst ihr Meine Befehle ohne Murren befolgen.
(Rede in Potsdam am 23.11.1891)

Q Mein Reichstag führt sich so schlecht wie nur möglich auf; er schwingt vorwärts und rückwärts zwischen den Sozialisten und den Katholi-
5 ken; beide Parteien sind, so weit ich sehen kann, bald reif, samt und sonders gehängt zu werden.
(Brief an den russischen Zar Nikolaus, 7.2.1895)

Die Rolle der süddeutschen Staaten im neuen Reich

M 3

Ein Bürger mit Freiheitsmütze erhängt einen preußischen Offizier (Schützenscheibe aus Schwäbisch-Hall, 1867).

Aus der Sicht der drei süddeutschen Staaten Baden, Württemberg und Bayern gab es – zumindest anfangs – deutliche Vorbehalte gegenüber dem neu gegründeten Deutschen Reich. Der Verlust der Eigenständigkeit war schon schwer genug, aber lieb gewordene Rechte ausgerechnet an ein Reich abgeben zu müssen, das von Preußen dominiert wurde und in dem der preußische König gleichzeitig Reichskaiser war, ließ keinen großen Jubel aufkommen.

In Baden waren die Vorbehalte besonders groß. Hier hatte 1860 eine „liberale Ära" begonnen und für viele 48er bedeutete die Entwicklung in den 60er-Jahren die Erfüllung ihrer Vorstellungen. Die Erinnerungen an das brutale Vorgehen der preußisch geführten Truppen während der Reichsverfassungskampagne waren noch nicht verblasst, im Krieg 1866 hatte man offen zu Österreich gehalten. Vor allem das liberaldemokratische Bürgertum fürchtete, die Vorherrschaft Preußens werde Deutschland in eine einzige Kaserne verwandeln.

Letztlich führte eine Mixtur aus äußerem Druck, einer allgemeinen nationalen Begeisterung und Hoffnungen auf materielle Vorteile dazu, dass die Vorbehalte im Süden abbröckelten und es letztendlich sogar der Großherzog von Baden war, der in Versailles die offizielle Proklamation vorantrieb. Im Vorfeld des Krieges von 1870/71 war in „Schutz-und Trutzbündnissen" festgelegt worden, dass im Falle eines Krieges der König von Preußen den Oberbefehl auch über die Soldaten aus Baden, Württemberg und Bayern übernehmen sollte. Wirtschaftlich war die kleindeutsche Einheit bereits vollzogen, als sich die süddeutschen Regierungen entschlossen, eine Zolleinheit mit dem Norddeutschen Bund zu bilden und die modernen Maßeinheiten Meter, Kilogramm usw. zu übernehmen. Mit der Parole „Steuern zahlen, Soldat sein, Maul halten" zeichneten die Gegner einer Einheit unter der Vorherrschaft Preußens zwar ein düsteres Zukunftsbild, aber mit Beginn des Krieges gegen Frankreich wendete sich das Blatt: Auch die schärfsten Kritiker traten dafür ein, die Rheingrenze müsse von allen Deutschen gemeinsam gegenüber dem „aggressiven Erzfeind Frankreich" verteidigt werden.

In der Verfassung von 1871 wurde den Einzelstaaten eine Reihe von Sonderrechten eingeräumt – um ihre Eigenständigkeit zu betonen. So besaßen alle Staaten die Kulturhoheit. Bayern und Württemberg hatten eigene Kriegsminister und unterhielten eigene Postverwaltungen. Bayern schickte sogar Botschafter nach Wien und Paris. Die Befürchtung, das übermächtige Preußen könne die anderen deutschen Bundesstaaten einfach erdrücken, hat sich nicht bestätigt. Der Historiker Born kommt zu der Einschätzung, dass „dem Kaiserreich der Einbau der Einzelstaaten mit ihrer alten eigenstaatlichen Tradition ohne Erschütterung gelungen ist." Aus wirtschaftlicher und machtpolitischer Sicht gab es keine Alternative.

M 4

Angeführt von Germania überqueren die süddeutschen Länder den „Vater" Main (symbolische Darstellung aus Anlass der 25-jährigen Wiederkehr des Kriegsbeginns, 1895).

Zwischen Rückständigkeit und Modernität

Forschungs-station

Die beiden nebenstehenden Abbildungen scheinen aus zwei verschiedenen Welten zu stammen und dennoch sind die Fotos fast zeitgleich aufgenommen worden.

Wir nehmen die Fotos zum Anlass für einen Forschungsauftrag:

Was setzte sich durch im Kaiserreich – Altes und Rückständiges oder Neues und Modernes?

Anhand der Informationstexte und Materialien auf den folgenden Seiten sollt ihr dieser Forschungsfrage nachgehen und zu einer eigenen Einschätzung gelangen. Folgende inhaltliche Bereiche werden thematisiert:

- Soziale Milieus prägen den Alltag
- Zur Situation der Frauen
- Alltag in der Schule
- Die Entwicklung in Wirtschaft, Technik und Wissenschaft

Am sinnvollsten dürfte es sein, wenn ihr die Arbeit aufteilt: Jede Gruppe konzentriert sich auf einen der vier Bereiche. Ein Stichwortzettel leistet sicher gute Dienste.

Bereich:
- Tatbestand/Entwicklung
- Rückständiges?
- Modernes?
- Zusammenfassende Antwort für diesen Bereich

Tragt eure Ergebnisse zusammen und versucht abschließend ein Gesamturteil zu formulieren.

Gekrönte Häupter unter sich – ein Zusammentreffen deutscher Herrscherhäuser anlässlich der Taufe des Erbprinzen Johann Leopold von Sachsen-Coburg-Gotha, 1906

S(einer) M(ajestät) S(chiff) Schleswig-Holstein auf der Fahrt durch den Kaiser-Wilhelm-Kanal (heute: Nord-Ostsee-Kanal), Fotopostkarte um 1905

Soziale Milieus prägen den Alltag der Menschen

Die zunehmende Industrialisierung war verknüpft mit Bevölkerungswachstum, Verstädterung und der räumlichen und beruflichen Mobilität vieler Menschen. Trotz anwachsender Löhne lebte die Mehrheit der Bevölkerung in oft erbärmlichen Verhältnissen. Wie groß die Einkommensunterschiede waren, sieht man am Beispiel der Stadt Essen, die gegen Ende des 19. Jahrhunderts etwa 100 000 Einwohner hatte. Ein einzelner Spitzenverdiener, der Industrielle Friedrich Krupp, verdiente so viel, dass er allein ein Drittel des gesamten Steueraufkommens seiner Heimatstadt zahlte. Etwa 500 wohlhabende Bürger brachten das zweite Drittel auf, während knapp 17 000 Menschen das fehlende letzte Drittel bestritten. Die Kluft zwischen Arm und Reich war beträchtlich und bot ständig Anlass zu Spannungen.

Kennzeichnend war die klare Trennung der einzelnen Bevölkerungsgruppen voneinander. Zwischen Adel und Nichtadel, zwischen Bürgern, Angestellten und Arbeitern gab es Grenzen, die man gegenseitig respektierte. Man blieb weitgehend unter sich und damit „unter seinesgleichen". Diese sozialen Milieus blieben für die Dauer des Kaiserreiches recht stabil. Besonders auffällig ist, dass sogar in kleinen Gemeinden der Freizeitbereich zwischen Arbeitern und Bürgern strikt getrennt war. Ein Arbeiter trank sein Bier in einer Arbeiterkneipe, turnte im Arbeitersportverein, entlieh Bücher beim Arbeiterbildungsverein und am Sonntag fuhr er vielleicht mit seinen Kollegen vom Radfahrerverein „Solidarität" ins Grüne. Ein Bürger verbrachte seine Freizeit in entsprechend bürgerlichen Gaststätten, Vereinen usw. Nie hätte er sich wie ein Arbeiter gekleidet! In beiden Milieus wären „Fremde" sofort aufgefallen und hätten sich verdächtig gemacht. Zu unterschiedlich waren die Interessenlagen zwischen Kapital und Arbeit.

Bemerkenswert erscheint aus heutiger Sicht, dass die sozialen Träger des wirtschaftlichen Aufschwunges, nämlich die bürgerlichen Kreise, sich von den Werten der vorindustriellen Gesellschaft und dem Lebensstil der alten Adelselite nicht deutlicher lösten. Verglichen mit dem Reichtum und der wirtschaftlichen Bedeutung der Großindustriellen nahmen sich die preußischen Adeligen in Brandenburg oder Pommern eher kümmerlich aus. Dennoch bedeutete ein Adelstitel automatisch höchstes Ansehen. Viele erfolgreiche Unternehmer spendeten oft Riesensummen für Bauten oder wohltätige Zwecke, um ein „von" vor ihren Namen setzen zu dürfen. Auszeichnungen wie der Rote-Adler-Orden oder der Ehrentitel „Geheimer Kommerzienrat" waren begehrt, denn sie machten die Industriebarone gesellschaftsfähig. Walther Rathenau, Sohn des Gründers der AEG, war die Ausnahme, als er seinen Unternehmerkollegen vorwarf, sie suchten den „Vorteil im Ankriechen an die herrschenden Schichten und in der Lobpreisung des Bestehenden".

M 2 Freiherr von Stumm (Gemälde von 1890). Freiherr von Stumm gehörte zu einer der reichsten Familien Deutschlands. Der Stumm-Konzern umfasste Bergwerke und Unternehmen der Schwerindustrie. Die Familie war bürgerlicher Herkunft und wurde erst 1888 gegen Zahlung einer großen Geldsumme geadelt. Kurz darauf gab Freiherr von Stumm das Gemälde in Auftrag, um sich standesgemäß abbilden zu lassen.

M 1

Die Ratte.

Eindrucksvoll gestaltete der Zeichner Heinrich Zille die Atmosphäre im kaiserlichen Berlin. Die Bildunterschrift zu den „Kellerbewohnern" lautet:
„Von wat is se denn jestorb'n?" „Unse Wohnung is zu nass!"

141

Forschungs-
station

1. Nutzt die folgenden Angaben, um herauszufinden, wie groß die Entscheidungs- und Handlungsspielräume waren, die Frauen während des Kaiserreiches besaßen.

2. Überlegt dann: Wie hätten Frauen vorgehen können, um die Spielräume zu erweitern?

Rechtliche Situation

Allein der Mann vertrat die Familie in allen rechtlichen Fragen (die Unterschrift seiner Frau zählte in der Regel nicht). Der Mann konnte das Vermögen seiner Frau nach eigenem Gutdünken ausgeben. Er allein bestimmte, ob die Familie auswanderte oder nicht. Bis 1908 durften „Frauenspersonen" keinen Parteien beitreten und sich auch nicht politisch betätigen. Das Wahlrecht erhielten sie erst 1919.

Lebensbedingungen

Das Einkommen eines Familienvaters war in der Regel so gering, dass die Ehefrau und Mutter zur Erwerbsarbeit gezwungen war. Aber nur wenige Frauen übten gut bezahlte Berufe aus, denn für die Mädchen gab es kaum Ausbildungschancen (z. B. durften Mädchen in Preußen erst ab 1908 an Mädchengymnasien das Abitur ablegen; in Baden hatten sie schon um die Jahrhundertwende Zugang zu Gymansien). Nach einer Heirat wurde der Lohn noch geringer, da eine verheiratete Frau meist nicht außer Haus arbeitete, sondern Heimarbeit leistete. Freizeit werden diese Frauen nicht gekannt haben. Nur in den wenigen Familien der finanzkräftigen Oberschicht konnten die Frauen und Töchter recht angenehm leben – und sich von Dienstmädchen bedienen lassen.

Zur Situation der Frauen

Rollenverständnis

Im Jahre 1910 formulierte Kaiser Wilhelm II. die für das Kaiserreich maßgebliche Vorstellung von den Geschlechterrollen besonders deutlich: „Sie sollen lernen", so verlangte er in einer Rede in Königsberg, „dass die Hauptaufgabe der deutschen Frau nicht auf dem Gebiet des Vereins- und Versammlungswesens liegt, sondern in der stillen Arbeit im Haus und in der Familie". Schon immer waren ihm Frauen ein Ärgernis, die für mehr politische und soziale Rechte kämpften. Wie viele Zeitgenossen sah er die „natürliche Bestimmung" der Frauen darin, den Haushalt zu führen, die Kinder zu erziehen und dem Mann eine treu sorgende Gattin zu sein.

Bereich:
- Tatbestand/Entwicklung
- Rückständiges?
- Modernes?
- Zusammenfassende Antwort für diesen Bereich

Frauen wehren sich gegen die alte Rolle

Viele Frauen haben die Zustände mehr oder weniger klaglos hingenommen. Aber je schneller sich das Kaiserreich in wirtschaftlicher und gesellschaftlicher Hinsicht veränderte, umso lauter wurden die Stimmen unzufriedener Frauen. Frauenorganisationen aus dem Bürgertum und der Sozialdemokratie setzten die Emanzipation auf die Tagesordnung. Sie verfolgten durchaus unterschiedliche Ziele und setzten auch andere Schwerpunkte, aber alle kämpften für größere Entscheidungs- und Handlungsspielräume der Frauen.

M 3 Verlobungsanzeige aus dem Kaiserreich

Die Verlobung ihrer Tochter **Elisabeth** mit Herrn **Leonhard Jacobi** beehren sich anzuzeigen

Gustav Gutenberg und Frau

Anna geb. Münter.

Herford, November 1905.

Meine Verlobung mit Fräulein **Elisabeth Gutenberg,** Tochter des Fabrikbesitzers Herrn Gustav Gutenberg und seiner Frau Gemahlin Anna geb. Münter beehre ich mich anzuzeigen

Leonhard Jacobi.

Herford, November 1905.

Angenommen, Elisabeth Gutenberg liebt Herrn Jacobi sehr und sie liebt auch ihre Eltern – aber als sie die Anzeige in der Zeitung liest, ist sie wütend. Ihrem Verlobten will sie die Empörung erklären. Sie schreibt ihm einen Brief. Versetze dich in ihre Lage.

Mein Geliebter,
als ich heute Morgen
die Zeitung aufschlug...

Alltag in der Schule

M 4
Eine Schulklasse (etwa 1900)

Bereich:
– Tatbestand/Entwicklung
– Rückständiges?
– Modernes?
– Zusammenfassende Antwort für diesen Bereich

M 5
Frau von Schwerin (geb. 1901) erinnert sich an ihre Kindheit in einer westfälischen Stadt:

Der Kaiser ist ein lieber Mann,
Er wohnt in Berlin.
Und wär das nicht so weit von hier,
So lief ich heut noch hin.

5 Und was ich von dem Kaiser wollt'?
Ich gäb ihm meine Hand
Und brächt' die schönsten Blumen ihm,
Die ich im Garten fand.
Und spräche dann: Der liebe Gott,
10 Der schickt die Blumen Dir,
Und dann lief ich geschwinde fort
Und wär gleich wieder hier.

Das war das erste Gedicht, das ich, fünfjährig, lernte. Ich fragte mich, was
15 „der Kaiser" für mich in meiner Kindheit und Jugend bedeutete. Zweifellos etwas Wichtiges, eine selbstverständliche, feststehende Institution und Autorität, über die hinaus es außer den El-
20 tern und dem lieben Gott nichts gab, an deren Beständigkeit gar kein Zweifel aufkommen konnte.

(Zit. nach: Kindheit im Kaiserreich, hg. von Rudolf Pörtner, Düsseldorf o. J., S. 147f.)

M 6
Der Seminardirektor C. Kehr formuliert „Anweisungen für angehende Lehrer", 1903:

Damit jede Störung des Unterrichts unmöglich gemacht werde, hat der Lehrer […] darauf zu halten: a) dass alle Schüler […] gerade […] und
5 in Reihen hintereinander sitzen […]; b) dass jedes Kind seine Hände geschlossen auf die Schultafel legt […]; c) dass die Füße parallel nebeneinander auf den Boden gestellt werden
10 […]. [Zur Heraufnahme von Büchern gilt Folgendes]: Die Kinder haben die betreffenden Lernmittel in 3 Zeiten heraufzunehmen und hinwegzutun. Gibt der Lehrer […] zum Heraufneh-
15 men des Lesebuchs […] das Zeichen ‚1', dann erfassen die Kinder das unter der Schultafel liegende Buch; beim Zeichen ‚2' erheben sie das Buch über die Schultafel; beim Zeichen ‚3' legen
20 sie es geräuschlos auf die Schultafel nieder, schließen die Hände und blicken den Lehrer an […]. Alle breiten Auseinandersetzungen und Reden müssen wegfallen; hier muss ein Wink
25 des Auges […] oder der einzige […]

Ausruf: ‚Klasse – Achtung!' genügen, um die gesamte Schulordnung herzustellen.

(Wegweiser zur Führung einer geregelten Schuldisziplin; in: Praxis der Volksschule, Gotha 1903, S. 65ff.)

M 7 Erziehung zur Ordnung

Außer dem Fleiß muss […] die Schule die Kinder auch zur Ordnung erziehen. […] Sind nicht […] die Leu-
5 te, die nichts Ordentliches treiben wollen, die sich von ihrer Neigung zur Trägheit und zum Müßiggange leiten lassen, am ersten geneigt, Unruhe zu machen und sich gegen die bestehende Ordnung aufzulehnen? So kann denn
10 die Schule ohne Zweifel, indem sie ihre Schüler zum Fleiß und zur Ordnung anhält, ganz wesentlich dazu beitragen, dass aus der Jugend ein Geschlecht von treuen, fleißigen und ord-
15 nungsliebenden Untertanen heranwachse.

(Der christliche Schulbote aus Hessen, 1863; zit. nach: Geschichte lernen 54/1996, S. 24)

Forschungs-station

Bereich:
- Tatbestand/Entwicklung
- Rückständiges?
- Modernes?
- Zusammenfassende Antwort für diesen Bereich

M 8

Die Entwicklung in Wirtschaft, Technik und Wissenschaft

In den knapp 50 Jahren des Kaiserreiches wandelte sich Deutschland von der Agrar- zur Industriegesellschaft und stieg zur führenden Wirtschaftsmacht des Kontinentes auf. Die Briefmarken erinnern an Erfindungen und Maßnahmen, die bis heute von großer Bedeutung sind und aus dieser Zeitspanne stammen.

Bertha von Suttner (1991)

Robert Koch (1982)

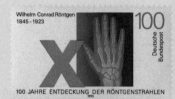
Wilhelm Röntgen (1995)

Philipp Reis (1984)

Werner v. Siemens (1992)

Friedrich Wöhler (1982)

Heinrich Hertz (1994)

Nord-Ostsee-Kanal (1995)

Carl Benz (1986)

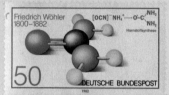
Sozialversicherung (1981)

F. Graf von Zeppelin (1992)

Bildung und Wissenschaft erlebten im Kaiserreich einen rasanten Aufschwung. Die staatliche Finanzhilfe konzentrierte sich vor allem auf die Förderung der Naturwissenschaften. In den Bereichen Chemie, Pharmazie, Medizin und Elektrotechnik wurde Deutschland international führend; zahlreiche Nobelpreise gingen an deutsche Wissenschaftler.

Die Entdeckungen und Fortschritte hatten großen Einfluss auf den Alltag vieler Menschen. Der Fernsprecher erlaubte ganz neue Möglichkeiten der Verständigung, die flächendeckende Einführung der Elektrizität veränderte den Lebensrhythmus. Das Licht einer Glühbirne wurde als Symbol der Freiheit bestaunt

und gefeiert. Die ersten Automobile und Flugzeuge riefen, nach anfänglicher Skepsis, Begeisterung hervor. Auch die Erfindung von Anilinfarbstoffen, Pflanzenschutzmitteln, Stickstoffdünger oder der Fetthärtung ließen sich unmittelbar in die wirtschaftliche Praxis umsetzen. Firmen wie Bayer, BASF, Höchst, Siemens oder AEG wuchsen rasch zu Großunternehmen heran. Von der rasanten Entwicklung profitierte auch die Medizin. Die Ursachen von Infektionskrankheiten wie Tuberkulose, Diphtherie oder Cholera konnten erkannt und erstmals bekämpft werden.

Der wirtschaftliche Aufschwung führte zur Verbesserung des Lebensstandards weiter Bevölkerungskreise. Die

von Bismarck betriebene Sozialgesetzgebung erwies sich als eine unmittelbar wirksame Modernisierungsleistung. Denn die bis dahin existenzgefährdenden Risiken von Krankheit, Unfall, Invalidität oder Alter waren spürbar gemildert. Die Auswanderung ging seit Ende des 19. Jahrhunderts immer mehr zurück; 1912 verließen nur noch 18 545 Deutsche das Reich, zeitgleich aber fast eine halbe Million Briten und mehr als 700 000 Italiener ihr Heimatland.

Die Herkunftsbezeichnung „Made in Germany", ursprünglich von den Briten als Abwehrmaßnahme gegen minderwertige Importware aus Deutschland eingeführt, hatte sich zu einem internationalen Gütezeichen entwickelt.

M 9 Ausgewählte Daten zur Entwicklung im Reich

	1870/71	1913/14		1870/71	1913/14
– Bevölkerung (in Mio.)	41	65	– Realeinkommen in Industrie/ Handwerk (1870 = 100)	100	156
– Sozialprodukt (Index 1871 = 100)	100	342	– Gewerkschaftsmitglieder (in Mio.)	0,1	3
– Beschäftigte in Industrie/ Handwerk (in Mio.)	4,5	12	– Studenten an Universitäten	14 000	60 000
– Kohleproduktion (Mio. t)	33	235	– Säuglingssterblichkeit (auf 100 Geburten)	24	16
– Stahlproduktion (Mio. t)	1,5	13			
– Stromzähler (in Mio.)	0	2	– Krankenhausbetten (auf 1000 Einwohner)	20	65
– Eisenbahnstrecken (in km)	18 000	62 000			
– Beförderte Briefe (in Mio.)	500	7 042	– Lebenserwartung neu geborener		
– Telefongespräche (in Mio.)	0	2 500	Kinder (in Jahren)	37	46,5

(Nach: G. Hohorst/J. Kocka/G. Ritter, Sozialgeschichtliches Arbeitsbuch, München 1975; Th. Nipperdey, Deutsche Geschichte 1866–1918, Band 1, München 1990; H. U. Wehler, Deutsche Gesellschaftsgeschichte, 3. Band, München 1995. Eigene Berechnungen, die Werte sind teilweise Annäherungen.)

M 10

Oberleutnant Köppen wird in New York begeistert empfangen (26. 7. 1908). Nach fünfmonatiger Fahrt ist er mit seinem deutschen Protos-Wagen Sieger des Automobilrennens „Rund um die Erde" Paris – New York.

M 11

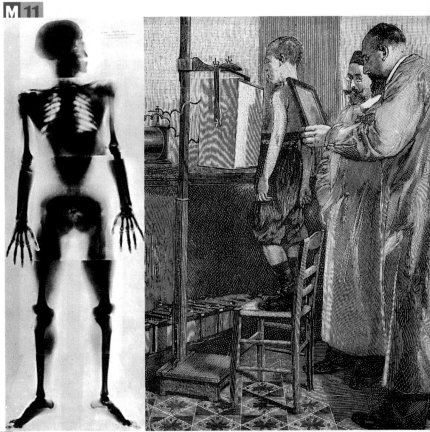

Die Abbildungen zeigen eine der ersten Röntgenaufnahmen aus dem Jahre 1896 und eine Durchleuchtung aus dem Jahre 1904.

Militarismus – Der Bürger als Untertan

Das Militär gibt den Ton an: soziale Militarisierung

Vielleicht sind eure Zeitungsartikel auch so unterschiedlich ausgefallen wie die Reaktionen der Zeitgenossen. Die einen amüsierten sich, die anderen kritisierten den übergroßen Respekt vor der Uniform, wieder andere waren sogar stolz. Wilhelm II. soll schallend gelacht haben, als er von dem Vorfall erfuhr. Frühzeitig begnadigte er den zu vier Jahren Haft verurteilten Voigt und verkündete selbstbewusst: „Kein Volk auf der Welt macht uns das nach!"

Mit dieser Einschätzung hatte er sicher Recht. Zwar spielte das Militär auch in anderen Ländern eine bedeutende Rolle, aber nur im Kaiserreich wirkte es so stark in die Gesellschaft hinein, dass man von einer sozialen Militarisierung sprechen kann. Vor allem das Bürgertum war von allem Militärischen begeistert. Die Kriegervereine hatten 1913 fast drei Millionen Mitglieder und bildeten die größte Massenorganisation. Zu gesellschaftlichen Anlässen zeigte man sich gern in Uniform, der Bahnhofsvorsteher patrouillierte mit einem völlig unsinnigen Säbel, die Kinder erhielten Kriegsspielzeug und Matrosenanzüge. Polizei, Eisenbahn und Post, alle Behörden und auch die Schulen waren ähnlich straff organi-

siert wie das Militär. Der militärische Rang bestimmte das gesellschaftliche Ansehen stärker als Leistung oder Bildung. In Todesanzeigen hochverdienter Universitätsprofessoren wurde die Stellung als Leutnant der Reserve noch vor der Mitgliedschaft in der Akademie der Wissenschaften aufgeführt. Schließlich waren auch die Professoren zu Lebzeiten stets auf dem Bürgersteig unterwürfig zur Seite getreten, wenn ihnen ein Offizier begegnete.

Neben dem großen Respekt vor allem Militärischen, seinen Repräsentanten und Symbolen meint soziale Militarisierung auch die Übernahme militärischer Denk- und Verhaltensmuster im Alltag. Befehl und Gehorsam, Disziplin und Ordnung, Kampfbereitschaft und Pflichterfüllung leiteten das Zusammenleben – und nicht etwa zivile Begriffe wie Freiheit, Einfallsreichtum, Diskussion oder Meinungsvielfalt. Überall war zu spüren, dass man in einem Staat lebte, in dem klar festgelegt war, wer zu befehlen und wer zu gehorchen hatte.

M 1 „Sein erster Gedanke" – Welche Aufschlüsse über den Militarismus in der Kaiserzeit erlaubt die Karikatur?

„Fatal! Jetzt kann ich nicht mehr Reserveoffizier sein." (Karikatur von Th. Heine in der Zeitschrift „Simplicissimus", 1896)

Interpretiert die Karikatur; orientiert euch dabei an dem Vorschlag der Methodenbox auf Seite 76.

So könnt ihr vorgehen:

1. Betrachtet zunächst die Karikatur und notiert die ersten Einfälle.
2. Beschreibt die Karikatur.
3. Informiert euch anhand des Darstellungstextes über den historischen Hintergrund der sozialen Militarisierung.
4. Deutet jetzt die Karikatur.
5. Prüft die sachliche Angemessenheit der Karikatur.

Der historische Fall:
Der Hauptmann von Köpenick

Im Jahre 1906 ereignete sich im Berliner Vorort Köpenick ein Vorfall, der die deutsche Bevölkerung über Wochen hinweg beschäftigte und auch außerhalb Deutschlands stark beachtet wurde.

Über dieses Ereignis wird hier ausführlich berichtet, weil es beispielhaft die Rolle des Militärs im Kaiserreich verdeutlicht. Ein solches Vorgehen nennt man eine historische Falldarstellung.

2500 Mark Belohnung – das entsprach etwa zwei Jahreseinkommen eines Facharbeiters – setzte der Regierungspräsident von Potsdam am 17. Oktober 1906 auf die Ergreifung eines Mannes aus, der tags zuvor die Hauptstadt Berlin in helle Aufregung versetzt hatte. Was war geschehen?

Am 16. Oktober 1906 hatte der arbeits- und obdachlose Schuster und Gewohnheitsverbrecher Wilhelm Voigt bei einem Berliner Trödler eine gebrauchte Hauptmannsuniform gekauft. Von nun an spielte er die Rolle eines Garde-Offiziers. Rein zufällig begegneten ihm gegen ein Uhr mittags zwei Abteilungen Wachsoldaten, die von je einem Gefreiten angeführt wurden. Voigt entschloss sich spontan, deren Kommando zu übernehmen. Er erklärte, auf höchsten Befehl habe er einen Sonderauftrag auszuführen. Dann ließ er „seine" Soldaten mit dem Zug in den Berliner Vorort Köpenick fahren. Großzügig gewährte er eine kurze Mittagspause und einen kleinen Imbiss in der Bahnhofsgaststätte, bevor er zum Rathaus marschieren ließ – mit aufgepflanzten Bajonetten und scharf geladenen Gewehren. Die Eingänge des Rathauses wurden besetzt, niemand durfte das Gebäude betreten oder verlassen, niemand durfte telefonieren. Voigt selbst drang mit dem Rest seiner kleinen Truppe in die Dienstzimmer ein, erklärte – „im Namen Seiner Majestät" – die führenden Beamten für verhaftet und verlangte die Aushändigung der Stadtkasse. Als der Kassenverwalter von Wiltberg und der Bürgermeister Dr. Langerhans zögerten und von einer möglichen Verwechs-

lung redeten, ließ Voigt sie kurzerhand festnehmen. Wegen Widerstandes gegen die Staatsgewalt wurden beide von Soldaten abgeführt und in Kutschwagen zum Zentralgefängnis nach Berlin gebracht. Während eine schnell zusammengelaufene Menschenmenge das Geschehen und den Abtransport

Wilhelm Voigt nach Polizeiaufnahmen am Tage seiner Verhaftung

mit großem Staunen verfolgte und die wildesten Vermutungen anstellte, ließ sich Voigt die Kasse der Stadt Köpenick aushändigen und quittierte den Empfang des Geldes (3557,45 Mark). Nach

einer halben Stunde, so befahl er den Soldaten, sollten sie die Wachen einziehen und in die Kasernen zurückkehren. Er selbst verschwand spurlos. Erst einige Stunden später wurde den Beteiligten deutlich, dass das spektakuläre Ereignis weder ein von höchster Stelle befohlener Sonderauftrag noch ein Missverständnis war, sondern das Werk eines Hochstaplers sein musste. Die Fahndung nach dem falschen Hauptmann von Köpenick wurde eingeleitet. Als er nach zehn Tagen verhaftet werden konnte (ein ehemaliger Mithäftling hatte den entscheidenden Tipp gegeben), war die Sensation perfekt: Kein ehemaliger Offizier, sondern ein vielfach vorbestrafter Gauner hatte sich bei Soldaten und Beamten Gehorsam verschafft. Als Person hatte Voigt alles andere als imponierend gewirkt. Der Steckbrief vom 17. Oktober beschreibt das Gesicht des „Täters" als „gelblich, krankhaft, hässlich", die Nase sei „schief" und die Beine seien „krumm". Allein die Uniform hatte für Respekt und Gehorsam gesorgt.

1. Welche typischen Merkmale des Militarismus werden im Fall des Hauptmanns von Köpenick deutlich und machen diesen Fall so beispielhaft für den Militarismus im Kaiserreich?

2. Entwirf ein Extrablatt zum Fall des Hauptmanns von Köpenick. Mögliche Überschriften:

Die ganze Welt lacht über Deutschland!

Hochstapler missbraucht Uniform!

Kein Volk auf der Welt macht uns das nach!

Dreister Raubüberfall in Köpenick

Die „innere Reichsgründung": Der Nationalismus soll für Stabilität sorgen

Das Reich war gegründet, aber fühlten sich die Deutschen auch als Angehörige einer Nation? Warum sollten Münchner, Stuttgarter oder Hamburger Freude empfinden, wenn ein preußischer König nun ihr Staatsoberhaupt war und ein Preuße wie Bismarck der Reichskanzler? Das Gefühl der nationalen Einheit und Zusammengehörigkeit war keineswegs selbstverständlich, denn die Unterschiede innerhalb des Reiches waren enorm. Es gab protestantische und katholische Regionen, es gab industrialisierte Großstädte und fast menschenleere ländliche Gebiete, es gab Analphabeten und Menschen mit einer umfassenden Bildung, es gab Multimillionäre und arme Schlucker. Hinzu kam

die große Unkenntnis. Aus eigener Anschauung wusste der Durchschnittsdeutsche wenig bis gar nichts von seinen neuen Mitbürgern. Kaum jemand hatte sich von seiner Heimatgemeinde jemals weiter entfernt als um 40 oder 50 km! Ein Fischer von der Nordseeküste, ein Bäcker aus Heidelberg, ein sächsischer Buchdrucker und ein bayrischer Gastwirt hätten sich untereinander nur mit Mühe verständigen können, denn Hochdeutsch hatte sich als Umgangssprache noch nicht durchgesetzt. Man liebte und sorgte sich um die engere Heimat – aber würde man sich auch mit dem Reich identifizieren, wenn kein Feind die gemeinsame Verteidigung notwendig machte?

Das Nationalgefühl überlagert innere Spannungen

Bismarck erkannte das Problem: Nach dem äußeren Zusammenschluss zu einem Reich musste jetzt die innere Einheit des Reiches geschaffen werden. Jeder Deutsche sollte sich uneingeschränkt mit seinem Vaterland identifizieren. Mit Bedacht rückte Bismarck den nationalen Gedanken in das Zentrum seiner Politik. Ein allgemeines, deutsches Nationalgefühl sollte die inneren Spannungen und Trennungslinien überlagern. Jeder Deutsche sollte sich, unabhängig von seiner individuellen Situation, in erster Linie mit seinem Vaterland identifizieren. Im Alltag zeigte sich die Verbundenheit vor allem an nationalen Fest- und Feiertagen, in der Erinnerung an die Ruhmestaten deutscher Geschichte (Nationaldenkmäler) und durch die Verehrung bedeutender Persönlichkeiten; vor allem Kaiser Wilhelm I. und der langjährige Reichskanzler Bismarck sind hier zu nennen.

Briefmarke aus dem Kaiserreich (1. 4. 1900). Süddeutsche und Norddeutsche gehen aufeinander zu, eine Engelsgestalt mit Kaiserkrone segnet den Bund.

„Seid einig, einig, einig!"

Einheit durch nationale Feiern: das Beispiel Sedantag

Am 2.9.1870 hatten die deutschen Truppen den französischen Gegner in der Nähe der kleinen Stadt Sedan entscheidend besiegt und den französischen Kaiser Napoleon III. gefangen genommen. Von nun an war der 2. September ein nationaler Festtag. Jahr für Jahr wurden überall im Reich Militärparaden, Schulfeiern und Gottesdienste abgehalten. Die nationale Begeisterung kannte keine Grenzen.

> Die beiden Materialien sollen beispielhaft zeigen, wie an den Schulen der Sedantag begangen wurde.

25-Jahrfeier der Schlacht von Sedan. Postkartendarstellung des geschmückten Brandenburger Tores (1895)

M 2 Kaisergeburtstag an einer Dorfschule

Aus Anlass des Kaisergeburtstages 1905 rüsteten sich die Schüler einer Klasse in Preußisch-Oldendorf mit Holzgewehren und Papierhelmen aus und spielten die Sedanschlacht nach. Bericht der örtlichen Zeitung:

Q Es wurden […] zwei Armeen gebildet: eine französische und eine preußische, über welche letztere der Hauslehrer Heitner, über erstere der Anstaltsbruder Schulze den Oberbefehl führten. Letzterer spielte auch gleichzeitig die Rolle des Napoleon, und diese gelang ihm vorzüglich, da
5 seine Statur derjenigen Napoleons III. vollständig gleicht und auch sein kurzer Spitzbart viel zu dem Aussehen beiträgt. Nachdem er eine französische Offiziersuniform angelegt hatte, ließ er seine Armee antreten, schwang sich auf sein Pferd und zog in der Richtung nach Dahlinghausen ab. Die preußische Armee musste erst noch den Paradenmarsch üben, wo-
10 bei die Regimentskapelle, bestehend aus drei Flötisten und drei Trommlern, spielte. Nachdem der Oberbefehlshaber, welcher natürlich preußische Offiziersuniform trug, mit seinen drei Generälen […] die Lage der Sache besprochen hatte, brachte er ein Hoch auf Se. Majestät den deutschen Kaiser aus, und mit klingendem Säbel zog diese Armee dem Fein-
15 de entgegen, wobei der Oberbefehlshaber Heitner ebenfalls ein Pferd ritt. Die Franzosen hatten sich oberhalb Dahlinghausen stark verschanzt, aber die Preußen, hier angekommen, gingen sofort zum Angriff über. Nach einem heftigen Infantriegefecht, wobei die Franzosen umgangen wurden, mussten sich Letztere nebst ihrem Kaiser Napoleon ergeben, und unter
20 Hurrarufen ging es unter Vorantritt der Musik wieder der Anstalt zu.
(Zit. nach: J. Meynert u. a., Unter Pickelhaube und Zylinder, Bielefeld 1991, S. 338f.)

M 1 Programm einer Sedanfeier

Realschule III (Oberrealschule i. E.).

Feier des Sedantages

am 2. September 1905, morgens 10 Uhr.

1. **Gemeinsamer Gesang:**
   »Nun danket alle Gott«, Str. 1. und 2.
2. **Festrede:** Oberlehrer Dr. Backhaus.
3. **Chor:**
   a) »Abmarsch« . . . . . Altes Soldatenlied.
   b) »Schwertlied« . . . . K. M. v. Weber.
4. **Deklamation:** Szene aus Uhlands »Konradin«.
   Personen: Konradin . . . . Henze
   Friedrich von Baden . . Blume   } O II.
   Der Truchsess von Waldburg Mohrmann
5. **Chor:**
   »Mein Deutschland« . . . O. H. Lange.
   (Am Klavier: Hanschen O III.)
6. **Deklamation:**
   a) »Gruss an Deutschland« v. Emil von Schönaich-Carolath: Winkelmann O II.
   b) »Das Lied vom General Staff« von Schönhardt: Hupe VI b.
   c) »Moltke« von Ernst v. Wildenbruch: Kruse U II b.
7. **Gemeinsamer Gesang:**
   »Deutschland über alles!«

Texte zu den Gesängen auf der Rückseite.

1. Stell dir vor, du hättest an der Feier oder der „Schlacht" teilgenommen. Wie hättest du dich gefühlt?

2. Erläutere den Sinn dieser Veranstaltungen. Warum wurden sie durchgeführt?

3. Für eine interessierte Gruppe: Im Zeitungsarchiv eurer Gemeinde finden sich bestimmt noch einige Jahrgänge aus dem Kaiserreich. Ruft im Archiv an und macht einen Termin aus. Wurde über die Sedanfeierlichkeiten berichtet? Informiert eure Mitschüler.

149

Projektvorschlag: Denkmäler untersuchen

Einheit durch nationale Denkmäler

In den Jahren nach der deutschen Einigung wurde das Reichsgebiet mit hunderten von Krieger-, Sieges- oder Ehrendenkmälern regelrecht überzogen. Grundsteinlegung und Enthüllung wurden höchst feierlich vorgenommen. Von überragender Bedeutung waren die großen Nationaldenkmäler, etwa die Germania auf dem Niederwald, das Hermannsdenkmal bei Detmold, das Völkerschlachtdenkmal bei Leipzig und die Kaiser-Wilhelm-Denkmäler an der Porta Westfalica, am Deutschen Eck oder am Kyffhäuser. Diese Denkmäler waren beliebte Ziele von Schulklassen oder Sonntagsausflüglern, rundherum bildeten sich erste Andenkenläden und Ausflugslokale. Die Architekten liebten eine symbolische Darstellung, die das nationale Selbstverständnis zum Ausdruck bringen sollte. Vorstellungen von der Größe der deutschen Nation vermischten sich mit der Rechtfertigung von Herrschaft und Macht im Kaiserreich.

Das Kyffhäuser-Denkmal: ein Symbol für Deutschlands Größe

Ein Schüler fasst seine Untersuchungsergebnisse zusammen:

Das Kyffhäuser-Denkmal befindet sich am Südrand des Harzes, am Berg Kyffhäuser. Es wurde 1896 fertig gestellt. Auf den ersten Blick sieht man nur einen grob gemauerten Turm (20 Meter), an dessen Spitze sich eine Krone befindet und vor dessen Sockel ein Reiterdenkmal steht. Dieser Reiter trägt die Züge von Kaiser Wilhelm I. Der Architekt knüpft mit dieser Gestaltung direkt an eine Sage an, die im Kaiserreich jedes Kind kannte. Nach dieser Sage ruht tief im Kyffhäuser-Gebirge Kaiser Barbarossa, der im Mittelalter das Deutsche Reich regierte, als es besonders groß und mächtig war. Der Sage nach wartet Barbarossa nur darauf, geweckt zu werden, um wieder ein mächtiges Deutsches Reich zu errichten. Wenn der Architekt nun Kaiser Wilhelm I. so darstellt, als wenn er aus der Turmnische des Kyffhäuser geritten kommt, ist dies ganz raffiniert. Für die Betrachter sieht es so aus, als ob Wilhelm I. an die Stelle Barbarossas getreten sei, um die Sage endlich Wirklichkeit werden zu lassen: Deutschland wieder so groß und mächtig zu machen, wie es im Mittelalter war.

Kyffhäuser-Denkmal

Anregung: Untersucht selbst ein Denkmal aus der Kaiserzeit und prüft, ob bzw. wie sich das Nationalgefühl darin ausdrückt. Ihr findet hier Tipps zur Vorgehensweise und ein Beispiel. Am meisten Spaß habt ihr in einer kleinen Gruppe.

Wir untersuchen ein Denkmal: einige Tipps

1. Sammelt Informationen über ein Denkmal aus dem Kaiserreich; liegt das Denkmal in der Nähe, solltet ihr hinfahren.

2. Informiert euch nicht nur über die äußere Erscheinung, sondern auch über die Entstehung und Finanzierung, über die Einweihung usw. Bei einheimischen Denkmälern finden sich bestimmt entsprechende Hinweise im (Zeitungs-)Archiv eurer Gemeinde. Ruft an und vereinbart einen Termin.

3. Bei einem Besuch vor Ort solltet ihr selbst Fotos machen (Detailaufnahmen, Blickwinkel verändern). Ihr könnt auch die Besucher des Denkmals nach ihren Gedanken, Gefühlen und Motiven fragen.

4. Tragt die Ergebnisse vor (z. B. Wandzeitung, Werbebroschüre oder Flugblatt, das zum Besuch oder zum Abriss auffordert).

Das Hermannsdenkmal bei Detmold

Bismarck – eine nationale Kultfigur

Ein regelrechter Personenkult entwickelte sich – neben Kaiser Wilhelm (s. S. 138) – um eine andere Symbolfigur: Bismarck. Noch 1895 hatte ein Antrag, Bismarck zum 80. Geburtstag zu gratulieren, im Reichstag keine Mehrheit gefunden – was seine Verachtung für die „Schwatzbude" noch steigerte. Je länger aber die Auseinandersetzungen mit den Parteien zurücklagen, umso mehr verdrängte die Leistung der Reichsgründung die Erinnerung an harte Konflikte. Bismarck war nicht nur der „Eiserne Kanzler", er galt als der „Schmied des Deutschen Reiches".

Nach seinem Tode im Jahre 1898 gab es vor allem im deutschen Norden kein Halten mehr. Die Begeisterung ergriff fast alle Bevölkerungsschichten. Bismarcks Lebenserinnerungen erlebten Rekordauflagen. Haus und Grab wurden zur Pilgerstätte. Man meißelte seine markigen Worte in Steine oder stickte sie auf Leinen. An die 700 Bismarcksäulen und -türme sind bis Kriegsbeginn 1914 errichtet worden. An diesen einfachen und robusten Bauwerken fehlten Inschriften, so selbstverständlich erschien den Erbauern das Symbol der geeinten Nation.

M 1

Bierseidel, Geschenk an Bismarck von einem unbekannten Verehrer

M 2

Bismarck als „Schmied der deutschen Einheit" übergibt Germania das „Reichsschwert" (Gemälde vom Ende des 19. Jahrhunderts).

Einheit durch nationale Symbolfiguren – erläutere diese Einschätzung anhand des Textes und der Materialien.

Reichsfeinde und Störfaktoren

Integration durch Ausgrenzung

In der ersten Hälfte des 19. Jahrhunderts waren nationale Bestrebungen noch überwiegend mit freiheitlichen Ideen verknüpft gewesen. Ein national denkender Turner, Schützenbruder oder Sänger liebte sein Vaterland, aber in der Regel achtete er auch die anderen Völker und Nationen. Der Nationalstolz des Kaiserreiches besaß jedoch von Anfang an einen aggressiven Unterton (wobei ein übersteigertes Nationalgefühl zu dieser Zeit auch bei anderen europäischen Staaten feststellbar ist, vgl. S. 162). „Wir Deutsche fürchten Gott – und sonst nichts in der Welt!" So lautete einer der markigen Aussprüche Bismarcks. Und obwohl er anschließend

sagte: „Und die Gottesfurcht ist es schon, die uns den Frieden lieben und pflegen lässt", wurden solche Worte nicht nur im Ausland als bedrohlich empfunden. Der Reichstagsabgeordnete Bamberger äußerte große Sorge über diese Entwicklung, die das nationale Denken vom liberal-freiheitlichen Denken trennte. Unter der Kanzlerschaft Bismarcks sei „ein Geschlecht herangewachsen", so Bamberger, „dem der Patriotismus unter dem Zeichen des Hasses erscheint, Hass gegen alles, was sich nicht blind unterwirft, daheim oder draußen". Wer im Kaiserreich seine nationale, reichstreue Gesinnung nicht uneingeschränkt zum Ausdruck

brachte, vielleicht nur kritisierte, was allgemein als patriotisch oder „deutsch" verstanden wurde, stand schon fast außerhalb der Gemeinschaft. Er galt als Gefahr für die Nation. Es war Ehrensache, dass der aufrechte, national gesinnte Deutsche sich von den „Reichsfeinden" abgrenzte, denn das „Gute" musste sich vor dem „Bösen" schützen. Das Bewusstsein, die eigene Nation von Feinden bedroht zu sehen, schweißte die national gesinnten Deutschen umso enger zusammen: „Wir Deutsche", so hatte Bismarck formuliert und damit aufgefordert, sich dieser Wir-Gruppe anzuschließen.

Foliengestützt präsentieren mit Mind-Maps

Aus der Sicht der national gesinnten Deutschen, der Wir-Gruppe, war die Einheit der Nation vor allem durch folgende vier Reichsfeinde und Störfaktoren gefährdet:

- das feindliche Ausland, vor allem Frankreich;
- den Katholizismus;
- die Sozialdemokratie;
- das Judentum.

Die Seiten 153–157 informieren zu diesen vier Themen.

Entscheidet euch für einen Themenschwerpunkt und stellt euren Mitschülerinnen und Mitschülern eure Arbeitsergebnisse mithilfe einer Mind-Map vor.

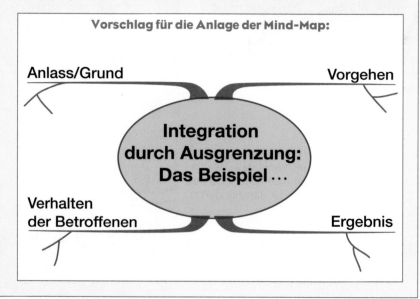

Vorschlag für die Anlage der Mind-Map:

Anlass/Grund

Vorgehen

Integration durch Ausgrenzung: Das Beispiel…

Verhalten der Betroffenen

Ergebnis

Info Äußerer Reichsfeind: Frankreich

Inbegriff des äußeren Feindes war zweifellos Frankreich. Die beiden Nationen sahen sich als „Erbfeinde" und die Wurzeln dieser Feindschaft reichten weit über tausend Jahre zurück.

Es begann mit der Teilung des Frankenreichs im Jahre 843. Damals wurde das Reich Karls des Großen unter seinen Enkeln aufgeteilt. Der germanisch sprechende Ostteil wurde zur Wiege Deutschlands. Aus dem romanisch sprechenden Westteil ging Frankreich hervor. Dazwischen lag ein Landstreifen, benannt nach dem Erben Lothar: Lotharingien, heute Lothringen einschließlich des Elsasses. Dieses Gebiet wurde zum Zankapfel zwischen Deutschen und Franzosen. Bereits 870 wurde es zum ersten Mal aufgeteilt. Bis zu den Vogesen gehörte es nun zum ostfränkischen, ab 962 zum Deutschen Reich. Seit dem 17. Jahrhundert geriet es dann etliche Male auf die deutsche und wieder auf die französische Seite.

Wenn man jahrhundertelang von der deutsch-französischen Erbfeindschaft sprach, ging es immer um Elsass-Lothringen.

Dass die Franzosen nur durch das wehrhafte Deutschland daran gehindert wurden, bis zum Rhein vorzurücken, war zur Zeit des Kaiserreichs gängige Meinung. Durch die Annexion von Elsass und Lothringen erhielt das traditionelle Bild von den kriegslüsternen Franzosen einen realen Kern, denn in Frankreich entwickelte sich schnell die Forderung nach „Revanche" und einer „Heimkehr" dieser Gebiete. Die Bevölkerung dieses neuen „Reichslandes" sprach zwar mehrheitlich einen deutschen Dialekt, sie hatte die Angliederung aber keineswegs gewünscht oder gar als Befreiung von fremder Vorherrschaft gefeiert. Im Gegenteil: Die Einheimischen fühlten sich als „Deutsche zweiter Klasse" und

verstanden das in „Altdeutschland" rekrutierte Militär als Besatzungsmacht. Als die Elsässer und Lothringer 1874 erstmals an der Reichstagswahl teilnahmen, setzten sich die Kandidaten durch, die gegen die Verwaltung ihrer Heimat als preußische Provinz waren. Wenn preußische Soldaten sich in der Öffentlichkeit zeigten, wurde dies fast immer als Provokation empfunden und führte nicht selten zu Gewalt und Konflikt. Auch als 1911 Elsass-Lothringen den anderen deutschen Bundesstaaten nahezu gleichgestellt wurde, bedeutete dies keine Entspannung. Der Dauerkonflikt um Elsass-Lothringen steigerte die Aggression gegenüber dem Nachbarn Frankreich. Jedem national gesinnten Deutschen war klar: „Das Schwert muss scharf sein."

In Elsass-Lothringen durfte die Trikolore nicht gezeigt werden. Das zeitgenössische Gemälde veranschaulicht, wie drei Frauen das Verbot umgehen.

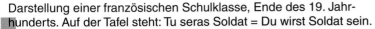

Darstellung einer französischen Schulklasse, Ende des 19. Jahrhunderts. Auf der Tafel steht: Tu seras Soldat = Du wirst Soldat sein.

1871: „Kanzelparagraph": Geistliche, die staatliche Angelegenheiten „in einer den öffentlichen Frieden gefährdenden Weise" behandeln, werden mit Gefängnis oder Festungshaft bestraft.

1872: Alle Schulen werden einer staatlichen Schulaufsicht unterstellt.

1873: Geistliche müssen vor Amtsantritt ein staatliches Examen ablegen; bei der Anstellung hat der Staat ein Einspruchsrecht.

1875: Einführung der Zivilehe (Eheschließung auf dem Standesamt/Rathaus).

In den 1870er-Jahren kam es zu einem Konflikt zwischen dem Staat und der katholischen Kirche, der sich in einzelnen Bundesstaaten wie in Preußen und Baden zu einem regelrechten „Kulturkampf" auswuchs.

Über Jahrhunderte hinweg hatte die Kirche öffentliche Aufgaben wahrgenommen. Eine Reihe neuer Gesetze nahm der Kirche nun diese Zuständigkeiten, Religion sollte zur Privatsache werden. Die Befürworter der Gesetze feierten die neue Politik als eine Modernisierungsleistung, aber viele Katholiken verstanden diese Trennung von Kirche und Staat als Kampfansage und sahen im überwiegend protestantischen Reich ihren Glauben in Gefahr. Bismarck hatte kein Verständnis für diese Ängste. Er erklärte sich den Widerstand der Katholiken mit dem Einfluss des Papsttums. 1878, auf dem Höhepunkt des Konflikts, begründete er seine Unnachgiebigkeit in einer offiziellen Stellungnahme: Die Zentrumspartei habe „zu einer Zeit des höchsten patriotischen Aufschwungs der Nation deutlich gezeigt, dass die Herrschaft des unfehlbaren Papstes und des blind gehorchenden Klerus ihr entschiedenes Ziel ist". In ihrem Kampf gegen „das Deutsche Reich unter einem evangelischen Kaiser" schrecke sie nicht einmal davor zurück, „sich mit Feinden der Regierung aus den verschiedensten Lagern zu verbinden."

Hintergrund dieser antikatholischen Politik war das Unfehlbarkeitsdogma, das Papst Pius 1870 nach dem Beschluss des 1. Vatikanischen Konzils verkündet hatte und demzufolge ein gläubiger Katholik den Aussagen des Papstes Folge zu leisten hatte.

Als die katholische Kirche die Anerkennung der neuen Reichsgesetze verweigerte und Papst Pius IX. ihre Haltung unterstützte, reagierte die Regierung mit Zwangsmaßnahmen: Äußerten Geistliche Kritik an den Gesetzen, wurden sie abgesetzt und zu Geld- oder Gefängnisstrafen verurteilt, weil sie einer fremden Macht mehr Gehorsam leisteten als dem Vaterland.

Je nach Region besaß dieser Kampf eine unterschiedliche Intensität: In Preußen wurden alle Bischöfe ins Gefängnis geworfen, oft unter großer Anteilnahme der katholischen Gläubigen, die ihren heldenhaften Widerstand bejubelten. Der Bischofsstuhl im badischen Freiburg blieb 14 Jahre unbesetzt, weil sich Kirche und Staat auf keinen Kandidaten einigen konnten. Württemberg dagegen besaß zwar einen starken katholischen Volksteil, blieb aber vom Kulturkampf nahezu unberührt. Der Bischof von Rottenburg, Hefele, galt kircheninterin als Kritiker des Unfehlbarkeitsdogmas und tat alles, um den Konflikt zu entschärfen.

Erst Ende der 80er-Jahre hatte sich überall die Situation entspannt. Staatliche Schulaufsicht und Zivilehe blieben bestehen, aber die meisten Gesetze der Kulturkampfzeit wurden aufgehoben. Da das Zentrum immer mehr Abgeordnete stellte, war Bismarck auf die Zusammenarbeit mit dem politischen Katholizismus angewiesen – auch wenn er den Zentrumsführer Windhorst verachtete.

Politische Wandlung

1870   1880

Karikatur zum „Kulturkampf" aus dem Jahre 1880: Dargestellt sind Bismarck und sein Gegenspieler, der Führer der Zentrumspartei Ludwig Windhorst. Windhorst war nur etwa 1,55 m groß und deshalb begehrtes Objekt der Karikaturisten.

Innerer Reichsfeind: Sozialdemokratie

Als Reichsfeind schlechthin galt die Sozialdemokratie. In ihrem Programm hatte sie ein internationales Gedankengut (Proletarier aller Länder – vereinigt euch!) und arbeitete mit französischen und britischen Sozialisten zusammen. Zudem behauptete sie, die deutsche Nation bilde keine Einheit, da die Arbeiter unterdrückt würden und riesige soziale Unterschiede bestünden. Sie unterstützte Streiks der Arbeiter, die für höheren Lohn und bessere Arbeitsbedingungen kämpften – ein Verhalten, das in den Augen der staatstragenden Kräfte geradezu als Verrat und Kriegserklärung gegenüber der deutschen Nation verstanden wurde.

Zwei Attentate auf Wilhelm I., die beide mit der verhassten Partei nichts zu tun hatten, nahm Bismarck zum Anlass, um ein „Gesetz gegen die gemeingefährlichen Bestrebungen der Sozialdemokratie" vorzulegen (gültig von 1878–1890). Die Partei durfte bei Wahlen kandidieren, alle Organisationsformen und Druckschriften waren jedoch verboten. Durchsuchungen, Bespitzelungen, Verhaftungen und Ausweisungen waren an der Tagesordnung.

Anders als erwartet bedeuteten diese „Sozialistengesetze" jedoch keineswegs den Untergang der Sozialdemokratie. Die Maßnahmen steigerten vielmehr Zorn und Solidarität: Die Parteiarbeit der Ortsgruppen verlagerte sich in halblegale Tarnorganisationen wie Arbeiterturnvereine oder Radsportvereine. Der Parteiführer August Bebel musste in die Schweiz emigrieren, wurde aber zum populären Symbol des unbeugsamen Kämpfers für eine „gerechte Sache".

Ein Schlaglicht auf den Hass der Staatsführung auf die „vaterlandslosen Gesellen" der Sozialdemokratie wirft zum Beispiel ein kaiserlicher Erlass aus dem Jahre 1889, der alle Lehrer verpflichtete, ihren Schülern „die Überzeugung zu verschaffen, dass die Lehren der Sozialdemokratie nicht nur den göttlichen Geboten und der christlichen Sittenlehre widersprechen, sondern in der Wirklichkeit unausführbar und in ihren Konsequenzen dem Einzelnen und dem Ganzen gleich verderblich sind". Die Furcht vor dem Reichsfeind Sozialismus zeigen auch die Worte des Kaisers bei einer Rekrutenvereidigung (s. S. 138, M 2).

Die Ausgrenzung aber verfehlte ihr Ziel; je aggressiver diese Politik erfolgte, umso größer wurden auch die Bedenken bei den Liberalen und im Zentrum. 1890 fand sich keine Mehrheit zur Verlängerung der Sozialistengesetze. Die SPD war innerlich erstarkt und wurde 1912 zur stärksten Partei im Reich. Sie bekannte sich offen zu den Werten, die ihr abgesprochen worden waren, zu Disziplin und Vaterlandsliebe, verlor jedoch nie die kritische Distanz zur Staatsführung.

Stickerei mit einem Porträt des SPD-Führers August Bebel, um 1910

Anhänger der SPD demonstrieren ihre politische Überzeugung (Fotografie gegen Ende der 1880er-Jahre). Auf dem Schild steht: „Haltet aus im Sturmgebraus".

Innerer Reichsfeind: Judentum

Die Juden werden ausgegrenzt

Von der Rechtslage her waren Juden, die knapp ein Prozent der Bevölkerung ausmachten, gleichgestellte Reichsbürger, denn seit 1871 war Religion zur Privatsache geworden. Man könnte also vermuten, dass die alte Tradition der Ausgrenzung von Juden beendet gewesen wäre.

Wer wirtschaftlichen Erfolg zum alleinigen Maßstab nimmt, könnte in der Tat von einer geglückten Integration ausgehen. Zahlreiche erfolgreiche Kaufleute und Unternehmer waren Juden – aber in die Gesellschaft waren sie nicht integriert, wie viele Beispiele belegen. So hatte der reiche jüdische Bankier

Theodor Herzl (1860–1904)

Bleichröder zwar dauernden geschäftlichen Kontakte mit der wirtschaftlichen und politischen Elite Berlins, nach eigener Einschätzung aber „gehörte er nicht dazu". In Militär und Beamtenschaft blieben Juden stillschweigend oder absichtlich von den Führungspositionen ausgeschlossen, weil man glaubte, sich ihrer Loyalität nicht sicher sein zu können. In zahlreichen Lokalen hingen Schilder: „Für Juden verboten!" und als der evangelische Schulkongress in Barmen feststellte, „man soll christlichen Eltern nicht zumuten, ihre Kinder von jüdischen Lehrern unterrichten zu lassen", fand dies große Zustimmung. Der berühmte preußische Historiker Heinrich von Treitschke formulierte seine Abneigung besonders drastisch: „Die Juden sind unser Unglück".

Wie wurde die Ausgrenzung begründet?

In den zurückliegenden Jahrhunderten waren die Juden als Außenseiter oder Sündenböcke kritisiert, angegriffen und verfolgt worden, weil man ihnen den wirtschaftlichen Erfolg neidete, ihre fremdartig wirkenden Rituale nicht verstand oder ihnen vorwarf, „Christusmörder" zu sein.

Im letzten Drittel des 19. Jahrhunderts wurde aus der religiös begründeten Judenfeindschaft ein völkischer Antisemitismus. Die Evolutionslehre des Briten Darwin wurde in schlichtester Weise auf die Menschen übertragen; wie im Tierreich gebe es auch unter den Menschen den Kampf ums Überleben zwischen den „höheren", leistungsfähigeren und den „niederen", schädlichen Rassen. Der Reichstagsabgeordnete und Hofprediger Adolf Stoecker war ein überzeugter Anhänger dieser sozialdarwinistischen Ideen: „Die Juden sind und bleiben ein Volk im Volke, ein Staat im Staate, ein Stamm für sich unter einer fremden Rasse", formulierte er

1880. „Dem germanischen Wesen", so Stoecker weiter, setzten die Juden ihr „ungebrochenes Semitentum" entgegen. Die „jüdische Rasse" müsse verfolgt werden, weil sie schädlich sei für die eigene Nation.

Wie reagierten die deutschen Juden?

Die meisten Juden sahen keinerlei Gegensatz zwischen ihrer Religion und der deutschen Nation. Viele reagierten mit Assimilation: Durch Angleichung an deutsche oder christliche Verhaltensweisen brachte man die Zugehörigkeit zur Nation demonstrativ zum Ausdruck (Kleidung, Esssitten, bis hin zu Weihnachtsbäumen). „Auch wir sind des Kaisers Kinder", lautete ihr Bekenntnis zur deutschen Nation.

Im Gegensatz zu diesen Juden, die Deutsche sein wollten, entwickelte sich eine Bewegung, die jüdische Traditionen betonte. Der österreichische Journalist Theodor Herzl hatte viele europäische Länder bereist und den Eindruck gewonnen, dass sich überall in Europa der Antisemitismus verstärken würde. „Man wird uns nicht in Ruhe lassen", hieß seine persönliche Bilanz. Selbst Juden, die sich als „überschwängliche Patrioten" verhielten, würden in die Volksgemeinschaften nicht aufgenommen. Herzl entwickelte deshalb die Idee eines eigenen Staates für Juden. Die auf der Welt verstreut lebenden Juden sollten in Palästina mit Jerusalem (= Zion) als Zentrum eine neue Heimat finden. Im Deutschen Kaiserreich blieben die Zionisten in der Minderheit. Die meisten Juden wünschten sich nichts sehnlicher als die Anerkennung, ein „guter Deutscher" zu sein.

M1 Erinnerungen an einen Kindergeburtstag

Rückblickend erzählt der Sohn eines Berliner Rabbiners von seinem vierten Geburtstag:

Q Mutter rief mich zum Fenster von Vaters Arbeitszimmer, das zur Straße hin lag. Unten stand ein großer Liefer-
5 wagen des Warenhauses Wertheim in der Leipziger Straße; man brachte das Geschenk der Eltern. Es war eine Offiziersuniform aus zwei Teilen, einem Brust- und einem Rückenstück aus Hartpappe, die mit schwarzen Bän-
10 dern zusammengeschnürt wurden. Auf dem gewellten Bruststück waren herrliche goldene Knöpfe, rechts und links zwei funkelnde Orden. Dazu gab es einen schwarz lackierten Kunstle-
15 dergürtel, in dem ein veritabler Säbel hing, den man ungefährdet aus der Scheide ziehen konnte, da er stumpf war. Zu allem noch ein silber- und goldumrandeter Pickelhelm. Mir gin-
20 gen die Augen über. [...]
Aber der Geburtstag endete beinahe tragisch. Als ich abends ins Bett musste, wollte ich um keinen Preis die Uniform ausziehen. Es gab großes Geheule, bis
25 Mutter ihre volle Energie entfaltete, um den jungen Offizier mit Gewalt aus der Uniform herauszukriegen. Aber sie hatte die Rechnung ohne den Wirt gemacht. Mein mörderisches Geschrei
30 ließ Vater zu Hilfe rennen und ein salomonisches Urteil fällen: „Lass ihn doch in der Uniform schlafen. Wenn es ihn drückt, wird er von alleine alles abnehmen". Und tatsächlich schlief ich selig
35 ein in der Pappgarnitur inklusive Pickelhelm und träumte wahrscheinlich von großen Siegen.

(J. Tal, Der Sohn des Rabbiners, Berlin 1985; zit. nach: Christian Graf von Krockow, Die Deutschen in ihrem Jahrhundert, Reinbek, neue revidierte und erw. Ausgabe 1990, S. 37f.)

1. Zeige, dass sowohl das Verhalten der Eltern als auch das des Jungen typisch ist für das assimilierte Judentum.

2. Wie hätte ein Antisemit dieses Verhalten kommentiert?

3. Versetze dich in die Rolle eines Anhängers zionistischer Gedanken; kommentiere das Verhalten aus dieser Sicht.

M2 Postkarte aus dem Jahre 1898 – ein alltäglicher oder ein provozierender Kartengruß?

1. Beschreibe den Aufbau der Karte, identifiziere einzelne Elemente und Symbole.

2. Nutze die Informationen über das Judentum im Autorentext, um die Darstellungsabsicht der Karte herauszuarbeiten.

3. Versuche die Darstellung aus heutiger Sicht zu kommentieren.

Wortlaut des Textes: „Berlin, 12. April 1898, Geehrter Herr! Sende Ihnen u(nd) Ihrer Frau Gemahlin aus dem deutschen Wirthshaus die herzlichsten Grüsse. Auf Wiedersehen, Ihr …".
Auf dem Wegweiser steht: „Nach Palästina".

Stopp
Ein Blick zurück

Mehr als eine Banknote: der „blaue Hunderter"

M 1

Diese Begriffe kann ich jetzt erklären:

* Obrigkeitsstaat
* Untertan
* Reichsgründung „von oben"
* Militarismus
* Reichsfeinde
* Kulturkampf
* Sozialistengesetze
* Antisemitismus

M 2 Der Historiker Michael Stürmer äußert sich zu diesem Geldschein

Selten gab es einen mit Bildern und Symbolen so überladenen Geldschein wie den blauen Hunderter von 1908. […] Auf einer Fläche von 207 zu 112
5 Millimetern enthielt er nicht nur rote Seriennummer, Wertangabe und Wasserzeichen, sondern auch […] ein politisches Programm. Unter den schützenden Ästen zweier wurzelreicher Ei-
10 chenstämme dampften auf einem nahen Küstengewässer drei Großkampfschiffe in Kiellinie, deren Geschützrohre über schäumender Bugwelle am Betrachter vorbeidräuten.
15 Am Ufer lag eine Ansammlung von Gerätschaften, deren Symbolgehalt unschwer zu entziffern war: Ein Pflug mit eiserner Pflugschar repräsentierte die Landwirtschaft, der Amboss stand
20 für die Schwerindustrie, das Zahnrad für Feinmechanik und Technologie, Warenballen und Hermesstab für Han-

del, Banken und Versicherungen. Mit der Reichskrone geschmückt, auf ihren
25 Schild mit dem Reichsadler gestützt und die Rechte am Knauf eines Schwertes mit preußischen Wappenfarben saß, den Blick aus dem Bild seitwärts gedreht, im Krönungsmantel eine füllige
30 Germania, das Haupt mit Lorbeer geschmückt. Hielt der Besitzer den Schein – er entsprach dem Monatseinkommen eines kleinen Angestellten oder der Jahresmiete einer bescheidenen Arbeiter-
35 wohnung – gegen das Licht, so erschien ihm ein wohl bekanntes Gesicht: Wil-

helm I., bieder und fest blickend, mit prächtiger Barttracht, bekannt von zahllosen Darstellungen vaterländi-
35 scher Tendenz. […] Im Ganzen war dies weniger Kunst als eine tour de force von Herrschaftszeichen, Bekundungen sozialen Harmoniestrebens und militärischer Kraftsymbolik. […] Der
40 blaue Hunderter zeigte in Wahrheit ein Niemandsland: Beschwörung einer sozialen Harmonie der Klassen und Gruppen, die es nicht gab.

(M. Stürmer, Das ruhelose Reich, Berlin 1983, S. 96)

1. Stürmer interpretiert den Geldschein wie eine historische Quelle. Er formuliert einen Ersteindruck, er beschreibt, erklärt und deutet.
Suche in seiner Interpretation für jeden der Schritte eine typische Aussage.

2. Welches „politische Programm" bringt der Schein nach Stürmers Meinung zum Ausdruck?

3. Zeichne einen alternativen Geldschein für das Kaiserreich. Der Schein sollte deutlich andere Akzente setzen. Erläutere deinen Gegenentwurf.

4. Interpretiere eigenständig eine der Abbildungen auf den Seiten 128/129. Orientiere dich bei deinem Vorgehen an dem Text bzw. der Vorgehensweise Stürmers.

Das Urteil eines Historikers

Vorschlag: Lest den Text genau durch. Setzt euch in Kleingruppen zusammen und erläutert dann gegenseitig, was mit den markierten Schlüsselbegriffen gemeint ist und wie Winkler sie benutzt. Abschließend könnt ihr von diesen Schlüsselbegriffen ausgehen, um zusammenfassend wiederzugeben, wie Winkler das Kaiserreich beurteilt.

M 3 Der Historiker Heinrich August Winkler beurteilt das Kaiserreich

1848/49 war der Versuch der Liberalen und Demokraten gescheitert, gleichzeitig die Einheit und Freiheit Deutschlands zu verwirklichen. Die „Revolution von oben", die Bismarck zwischen1866 und 1871 durchführte, war eine Antwort auf den Fehlschlag der Revolution von unten. Die Reichsgründung brachte den
5 Deutschen die ersehnte Einheit. Aber die Freiheit im Sinne eines parlamentarischen Systems und damit der politischen Vorherrschaft des liberalen Bürgertums konnte und wollte Bismarck den Deutschen nicht gewähren. Er erfüllte nach dem Sieg über Österreich im Jahre 1866 jene liberalen Forderungen, die mit den Interessen der altpreußischen Führungsschicht – Dynastie, Adel, Armee
10 und hohes Beamtentum – vereinbar waren. Das liberale Bürgertum konnte sich in Kultur und Wirtschaft frei entfalten und der Gesetzgebung weitgehend seinen Stempel aufdrücken. Das Zentrum der staatlichen Macht jedoch, die eigentliche Regierungsgewalt, blieb ihm im Bismarckreich versperrt. […]
Das Verfassungssystem des Kaiserreichs spiegelte sich in seinem Parteiensystem
15 wider. Weil die Parteien von der Regierungsverantwortung ausgeschlossen waren, standen sie auch nicht unter dem Zwang, Kompromisse miteinander zu schließen. Sie konnten sich damit begnügen, die Interessen ihres „Milieus" parlamentarisch zu vertreten und weltanschaulich zu überhöhen. Durch ebendiese Ausrichtung verfestigten die Parteien die Segmentierung der deutschen Gesell-
20 schaft – ihre Aufspaltung in ein sozialdemokratisches, ein katholisches und diverse bürgerliche, mittelständische und ländliche Milieus, die sich mehr oder minder fest gegeneinander abschotteten.
Den inneren Zusammenhalt dieser zerklüfteten Gesellschaft sollte das Bekenntnis zur Nation stiften. Bis in die Reichsgründungszeit war die nationale Parole
25 ein Kampfruf der Liberalen und Demokraten gewesen. Für die deutsche Einheit eintreten, das hieß aus der Sicht des liberalen Bürgertums, aber auch der jungen Arbeiterbewegung, für Freiheit und Fortschritt, gegen die vielen Dynastien und ihren adligen Anhang sein. Nach der Gründung des Kaiserreichs begann der freiheitliche Glanz der nationalen Parole rasch zu verblassen. Zuerst diente sie,
30 während des „Kulturkampfes", der Ausgrenzung der Katholiken, dann, unter dem Sozialistengesetz von 1878, dem Kampf gegen die Sozialdemokraten. […]
Binnen weniger Jahre hatte sich der Begriff „national" von einer liberalen und demokratischen in eine eher „rechte", konservative Parole verwandelt.

(Heinrich August Winkler, Weimar 1918–1933, München (Beck) 1993, S. 15ff.)

Handschriftliche Notizen am Rand:

Wichtige Rolle: Bismarck!

→ Einheit und Freiheit

→ „Revolution von oben"

liberales Bürgertum und Regierungsgewalt

→ Parteien

→ Milieu

→ Bekenntnis zur Nation

→ „verwandelt"

Imperialismus – Europäisierung der Welt

Titelblatt der Zeitschrift „Kolonie und Heimat", Organ des Frauenbundes der Deutschen Kolonialgesellschaft

Bau einer Eisenbahn in Deutsch-Ostafrika

Gegen Ende des 19. Jahrhunderts setzte in Europa ein Wettlauf um die letzten „herrenlosen" Gebiete der Erde ein. Es ging darum, so viele Kolonien wie irgend möglich zu erwerben. Den Anspruch eine Großmacht, ja sogar eine Weltmacht zu sein, erhoben gleich mehrere Nationen, darunter europäische Großmächte wie Großbritannien, Frankreich und auch Deutschland. Diese neue Stufe kolonialer Politik wird als Imperialismus bezeichnet.

- **Was heißt Imperialismus?**
- **Was sind die Motive für imperialistische Politik?**
- **Was sind die Methoden?**
- **Welche Folgen hat diese Politik für die betroffenen Völker?**

Das sind einige der Fragen, um die es in diesem Kapitel geht.

Die Bilder auf dieser Doppelseite vermitteln erste Eindrücke.

Ein weißer Kolonialherr auf der Reise in Zentralafrika, 1885

Info Der Imperialismus – ein weltweites Phänomen

Nicht nur Afrika geriet in den Blickwinkel der imperialen Mächte: Auch in anderen Teilen der Welt versuchten die großen Mächte, ihren Machtbereich zu erweitern – und damit ihr Ansehen, ihr *Prestige* als Nation zu steigern.

Jede Großmacht befürchtete, bei der Verteilung der letzten freien Gebiete zu spät zu kommen. Das heizte die Rivalität zwischen den Kolonialmächten zusätzlich an, denn ein Misserfolg hätte auch einen Verlust an Prestige bedeutet und wäre als Verletzung der nationalen Ehre aufgefasst worden, als Demütigung der ganzen Nation. Ein so übersteigerter Nationalismus wird als *Chauvinismus* bezeichnet. Zudem entwickelte sich ein *Sendungsbewusstsein*: Man glaubte, die „weiße Rasse"

sei zur Herrschaft über alle anderen berufen. Damit wurde die Lehre des Engländers Darwin, der den Überlebenskampf in der Tier- und Pflanzenwelt beschrieben hatte, auf menschliche Gesellschaften übertragen (*Sozialdarwinismus*).

Anfang des 20. Jahrhunderts befand sich mehr als die Hälfte der Erdoberfläche unter kolonialer Herrschaft. Wenn Historiker heute von Imperialismus sprechen, dann meinen sie den Zeitraum von 1880 bis 1918.

Der weltweite Machtkampf zwischen den imperialistischen Staaten spielte sich auf verschiedenen Ebenen ab. Er äußerte sich
– politisch als Kampf um neue Herrschaftsgebiete,

– wirtschaftlich als Kampf um neue Märkte und Absatzgebiete in Übersee,
– militärisch als Aufrüstung und Entwicklung neuer Waffensysteme.

Ein wesentliches Merkmal von Imperialismus ist der Großeinsatz neuer Techniken – beim Transport, bei der Erschließung neuer Kolonien durch Eisenbahnen, bei der Kommunikation zwischen Mutterland und Kolonie. Mit dem Aufkommen der Massenproduktion in Europa mussten zugleich neue Absatzmärkte geschaffen werden. Was lag näher, als diese in Übersee zu suchen – in neuen Kolonien. Historiker betonen deswegen den engen Zusammenhang von Industrialisierung in Europa und imperialistischer Politik in Übersee.

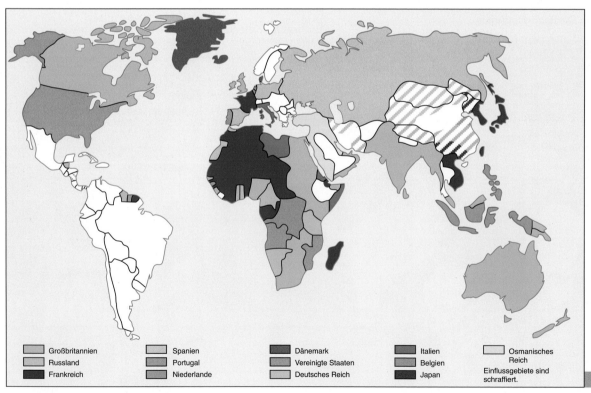

Großbritannien	Spanien	Dänemark	Italien	Osmanisches Reich
Russland	Portugal	Vereinigte Staaten	Belgien	
Frankreich	Niederlande	Deutsches Reich	Japan	Einflussgebiete sind schraffiert.

Kolonialreiche 1914

Aufteilung Asiens in Interessensphären

Imperialistische Politik betrieben nicht nur europäische Großmächte: Mit Japan und den USA betraten um 1900 zwei neue Großmächte die politische Weltbühne.

Japan hatte bis Mitte des 19. Jahrhunderts völlig isoliert gelebt. Es öffnete seine Häfen für Ausländer erst, als die USA militärischen Druck ausübten und auf diese Weise den Abschluss eines – für sie günstigen – Handelsvertrages erzwangen. Die USA interessierten sich vor allem für neue Absatzmärkte in Asien. Englische und französische Truppen folgten. Der westliche Einfluss veränderte stark die traditionelle Gesellschaft Japans und leitete die Industrialisierung des Landes ein. Ähnlich wie in Europa förderte das ausgeprägte Nationalgefühl der japanischen Bevölkerung die imperialistische Politik des Staates. Auf Kosten Chinas dehnte Japan zunächst seine Herrschaftsgebiete auf Korea (1895) aus.

In China traten neben den übrigen Mächten Russland und Japan in die Konkurrenz um neue Territorien. Um die Jahrhundertwende war das Land zwar formal selbstständig geblieben, jedoch in zahllose Einflusszonen zerstückelt. Als Russland die Mandschurei besetzte, kam es zum Krieg mit Japan. Das unterlegene Russische Reich musste mehrere Inseln in Ostasien an Japan abtreten. Japan wurde dadurch zur vorherrschenden Großmacht im Fernen Osten.

Nachdem die USA den amerikanischen Westen erschlossen hatten, richteten sich auch ihre Interessen auf Territorien und Absatzmärkte jenseits der Grenzen: 1898 besetzten sie Hawaii. In Kuba unterstützten sie erfolgreich einen Aufstand gegen die Spanier und gelangten auf diese Weise in den Besitz weiterer ehemaliger spanischer Kolonien – der Philippinen und Puerto Ricos. Der Bau des Panamakanals in Mittelamerika, den die USA 1903 kauften, sicherte die politische und wirtschaftliche Vormachtstellung der USA in Lateinamerika, die bis heute andauert.

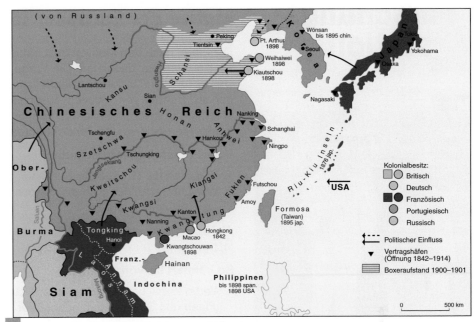

Die imperialistische Durchdringung Chinas

Wie herrschten die Kolonialmächte über ihre Kolonien?

Bei der Verwaltung der Kolonien waren die Kolonialmächte auf die einheimische Bevölkerung angewiesen, denn in den meisten neuen Kolonien lebten nur wenige weiße Siedler. Deshalb arbeiteten besonders die Briten eng mit den Stammesführern zusammen. Ihre Kolonien genossen eine gewisse Eigenständigkeit – wohl weil das riesige Imperium auch anders nicht hätte verwaltet werden können. Man könnte dieses System der so genannten *informellen Herrschaft* auch als „Herrschaft an der langen Leine" charakterisieren. Dies konnte nur funktionieren, wenn zur Unterstützung der britischen Beamten auch zahlreiche einheimische Kräfte einbezogen wurden.

Anders war die Herrschaft in den französischen Kolonien organisiert: Die Kolonien galten als Verlängerung des französischen Staates in Übersee und sollten dem Mutterland vollkommen angeglichen werden – kulturell, sprachlich und rechtlich *(formelle Herrschaft)*. So waren z. B. die Kolonisten gleichberechtigt im französischen Parlament vertreten. In eingeschränktem Maß bestanden für Einheimische auch Aufstiegsmöglichkeiten in die weiße Herrenschicht. In ehemaligen französischen Kolonien gibt es daher heute noch Reste französischer Kultur und Lebensart.

Imperialismus: Haltet die wichtigen Merkmale dieses weltweiten Phänomens in einer Mind-Map fest.

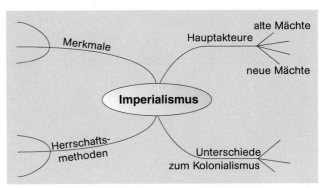

Forschungs-station

Motive der Europäer für die Aufteilung der Welt

Die Frage nach den Motiven beschäftigt Historiker schon über Jahre und die Diskussion darüber dauert an. Die Frage ist deshalb so schwierig zu beantworten, weil es für das Phänomen Imperialismus nicht nur eine Ursache gibt, sondern ein ganzes Bündel von Motiven ausschlaggebend war. Geschichtswissenschaftler sprechen in solchen Fällen von Multikausalität. Hinzu kommt, dass je nach Betrachterperspektive und Zeitsicht unterschiedliche Sichtweisen vertreten werden.

Eure Forschungsfragen lauten:

1. Was sind die Gründe der Europäer für ihre imperialistische Politik?
2. Wie unterscheiden sich die historischen Begründungen von den Urteilen gegenwärtiger Historiker?

Als Forschungsgrundlage stehen euch Bilder, Quellentexte und Auszüge aus fachwissenschaftlicher Literatur zur Verfügung.

So könntet ihr vorgehen:

– Wertet zunächst die Bilder aus: Welchen Eindruck vermitteln sie über Einstellungen und Stimmungen gegenüber der imperialen Großmachtpolitik?
– Untersucht dann die historischen Textquellen und die Historikerurteile unter den beiden Leitfragen. Denkt an das richtige methodische Umgehen mit den unterschiedlichen Textarten.
– Notiert, welche Antworten gegeben werden, und vergleicht.
– Findet ihr Erklärungen für unterschiedliche Sichtweisen?

Erstellt ein Thesenpapier, mit dessen Hilfe ihr eure Arbeitsergebnisse der Klasse vorstellen könnt.

M 1

Der kaiserliche Oberrichter von Deutsch-Ostafrika, um 1900

M 2

Bau einer Eisenbahn in Deutsch-Ostafrika.
Eisenbahnen transportierten die Erzeugnisse der Plantagen zur Verschiffung in die Hafenstädte.

Schulklasse in Dar es Salaam, Deutsch-Ostafrika, 1902

Am äußersten Punkt des britischen
Vorstoßes im Sudan
(„Illustrated London News", 1887)

M 4

Diese Karikatur gegen den britischen Imperialismus erschien 1899 in
Frankreich. Die Inschrift gibt das Motto des englischen Hosenbandor-
dens wieder: „Ein Schuft, wer Schlechtes dabei denkt".

M 5

THE FORMULA OF BRITISH CONQUEST

PEARS SOAP IS THE BEST

165

Forschungs-station

So begründen die Beteiligten imperialistische Politik

Tipp zur Texterschließung!

Legt eine Tabelle an, in der ihr die Autoren mit ihrer Nationalität und den genannten Gründen auflistet. So bekommt ihr schneller einen Überblick.

Beachtet dabei, dass es sich auf der Doppelseite um unterschiedliche Textgattungen handelt, die verschiedene Herangehensweisen erfordern!

M 6 Der britische Politiker Cecil Rhodes äußert sich in seinem politischen Testament (1877)

Q Ich behaupte, dass wir die erste Rasse der Welt sind und dass es für die Menschheit umso besser ist, je größere Teile der Welt wir bewohnen […]
5 Da [Gott] sich die Englisch sprechende Rasse offensichtlich zu seinem auserwählten Werkzeug geformt hat, durch welches er einen auf Gerechtigkeit, Freiheit und Frieden gegründeten Zu-
10 stand der Gesellschaft hervorbringen will, muss es auch seinem Wunsch entsprechen, dass ich alles in meiner Macht stehende tue, um jener Rasse so viel Spielraum und Macht wie möglich
15 zu verschaffen […]

(Zit. nach: The Last Will and Testament of C.J. Rhodes, hg. von Wiliam T. Stead, London 1902, S. 97f.)

M 7 Der russische Schriftsteller Fjodor Dostojewski (1821 – 1881)

Q Jedes große Volk, das lange leben will, glaubt und muss glauben, dass in ihm und nur in ihm allein das Heil der Welt ruhe, dass es nur dazu lebe, um an
5 der Spitze der anderen Völker zu stehen, um sie alle in sich aufzunehmen.

(Zit. nach: Bohatec, Der Imperialismusgedanke und die Lebensphilosophie Dostojewskis, Graz/Köln 1951, S. 138)

M 8 Der französische Historiker, Journalist und Außenminister Gabriel Hanotaux äußert sich in einem Aufsatz (1902)

Q Es geht nicht allein um eine gewaltige Zurschaustellung von Eroberungen; es geht auch nicht um die Vergrö-
ßerung des öffentlichen und privaten
5 Reichtums; es geht darum, über die Meere hinweg in gestern noch unzivilisierten Ländern die Prinzipien einer Zivilisation auszubreiten, deren sich eine der ältesten Nationen der Erde sehr zu
10 Recht rühmen kann; es geht darum in unserem Umkreis und in weiter Ferne so viele neue Frankreichs zu schaffen wie möglich; es geht darum, inmitten der stürmischen Konkurrenz der ande-
15 ren Rassen, die sich alle auf denselben Weg begeben haben, unsere Sprache, unsere Sitten, unser Ideal, den Ruf Frankreichs und des Romanentums zu bewahren.

(Gabriel Hanotaux, L'énergie francaise, Paris 1902, S. 361—365)

M 9 Der französische Politiker Eugène Etienne hält vor der Handelskammer eine Rede (1889)

Q Zweifellos durchläuft Frankreich seit einigen Jahren eine wirtschaftliche Krise […]. Unser Land unterliegt den Konsequenzen der Entwicklun-
5 gen, die sich im gesamten Welthandel vollzogen haben. Die Völker sind aus Konsumenten zu Produzenten geworden, d. h. zu unseren Konkurrenten. In Frankreich gibt es, genau wie übri-
10 gens bei den anderen Nationen, eine beträchtliche Überproduktion. Infolgedessen müssen alle unsere Anstrengungen darauf abzielen, Absatzmärkte für uns zu schaffen. Das französische
15 Kolonialreich hat sich beträchtlich ver-
größert. Wir müssen uns der Bewirtschaftung dieses weit ausgedehnten Feldes zuwenden […]

(Zit. nach: Herward Sieberg, Eugène Etienne und die französische Kolonialpolitik, Köln/Opladen 1968, S. 88)

M 10 Der italienische Politiker Francesco Nobili-Vitelleschi (1829 – 1906)

Q Die Männer, die Italien schufen, hatten damals im Zusammenhang mit der nationalen Wiedergeburt zu vielen Erfordernissen zu genügen, als dass sie sich um anderes hätten küm-
5 mern können. Darüber hinaus haben sie möglicherweise nicht bedacht, dass ein freies und unabhängiges Italien mit einem beständigen Bevölkerungswachstum werde fertig werden
10 müssen und dass sich infolgedessen – ebenso wie für die anderen Nationen – auch für Italien das Problem einer im Verhältnis zur Produktion und zum Wohlstand des Landes zu hohen
15 Bevölkerungszahl stellen werde und demgemäß die Notwendigkeit, einen Ausweg zu finden und den Bevölkerungsüberschuss in neue Gebiete zu lenken. Dies aber heißt mit anderen
20 Worten, Kolonien zu begründen, wie alle Nationen als Ergänzung benötigen. Europa genügt sich heute nicht mehr selbst.

(Zit. nach: Wolfgang J. Mommsen, Das Zeitalter des Imperialismus, Frankfurt a. Main 1971, S. 189)

So sehen es Wissenschaftler aus der Distanz

M 11 Der deutsche Historiker Wolfgang Mommsen

Entscheidend für die geschichtliche Entwicklung Europas wurde, dass sich der Nationalismus binnen weniger Jahre zum Imperialismus steigerte.
5 Nationale Geltung nur im Rahmen des europäischen Staatensystems war den Völkern nun nicht mehr genug; man wollte auch in Übersee eine Macht werden [...]
10 Mit diesem nationalistischen Imperialismus, den man von dem europäischen Kolonialismus der vorangegangenen Jahrhunderte scharf trennen sollte, trat ein neues Phänomen in die
15 europäische Politik ein [...]. Denn es ging hier nicht mehr allein, wie früher, um die Landnahme in überseeischen Gebieten zu Zwecken wirtschaftlicher Nutzung oder Besiedelung, sondern
20 um die Aneignung oder den Ausbau überseeischer Territorien in der erklärten Absicht, den eigenen europäischen Großmachtstatus zum Weltmachtstatus auszuweiten und die wirtschaftli-
25 chen Möglichkeiten, die strategischen Vorteile und gegebenenfalls auch das „Menschenmaterial" der Kolonien zur Steigerung der eigenen nationalen Machtstellung zu nutzen. Dabei spielte
30 die Zwangsvorstellung eine ausschlaggebende Rolle, dass nur denjenigen Nationen eine Zukunft in der Welt beschieden sei, welche sich zu Weltreichen erweiterten [...]. Wenn wir den
35 europäischen Imperialismus der Zeit von 1885 bis 1918 in erster Linie als eine Extremform nationalistischen Denkens deuten, so soll damit freilich nicht geleugnet werden, dass auch andere
40 Faktoren dabei eine wesentliche Rolle spielten: die [...] Lehre Kiplings* [...] von der Verpflichtung der weißen Na-

tionen, den unterentwickelten Völkern des Erdballs die Segnungen der eu-
45 ropäischen Zivilisation zu bringen [...]. Auch religiöses Sendungsbewusstsein gehörte zu den Elementen dieser neuen imperialistischen Ideologie. Verglichen mit den wirtschaftli-
50 chen Motiven, welche zur Freisetzung der großen imperialistischen Energien beigetragen haben, die wir seit 1885 überall in der Welt am Werke sehen, sind dies freilich alles zweitrangige
55 Faktoren [...]

(Wolfgang J. Mommsen, Das Zeitalter des Imperialismus, Frankfurt a. Main 1971, S. 16 f.)

---

* Rudyard Kipling (1865–1936), populärer britischer Kolonialschriftsteller

M 12 Der deutsche Historiker Hans-Ulrich Wehler

[...] vielen Zeitgenossen [ist] der unauflösliche Zusammenhang von Wirtschafts- und Gesellschaftsverfassung bewusst gewesen [...]. Sie hielten die
5 Überproduktion für die Ursache der Depression und fürchteten als ihre Folge die Sozialrevolution [...]. Der Sozialimperialismus erkannte in dem sozialökonomischen Transformationspro-
10 zess [= Umwandlungsprozess von Gesellschaft und Wirtschaft], den die Industrialisierung vorantrieb [...], eine tödliche Gefahr für die überkommene Gesellschaftsordnung, die unter dem
15 Anprall der wirtschaftlichen und sozialen Veränderungen zu zerreißen drohte. In der Expansion nach außen glaubte der Sozialimperialismus ein Heilmittel zu finden, das den Markt erweiterte, die
20 Wirtschaft sanierte, ihr weiteres Wachstum ermöglichte, die Gesellschaftsverfassung daher ihrer Zerreißprobe ent-

zog und die inneren Machtverhältnisse aufs Neue stabilisierte.

(Hans-Ulrich Wehler, Sozialimperialismus; in: Ders. (Hrsg.), Imperialismus, Düsseldorf 1979, S. 85f.)

M 13 Der afrikanische Historiker Josef Ki-Zerbo

Das Interesse an Afrika hatte vorwiegend wirtschaftliche Gründe. Während des 19. Jahrhunderts machte zuerst England eine Strukturveränderung
5 durch, der später die anderen Länder Westeuropas folgten, die Industrielle Revolution. [...] Jenes Europa hatte plötzlich grundlegend neue Bedürfnisse. Es hatte mit einem Afrika zu tun,
10 das ununterbrochen Menschenmassen [Sklaven] geliefert hatte, deren Arbeitskraft man aber nun auf den Plantagen immer weniger brauchte, da landwirtschaftliche Maschinen sie ersetzten. In
15 Afrika selbst dagegen konnten sie noch immer als Arbeitskräfte dienen, die die Rohstoffe abbauten und am Ort auch noch einen Absatzmarkt für die europäische Industrieware bildeten. Das
20 Maschinenzeitalter zwang Afrika eine neue Rolle im Zusammenhang mit dem europäischen Aufschwung auf. Die Tendenz der europäischen Kapitalisten lief immer mehr darauf hinaus,
25 Afrikas Möglichkeiten hinsichtlich Bergwerken und Pflanzungen auszuschöpfen und bei Bedarf auch die Produktionsquellen selbst zu überwachen. Es war also auch kaum ein Zufall, dass
30 die industrialisierten europäischen Länder auch die maßgeblichen Kolonialmächte wurden. Doch zeichnete sich dieser Trend erst im letzten Viertel des Jahrhunderts deutlich ab.

(Joseph Ki-Zerbo, Die Geschichte Schwarz-Afrikas, Frankfurt 1986, S. 437f.)

167

Imperialismus konkret: Zum Beispiel Afrika

Bis zum Anfang des 19. Jahrhunderts waren den Europäern von Afrika kaum mehr als die Küstenstriche bekannt, an denen sie Handelsstützpunkte aufgebaut hatten. Erst im Laufe des Jahrhunderts setzte der Ansturm auf Zentralafrika ein: Wissenschaftler, Entdecker, Abenteurer, aber auch Missionare drangen aus jeweils unterschiedlichen Beweggründen in das Landesinnere vor und bereiteten damit die Kolonialisierung des Erdteils Afrika durch die Europäer vor. Einer der berühmtesten Entdecker war Morton Stanley. Reiseberichte von ihm und anderen lösten eine Afrikabegeisterung im Bürgertum aus und prägten ganz entscheidend die zeitgenössischen Vorstellungen vom „wilden Kontinent" und seinen „unzivilisierten Einwohnern", die es nach europäischen Vorstellungen zu erziehen und bilden galt.

- „Afrika – ein Kontinent ohne Kultur!" Das war im 19. Jahrhundert in Europa die vorherrschende Meinung.
- „Europa – Kulturbringer oder Kulturzerstörer?" So fragen wir heute aus der kritischen Distanz im 21. Jahrhundert.

Formuliert euer Urteil zu diesen beiden Thesen.
Tipp zum Vorgehen! Bearbeitet in einem ersten Schritt die Materialien auf dieser und der nächsten Doppelseite mithilfe der Erschließungsfragen zu den einzelnen Bildern, Texten und Karten. Auf dieser Grundlage könnt ihr euer Urteil formulieren.

---

1. Welches Bild von der eingeborenen Bevölkerung vermittelt Stanley (M 2)?

2. Warum wurde Stanley in ganz Europa als Held gefeiert?

H.M. Stanley mit portugiesischen Händlern

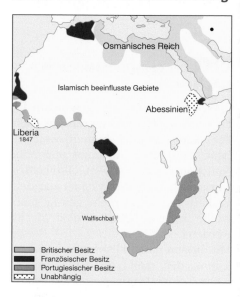

Osmanisches Reich

Islamisch beeinflusste Gebiete

Abessinien

Liberia
1847

Walfischbai

- Britischer Besitz
- Französischer Besitz
- Portugiesischer Besitz
- Unabhängig

M 2 Stanley entdeckt den Kongo

Der Historiker Pleticha schildert dies Ereignis:

Der anglo-amerikanische Entdeckungsreisende Henry Morton Stanley wusste nicht, ob der Fluss, auf dem er sich am Morgen des 28. Dezembers 1876 ein-
5 schiffte, überhaupt der Kongo war. Zunächst einmal erwartete sie eine 24-Tage-Fahrt durch die Hölle. Tropischer Urwald zu beiden Seiten des Flusses, die Menschen in den wenigen Dörfern in
10 den Lichtungen feindlich gesinnt, mehr noch: Kannibalen, die beim Anblick der verhältnismäßig kleinen Truppe in den Ruf ausbrachen „Fleisch! Fleisch!" – „Wir werden Fleisch in Mengen haben!"
15 So jedenfalls vermerkte Stanley in seinem Tagebuch und im späteren Reisebericht. Neuerdings sind einige Zweifel an der Richtigkeit dieser Behauptung laut geworden. Sicher aber schlug ihm und
20 seinen Begleitern eine Welle der Feindschaft entgegen. Solange die Boote in der Mitte des Flusses fuhren und die Eingeborenenkanus mit Gewehrschüssen in einer gewissen Entfernung gehalten
25 werden konnten, mochte es noch angehen. Aber schon am 4. Januar hörten die

Expeditionsteilnehmer das Brausen von Wasserfällen, die jede Weiterfahrt verhinderten. 22 Tage benötigten sie, um die
30 sieben Stromschnellen zu umgehen, die später den Namen Stanleys führen sollten, auf Schritt und Tritt bedroht von den Eingeborenen. Kaum hatten sie wieder das freie Fahrwasser erreicht, erfolgten
35 die größten und härtesten Angriffe eines ganzen Stammes. Am 8. Februar endlich kamen sie zu einem Dorf, das sie nicht mehr feindlich empfing. Und hier gab der Häuptling, nach dem Namen des
40 Flusses befragt, die denkwürdige Antwort: „Ituku ja Kongo!" („Es ist der Kongo!"). Die Welt horchte auf. Eines der großen geografischen Rätsel des dunklen Kontinents war in einer Expedition
45 von tausend Tagen gelöst worden.
Stanley galt als der Held des Tages.

(Heinrich Pleticha, Die Gründung des Kongo-Staates, in: Panorama der Weltgeschichte, Band III, Bertelsmann Verlag 1994, S. 216f.)

Wie gingen die Europäer in Afrika vor?

Als einer der Ersten erkannte der belgische König Leopold die Tragweite der Entdeckung H. M. Stanleys. Sie verschaffte den Europäern Zutritt zum Kongobecken im Inneren Afrikas. Doch warum interessierte sich der Monarch eines in Europa relativ unbedeutenden Staates plötzlich für den Kongo? Er sah darin vor allem eine Chance, ebenfalls in den Kreis der imperialistischen Mächte aufzusteigen und das Kongogebiet dem belgischen Königreich als Kolonie einzugliedern. Zugleich hoffte er, neue Absatzmärkte für belgische Produkte in Afrika zu erschließen. Belgien erlebte in den 1870er-Jahren wie viele andere Länder Europas eine schwere wirtschaftliche Krise.
Doch zunächst tarnte er seine wahren Absichten, indem er vorgab, in Afrika ausschließlich humanitäre Interessen zu verfolgen. Es wurde eine Gesellschaft gegründet, die die Zivilisierung der Bevölkerung und die Erschließung neuer Absatzmärkte in Afrika zum Ziel hatte. Im Auftrag Leopolds nahm Stan-

ley weite Gebiete im Kongobecken in Besitz, indem er Verträge mit einheimischen Häuptlingen abschloss. Diese Gebiete wurden zur Grundlage für die spätere Kolonie Belgisch-Kongo.
Die Aufteilung Afrikas hatte bereits in den 30er-Jahren des 19. Jahrhunderts begonnen, als England die Kapkolonie, das spätere Südafrika, unter seinen Einfluss brachte und die dort ansässigen holländischen Siedler verdrängte. Der Kauf des Suezkanals sicherte nicht nur den Seeweg nach Indien, der wichtigsten Kolonie Großbritanniens, sondern bot auch die Chance, den britischen Einfluss auf ganz Ägypten auszudehnen. Dem britischen Expansionsdrang schienen keine Grenzen gesetzt. „Whole Afrika red!" hieß bald die Devise britischer Imperialisten. In roter Farbe wurde nämlich das Gebiet des britischen Empire dargestellt. Auch Frankreich hatte mit der Schaffung der Kolonie Algerien die Weichen für das weitere Vordringen in Afrika gestellt.
Das Vorgehen Belgiens stieß bald auf den Widerstand europäischer Rivalen: Auch Portugal, Frankreich und England waren am Kongo interessiert. Sie reagierten auf das Vordringen Leopolds, indem sie den Belgiern den Zugang zum Atlantik versperrten. Ein Konflikt bahnte sich an.
Auf der Kongo-Konferenz (1884/85) in Berlin einigten sich zwölf europäische Staaten auf folgende Grundsätze: Jeder europäische Staat durfte künftig „herrenlose" Gebiete in Afrika in Besitz nehmen. Voraussetzung dafür war, dass die übrigen Teilnehmer der Konferenz damit einverstanden waren. Der belgische Besitz wurde anerkannt. Die Kongo-Konferenz gab das eigentliche Startsignal für die „Katzbalgerei um Afrika" („scramble for Afrika"), wie die Engländer es nannten. Innerhalb weniger Jahre wurde der Kontinent unter den Europäern aufgeteilt. Dabei wurden die Grenzen vielfach willkürlich gezogen – ohne jede Rücksicht auf gewachsene Stammesgrenzen.

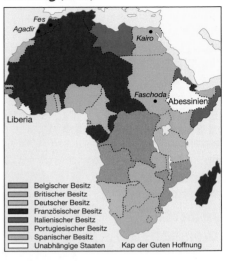

M 3 Afrika vor dem Ersten Weltkrieg (1913)

Belgischer Besitz
Britischer Besitz
Deutscher Besitz
Französischer Besitz
Italienischer Besitz
Portugiesischer Besitz
Spanischer Besitz
Unabhängige Staaten

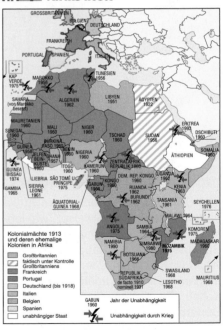

M 4 Afrika heute

Kolonialmächte 1913 und deren ehemalige Kolonien in Afrika

Großbritannien
faktisch unter Kontrolle Großbritanniens
Frankreich
Portugal
Deutschland (bis 1918)
Italien
Belgien
Spanien
unabhängiger Staat

GABUN 1960 Jahr der Unabhängigkeit
Unabhängigkeit durch Krieg

1. Erkläre mithilfe der Karten, was in Afrika zwischen 1878 und 1914 passierte.

2. Heute gibt es in Afrika besonders viele Vielvölkerstaaten. Gerade in diesen Staaten kommt es immer wieder zu Bürgerkriegen. „Das hat mit der Kolonialzeit zu tun", meinen viele Afrikaner. Was meinst du?

Haben erst die Weißen den Afrikanern die Kultur gebracht?

M 5

Steckenpferd Lilienmilch-Seife

von Bergmann & Co Radebeul

Für zarte, weisse Haut.

à Stück 50 Pfg. Überall zu haben!

Erst in jüngster Zeit beschäftigten sich afrikanische und europäische Wissenschaftler intensiver mit der Geschichte Afrikas. Dabei kamen sie zu erstaunlichen Erkenntnissen: Knochenfunde beweisen, dass die ersten Menschen auf der Welt in Ostafrika lebten. Von Ausgrabungen wissen wir auch, dass es in Afrika im Mittelalter bis in die Neuzeit afrikanische Hochkulturen gegeben hat. Allerdings sind aus dieser Zeit keine schriftlichen Quellen überliefert, da die Afrikaner keine Schrift kannten und die Erinnerung an die Vergangenheit mündlich überlieferten. Historiker sind daher auf Ausgrabungen und die Berichte von Reisenden angewiesen. Dazu gehörten neben einigen wenigen Europäern besonders Araber, die als Händler den Kontinent bereisten und auch den Islam und arabische Kultur im nördlichen Afrika verbreiteten.

Hochkulturen in Schwarzafrika

Zu diesen Hochkulturen zählte z. B. das Yoruba-Volk, das als einziges schwarzes Volk eine städtische Kultur entwickelte. Es wanderte vermutlich gegen Ende des ersten Jahrtausends von Osten nach Westafrika und gründete dort am Rande des Urwalds Städte, in denen bis zu hunderttausend Menschen lebten. Diese Städte verwalteten sich selbstständig durch eine Art Gemeinderat, der jeweils für zwei Jahre einen Bürgermeister bestimmte. Geistiges und weltliches Oberhaupt war der König, der ursprünglich ebenfalls nur für sieben Jahre eingesetzt wurde. Er galt zugleich als Symbol für die Lebenskraft des Volkes. Schwanden seine geistigen und körperlichen Kräfte vorzeitig, so schickte ihm der Ältestenrat einen Giftbecher, den er leeren musste.

Warum kannten die Afrikaner keinen Grundbesitz?

Das Bild, das die Europäer von Afrika hatten, stimmte nur teilweise: Zwar lebten zu dieser Zeit tatsächlich einige Stämme Afrikas als Jäger und Sammler im Urwald oder in der Steppe, aber es gab gleichzeitig auch Regionen, in denen die Bevölkerung sesshaft in Dörfern und Städten lebte.

Der ganze Kontinent war im 19. Jahrhundert sehr dünn besiedelt. Grund und Boden waren im Überfluss vorhanden: Wer neues Land benötigte, verlegte einfach seinen Wohnsitz. Die schwierigen Lebensbedingungen erlaubten es selten, dass ein Volk auf längere Zeit sesshaft wurde. Dadurch waren in Afrika europäische Vorstellungen von Grundbesitz, aber auch die Abgrenzung eines Herrschaftsgebietes durch befestigte Grenzen fremd. Herrschaft bedeutet nach afrikanischen Vorstellungen Macht über Menschen auszuüben, nicht über ein bestimmtes Territorium. Staaten wie in Europa gab es daher nur wenige – in Nordafrika und im Osten des Kontinents das Königreich Abessinien (heute: Äthiopien). Insofern hatten die Europäer ein leichtes Spiel, wenn sie afrikanischen Herrschern Land „abkauften": Diese konnten die Tragweite und die Folgen solcher Verkäufe häufig nicht abschätzen.

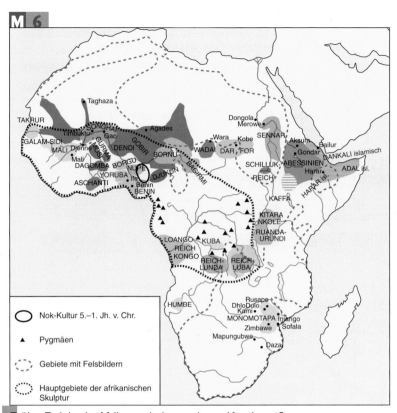

Bronzene Reliefplatten verzieren Wände und Säulen im Königspalast von Benin. Die Abbildung hier zeigt den König mit Gefolgsleuten, im Hintergrund sind Portugiesen dargestellt.

Frühe Reiche in Afrika – ein herrenloser Kontinent?

M 8 Siedler aus den Yoruba-Staaten gründeten vermutlich auch Mitte des 12. Jahrhunderts das Königreich Benin. Holländische und portugiesische Reiseberichte aus dem 16. Jahrhundert vermitteln uns ein anschauliches Bild von der Pracht des höfischen Lebens in Benin. So soll die gleichnamige Hauptstadt eine Größe von zehn Kilometern gehabt haben und rundum von einer drei Meter hohen Mauer umgeben gewesen sein. Die Straßen der Hauptstadt sollen bis zu dreißig Metern breit gewesen sein, umrahmt von Häusern reicher Einwohner. Im Mittelpunkt stand der Königspalast, dessen Größe ein unbekannter holländischer Reisender mit Haarlem, einem Stadtteil von Amsterdam, verglich. Beeindruckt zeigte sich der Reisende auch von der militärischen Stärke: So soll der König in der Lage gewesen sein, binnen eines Tages ein Heer von zwanzigtausend Mann aufzustellen.

Berühmt wurde Benin auch durch seine Kunst. In der Blütezeit des 15. und 16. Jahrhunderts entstanden Bronzestatuen und Elfenbeinschnitzereien, die zu den schönsten Kunstwerken Afrikas zählen.

Interne Machtkämpfe leiteten im 17. Jahrhundert den allmählichen Niedergang von Benin ein. Doch konnte der Staat noch im 19. Jahrhundert dem Vordringen der Engländer einige Zeit Widerstand leisten, bis eine Strafexpedition 1898 die Hauptstadt Benin eroberte.

Bronze-Porträt eines Yoruba-Königs aus dem 13./14. Jahrhundert

1. Würdet ihr diese Kunst als primitiv bezeichnen? Begründet eure Antwort.

2. Wie stellt der Künstler auf der Bronzeplastik (M 7) den König dar? Welche Schlüsse ziehst du daraus?

3. „Afrika – ein Kontinent ohne Kultur!" Das war im 19. Jahrhundert in Europa vorherrschende Meinung. Formuliere eine Erwiderung, in der die Begriffe Grundbesitz – Staaten – Schrift – Hochkulturen – Königspalast vorkommen.

171

Braucht auch Deutschland Kolonien?

Über diese Frage gingen Ende des 19. Jahrhunderts die Meinungen erheblich auseinander. Auf der Materialgrundlage dieser Doppelseite könnt ihr

● die Position und Argumentation von zeitgenössischen Politikern kennen lernen;

● in Auseinandersetzung damit vor dem Hintergrund eures Wissens über das Thema Imperialismus und politische Strukturen und Entwicklungen im Deutschen Kaiserreich eine eigene Antwort zu dieser Frage formulieren.

M 1

Ich bin ein Deutscher kennt Ihr meine — Farben?

Welche Antwort gibt die Postkarte (1898)?

In den Siebzigerjahren des 19. Jahrhunderts wurde auch in Deutschland der Ruf nach Kolonien in Übersee lauter. Die Befürworter kamen vor allem aus den Kreisen des gehobenen Bürgertums und der Wirtschaft, die angesichts der Wirtschaftskrise und der sozialen Probleme im Deutschen Reich zunehmend Gehör in der Öffentlichkeit fanden. Der deutsche Kanzler Bismarck stand diesen Wünschen zunächst zurückhaltend gegenüber. Er fürchtete die europäischen Nachbarn zu provozieren – und damit das empfindliche Mächtegleichgewicht in Mittel-

europa zu gefährden –, wenn sich das Deutsche Reich in den Wettlauf um Kolonien in Übersee einschaltete. Auch in der Öffentlichkeit war die Frage der Kolonien umstritten. Mit welchen Argumenten die Diskussion geführt wurde, könnt ihr den beiden Quellen entnehmen. Sie wurden beide 1885 verfasst – ein Jahr, nachdem das Deutsche Reich bereits Kolonien erworben hatte.

Die auch in den Achtzigerjahren noch anhaltende Wirtschaftskrise sowie der Druck der Öffentlichkeit bewirkten, dass Bismarck seine Zurückhaltung aufgab. Somit reihte sich Deutschland

erst verhältnismäßig spät in den Kreis der Kolonialmächte ein. Innerhalb weniger Jahre erwarb das Deutsche Reich mehrere Kolonien:

1884	Deutsch-Südwestafrika
1884	Deutsch-Ostafrika
1884	Kaiser-Wilhelm-Land (Neuguinea)
1884	Bismarck-Archipel
1884	Togo
1884	Kamerun
1898	Samoa (Südsee)
1898	Kiautschou (China)

M 2 Ja!
Deutschland braucht Kolonien

Der folgende Text ist ein Auszug aus dem Gründungsaufruf der „Gesellschaft für Deutsche Kolonisation" (April 1884). Der Verfasser ist der Historiker und Geograf Carl Peters, einer der bekanntesten Verfechter des Kolonialgedankens und späterer Gründer der Kolonie Deutsch-Ostafrika.

Q Die Deutsche Nation ist bei der Verteilung der Erde, wie sie vom Ausgang des 15. Jahrhunderts bis auf unsere Tage hin stattgefunden hat, leer ausgegan-
5 gen. Alle übrigen Kulturvölker Europas besitzen auch außerhalb unseres Erdteils Stätten, wo ihre Sprache und Art feste Wurzel fassen und sich entfalten kann. Der deutsche Auswanderer, so-
10 bald er die Grenzen des Reiches hinter sich gelassen hat, ist ein Fremdling auf ausländischem Grund und Boden [...] Der große Strom deutscher Auswanderung taucht seit Jahrhunderten in frem-
15 de Rassen ein, um in ihnen zu verschwinden. Das Deutschtum außerhalb Europas verfällt fortdauernd nationalem Untergang [...]

Ein Beamter der Kolonialverwaltung bei einer Besichtigungsfahrt, 1906

Der deutsche Import von Produkten
20 tropischer Zonen geht von ausländischen Niederlassungen aus, wodurch jährlich viele Millionen deutschen Kapitals an fremde Nationen verloren gehen! Der deutsche Export ist abhängig
25 von der Willkür fremdländischer Zollpolitik. Ein unter allen Umständen sicherer Absatzmarkt fehlt unserer Industrie, weil eigene Kolonien unserem Volke fehlen [...]
30 Die Gesellschaft für deutsche Kolonisation will in entschlossener und durch-

greifender Weise die Ausführung von sorgfältig erwogenen Kolonisationsprojekten selbst in die Hand nehmen und so-
35 mit ergänzend den Bestrebungen von Vereinigungen ähnlicher Tendenzen zur Seite treten [...]
Jeder Deutsche, dem sein Herz für die Größe und die Ehre unserer Nation
40 schlägt, ist aufgefordert, unserer Gesellschaft beizutreten. Es gilt, das Versäumnis von Jahrhunderten wieder gutzumachen.

(Zit. nach: E. A. Jacob, Deutsche Kolonialpolitik in Dokumenten. Gedanken und Gestalten der letzten fünfzig Jahre, Leipzig 1938, S. 85–87)

- -

M 3 Nein!
Deutschland braucht keine Kolonien

Einer der Führer der Sozialdemokraten, Wilhelm Liebknecht, hielt 1885 im Reichstag folgende Rede:

Q Fragen wir uns ruhig: Was wird mit der so genannten Kolonialpolitik denn eigentlich bezweckt? Wenn wir auf den Grund gehen, so wird als der Zweck
5 hingestellt: die Überproduktion und die Übervölkerung zu steuern. Aber was ist denn Überproduktion und was ist Übervölkerung? Das sind doch sehr relative Begriffe. Ist Deutschland etwa
10 übervölkert? Gerade die dichtest bevölkerten Gegenden in Deutschland liefern für die Auswanderung das geringste Kontingent, die dünnst bevöl-

kerten liefern das stärkste [...]. Die
15 „Übervölkerung" liegt eben darin, dass wir mangelhafte soziale und wirtschaftliche Einrichtungen haben.
Und gerade so ist es mit der Überproduktion. Da klagen unsere Fabrikanten,
20 dass ihre Produkte keinen Absatz finden. Ja, meine Herren, warum haben sie keinen Absatz? Weil das Volk nicht kaufen kann – abermals eine Folge unserer mangelhaften sozialen Verhältnisse [...].

25 Sie exportieren einfach die soziale Frage. Sie zaubern vor die Augen des Volkes eine Art Fata Morgana auf dem Sande und auf den Sümpfen Afrikas. Aber glauben Sie denn, dass damit we-
30 sentlich etwas genützt wird? [...]
Im Lande selbst kann allein die soziale Frage gelöst werden, niemals durch Kolonialpolitik in der Ferne.

(Zit. nach: Ludwig Helbig (Hg.), Imperialismus – Das deutsche Beispiel, Frankfurt a. M. 1976, S. 70f.)

1. Arbeitet heraus, welche Positionen C. Peters und W. Liebknecht vertreten und wie sie diese im Einzelnen begründen.

2. Schlagabtausch: Stellt euch vor, ihr müsstet als Abgeordnete im Reichstag im Jahre 1900 eine der beiden Positionen erklären und im Streitgespräch verteidigen. Wie könnte man das tun? Verteilt die Rollen (pro und kontra) auf zwei oder mehrere Sprecher bzw. Sprecherinnen und spielt die Auseinandersetzung vor der Klasse.

Der Fall „Deutsch-Südwestafrika"

Wie wirkte sich die Herrschaft der Deutschen auf die einheimische Bevölkerung aus?

Methodenbox

Fallstudie

Was ist das?

Fallstudien sind Untersuchungen von Situationen und Prozessen, die man in der Vergangenheit oder Gegenwart vorfindet. Es handelt sich dabei immer um einen Ausschnitt aus der Wirklichkeit, den wir besonders aufmerksam untersuchen.

In einer Fallstudie gewinnen wir Kenntnisse und Einsichten, die zunächst nur auf das ausgewählte Beispiel zutreffen. Wir können dann fragen, welche Erkenntnisse aus dem Einzelfall verallgemeinert werden können. Fallanalysen trainieren besonders die Fähigkeit, Bild- und Textmaterialien zu deuten, sie im Zusammenhang zu sehen und zu bewerten.

Wie macht man das?

**1. Schritt:
Formulierung von
Fragen und
Beschaffung von
Informationen**

Thema dieser Fallstudie ist folgende **Leitfrage:** Welche Folgen hatte die deutsche Herrschaft für die einheimische Bevölkerung?

Vier konkrete **Untersuchungsfragen** können euch als „roter Faden" durch die Studie dienen:

1. **Entstehung:** Wie entstand die Kolonie „Deutsch-Südwestafrika"?
2. **Machtverhältnisse:** Wie gestaltete sich das Zusammenleben von deutschen Kolonialherren und einheimischer Bevölkerung?
3. **Konflikte:** Warum führte das Deutsche Reich einen Vernichtungskrieg gegen das Volk der Herero?
4. **Gegenwart:** Sind die Namibier („Deutsch-Südwestafrika" heißt jetzt Namibia) heute gleichberechtigt und immer noch benachteiligt?

Zum Thema „Deutsch-Südwestafrika" findet ihr auf den folgenden Seiten bereits einige Materialien im Buch. Zusätzlich könnt ihr euch Materialien aus Bibliotheken und aus dem Internet besorgen.

**2. Schritt:
Auswertung
der Materialien**

In einer intensiven Arbeitsphase werten wir nun unsere Materialien unter den Fragestellungen aus. Es ist möglich, sich die Arbeit an der Fallstudie aufzuteilen: Jede Gruppe bearbeitet gesondert ein Teilthema, das einen Unteraspekt der Leitfrage darstellt. Im vorliegenden Fall könnt ihr euch auch an den Arbeitsfragen zu den einzelnen Materialien orientieren. Die Untersuchungsergebnisse werden in der Gruppe zusammengefasst, diskutiert und bewertet.

**3. Schritt:
Präsentation eurer
Arbeitsergebnisse**

Wenn ihr eure Ergebnisse vortragt, solltet ihr darauf achten, dass alle Mitglieder eurer Gruppe in die Präsentation mit einbezogen werden. Für die schriftliche Aufbereitung bietet sich eine gut gegliederte Wandzeitung oder auch eine Dokumentation an. Wählt eine Methode aus.

**4. Schritt:
Auswertung der
Fallstudie**

Nachdem alle Gruppen ihre Ergebnisse vorgetragen haben, könnt ihr im Plenum abschließend über das Thema der Fallstudie diskutieren:

→ Wie beantwortet ihr die Leitfrage?

→ Welche Ergebnisse haben euch besonders beeindruckt? Welche Fragen bleiben offen?

Entstehungsgeschichte: Wie entstand die Kolonie „Deutsch-Südwestafrika"?

Lüderitzbucht, 9. April 1883

Ein Schiff ankert in der Bucht, damals Angra Pequana genannt. An Bord befinden sich der deutsche Tabak- und Großhändler Adolf Eduard Lüderitz und sein Freund Heinrich Vogelsang. Sie sind auf der Suche nach Land, das ihnen nicht nur neue Absatzmärkte erschließen soll, sondern sich auch für die Gründung einer deutschen Kolonie eignet. Den günstigsten natürlichen Hafen, die Walfischbucht, haben bereits die Engländer in Besitz genommen. Das Hinterland der Angra Pequana gilt dagegen als herrenlos. Zudem vermuten sie in dem öden Landstrich reiche Bodenschätze.

Die deutsche Flagge wird gehisst (Titelbild der „Illustrierten Zeitung" vom 20. September 1884)

Mithilfe der Vermittlung eines deutschen Missionars können sie rasch Kontakt zu dem dort ansässigen Häuptling Frederick aufnehmen. Sie werden sich handelseinig: Die Lüderitz-Bucht und das angrenzende Land werden für einen Gegenwert von 100 Pfund Sterling Silber und 200 Gewehren Eigentum von Lüderitz. Ein Vierteljahr später gehört Lüderitz bereits ein Landstreifen in einer Tiefe von über 20 Meilen landeinwärts; gezahlter Preis: 500 englische Pfund, 60 Gewehre und eine rote Husarenuniform. Dabei lässt Vogelsang den Häuptling bewusst im Unklaren über die Größe des verkauften Gebietes. Im Vertrag ist die Rede von 20 geografischen Meilen (1 Meile = 7,4 km), obwohl er weiß, dass Frederick nur die englische Meile bekannt war. Frederick hat damit unwissentlich fast fünfmal so viel kostbares Weideland verkauft, wie er verkaufen wollte. Bis an sein Lebensende versucht er den Verkauf rückgängig zu machen.

Lüderitz will nun seinen Besitz auch politisch sichern. Er bittet das Reich um Schutz vor den Engländern, die „sonst einfach das Land für England in Besitz nehmen" würden. Bismarck entspricht dieser Bitte und sendet drei Kriegsschiffe in die Region. Am 7. August 1884 hissen Marinesoldaten die deutsche Flagge in der Lüderitzbucht. Deutsch-Südwestafrika wird die erste Kolonie des Deutschen Reiches.

In der Folgezeit schließen Bevollmächtigte des Deutschen Reiches mit einer Reihe von Häuptlingen „Schutzverträge" ab, in denen diese die deutsche Oberherrschaft anerkennen. Allerdings sind nicht alle Stämme bereit, einen solchen Vertrag zu unterzeichnen. Die Vertreter des Deutschen Reiches nutzen geschickt die Uneinigkeit und Stammesfehden zwischen den einzelnen Stämmen aus, um die Beteiligten gegeneinander auszuspielen und sich jeweils als zuverlässiger Verbündeter zu präsentieren.

So könnt ihr den Darstellungstext erschließen:

1. Auf welche Weise erwarb Lüderitz Land von Häuptling Frederick?
2. Nehmt dazu Stellung aus heutiger Sicht.

Als Lüderitz in Südwestafrika landete, war das Land bereits seit Jahrtausenden besiedelt. Davon zeugen über 4000 Jahre alte Felsmalereien.

Häuptling Frederick gehörte dem Volk der Nama an, die sich selbst „Khoikoi" nannten, was übersetzt so viel wie „Mensch-Mensch" bedeutet. Holländer, die zuerst zu den Nama Kontakt aufnahmen, nannten sie Hottentotten – vermutlich wegen ihrer eigenartigen Sprache, die sich aus vielen Klicklauten zusammensetzt. Mit dem aus Norden eingewanderten Volk der Herero führten die Nama im 19. Jahrhundert mehrere kriegerische Auseinandersetzungen um Weide- und Jagdgebiete.

Machtverhältnisse:
Wie gestaltete sich das Zusammenleben von deutschen Kolonialherren und einheimischer Bevölkerung?

Im Gegensatz zu anderen Kolonien des Deutschen Reiches, etwa Togo, wurde Südwestafrika eine Siedlungskolonie: So lebten dort 1903 über dreitausend deutsche Siedler, 1913 bereits über 14 000 Kolonisten. Sie bewirtschafteten überwiegend Viehfarmen. Dabei waren sie auf die Arbeitskraft der schwarzen Bevölkerung angewiesen.

M 1

M 2

Lohnzahlung in einer Faktorei, 1906

M 3 Wie soll man die Eingeborenen behandeln?

Die folgende Anleitung stammt von dem kaiserlichen Ansiedlungskommissar in Deutsch-Südwestafrika, Paul Rohrbach:

Q Nur vollkommene Harmlosigkeit [...] könnte die Frage mit dem Satz abtun: „Die Schwarzen sind Menschen wie wir". Das sind sie zweifellos nicht
5 – weder in dem Sinne, dass bei ihnen gegenwärtig Volkstum oder Einzelpersönlichkeit wie bei uns bewertet werden können, noch im weiteren Verständnis, dass ihnen als unvermischter
10 Rasse in ihrem Erdteil eine solche Entwicklungsmöglichkeit zuzugestehen wäre, dass sie durch sie im Stande wären, dereinst voll auf die Daseinsstufe der weißen Rasse zu gelangen
15 [...]

Die Notwendigkeit, zu einer Klasse von Dienstboten in Lohn und Brot der Weißen zu werden, schafft aber für die Eingeborenen erst, weltgeschichtlich
20 betrachtet, ein dauerndes Existenzrecht. Über die Hottentotten geht das Urteil meist dahin, dass sie wirtschaftlich im weiteren Sinne unbrauchbar sind und insofern kein Interesse an der Erhal-
25 tung der Rasse besteht.

(Zit. nach: Helga u. Ludwig Helbig, Mythos Deutsch-Südwest – Namibia und die Deutschen, Weinheim (Beltz) 1983, S. 182)

M 4 Aus dem Brief einer deutschen Farmersfrau

Q In einer hiesigen Familie kenne ich ein Hereroweib, das seinerzeit mit einer aufgegriffenen [...] Kriegsbande zusammen, total unkultiviert, förmlich
5 aus ihren paar Lumpen herausfallend,

aus dem Felde kam. Sie hatte keine Ahnung von den Zwecken einer europäischen Wohnung mit ihren tausend kleinen Bestimmungen, sie hatte noch
10 niemals ein vollständig möbliertes Zimmer gesehen, sie kannte weder andere Kost als die von alters her gewohnte der Herero, Milch, Fleisch, Feldwurzeln, noch verstand sie die
15 deutsche oder Namasprache.
Nachdem sie mit gesitteter Kleidung versehen war, unterzog man sich der allerdings große Geduld erfordernden Mühe, sie in häuslichen Arbeiten anzu-
20 lernen. Nach verhältnismäßig kurzer Zeit schon verstand sie, die Zimmer tadellos zu reinigen und zu waschen, heute plättet sie sogar recht gut und leistet geschickte Hilfe in der Küche.

(Zit. nach: Helgard Patemann, Lernbuch Namibia, Peter Hammer Verlag 1984, S. 141)

M 5 Wie empfindet ein Namahäuptling die Herrschaft der Weißen?

Der Deutsche […] kommt mit seiner Tätigkeit, regiert selbstständig mit seinen Gesetzen, fragt nicht nach Recht und Wahrheit, holt sich auch keinerlei Erlaubnis von den Kapitainen [= Häuptlingen] ein, denn er führt nach eigenem Gutdünken Gesetze in unserem Land ein, die ganz unmöglich, nicht durchführbar und unerträglich sind. Unbarmherzig und gefühllos stellt er Verbote in unserem Land und auf unseren Plätzen auf, verbietet uns, unser eigenes Wild zu schießen, von dem wir leben und das unsere einzige, von Gott gegebene Lebensmöglichkeit darstellt […]

Auch haben die deutschen Leute Vergehen, die nicht des Todes würdig sind, mit dem Tod bestraft […]. Es handelt sich um Männer von meinem Stamm […]. Die Deutschen schlagen die Leute auf eine schändliche und grausame Weise wie dumme und unverständige Wesen, für die sie uns halten. Noch nie haben wir einen Menschen auf so ungehörige und grausame Weise bestraft wie sie: Sie legen die Leute auf den Rücken und schlagen sie auf den Magen und zwischen die Beine, ganz gleich, ob es sich um einen Mann oder eine Frau handelt. Und Euer Wohlgeboren werden wohl selbst begreifen, dass kein Mensch nach solcher Strafe noch leben kann […]

(Hendrik Witbooi, Afrika den Afrikanern – Aufzeichnungen eines Nama-Häuptlings aus der Zeit der deutschen Eroberung Südwestafrikas 1884 bis 1894, Dietz Verlag 1982, S. 143f.)

Welche Rolle spielten die Missionare im kolonialen System?

Das Foto stellt den Herero Manasse von Omaruru mit seiner Familie im Jahr 1882 dar. Zu dieser Zeit war das Tragen europäischer Kleidung in der schwarzen Oberschicht bereits verbreitet. Dies ist auch auf den wachsenden Einfluss der Missionare zurückzuführen, die schon lange vor Ankunft der deutschen Siedler ein Netz von Missionsstationen und Schulen aufgebaut hatten.

In den Augen der Missionare galten die traditionellen afrikanischen Formen des Zusammenlebens als kulturlos und primitiv. Mit dem Christentum verbreiteten sie auch europäische Wertvorstellungen, wie z. B. das Tragen „schambedeckender" Kleidung. Immer mehr Afrikaner gaben ihre traditionelle Lebensweise und Kultur auf. Insofern wurden die Missionare zu Helfern des kolonialen Systems der Unterdrückung. Auf der anderen Seite bewirkten sie auch Positives: Mit dem Bau von Krankenstationen verbesserten sie die medizinische Versorgung der Bevölkerung; in Missionsschulen konnten Kinder und Jugendliche lesen und schreiben lernen.

M 6

Manasse von Omaruru. (Jünglinge: Heinra Lucas ...)

1. Beschreibt das Verhältnis der weißen Kolonialherren zur einheimischen Bevölkerung. Welche Rolle übernehmen jeweils die Weißen, welche die Schwarzen?

2. Im Schutzvertrag des Deutschen Reiches mit dem Volk der Herero (1885) verpflichteten sich die Deutschen, „die bestehenden Sitten und Gebräuche zu respektieren und nichts zu tun, was gegen die deutschen Strafgesetze verstoßen würde". Prüft anhand der Materialien nach, ob sich die deutschen Siedler und Missionare an diesen Vertrag gehalten haben.

Konflikte: Warum führte das Deutsche Reich einen Vernichtungskrieg gegen das Volk der Herero?

Wie konnte es zu dem Aufstand kommen?

Der Aufstand kam für die deutschen Siedler überraschend: Am 12. Januar 1904 überfielen bewaffnete Herero Farmhäuser, drangen in Handels- und Militärstationen ein und töteten innerhalb weniger Tage mehr als einhundert Weiße. Missionare, Frauen und Kinder verschonten sie jedoch ausdrücklich.

Wie konnte es dazu kommen? Die Herero sahen sich 1904 in einer verzweifelten Situation. Eine Rinderpest hatte ihnen wenige Jahre zuvor ihre wichtigste Lebensgrundlage geraubt und damit ihre wirtschaftliche Situation dramatisch verschlechtert. Weiße Siedler nahmen das Land unaufhaltsam in Besitz und verdrängten die Herero von den ergiebigen Weidegründen. Besonders erbittert reagierten diese auf Pläne der Kolonialverwaltung, abseits des herkömmlichen Siedlungsgebietes des Stammes Eingeborenen-Reservate zu schaffen. Weiße Kaufleute, die für Kredite Wucherzinsen verlangten und diese mit brutalen Methoden eintrieben, beschleunigten den wirtschaftlichen Ruin des Volkes.

Während des Krieges waren zeitweise nahezu 15 000 deutsche Soldaten im Einsatz. In der deutschen Öffentlichkeit wurden die Aufständischen als „blutrünstigen Bestien" dargestellt. Besonders Berichte über angebliche Vergewaltigungen und Misshandlungen deutscher Frauen erregten die Menschen in Deutschland.

Trotz der militärischen Überlegenheit der Deutschen leisteten die Herero verzweifelten Widerstand. Als sich der Krieg in die Länge zog, suchten die Deutschen die Entscheidung am Waterberg: Sie umzingelten die Hereros und trieben sie in eine wasserlose Wüste. Dies bedeutete für Tausende den Tod. Auch Frauen und Kinder kamen um. Die wenigen Überlebenden wurden gefangen genommen.

Wie sieht die Bilanz des Krieges aus?

Von ca. 80 000 Herero haben nur etwa 16 000 den Krieg überlebt. Sie wurden als Kriegsgefangene beim Bau der Eisenbahn eingesetzt. Ein Teil der Gefangenen wurde in ein großes Lager auf der Haifischinsel in der Lüderitzbucht deportiert, wo sehr viele infolge des ungesunden Klimas und der schlechten Ernährung starben. Auch zahlreiche Nama, die sich kurz nach den Herero ebenfalls gegen die Deutschen erhoben, überlebten Krieg und Gefangenschaft nicht.

Das Deutsche Reich nutzte den Sieg, um seine Herrschaft in Südwestafrika auszubauen und die einheimische Bevölkerung weitgehend zu entrechten. Bereits 1905 verloren alle Herero- und einige Nama-Stämme ihr Land. 1906/07 folgten mit so genannten „Eingeborenenverordnungen" weitere Schritte: Landerwerb wurde für Afrikaner verboten, die Stammesorganisationen mussten aufgelöst werden, alle Afrikaner ab dem achten Lebensjahr mussten sich durch einen Pass ausweisen und eine Arbeit aufnehmen. Wer diese Anforderungen nicht erfüllte, konnte als Landstreicher verhaftet werden. Getrieben von Not nahmen die Überlebenden nun in großer Zahl Arbeit bei deutschen Siedlern an.

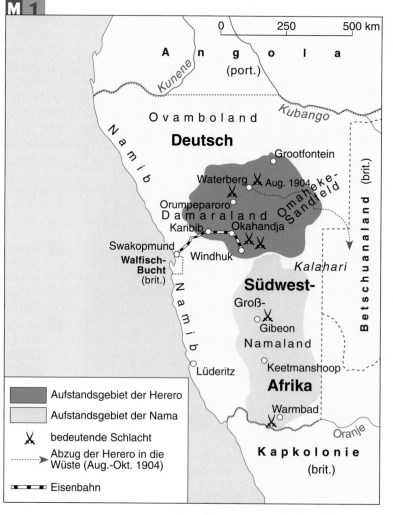

M 1

Gefangene Herero (Postkarte aus dem Jahre 1904). Welche Gefühle löst das Bild bei dir aus?

M 3 **Der neue Oberbefehlshaber, Generalleutnant von Trotha, erlässt folgenden Befehl**

Ich, der große General der deutschen Soldaten, sende diesen Brief an das Volk der Herero. [...] Das Volk der Herero muss das Land verlassen.
5 Wenn das Volk dies nicht tut, so werde ich es mit dem groot Rohr [Geschützrohr der Kanonen] dazu zwingen. Innerhalb der deutschen Grenze wird jeder Herero, mit oder ohne Gewehr, mit
10 oder ohne Vieh, erschossen. Ich nehme keine Weiber und keine Kinder mehr auf, treibe sie zu ihrem Volke zurück oder lasse auf sie schießen. Das sind meine Worte an das Volk der Herero.

(Zit. nach: H. Drechsler, Südwestafrika unter deutscher Kolonialherrschaft, Berlin (DDR) 1966, S. 184)

M 4 **Ein deutscher Farmer schreibt in einem Brief an Kaiser Wilhelm**

Mit Unruhe wird wohl jeder Deutsche von dem 2. Negeraufstand gelesen haben. Unsere Truppen stehen einem neuen, starken und grausamen Feinde
5 gegenüber. Unmöglich werden unsere Waffen siegen, wenn nicht zu einem anderen Mittel gegriffen wird. Um diesem Geschlecht einen Begriff unserer Macht über sie beizubringen, müssen
10 unsere [...] Soldaten stets die Trinkstellen gehörig vergiften. Denn wir kämpfen nicht mit ehrlichen Feinden, sondern mit halben Menschen. Wir dürfen niemals die Neger siegen lassen. Wo
15 soll es hinkommen nach solchem Sieg? Schon jetzt meinen die Neger, Afrika gehört ihnen, statt dem lieben Gott.

(Zit. nach: Lernbuch Namibia, a. a. O., S. 112)

1. Ein Krieg – zwei Sichtweisen:
– Eine alte Hererofrau erzählt ihren Enkeln, was sie von ihrer Mutter über den Aufstand der Hereros gehört hat ...
– Ein Deutscher, dessen Vater als Soldat in Südwestafrika gekämpft hat, erzählt seinem Enkel, was er von seinem Vater über den Krieg gehört hat ...

2. Wie erklärt ihr die Bereitschaft der deutschen Befehlshaber und Truppen, ein ganzes Volk zu vernichten? Wie beurteilt ihr heute den Befehl von Trothas? Wie hätte er wohl seine Kriegsführung verteidigt?

Namibier heute: gleichberechtigt und immer noch benachteiligt?

Fast ein Jahrhundert ist vergangen, seit Deutsch-Südwestafrika deutsche Kolonie war. Heute heißt das Land Namibia. Erst 1990 wurde Südwestafrika als letzter afrikanischer Staat unabhängig.

- Wie leben die Nachfahren der Opfer imperialistischer Politik?
- Sind sie auch heute noch benachteiligt?

Zwei Leitfragen, die eure Gegenwartsanalyse sinnvoll leiten können.

Gleiche Rechte für alle Bürger!

Die ehemalige Kolonie „Deutsch-Südwestafrika" stand siebzig Jahre (1920–1990) unter der Verwaltung Südafrikas. Bereits 1915, während des Ersten Weltkrieges, war die deutsche Kolonie von Südafrika besetzt worden. Wie in Südafrika setzten die Weißen auch in Südwestafrika die Trennung der Rassen durch: Die schwarze Bevölkerung musste in eigenen Wohnvierteln und Reservaten wohnen, sie wurde systematisch unterdrückt. Selbst internationaler Protest konnte gegen diese Politik lange Zeit nichts ausrichten.
Bereits seit 1960 kämpfte die SWAPO (Southwest African People's Organisation) für die Unabhängigkeit des Landes. Zwar forderte die UNO 1966 Südafrika auf, sich aus Südwestafrika zurückzuziehen, doch erst 1988 erklärte sich Südafrika dazu bereit. 1989 errang die SWAPO bei den ersten Wahlen einen überwältigenden Sieg. Ihr Führer Sam Nujoma wurde erster Staatspräsident von Namibia, wie sich das Land heute nennt. In der neuen Verfassung wurde die Rassentrennung abgeschafft: Alle Bürger Namibias haben heute die gleichen Rechte.

M 1 Lernen für eine gemeinsame Zukunft: weiße und schwarze Namibier

M 2 Namibia heute

Untersuche das Bild M 2 auf Spuren der deutschen Kolonialherrschaft.

180

Namibia – ein Entwicklungsland

Rund 40% der Bevölkerung leben unterhalb der Armutsgrenze. Das bedeutet, dass diese Menschen weniger als einen US-Dollar pro Tag zum Leben haben. Reichtum und Armut sind allerdings sehr ungleich verteilt: Ein Zehntel der Bevölkerung – zumeist Weiße – verfügt über mehr als 60 Prozent des nationalen Einkommens.

Die weiße Bevölkerung hält auch heute noch die wirtschaftlichen Schlüsselpositionen im Lande. Auch die 4500 Großfarmen gehören überwiegend Weißen. Jeder zweite Erwerbstätige ist in der Landwirtschaft tätig. Daneben spielt der Bergbau im Wirtschaftsleben des Landes eine große Rolle. Große Hoffnungen setzt die Regierung auf den Ausbau des Tourismus in Namibia, der nach dem Bergbau wichtigsten Einnahmequelle des Landes. Doch auch von dem touristischen Boom profitieren besonders die Weißen. Ein Großteil der Gästefarmen wird von den Nachfahren der deutschen Siedler bewirtschaftet.

Seit der Unabhängigkeit ist die Arbeitslosigkeit auf fast 40 Prozent gestiegen. Sie ist in der schwarzen Bevölkerung überproportional hoch. Vielfach finden diese Menschen aufgrund ihrer mangelnden Ausbildung nur Arbeit in untergeordneten Positionen.

Obwohl seit 1990 die Rassentrennung beseitigt ist, ist die schwarze Bevölkerung immer noch benachteiligt: 60 Prozent sind Analphabeten. Die medizinische Versorgung hat sich in den letzten Jahren zwar gebessert, doch ist noch immer jedes vierte Kind unterernährt.

M 3 Namibia

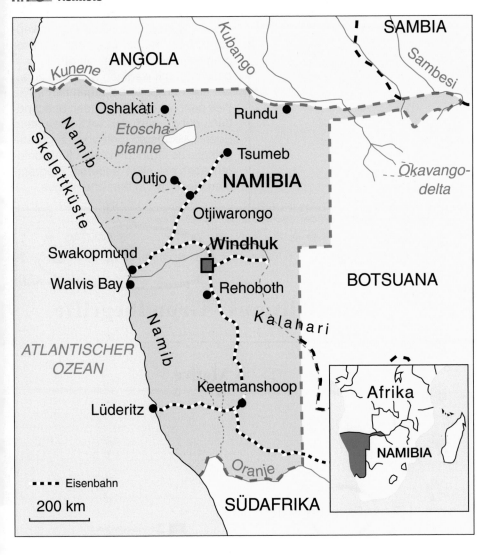

Eisenbahn

200 km

Internet-Tipp!

Um dir ein Bild davon zu machen, wie es dem Land heute geht, kannst du im Internet nach wirtschaftlichen, gesellschaftlichen und politischen Eckdaten suchen (z. B. Analphabetenquote, Bruttosozialprodukt, Kindersterblichkeit, Lebenserwartung).

Hinweise findest du unter:

www.namibia.de
www.namibia-botschaft.de
www.namib.de
www.auswaertiges-amt.de
(Länderinformationen).

Trage deine Informationen in einer Tabelle zusammen und nimm Stellung zu der Frage, inwiefern die Menschen in Namibia auch heute noch benachteiligt sind.

181

Imperialismus – Grundbegriffe: html-Lexikon

Zum Thema Imperialismus könnt ihr ein kleines Lexikon erstellen, indem ihr kurze Artikel zu den wichtigsten Begriffen dieses Kapitels verfasst und diese dann zusammenstellt. Es gibt verschiedene Wege, seine Ergebnisse zu präsentieren. Einige wurden in den zurückliegenden Kapiteln vorgestellt. Ein neuer Weg ist die digitale Form über html-Dokumente: In einem elektronischen Lexikon kann man von einer Startseite aus auf die einzelnen Artikel zugreifen. Außerdem sollten die Artikel untereinander verknüpft werden, um so auch Beziehungen und Querverweise deutlich zu machen.

Die Grundlagen dazu werden euch auf dieser Doppelseite erklärt:

Methode:
Ein html-Lexikon erstellen

In der Anfangsphase des WorldWide-Web konnten nur Experten eine Internetseite erstellen, da gute Kenntnisse in der Computersprache html notwendig waren. Heute übernehmen Programme die Programmierarbeit, sodass man mit wenigen Schritten zu einer eigenen Seite gelangen kann. Wie dies geht, wird im Folgenden beschrieben, dabei wird der weit verbreitete Editor MicrosoftFrontPage zugrunde gelegt. Die Grundprinzipien funktionieren aber bei allen anderen Programmen dieser Art in ähnlicher Weise.

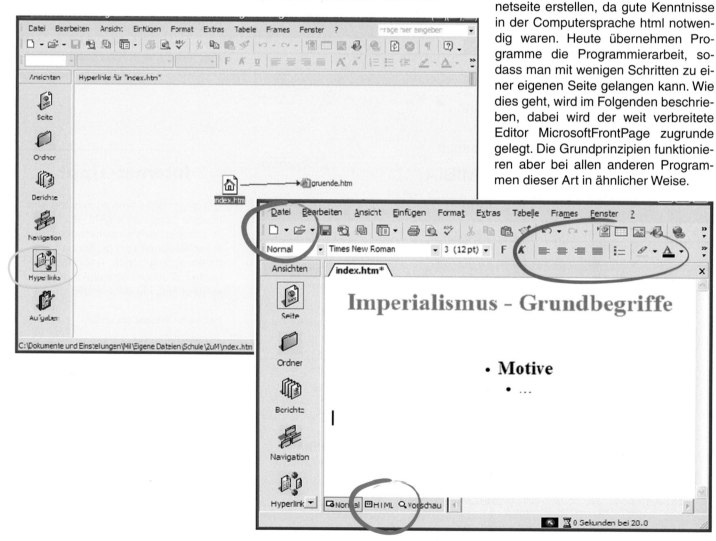

1. Schritt:

Nachdem man die Option *neues Web* ▯ - gewählt hat, kann man eine erste Seite erstellen. Diese trägt üblicherweise den Namen *index.htm* (sie wird automatisch nach dem ersten *Speichern* so benannt, vorerst nennt das Programm die Seite *seite1.html*).

2. Schritt:

index.htm wird die Startseite. Auf dieser Seite sollen eine Überschrift und ein einleitender Text verfasst werden, dem sich z. B. die zu klärenden Begriffe anschließen. Die Eingabe der Texte erfolgt wie bei einer Textverarbeitung (z. B. Word). Mit den bekannten Buttons lassen sich Farben, Position, Schriftgröße und andere Formatierungen ändern. Will man sich anschauen, wie das Ergebnis der Arbeit später aussieht, kann man die Vorschauoption wählen. Genauso ist es auch möglich, sich den so genannten Quelltext anzuschauen. Dieser zeigt die Übersetzung der Eingaben in die Sprache html.

3. Schritt:

Jetzt werden weitere Seiten erstellt (neue Seite ▯ -), auf denen jeweils die für die Begriffe relevanten Informationen notiert werden. Beim Speichern sollte eine sinnvolle Benennung erfolgen, etwa *gruende.htm* oder *folgen.htm* usw.

4. Schritt:

Der Vorteil eines html-Dokuments ist nun der, dass die Seiten untereinander verknüpft werden können. Dazu wird auf *index.htm* gewechselt. Dort markiert man mit der linken Maustaste einen der aufgelisteten Begriffe (z. B. Gründe für den Imperialismus). Ein Rechtsklick auf die farbig unterlegten Worte lässt ein Menü erscheinen.

5. Schritt:

Im Menü den Punkt *Hyperlinks* auswählen. In dem Fenster, das sich nun öffnet, kann man auf das entsprechende Dokument verweisen. Ab jetzt ist der Begriff mit dieser Seite verlinkt. Die dazugehörige Seite öffnet sich also, wenn man in einem Browser (z. B. Internet Explorer, Mozilla) auf den Begriff klickt. Unter *Zielframe* kann man noch einstellen, ob sich ein neues Fenster öffnet oder ob die gegenwärtige Seite ersetzt werden soll.

Natürlich ist dieses Beispiel nur die einfachste Verlinkungsstruktur. Sinnvolle Erweiterungen wären:

a) Ein Link, der von jeder Seite auf die Startseite (index.htm) zurückführt.

b) Verknüpfungen, die in einem kleinen Extrafenster Fremdworte erklären.

c) Links zu Kurzbiographien (vielleicht mit Foto) von wichtigen Personen.

1. Tipp!

Ordnung lässt sich auf einer Seite halten, wenn man im Hintergrund eine Tabelle einfügt, deren Rahmenstärke auf Null gesetzt wird. Dann sieht man später die Tabelle nicht mehr, aber man kann z. B. Bilder schön anordnen, indem man in jedes Feld der Tabelle ein Bild einfügt.

Internet-Tipp! Weitere Hinweise findet man auch im Netz, z. B.:
http://www.aul.uni-osnabrueck.de/kur se/webtechniken/schnelleinstieg.html

2. Tipp!

Um den Überblick zu bewahren, kann man sich mit dem Button *Hyperlinks* anzeigen lassen, wie die Seiten untereinander verlinkt sind.

183

Der Erste Weltkrieg

Sarajewo 1914:
Warum lösten drei Schüsse den Weltkrieg aus?

Die Todesschüsse von Sarajewo

M **1** **Beim zweiten Attentat gelang der Mord**

Q Innerhalb von 90 Minuten wurden am 28. Juni 1914 in Sarajewo zwei Attentate auf den Thronerben Österreich-Ungarns verübt. Dem zweiten fielen er
5 und seine Gamahlin zum Opfer.
Dass dieser Attentatsversuch gelingen konnte, war die Schuld der kaiserlichen Behörden, die sich mit laschen Sicherheitsmaßnahmen begnügten. […] Sie
10 stellten nur 120 Polizisten ab, die die Fahrtstrecke des Erzherzogs Franz Ferdinand und seines Gefolges durch Sarajewo sichern sollten. Als der österreichische Thronfolger morgens um 10 Uhr in
15 der Hauptstadt Bosniens ankam, befanden sich tausende von Fremden in der Stadt. […] Auf der Fahrt vom Bahnhof zum Rathaus entging Franz Ferdinand nur knapp dem ersten Attentat; bei ei-
20 ner Brückendurchfahrt am Appelkai hatte der Student Nedeljko Cabrinovic einen Polizisten gefragt, in welchem Wagen der Thronfolger sitze. Der Beamte gab bereitwillig Auskunft. Sekunden
25 später warf Cabrinovic eine Bombe, die hinter dem Wagen des Erzherzogs explodierte. 20 Personen wurden verletzt. Trotz des Mordversuchs setzte der Erzherzog nach einem Empfang im Rat-
30 haus die Rundfahrt fort. Der Polizeichef hatte versichert, dass keine Gefahr mehr bestünde. Beim Einbiegen in die Rudolfstraße hielt die Kolonne kurz. In diesem Moment sprang der 20-jährige ehemali-
35 ge Handelsschüler Gavrilo Princip auf die Fahrbahn. Ein Polizist sah die Pistole und wollte ihn aufhalten. Aber er wurde von einem Freund Princips niedergeschlagen. Princip gab mehrere
40 Schüsse ab. Die Frau des Erzherzogs wurde zuerst getroffen. Sie starb wenige Minuten später. Dem Thronfolger zerriss eine Kugel die Halsschlagader. Er verblutete, ohne dass die Ärzte ihm helfen
45 konnten.

(Zit. nach: Königsberger Hartungsche Zeitung, Nr. 356 vom 1.8.1914, Original-Nachdruck mit Kommentaren, Orbis-Verlag für Publizistik, Hamburg)

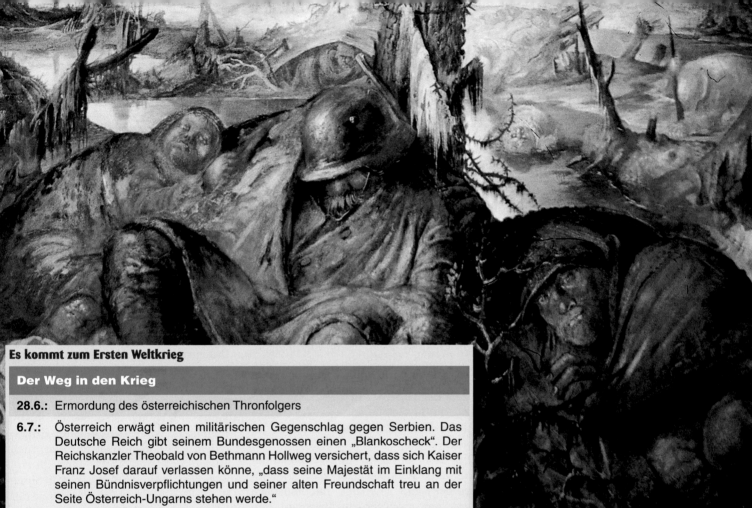

Gemälde von Otto Dix zum Ersten Weltkrieg

Es kommt zum Ersten Weltkrieg

Der Weg in den Krieg

28.6.: Ermordung des österreichischen Thronfolgers

6.7.: Österreich erwägt einen militärischen Gegenschlag gegen Serbien. Das Deutsche Reich gibt seinem Bundesgenossen einen „Blankoscheck". Der Reichskanzler Theobald von Bethmann Hollweg versichert, dass sich Kaiser Franz Josef darauf verlassen könne, „dass seine Majestät im Einklang mit seinen Bündnisverpflichtungen und seiner alten Freundschaft treu an der Seite Österreich-Ungarns stehen werde."

23.7.: Übergabe des österreichischen Ultimatums an Serbien. Serbien akzeptiert wesentliche österreichische Forderungen. Zwei Tage später sagt Russland Serbien Hilfe zu.
Besuch von Staatspräsident Poincaré in Petersburg: Frankreich steht zu seinen Bündnisverpflichtungen (französischer Blankoscheck).

27.7.: England schlägt eine Vermittlungskonferenz vor. Teilmobilisierung der britischen Flotte.

28.7.: Österreich erklärt Serbien den Krieg.

30.7.: Deutsche Militärs drängen auf Mobilmachung.

31.7.: 11.00 h: russische Generalmobilmachung
15.30 h: deutsches Ultimatum an Russland auf Rücknahme der Mobilmachung

1.8.: Generalmobilmachung in Frankreich
19.00 h: deutsche Mobilmachung und Kriegserklärung an Russland

3.8.: Deutschland erklärt Frankreich den Krieg und dringt in Belgien ein.

4.8.: Britisches Ultimatum an Deutschland, sich aus Belgien zurückziehen. Nach Ablauf des Ultimatums Kriegseintritt Englands.

Fünf Wochen nach dem Attentat begann der Erste Weltkrieg. Welcher Zusammenhang bestand zwischen diesen beiden Ereignissen?

1. Lest die Schilderung M1 und die Zeittafel. Formuliert erste Vermutungen über die Zusammenhänge.

2. Bearbeitet S. 186–191. Welche Informationen über die Hintergründe des Mordes und die Ursachen des Ersten Weltkriegs findet ihr?

3. Nehmt anschließend Stellung zu der Ausgangsfrage.

Ursachen: Warum führen die Europäer Krieg gegen sich selbst?

„Ein Platz an der Sonne": Der neue außenpolitische Kurs des Deutschen Reiches

Das Verhältnis der imperialistischen Mächte untereinander war von großer Rivalität gekennzeichnet. Mit der Weltherrschaft Europas wurde dieses Konfliktpotenzial jedoch zunächst in die außereuropäische Welt verlagert. Das aber war keine Lösung. Der Konflikt kehrte schließlich nach Europa zurück. Im Juli 1914 bedurfte es nur noch des Auslösers, des Mordes von Sarajewo, damit der Erste Weltkrieg ausbrach.

Nach Bismarcks Sturz im Jahre 1890 war die deutsche Regierung entschlossen auf die Bahn des Imperialismus eingeschwenkt: Bismarck hatte bis zuletzt gemahnt, Deutschland dürfe sich nur dann auf überseeische Besitzungen einlassen, wenn es keine Konflikte mit anderen Großmächten gebe. Seine Nachfolger gaben diese Zurückhaltung bald auf. Für sie stand nicht eine Politik des Gleichgewichts in Europa im Vordergrund. Sie strebten nach einer führenden Weltmachtstellung.

1897 erklärte der Staatssekretär im Auswärtigen Amt und spätere Reichskanzler von Bülow: „Wir wollen niemand in den Schatten stellen, aber wir verlangen unseren Platz an der Sonne!" Der „Platz an der Sonne" war eine einprägsame Parole, mit der das Deutsche Reich eine gleichberechtigte Stellung im imperialistischen Weltsystem anstrebte. An die Spitze dieser imperialistischen Bewegung im Deutschen Reich stellte sich Kaiser Wilhelm II. Seinen besonderen Ausdruck fand der deutsche Imperialismus in einer großen Kriegsflotte, deren Ausbau auf die Pläne Admirals Alfred von Tirpitz, später Staatssekretär im Reichsmarineamt, zurückging: Die Pläne sahen vor, die deutsche Marine zum schlagkräftigen Instrument deutscher Außenpolitik aufzurüsten. Sie sollte politisch als Druckmittel bei der Verteilung neuer Kolonien eingesetzt werden. Militärisch sollte sie so stark sein, dass für England ein Seekrieg ein unkalkulierbares Risiko würde. Ab 1898 sollten jährlich drei neue Schiffe gebaut werden. Bis 1920 waren insgesamt sechzig große Schiffe für die Marine geplant. Diese Zahl blieb zunächst geheim.

Für den Flottenbau warb vor allem der 1898 gegründete „Deutsche Flottenverein", der finanziell hauptsächlich von der rheinisch-westfälischen und saarländischen Schwerindustrie unterstützt wurde. Viele Deutsche begeisterten sich für „ihre Flotte", ein Beispiel für den großen Respekt vor allem Militärischen, seinen Repräsentanten und Symbolen. Das Denken und Verhalten vieler Menschen wurde von militärischen Kategorien bestimmt. Alle deutschen Reichskanzler trugen im Reichstag Uniform. Kaiser Wilhelm II. präsentierte sich gern in der Rolle des obersten Kriegsherrn.

M 1 Reichskanzler Bernhard von Bülow kündigt im Reichstag am 11. Dezember 1899 eine Flottennovelle an:

Q [...] Wir wollen keiner Macht zu nahe treten, wir wollen uns aber auch von keiner fremden Macht auf die Füße treten lassen (Bravo!), und wir
5 wollen uns von keiner fremden Macht beiseite schieben lassen, weder in politischer noch in wirtschaftlicher Beziehung (Lebhafter Beifall). [...] Die rapide Zunahme unserer Bevölkerung, der
10 beispiellose Aufschwung unserer Industrie, die Tüchtigkeit unserer Kaufleute, kurz, die gewaltige Vitalität des deutschen Volkes haben uns in die Weltwirtschaft verflochten und in die
15 Weltpolitik hineingezogen. Wenn die Engländer von einem Greater Britain reden, [...] haben auch wir Anspruch auf ein größeres Deutschland (Bravo! rechts, Heiterkeit links), nicht im Sinne
20 der Eroberung, wohl aber im Sinne der friedlichen Ausdehnung unseres Handels und unserer Stützpunkte. [...]
Wir wollen nicht wieder [...] die Knechte der Menschheit werden. Wir
25 werden uns aber nur dann auf der Höhe erhalten, wenn wir einsehen, dass es für uns ohne Macht, ohne starkes Heer und eine starke Flotte keine Wohlfahrt gibt. [...] In dem kommen-
30 den Jahrhundert wird das deutsche Volk Hammer oder Amboss sein.

(Stenographische Berichte über die Verhandlungen des Reichstags, Bd. 168, Berlin 1900, S. 3293)

Halte einen kurzen Vortrag:

– Merkmale der deutschen Außenpolitik unter Wilhelm II.,
– Deutschlands Verantwortung für den Ersten Weltkrieg.

Die Reaktion: ???

Über die größte Flotte verfügte damals Großbritannien. Wie würden die Briten wohl auf den Plan von Tirpitz reagieren? Die folgende Quelle ist ein Auszug aus einer Rede, die der britische Marineminister Winston Churchill 1912 in Glasgow hielt:

M 2

Q Wir denken nicht daran, irgend jemand anzugreifen, haben niemals daran gedacht und trauen dies auch keiner anderen Großmacht zu […]. Die
5 Flotte ist für Großbritannien eine Notwendigkeit, während sie für Deutschland in vieler Hinsicht nur einen Luxus bedeutet. Unsere Seemacht ist für das Dasein Großbritanniens von größter
10 Wichtigkeit […]. England ist eine Großmacht durch seine Flotte, Deutschland war aber in der ganzen Welt angesehen und geachtet, bevor es auch nur ein einziges Schiff besaß. […]
15 Wenn das Wettrüsten zur See fortgesetzt wird, werden wir nicht nur die Zahl unserer Schiffe, die wir bauen müssen, vermehren, sondern das Verhältnis in Betracht ziehen müssen, das unsere Flotten-
20 macht anderen Großmächten gegenüber aufweist, sodass unsere Vorherrschaft zur See immer größer und nicht kleiner wird, je größere Anstrengungen von anderer Seite gemacht werden.

(W. S. Churchill, Weltkrisis, Bd. 1, Leipzig 1924, S. 83f.)

Die Folgen: ???

M 3 Der Bau von Großkampfschiffen 1905–1913

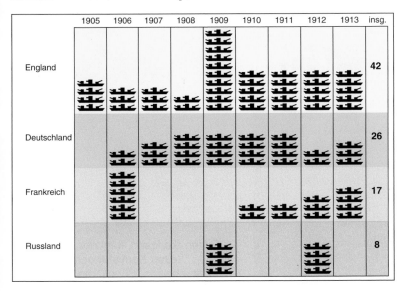

	1905	1906	1907	1908	1909	1910	1911	1912	1913	insg.
England										42
Deutschland										26
Frankreich										17
Russland										8

M 4

„Wie sollen wir uns da die Hand geben?" (Karikatur zum Flottenwettrüsten in der satirischen Zeitschrift „Simplizissimus", 1912)

Die deutsche Flottenpolitik belastete das britisch-deutsche Verhältnis stark. Auf das deutsche Flottenprogramm hatte Großbritannien mit dem Bau neuer, technisch überlegener Großschiffe reagiert. Mehrmals versuchten die Rivalen, den Rüstungswettlauf auf dem Verhandlungswege zu stoppen. Der Tirpitz-Plan verfehlte sein Ziel. Die Verhandlungen scheiterten vor allem an den unterschiedlichen Erwartungen der Verhandlungspartner: Deutschland wollte von Großbritannien vor allem die Zusage, sich in einem europäischen Krieg neutral zu verhalten; Großbritannien ging es in erster Linie darum, den wirtschaftlich ruinösen Rüstungswettlauf zurückzufahren. Spätestens 1911 weitete sich der Rüstungswettlauf zur See zu einem allgemeinen Wettrüsten aus, dem sich nahezu alle europäischen Mächte anschlossen.

Die deutsche Flottenpolitik wirkte sich auch auf die Außenpolitik des Empire aus: Großbritannien suchte nun den Anschluss an Frankreich. 1904 schlossen sich beide Mächte in einem Bündnis, „Entente cordiale", zusammen. In Deutschland nahm daraufhin die Angst vor einer politischen Isolierung des Reiches zu.

187

Der Konflikt um Marokko

Testfall für den großen Schlagabtausch zwischen den Weltmächten?

Solange Bismarck die Verantwortung für die deutsche Außenpolitik trug, sorgte er dafür, dass das Reich in ein kompliziertes Bündnissystem eingebunden war. Auf diese Weise konnte er erfolgreich verhindern, dass Deutschland außenpolitisch isoliert wurde. Zu Beginn des 20. Jahrhunderts wandelte sich vor allem unter dem Eindruck der deutschen Veränderung die außenpolitische Situation in Europa allerdings grundlegend.

- Wie veränderte sich das Zusammenspiel der Mächte und welche Auswirkungen hatte dies auf die Außenpolitik des Deutschen Reiches?

Der Konflikt um Marokko zeigt beispielhaft die Veränderungen der internationalen Beziehungen vor dem Ersten Weltkrieg. Wenn wir einen Konflikt gezielt untersuchen, fragen wir nach **den Konfliktursachen, dem Konfliktverlauf und den Konfliktlösungen.**
Die folgenden Fragestellungen helfen euch bei der Untersuchung.

1. Welche Mächte waren an dem Konflikt beteiligt?
2. Was war die Streitsache?
3. Welche Interessen verfolgten die Beteiligten?
4. Wer waren die Gewinner, wer die Verlierer des Konfliktes?
5. Wie wirkte sich der Konflikt auf das Verhältnis der Mächte untereinander aus?

M 2

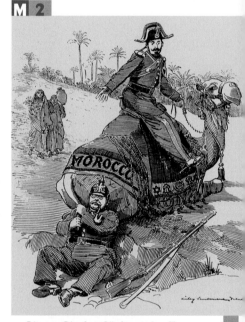

„Sitzen Sie fest?", fragt der Franzose in einer Karikatur des englischen Satireblattes „Punch" die Deutschen, die die französische Marokkopolitik zu behindern versuchen.

M 1

Kaiser Wilhelm II. besucht während einer Mittelmeerreise die Stadt Tanger.

Wer soll über Marokko herrschen?

Im Gegensatz zu den meisten Staaten Afrikas konnte Marokko seine Unabhängigkeit bis Anfang des 20. Jahrhunderts erfolgreich bewahren. Vor allem Frankreich interessierte sich für das an Bodenschätzen reiche Land. Doch zunächst musste es mit dem kolonialpolitischen Rivalen Großbritannien einig werden. Streitigkeiten um Ägypten hatten die beiden Mächte an den Rand eines Krieges geführt. Die Verärgerung Großbritanniens über die deutsche Flottenrüstung begünstigte die Annäherung der beiden Staaten. In der „Entente cordiale" (1904) verständigten sich Frankreich und das britische Empire auch über koloniale Einflussgebiete in Afrika: Ägypten sollte britisch

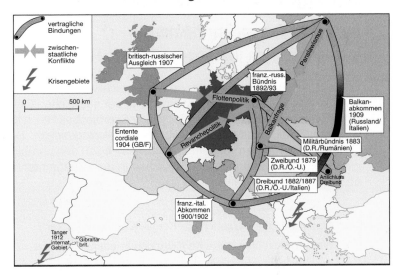

werden, während Frankreich in Marokko freie Hand erhielt.

Mit Unterstützung Großbritanniens konnte nun Frankreich darangehen, seinen Einfluss in Marokko auszubauen. Misstrauisch verfolgte die deutsche Öffentlichkeit Frankreichs Politik in Marokko. Auch deutsche Firmen interessierten sich für das an Bodenschätzen reiche Sultanat. Mit einem demonstrativen Besuch im marokkanischen Tanger unterstrich Kaiser Wilhelm das deutsche Interesse an Marokko. Immerhin konnte die deutsche Regierung erreichen, dass über die Zukunft Marokkos auf einer internationalen Konferenz verhandelt werden sollte.

Die Konferenz von Algeciras (1906) endete mit einer diplomatischen Niederlage Deutschlands: Außer Österreich-Ungarn schlugen sich alle europäischen Mächte auf die Seite Frankreichs. Auch auf die Hilfe Russlands konnte das Reich nicht mehr zählen: Der ehemalige Bündnispartner hatte sich enttäuscht zurückgezogen, nachdem das Reich 1890 den Geheimvertrag mit dem Zarenreich nicht erneuerte. Marokko blieb zwar auf dem Papier unabhängig, tatsächlich dehnte jedoch Frankreich seinen Einfluss in der Folgezeit weiter aus.

Wie reagiert die Entente auf den Panthersprung?

Der Streit um Marokko spitzte sich 1911 erneut zu, als Frankreich das von Unruhen geschüttelte Marokko endgültig besetzte. Deutschland reagierte auf diese Krise mit der Entsendung des Kanonenbootes „Panther" nach Agadir. Wie würde Frankreich auf diese Drohgebärde reagieren? Die deutsch-französischen Beziehungen waren seit der Niederlage Frankreichs 1871 gespannt. Vor allem den Verlust Elsass-Lothringens empfanden viele Franzosen als demütigend. Der Gedanke an Revanche an dem mächtigen Nachbarn schien verlockend, doch fühlte sich das Land dafür nicht gerüstet. Deutschland sorgte sich seinerseits schon seit geraumer Zeit über den französisch-britischen Bund. Gab es eine Möglichkeit, den Zusammenhalt der Entente zu testen, diese vielleicht sogar zu gefährden? Die Marokko-Krise schien die Gelegenheit dazu zu bieten. Das Kalkül ging allerdings nicht auf: Großbritannien bekannte sich be-

dingungslos zu seinem Bündnispartner und drohte Deutschland mit Krieg. Daraufhin beugte sich die deutsche Regierung dem Druck und zog die „Panther" ab.

Nach diesem Zusammenstoß erhöhte Frankreich seine Militärausgaben und verlängerte die Wehrpflicht auf drei Jahre. Am Vorabend des Ersten Weltkrieges standen sich so zwei hoch gerüstete Militärblöcke gegenüber.

M 5

Schlagzeilen in der Weltpresse zum „Panthersprung"

Hurra! Eine Tat!
(Rheinisch-Westfälische Zeitung)

Wie ein Blitz aus heiterem Himmel kommt das deutsche Eingreifen.
(das britische Sonntagsblatt „Observer")

Deutschland will sich am Atlantik festsetzen [...], um uns unaufhörlich Schwierigkeiten zu schaffen und unseren Einfluss zu behindern.
(die französische Zeitung „Eclair")

Brennpunkt Balkan

Warum bedrohen die Konflikte auf dem Balkan den Frieden in Europa?

Erinnert ihr euch? Der Mörder des österreichischen Thronfolgers, Gavrilo Princip, war bosnischer Serbe. Er gehörte der serbischen Geheimorganisation „Schwarze Hand" an, die für ein großserbisches Reich kämpfte. Es war kein Zufall, dass der Mord auf dem Balkan geschah. Der Balkan gehörte in den Jahren vor dem Ersten Weltkrieg zu den unruhigsten Regionen Europas. Zeitgenossen sprachen in dem Zusammenhang gerne vom „Pulverfass Balkan".

- Was waren die Ursachen der Konflikte auf dem Balkan?
- Warum bedrohten diese Konflikte den Frieden in Europa?

Formuliert auf der Grundlage eines Stichwortzettels eine zusammenfassende Antwort auf diese Leitfragen. Die Einzelfragen auf S. 191 helfen euch bei der Erarbeitung.

Großserbien – mit Russlands Hilfe?

Ausgelöst wurden die Krisen auf dem Balkan durch den Niedergang des osmanischen (= türkischen) Reiches. Dieses grenzte einst unmittelbar an Österreich-Ungarn und wurde Anfang des 20. Jahrhunderts ganz aus dem Balkan verdrängt. Im Machtverfall der Türkei sahen die Völker des Balkans ihre Chance, unabhängige Nationalstaaten zu bilden. Besonders die Serben kämpften für ein großserbisches Reich, in dem alle Serben vereint wären. Dazu rechneten sie natürlich auch alle Serben, die innerhalb der Grenzen Österreich-Ungarns lebten. Russland, das den Balkan als seine Einflusszone betrachtete, unterstützte die Serben bei der Verfolgung ihres Ziels. Es sah sich nicht nur als Fürsprecher der Völker auf dem Balkan, sondern auch als Interessenvertreter aller slawischen Völker, die es unter seiner Führung vereinen wollte. Man bezeichnet diese Idee als Panslawismus.

Österreich annektiert Bosnien-Herzegowina: Wie reagiert Russland?

Von den politischen Zielen Russlands fühlte sich vor allem Österreich-Ungarn bedroht – schließlich lebten innerhalb der Grenzen des Reiches zehn Völker, von denen sich z. B. die Polen und Tschechen den slawischen Völkern zugehörig fühlten. Gleichzeitig versuchte auch die Regierung Österreich-Ungarns, die Schwäche der Türkei auszunutzen und sich auf dem Balkan auszudehnen: 1908 annektierte es das bereits 1878 besetzte Bosnien-Herzegowina – gegen den Widerstand der serbischen Bevölkerungsmehrheit. Russland fühlte sich übergangen und protestierte scharf. Als sich jedoch das Deutsche Reich bedingungslos hinter seinen wichtigsten und einzig noch verbliebenen Bündnispartner stellte, lenkte Russland ein, zumal Frankreich und Großbritannien nicht an einer Ausweitung des Konflikts interessiert waren.

M 1

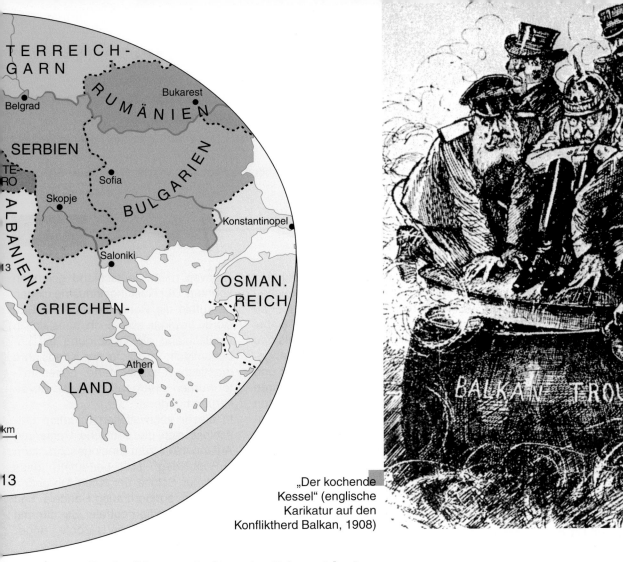

„Der kochende Kessel" (englische Karikatur auf den Konflikterd Balkan, 1908)

Der zweite Balkankonflikt: Kann Serbien seine Ziele erreichen?

Diese Krise sollte jedoch nur den Auftakt für eine Reihe weiterer Balkankrisen bilden: Als Italien 1911 die nordafrikanischen Gebiete von der Türkei eroberte, ermutigte der Erfolg die jungen Balkanstaaten – Serbien, Bulgarien, Griechenland, Montenegro – 1912 ebenfalls die Türkei anzugreifen und ihr fast den gesamten europäischen Besitz zu entreißen. Ein Jahr später gerieten die Staaten des Balkanbundes über die Verteilung der eroberten Gebiete in Streit und bekämpften sich untereinander. Als die Serben bis an das Mittelmeer vorstießen, drohte Österreich-Ungarn mit Krieg. Russland als Verbündeter der Serben war sofort zur Stelle. Nur durch Vermittlung Englands und Deutschlands konnte diese Krise noch einmal beigelegt werden: durch die Gründung des unabhängigen Staates Albanien. Das Verhältnis Österreich-Ungarns zu Russland blieb jedoch weiterhin gespannt.

1. Wie haben sich die Staatsgrenzen auf dem Balkan zwischen 1908 und 1913 verändert? Wer profitierte von der Neugliederung?

2. Fünf Staaten waren in die Balkankrisen verwickelt. In welchen Beziehungen diese Staaten untereinander standen – konfliktreichen oder freundschaftlichen – könnt ihr mithilfe eines Diagramms darstellen. Erklärt anhand des Diagramms, warum die Auswirkungen des Konfliktes weit über die Region hinausreichten.

3. Wie standen nach der Beilegung des zweiten Balkankonfliktes die Chancen für einen dauerhaften Frieden auf dem Balkan? Begründet eure Meinung.

4. **Ein Blick zurück:**
Kann ein Mord einen Weltkrieg auslösen? Diese Frage könnt ihr nun beantworten. Bezieht in eure Antwort auch die Arbeitsergebnisse der vorhergehenden Seiten mit ein.

Info   Der Verlauf des Ersten Weltkrieges (1914 – 1918)

Der folgende Text schildert wichtige Entwicklungen und Ereignisse im Verlauf des Ersten Weltkriegs.

1. Stationen des Krieges: Stelle den Kriegsverlauf mithilfe einer Zeitleiste anschaulich dar.
2. Das Jahr 1917 war für den weiteren Verlauf des Krieges ein besonders wichtiges Jahr. Begründe diese Ansicht.
3. Historiker bezeichnen den Ersten Weltkrieg als den ersten industrialisierten Krieg der Geschichte. Erläutere, was mit diesem Begriff gemeint ist.

1914 ➤ ➤ ➤ ➤ **1918**

Bis Weihnachten wieder zu Hause?

Die meisten Kriegsfreiwilligen, die sich zu Beginn des Krieges meldeten, gingen davon aus, dass der Krieg nur von kurzer Dauer sein würde. Sie vertrauten ganz auf die Wirksamkeit des Schlieffen-Planes, der bereits 1905 von General Schlieffen entwickelt worden war: Dieser sah vor, im Falle eines Zwei-Fronten-Krieges zunächst alle Kräfte auf die Niederschlagung Frankreichs zu konzentrieren. Man rechnete nämlich damit, dass die russische Militärmaschinerie mehrere Wochen für die Mobilmachung benötigen würde. Bis dahin – so dachte man – sei Frankreich bereits erobert. Da die französische Ostgrenze sehr gut befestigt war, sollte die deutsche Armee über das neutrale Belgien einmarschieren.

Vom Bewegungs- zum Stellungskrieg

Zunächst schien dieser Plan auch aufzugehen: Wenige Wochen nach Kriegsbeginn standen die deutschen Truppen bereits 50 km vor Paris. Dann jedoch starteten im September 1914 die französische und britische Armee eine Gegenoffensive und konnten an der Marne tief in die deutsche Frontlinie eindringen. Der Vormarsch kam zum Stillstand, die Fronten bewegten sich in den nächsten Jahren nur um wenige Kilometer. Die Soldaten verbarrikadierten sich in Schützengräben und Gefechtsständen. In verlustreichen Schlachten hoffte man den Gegner zu zermürben und „auszubluten". Dabei setzten die Kriegsgegner erstmals neu entwickelte Waffen ein: Maschinengewehre, Granaten, Flammenwerfer und Minen. Die in den Vorkriegsjahren durch das Wettrüsten aufgeblähten Rüstungsindustrien lieferten pausenlos Nachschub, der mit der Eisenbahn an die Front transportiert wurde. Der Krieg entwickelte sich zur Materialschlacht. Die neuen Waffen verursachten auf den Schlachtfeldern ein Massensterben in zuvor nicht gekanntem Ausmaß. Allein die Schlacht an der Somme (Frankreich) kostete über 1,3 Millionen Menschen das Leben. Auch das äußere Erscheinungsbild der Soldaten passte sich den veränderten Bedingungen der Kriegsführung an: An die Stelle der früher bunten Uniformen traten Tarnanzüge in Feldgrau und zum Schutz vor Granatsplittern trugen die Soldaten Stahlhelme.

Welche Folgen hat der uneingeschränkte U-Boot-Krieg?

Bereits im November 1914 erklärte Großbritannien die gesamte Nordsee zum Sperrgebiet für deutsche Schiffe. Die Blockade sollte verhindern, dass Kriegsmaterial und Rohstoffe auf dem Seeweg nach Deutschland gelangen konnten. Der Rüstungsindustrie gingen daraufhin die Rohstoffe aus. Die Blockade bewirkte aber auch, dass sich in Deutschland die Versorgung mit Lebensmitteln im Laufe der Kriegsjahre drastisch verschlechterte. Lebensmittel wurden streng rationiert, die Bevölkerung hungerte.

In dieser verzweifelten Situation entschloss sich die deutsche Regierung Anfang 1917 zum „uneingeschränkten U-Boot-Krieg". Das bedeutete, dass nicht nur Schiffe der Krieg führenden Nationen, sondern auch Handels- und Passagierschiffe neutraler Staaten mit den neu entwickelten U-Booten angegriffen wurden.

In den USA löste dieser Schritt einen allgemeinen Stimmungsumschwung aus: Dort sympathisierte man zwar seit Kriegsbeginn mit den Ententemächten, hatte sich aber bislang in dem europäischen Konflikt neutral verhalten. Nun erklärte die amerikanische Regierung dem Deutschen Reich den Krieg (17. April 1917).

Der Weg in die Niederlage der Mittelmächte

Drei lange, entbehrungsreiche Jahre Krieg hatten die Völker Europas kriegsmüde werden lassen. In Russland entlud sich die Unzufriedenheit der Bevölkerung in Streiks in den Rüstungsfabriken, Demonstrationen und zunehmenden sozialen Spannungen. Tausende von Soldaten desertierten, zumal sich seit Ende 1916 eine militärische Niederlage des Zarenregimes abzeichnete. Das Land versank zunehmend im Chaos. Im Februar 1917 beugte sich der Zar dem Druck des Volkes und dankte ab. Die Oktoberrevolution brachte wenige Monate später die Bolschewiken unter ihrem Führer Wladimir Illjitsch Lenin an die Macht. Sie hatten dem Volk eine rasche Verbesserung der sozialen Verhältnisse im Land zugesagt. Dieses Versprechen konnten sie nur einlösen, wenn der Krieg schnell beendet würde. Deshalb drängten sie bei den Mittelmächten auf Friedensverhandlungen. Der Preis, den sie für ihre Friedensbereitschaft zahlten, war allerdings hoch: Im Frieden von Brest-Litowsk (März 1918) verlor das russische Reich über ein Viertel seines Gebietes, drei Viertel seiner Kohlegruben und wichtige Industriezentren an die Mittelmächte. Das Deutsche Reich bewertete diesen Frieden als Erfolg der deutschen Kriegsführung. Seine Gegner sahen sich jedoch angesichts der harten Bedingungen in ihrer Entschlossenheit bestärkt, bis zur völligen Kapitulation der Mittelmächte durchzuhalten.

Durch den Kriegseintritt der USA hatte sich die Situation im Westen deutlich zugunsten der Entente verschoben. Zwar konnte das Deutsche Reich nach dem Kriegsende im Osten alle Kräfte im Westen konzentrieren, doch gegen die Übermacht der Gegner – an Soldaten und Material – kam es nicht an:

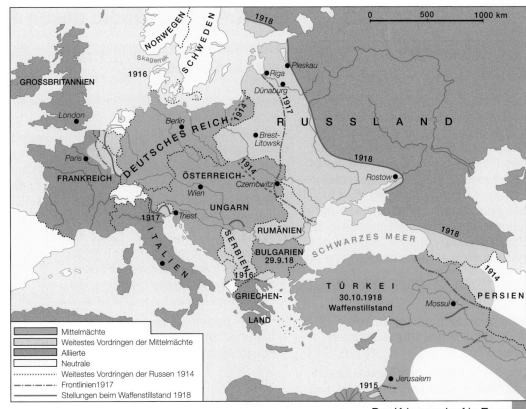

Der Kriegsverlauf in Europa

1918 verstärkten zwei Millionen amerikanische Soldaten die Armeen der Entente. Mithilfe von Tanks, einer Art Panzer, durchbrachen die Truppen der Alliierten am 8. August 1918 die deutsche Linien und drängten die deutschen Streitkräfte weit zurück. In den folgenden Wochen wurde auch der Heeresleitung klar, dass die Situation aussichtslos war. Sie verlangte von der Regierung Waffenstillstandsverhandlungen. Grundlage für die Verhandlungen sollte der 14-Punkte-Plan des amerikanischen Präsidenten Wilson sein, in dem dieser Bedingungen für eine demokratische Friedensordnung in Europa auflistete. Neben ganz konkreten Forderungen, wie z. B. die Abtretung Elsass-Lothringens an Frankreich, enthielt der Vorschlag auch Ideen für die künftige friedliche Gestaltung der Beziehungen zwischen den Völkern, so z. B. die Gründung eines überstaatlichen Zusammenschlusses, des Völkerbundes, und die Abschaffung der Geheimdiplomatie.

Wilson war allerdings nicht bereit, ein nichtdemokratisches Regime als Verhandlungspartner zu akzeptieren. Auch in Deutschland schien die Zeit für Reformen reif: Innerhalb weniger Wochen änderte man die Verfassung und setzte Prinz Max von Baden als neuen Reichskanzler ein. Doch zu spät: Ein Matrosenaufstand weitete sich zur allgemeinen revolutionären Bewegung aus, die im November 1918 das Ende des Kaiserreichs brachte. Der deutsche Kaiser floh ins niederländische Exil.

Am 11. November 1918 unterzeichneten die Vertreter der deutschen Republik bei Compiègne einen Waffenstillstand, der den Ersten Weltkrieg beendete.

Forschungs-station

Der Krieg mit einem neuen Gesicht

„Viele Menschen umarmten sich" – Warum ziehen Menschen begeistert in den Krieg?

Der Erste Weltkrieg gilt als der erste „totale" Krieg der modernen Geschichte. Um das Besondere dieses neuen Krieges zu erfassen, blicken wir auf den folgenden drei Doppelseiten auf drei Aspekte: auf die Kriegseuphorie und ihre Entstehung beim Ausbruch des Krieges, auf die neuartige Kriegsführung und ihre Auswirkungen auf die Soldaten sowie auf die Ausweitung des Krieges auf die „Heimatfront".

Die **Leitfrage der Untersuchungen** lautet somit:

Was kennzeichnet den Ersten Weltkrieg als neuartigen „totalen" Krieg?

Um diese Leitfrage beantworten zu können, stehen euch vor allem Bilder und Selbstdarstellungen der Menschen während des Krieges zur Verfügung. Diese könnt ihr entsprechend den inhaltlichen Schwerpunkten arbeitsteilig

bearbeiten. Tragt eure Ergebnisse in Kurzvorträgen vor, die ihr jeweils durch eine Mind-Map unterstützt. In einem Klassengespräch könnt ihr dann eine Antwort auf die Leitfrage geben.

Drei **Forschungsfragen** helfen euch, das Material zu erschließen:

1. Warum reagierten viele Deutsche zunächst begeistert auf den Kriegsausbruch? Auf welche Weise beeinflusste die deutsche Führung die Stimmung?

2. Worin bestand das Neue der Kriegsführung? Wie erlebten die Soldaten den Kriegsalltag und wie beeinflussten diese Erlebnisse ihre Einstellung?

3. Welche Auswirkungen hatte der Krieg auf das Leben der Zivilbevölkerung? Wie entwickelte sich die Stimmung an der „Heimatfront"?

Hurra, es herrscht Krieg!

Der Kriegsausbruch im August 1914 beendete eine längere Friedensphase in Europa. Aber: Kein lähmendes Entsetzen erfasste die Menschen, sondern es breitete sich eine große Kriegsbegeisterung aus, vor allem in bürgerlich-akademischen Kreisen. Hier war die Bereitschaft junger Männer, sich als Kriegsfreiwillige zu melden, besonders groß. Niedergedrückt war zunächst die Stimmung in der großstädtischen Arbeiterschaft; das änderte sich allerdings auch hier, als Mitte August die ersten Siegmeldungen eintrafen.

Seit Jahren war überschäumende nationale Begeisterung von den Politikern gezielt gefördert worden. In allen beteiligten Staaten war man der Meinung, mit dem Kriegseintritt im Recht zu sein. In Deutschland gelang es zudem dem Reichskanzler, Russland als Angreifer hinzustellen. Das erleichterte vor allem der SPD mit ihrem Hass auf den russischen Zaren die Kriegsbefürwortung. Die deutschen Machthaber taten alles, um ein Gemeinschaftsgefühl zu schaffen. Der deutsche Kaiser Wilhelm II. betonte, er kenne „keine Parteien" mehr, sondern „nur noch Deutsche". Die Gewerkschaften zollten ihm Tribut, indem sie gleich zu Beginn des Krieges das Ende aller Streiks verkündeten. Die sozialdemokratische Reichstagsfraktion stimmte den Kriegskrediten zu, die zur Finanzierung des Krieges notwendig waren. Es herrschte ein „Burgfrieden". Ähnliche Entwicklungen gab es jedoch auch in den anderen Krieg führenden Staaten. In Frankreich z.B. schlossen sich die Parteien zur „heiligen Union" zusammen. Zwei führende Sozialisten traten in das Kabinett als Minister ein.

M 1

Deutsche Soldaten auf dem Weg zur Front

M 2 Parolen

Q Sämtliche Züge, mit denen unsere Soldaten befördert werden, sind geschmückt und mit Aufschriften und Zeichnungen bedeckt, die von der fro-
5 hen, zuversichtlichen Stimmung und Kampfesfreudigkeit unserer braven Vaterlandsverteidiger zeugen. Einige solcher Verschen und Aufschriften seien hier wiedergegeben:
10 – Franzosen, nehmet euch in Acht,
 Aus euch wird Blutwurst jetzt gemacht! […]
 – Jeder Schuss ein Russ',
 Jeder Stoß ein Franzos'!
15 – Die Russen sind alle Verbrecher,
 Ihr Herz ist ein finsteres Loch,
 Die Franzosen sind noch viel frecher,
 Und Prügel bekommen sie doch!
 – Den Zar, das Schwein,
20 Den hacken wir noch klein!
 – Auf zum Kriege, Auf zum Siege!
 – Wir Berliner Kinder
 Sind Franzosenschinder!
 – Achtung! Heute frische Zufuhr
25 frischer Franzosenfelle mit Russeneinlage!

(Altenburger Landeszeitung vom 14. August 1914, Thüringisches Staatsarchiv, Altenburg)

M 3 Kriegslied

Q Wir sind bereit! Habt ihr's gehört?
Weh dem, der unsern Frieden stört,
Ihr Nachbarn, drängt uns nicht zum
 Streit.
5 Wir sind bereit! Wir sind bereit!
Und flammt der Weltschlacht Wetterschein,
Wir fürchten nichts als Gott allein.

Nie haben wir den Krieg gesucht,
10 Dem Frevelmute stets geflucht.
Doch unser Fluch, von Wall zu Wall
Dröhnt er, wie Eisenglockenschall.
Es donnern die Geschütze drein.
Wir fürchten nichts als Gott allein.

15 Und wenn die Sturmesglocke klingt,
Den Knaben Manneskraft durchdringt,

Ihr Weckruf macht die Alten stark.
Er dringt dem ganzen Volk ins Mark.
Das ist der Deutschen Art und Sein.
20 Wir fürchten nichts als Gott allein.

Es grünt und blüht das Vaterland,
Wir pflügen es mit starker Hand,
Doch wenn den Saaten Unbill droht,
Leiht seine Pflugschar uns der Tod.
25 Und führt er sie in unsre Reihn,
Wir fürchten nichts als Gott allein.

Halt treue Wache, deutscher Aar,
Dein Flug ist stark – dein Flug ist klar.
Halt Wache, rufe – wenn es Zeit.
30 Wir sind bereit! Wir sind bereit!
Ein Siegesjauchzen soll es sein,
Wir fürchten nichts als Gott allein.

(Gedicht eines Lesers in der Altenburger Landeszeitung vom 9. August 1914, Thüringisches Staatsarchiv, Altenburg)

M 4 Aus einem Brief eines später gefallenen Studenten

Q Warum ich mich als Kriegsfreiwilliger gemeldet habe? Natürlich nicht aus allgemeiner Begeisterung für den Krieg, auch nicht, weil ich es für eine
5 besonders große Tat halte, sehr viele Menschen totzuschießen oder sich sonst im Kriege auszuzeichnen. Im Gegenteil, ich finde den Krieg etwas sehr, sehr Schlimmes und glaube auch, dass
10 bei einer geschickteren Diplomatie es auch diesmal hätte gelingen müssen, ihn zu vermeiden.
Aber jetzt, wo er einmal erklärt ist, finde ich es einfach selbstverständlich,
15 dass man sich so weit als Glied des Volksganzen fühlt, um sein Schicksal möglichst eng mit dem Ganzen zu verbinden. Und auch wenn ich überzeugt bin, dass ich im Frieden für das Vater-
20 land und Volk mehr tun kann als im Krieg, so finde ich es ebenso verkehrt und unmöglich, solche abwägenden, fast rechnenden Betrachtungen jetzt anzustellen, wie etwa für einen Mann,
25 der, bevor er einem Ertrinkenden hilft, sich selbst überlegen wollte, wer der Ertrinkende wäre und ob er nicht vielleicht wertvoller sei als dieser. Denn das Entscheidende ist doch immer die
30 Opferbereitschaft, nicht das, wofür das Opfer gebracht wird.

(Zit. nach: W. Abelshauser/A. Faust/D. Petzina (Hg.), Deutsche Sozialgeschichte 1914–1945. Ein historisches Lesebuch, München (Beck) 1985, S. 216)

M 5

Deutsche Propagandapostkarte 1914: Deutsche Soldaten verjagen französische „Rothosen". Wie wird auf der Karte der Krieg dargestellt?

Grosse Hasenjagd
anno 1914.

An der Westfront: Wie erlebten Soldaten die Schlacht von Verdun?

Schon bald nach Kriegsausbruch zeigte der Krieg den Soldaten sein wahres Gesicht. Besonders die Schlacht von Verdun (21. Februar – 2. September 1916) wird für deutsche und französische Soldaten zum Alptraum. Begonnen hatte sie mit dem Befehl des deutschen Generals Falkenhayn zum Angriff auf die französischen Stellungen. Unter ungeheurem Einsatz von Material und Soldaten wollte er die französische Front durchbrechen und auf diese Weise die Kapitulation Frankreichs herbeiführen. Sein Plan misslang. Die Schlacht bei Verdun, 200 km von Paris entfernt, wurde für Franzosen und Deutsche zum Symbol für die Grausamkeit des Krieges schlechthin. In der längsten und blutigsten Schlacht des Ersten Weltkrieges kamen 1916 rund 300 000 deutsche und französische Soldaten ums Leben, ca. 700 000 Soldaten wurden verletzt.

M 2 In den Schützengräben

Ein später gefallener deutscher Soldat beschreibt 1916 in einem Feldpostbrief seine Erlebnisse in einem Schützengraben vor Verdun:

Q Wie ein Fuchsloch war der Eingang. Dahinter führte eine ganz verschüttete Stiege in den Raum, in dem wir uns vier Tage lang befanden. Tote
5 lagen unter dem Schutt, von einem schauten die Beine heraus bis zu den Knien […], die ganze Zeit war es stockdunkel, da wir nur ein paar Kerzen-

Ein französischer Soldat sinkt tödlich getroffen zu Boden.

stangen hatten. Dann war ein schreckli-
10 cher Modergeruch da unten, ein Modergeruch von Toten. Ich habe die vier Tage fast nichts essen können. Am dritten Tag schoss die französische Artillerie so auf unseren Unterstand, dass wir
15 glaubten, es falle alles zusammen. Am vierten Tag, Freitag, ging es dann schon in der Frühe los mit der schweren Artillerie bis abends 1/2 zehn Uhr. Was das heißt: zehn Stunden im Unterstand lie-
20 gen unter Granatfeuer, zehn Stunden den Tod des Lebendigbegrabenwerdens vor Augen oder die Aussicht, in die Luft zu fliegen, falls eine Granate da einschlägt, wo der Sprengstoff liegt!
25 Wir bekamen fast keine Luft mehr. Zum Schluss feuerten die Franzosen wahrscheinlich Gasgranaten vor unser Loch. Auf einmal steht der Feldwebel auf, es wird ihm schlecht und ein paar
30 weitere stehen auf und fallen um. […] Alles wollte hinaus. Viele hatten nicht mehr die Kraft sich hinauszuschwingen. Ich hatte sie Gott sei Dank noch, half sogar noch einem hinaus.

(Zit. nach: Stern Millennium, Kriegstagebuch, Westfront – die Fratze des Teufels, Hamburg 1999, S. 292f.)

M 3 Aus einem Feldpostbrief, Frankreich 1918

Q Hoffentlich kommt der Waffenstillstand, auf den wir hier stündlich warten. Denn dies ist kein ehrlicher Krieg mehr. Und wenn die Herren in der
5 Heimat, die immer noch weiter Krieg führen wollen, wüssten […], in welcher Verfassung die Soldaten sind, dann würden sie nicht solche Phrasen fabrizieren […]

(Zit. nach: ebenda)

M 4 Die erdrückende Angst – aus den Feldpostbriefen eines Bauern (1914/15)

Q *2.10.1914:* Teile dir mit, dass wir am 2. Oktober früh 7 Uhr die Grenze überschritten haben. Kanonendonner war natürlich das Erste. Zerschossene Wagen sah man auch dort liegen. Die Luft riecht brenzlich von den zerschossenen Ortschaften. Man sieht bloß Himmel und Militär.

14.10.1914: Hörst du nicht, ob der Krieg bald ein Ende nimmt? Betet fleißig für mich. Halte auch die Kinder dazu an, dass ich wieder zurückkehren kann.

18.10.1914: Wir haben fast Tag und Nacht Dienst, 2 Tage Schützengraben, 1 oder 2 Tage auf Wache. Wir müssen die Stellung fest halten. Wenn die Franzosen durchbrechen wollen, müssen wir sie zurückwerfen, was wir am Donnerstag, den 15. Oktober tun mussten. Wir hatten auch Artilleriefeuer, das war fürchterlich. 2 Tote und 3 verwundet. Schick mir keine Zeitung, ich habe keine Zeit zum Lesen. Ich schlaf oft den ganzen Tag keine 2 Stunden vor Angst um mein Leben. Wenn ich nur nicht durch die Kugel fallen muss, nur wegen dir und den Kindern. Säe noch 3–4 Morgen Weizen und betet fleißig. Ich bete im Schützengraben und auf Wache [...]. In der Gegend, wo wir sind, war auch schon Schlachtfeld. Es ist der Gräuel der Verwüstung. Tag und Nacht wird geschossen.

20.10.1914: [...] Was der Kaiser sagt, glaubt man bei uns nicht. Es ist ja doch kein Zeichen von Friedensverhandlungen da. Wenn ich nicht mehr kommen sollte, heiratest du den Michel.

3.11.1914 (berichtet von einem Gefecht am Allerseelentag):
Die Kugeln pfiffen, dass ich gar nicht wusste, was ich vor Angst anfangen sollte. Es dauerte bis in die Nacht [...]. Es war grässlich, wie ein Teil der Verwundeten aussahen. Gab auch 20 Tote und über 8 Verwundete. Wenn wir nur nicht ins Gefecht müssten. Betet fleißig. Ich bete fast Tag und Nacht.

15.11.1914: Es ist bald nimmer zum Aushalten, wenn man 2 Tage und Nächte im Wald gearbeitet hat und die Nacht durch Posten steht. [...] Wenn es so fort geht, verliere ich noch meinen Verstand vor Angst und Aufregung.

6.12.1914: Kann gar nichts essen vor lauter Gram und Sorgen. Halte es keine 4 Monate mehr aus [...]. Ich bin ganz kaputt [...]. Am 4. Dezember in der Nacht hatte unsere Patrouille einen Toten gefunden. Musste noch in der Nacht geholt werden. Mussten bloß 6 Mann mit, die sich freiwillig meldeten. 5 hatten sich gemeldet, fehlte noch einer. Hab mich dann freiwillig gemeldet. Er lag sehr nahe an den Franzosen. War ein sehr gefährlicher Dienst. Ich dachte, es ist ein geistliches Werk der Barmherzigkeit. Er lag schon seit 25. Oktober da. Wir gruben ihn bei unserer Stellung gleich ein im Wald wie ein Stück Vieh.

Vier Monate später:

17.4.1915: Ich bin jetzt ganz an das Kriegsleben und an den Kriegslärm gewöhnt. Das Schießen und Schießenhören ist einem etwas Altes.

10.5.1915: Unser Herrgott wird schon ein Ende machen, wenn es lang genug ist. Allein, wahrscheinlich wird jetzt Italien auch noch gegen den Dreibund gehen. Dann wird die Sache vollends recht werden.
Dann wird das Ende der Welt bald kommen.

17.6.1915: Will nur sehen, wie lang unser Herrgott noch zusieht, wie die Mannschaft behandelt und hingeschlachtet wird. Viele glauben an gar nichts mehr. Die, wo gleich gefallen sind, sind am besten dran.

Feldwebel Drechsel am 1.7.1915 an Katharina Schimmer:

Ich muss Ihnen leider, leider mitteilen, dass Ihr Mann [...] gestern tot aufgefunden wurde. Er hatte einen Schuss in den Rücken erhalten. Sie werden über diese traurige Nachricht untröstlich sein, doch beruhigen Sie sich, Ihr Mann hat ja den Heldentod fürs Vaterland gefunden. Er ist gestorben für eine gerechte Sache. Gott wird ihn dafür belohnen. Trösten Sie sich daher und halten Sie es als eine Fügung Gottes.

(Briefe St. Schimmer, 1979; zit. nach: Praxis Geschichte 10/87, S. 34f.)

M 5 Verdun 1916

Q Auf die Sekunde pünktlich brüllten mehr als 1200 Geschütze auf. Noch nie gab es das [...]. Stundenlang geht das so [...]. Wir schießen, schießen, schießen ohne Unterbrechung. Mittags beginnen die Minenwerfer [...], das Getöse wird noch größer [...]. Nachmittags zwischen 4 und 5 Uhr steigert sich unser Artilleriefeuer zum Trommelfeuer. Unsere Batterie schießt in der Stunde etwa 200 Schuss. Der Befehl kommt: ‚Von 4 Uhr 50 bis 5 Uhr Schnellfeuer.‘ Die Hölle bricht los, der Lärm [...] ist unbeschreiblich.

(Zit. nach: Schmid, Fragen an die Geschichte, Bd. 4, S. 11)

M 6

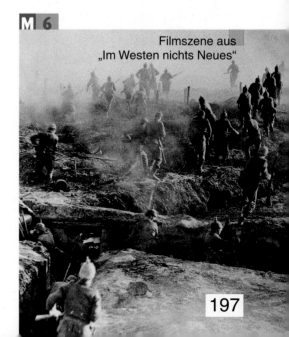

Filmszene aus „Im Westen nichts Neues"

Forschungs-station

Ein neuer Schauplatz: die „Heimatfront"

Ein Aufruf aus dem Jahre 1917

Versorgung der hungernden Stadtbevölkerung (Berlin 1916)

Frauen in einer Granatfabrik

Der Hamsterei verdächtigte Personen werden von der Polizei abgeführt (Berlin 1916).

Die ausgehungerte Berliner Bevölkerung schlachtet auf der Straße einen Pferdekadaver aus (Foto von 1918).

M6 Aus dem Tagebuch der Anna Kohns

Die folgenden Auszüge stammen aus dem Tagebuch der Bonnerin Anna Kohns (1883 – 1977), das diese während des Ersten Weltkrieges führte. Sie war mit dem Steinbildhauer Eugen Kohn verheiratet. Das kleine Heft wurde nach ihrem Tod auf einer Müllkippe gefunden.

M7

Diese Propagandapostkarte befand sich ebenfalls in Anna Kohns Unterlagen. Wegen der englischen Seeblockade wurden die Lebensmittel in Deutschland immer knapper.

1. August 1914 – Krieg!

Wie ist es möglich? Und doch ist es wahr! […] Am Bahnhof kommt Zug für Zug, alle 10 Minuten, mit Militär. Und die Begeisterung dabei! Wie viele von
5 diesen mögen gesund nach Hause kommen?

2. Oktober 1914

Jetzt ist schon zwei Monate Krieg, wenn es so weitergeht wie bisher, ist in einem
10 guten Monat alles vorüber […]

1. Oktober 1915

Mein einziger Bruder wird seit dem 26. September vermisst. Hoffentlich ist er gut in Gefangenschaft. Wir wollen das
15 Beste hoffen.

Neujahr 1915

Bittere Gedanken […] am ersten Tag des neuen Jahres […]. Wie viele junge, lebensfrohe Menschen mussten […] ihr
20 Leben lassen und wie viele […] müssen noch sterben? Es ist ein Hinmorden von tausenden jungen Leuten

21. März 1916

Die Soldaten sind missmutig – aber auch
25 alle – und sind nahe daran, den Gehorsam zu verweigern. Und erst die Stimmung im Volk! Die ist nicht zu beschreiben. Es ist bald kein Haus, wo nicht ein Angehöriger gefallen ist, und dann die
30 ungeheure Teuerung der Lebensmittel, wir sind von aller Welt abgeschnitten und müssen uns selbst ernähren. Wenn man bei Fett und Butterverkauf die Menschenmenge sieht, die sich drängt,
35 dann die Polizisten, die die Ordnung halten, dann weiß man, wie es mit uns steht. Ich glaube sicher, dass unser Heer den Sieg nicht herbeiführen kann […]

10. Februar 1917

40 Jetzt haben wir seit vier Wochen bitterste Kälte […], sämtliche Schulen sind für zwei Wochen geschlossen, weil nicht geheizt werden kann […]. Wir bekommen jetzt drei Pfd. Kartof-
45 feln, die Woche, ein Brot, 30 g Butter und am Samstag haben wir 75 g frisches Fleisch. Eier haben wir in zwei Monaten keine mehr bekommen […]. Wir essen jetzt Steckrüben […] und
50 sind zufrieden, dass etwas da ist, womit der Hunger gestillt werden kann.

27. April 1917

Seit Weihnachten haben wir vier Eier erhalten, keine Milch, kein Fett. Es
55 herrscht überall Hungersnot […]. Es gibt keine Schuhe mehr. Die Kirchenglocken sind zum Einschmelzen geholt worden. Wie mag das enden?

12. Juni 1917

60 Eugen ist am 5. Juni fort, mit ausgerückt nach Baranowischi. Ob er jemals wiederkommt? Ich glaube es nicht […]. Heute wird es acht Jahre, dass wir geheiratet sind. Acht Jahre
65 Glück, was mag jetzt kommen?

11. November 1918

Am 11.11. um 11 Uhr ist der Waffenstillstand unterzeichnet. Gott sei Dank. Besser ein Ende mit Schrecken wie
70 Schrecken ohne Ende […]

(Zit. nach: Journal für Geschichte, 2 (1980), S. 28ff.)

Wer war schuld am Ersten Weltkrieg?

Zehn Millionen Tote, viele Millionen Verletzte, weite Landstriche in Frankreich und Belgien völlig verwüstet – die Bilanz des Ersten Weltkrieges war verheerend. Noch nie zuvor in der Geschichte der Menschheit hatte ein Krieg solche Schäden angerichtet. Kein Wunder, dass man sofort nach Kriegsende auf die Suche nach den Verantwortlichen ging. Die Diskussion um die Kriegsschuld ist bis heute nicht beendet. Strittig ist besonders die Rolle des Deutschen Reiches: War der Mord von Sarajewo Anlass für einen von langer Hand vorbereiteten Angriffskrieg? Oder schlitterte Deutschland wie die anderen Krieg führenden Nationen in diesen Krieg, ohne dass ihn führende Politiker tatsächlich wollten, wie der britische Premier Lloyd George Anfang der 1920er-Jahre meinte. Zeitgenossen und Historiker geben unterschiedliche Antworten; ihr Urteil hängt von ihrer jeweiligen Perspektive ab.

Präsentationsvorschlag: Kartenabfrage – Trägt das Deutsche Reich die Hauptschuld am Ersten Weltkrieg?

Mit einer Kartenabfrage könnt ihr die Meinung jedes Einzelnen in dieser Frage sichtbar machen. Dazu benötigt ihr die Wandtafel, (Krepp-)Klebestreifen, pro Schüler einen dicken Filzstift sowie ein Blatt in DIN A5-Größe.

1. Ihr bereitet die Abfrage vor, indem ihr die Materialien auf dieser Doppelseite erschließt: Wer ist der Autor? Was sind die zentralen Aussagen des Textes? Mit welchen Argumenten begründet er seine Haltung? Welche Perspektive wählt er? Worin bestehen die Gemeinsamkeiten und Unterschiede der Positionen? Bewertung: Welche Argumente überzeugen euch, welche nicht?

2. Jeder Schüler äußert seine Meinung zur gestellten Frage nun schriftlich nach folgendem Schema: *Ja, weil …* oder *Nein, weil …* Begründet eure Entscheidung jeweils mit einem Argument, das ihr für besonders einleuchtend haltet, und klebt die Karten an entsprechender Position auf die Tafel.

Trägt das Deutsche Reich die Hauptschuld am Ersten Weltkrieg? Ja, weil … Nein, weil …

3. Wertet die Ergebnisse der Abfrage in einer abschließenden Diskussion in der Klasse aus.

Wie urteilten Zeitgenossen?

M 1 Der konservative deutsche Politiker Graf Reventlow, 1919

Q Was heißt Schuld? Wenn drei oder vier Räuber einen friedlichen Wanderer erst einkreisen, dann einengen, ihm immer mehr Bewegungsfreiheit nehmen, bis er, die drohende Fesselung erkennend, sich zur Wehr setzt und losschlägt, so ist es vielleicht unentschuldbar, dass er nicht die Vollziehung der Fesselung erst abwartete, so ist es allerdings seine Schuld, wenn es Hiebe setzt und Blut fließt. Aber, o ihr christlichen Nationen, die Räuber! Sollen sie leer ausgehen?

(Zit. nach: M.Dreyer/O. Lembcke, Die deutsche Diskussion um die Kriegsschuldfrage 1918/19, Berlin 1993, S. 107)

M 2 Die Sicht der Sieger

Q Während mehrerer Jahre hat Deutschland unausgesetzt eine Politik betrieben, die darauf hinzielte, Eifersucht, Hass und Zwietracht zwischen den Nationen zu säen, nur, damit es seine selbstsüchtige Leidenschaft nach Maß befriedigen konnte […]. Und zum Schlusse, in der Erkenntnis, dass es seine Ziele nicht anders erreichen konnte, entwarf es und begann es den Krieg, der die Niedermetzelung und Verstümmelung von Millionen Menschen […] verursachte.

(ebenda)

ICH HABE ES NICHT GEWOLLT

Kaiser Wilhelm II. vor Kriegsgräbern. Bis zu seinem Tode stritt der Kaiser jede Verantwortung für den Ersten Weltkrieg ab (Bildpostkarte).

Wie urteilen Historiker aus heutiger Sicht?

M 3 Der deutsche Historiker Fritz Fischer, 1961

Bei der angespannten Weltlage des Jahres 1914, nicht zuletzt als Folge der deutschen Weltpolitik […] musste jeder
5 lokale Krieg in Europa, an dem eine Großmacht unmittelbar beteiligt war, die Gefahr eines allgemeinen Krieges unvermeidbar nahe heranrücken. Da Deutschland den österreichisch-serbischen Krieg gewollt und gedeckt hat
10 und, im Vertrauen auf die deutsche militärische Überlegenheit, es im Juli 1914 bewusst auf einen Konflikt mit Russland und Frankreich ankommen ließ, trägt die deutsche Reichsführung den
15 entscheidenden Teil der historischen Verantwortung für den Ausbruch des allgemeinen Krieges […]. Der deutsche Kanzler [Bethman Hollweg] rechnete mit dem großen Krieg als Ergebnis
20 einer österreichischen militärischen Strafaktion gegen Serbien […]

(Fritz Fischer, Der Griff nach der Weltmacht, Düsseldorf (Droste Verlag) 1961, S. 84f.)

M 4 Der kanadische Historiker Holger Herwig, 1997

Anders als es der Historiker Fritz Fischer behauptet hat, ging Berlin 1914 nicht in den Krieg, um eine Weltmacht zu werden, sondern vielmehr um ers-
5 tens die Grenzen von 1871 zu sichern und sie anschließend auszubauen […]. Niemand hatte in Berlin Vorkehrungen für einen Krieg getroffen: Weder sind langfristige wirtschaftliche noch mi-
10 litärische Pläne gefunden worden, die anderes hätten vermuten lassen. […] Die preußische Armee weigerte sich, ihre Friedensstärke von 800 000 Mann in den Jahren 1912–1913 zu erweitern
15 […]. Dies allein spricht schon gegen die These eines lange geplanten Angriffskrieges. Die Munitionsreserven der Armee lagen im Sommer 1914 zwanzig bis fünfzig Prozent unter dem erforder-
20 lichen Maß […]. Außerdem sollte die Hochsee-Flotte nicht vor den frühen Zwanzigerjahren vollständig sein. […] Sowohl zivile als auch militärische Strategen waren beherrscht von der Auffas-
25 sung, es sei besser, lieber jetzt als später loszuschlagen. Sie waren sich bewusst, dass [das russische Rüstungsprogramm] ungefähr 1916/17 abgeschlossen sein würde. Sollten – oder konnten
30 – die Strategen so lange warten? Oder wäre es nicht besser, sofort loszuschlagen? […] Die Führer in Berlin sahen den Krieg als einzige Lösung, um der „Umzingelung" zu entkommen.

(Holger H. Herwig, First World War – Germany and Austria-Hungary 1914–1918, Arnold 1997, S.18f., Übersetzung: Andrea Herzig)

M 5 Der deutsche Historiker Michael Fröhlich, 1994

Europa hatte die Nerven verloren, die seit Jahren bestehende Kriegsbereitschaft [hatte] ein auslösendes Moment gefunden. Ihre Ursachen waren vielfäl-
5 tig. Ohne Zweifel zählte auf fast allen Seiten Prestigesucht dazu, aber eben auch eine grundsätzliche Konfliktbereitschaft, die seit den Tagen von Agadir[1] beständig zugenommen hatte.
10 Die Antagonismen [= Gegensätze] zwischen den einzelnen Staaten hatten eine lange Geschichte und erzeugten eine Eigendynamik, die in dem permanenten Spannungszustand vor Kriegs-
15 ausbruch erst recht zum Tragen kam. Hinzu gesellte sich die Tatsache, dass die europäischen Kabinette bereit waren, sich der Automatik militärischer Planungen hinzugeben und sich damit
20 selbst der Handlungsfreiheit beraubten. All diese Faktoren trafen im Juli 1914 zusammen und bieten einen Erklärungsansatz für die Entwicklung, die Europa in eine Orgie der Gewalt
25 stürzte. […] Der Mord in Sarajewo bot der Reichsleitung jetzt die Möglichkeit, dem russischen Nachbarn eine empfindliche diplomatische Niederlage zuzufügen. An Krieg dachte [die deutsche
30 Regierung] zunächst nicht. An die Politik wurde primär die Hoffnung geknüpft, die „Einkreisung" aufzuheben und Russland in Ansätzen zu isolieren. […] Diese Strategie war eine Gratwan-
35 derung, die den Krieg nicht ausschloss […]

(Michael Fröhlich, Imperialismus – Deutsche Kolonial- und Weltpolitik 1880–1914, 1994, S. 136f.)

[1] Gemeint ist der „Panthersprung" des Deutschen Reiches von 1911 (s. S. 189).

Zum Gedenken an den Ersten Weltkrieg wurde bei Amiens in Frankreich dieses Monument errichtet. Auf den Pfeilern stehen die Namen von 73357 gefallenen bzw. vermissten englischen und französischen Soldaten.

Stopp
Ein Blick zurück

Was erzählen die Bilder über den Ersten Weltkrieg?

Der Krieg und die Geschehnisse an der Front und in der Heimat beeindruckten viele Künstler tief. Stellvertretend für viele Bilder und Skulpturen, die in dieser Zeit entstanden, sind hier zwei Gemälde abgebildet. Das Bild M 1 malte Hans Baluschek 1914. Es trägt den Titel „Vernichtung". Das Bild M 2 stammt von Käthe Kollwitz. Sie nannte es „Gefallen". Es stellt eine Mutter dar, die gerade erfährt, dass ihr Mann im Krieg gefallen ist.

Diese Begriffe kann ich jetzt erläutern:

* Kolonialismus
* Imperialismus
* Prestige
* Sendungsbewusstsein
* Chauvinismus
* Sozialdarwinismus
* Industrialisierter Krieg
* Totaler Krieg

M 1

M 2

1. Beschreibe die Bilder und ihre Wirkung.

2. Welche Einstellung der Künstler zum Krieg kommt darin zum Ausdruck?

3. Ein Überlebender aus den Schützengräben und eine Kriegswitwe erzählen viele Jahre später vom Krieg. Was könnten sie berichten?

Der Erste Weltkrieg (1914 – 1918) – Rückblick in Form einer Radioreportage

Im August 2004 jährte sich der Ausbruch des Ersten Weltkrieges zum 90. Mal.

Stellt euch folgende Situation vor: Ihr seid Berichterstatter einer lokalen Radiostation und erhaltet den Auftrag, zu diesem Jahrestag einen Beitrag von 3–5 Minuten zu verfassen.

Einige – noch ungeordnete – Ideen hat der zuständige Redakteur schon für euch gesammelt. Wählt aus der Liste einige Stichworte und formuliert diese aus. Diese Aufgabe könnt ihr auch gut in der Gruppe erledigen.

- Ein Mord als Auslöser des Krieges?
- Diskussion um Kriegschuld – Position der Zeitgenossen, Sicht der Historiker
- Kriegsursachen
- Erster moderner Krieg der Geschichte
- Der Zusammenbruch der Mittelmächte
- Zahl der beteiligten Staaten – USA tritt als Weltmacht auf.
- Einsatz neuer Waffen verändert den Charakter des Krieges.
- Massensterben auf den Schlachtfeldern

- Auswirkungen des Krieges auf das Leben in der Heimat
- Schicksalsjahr 1917?

Ihren Beitrag kann jede Gruppe auf Kassettenrekorder aufnehmen. Spielt die Beiträge anschließend in der Klasse vor und redet darüber: Was hat euch gut gefallen, was weniger?

Revolution
in Russland 1917:
Zukunftsgestaltung
durch Sozialismus

„In ganz Europa gehen die Lichter aus: Zu unseren Lebzeiten werden wir sie nicht wieder angehen sehen."

Mit dieser düsteren Prognose sprach der englische Außenminister Edward Grey schon beim Ausbruch des Krieges 1914 das aus, was vielen Zeitgenossen erst im weiteren Verlauf der Entwicklung deutlicher werden sollte: Der Erste Weltkrieg markierte einen tiefen Einschnitt in der europäischen und weltgeschichtlichen Entwicklung. Danach war die Welt nicht mehr jene, die sie zuvor gewesen war.

Der Krieg stellte alle Beteiligten, auch die Siegermächte, vor wirtschaftliche und gesellschaftliche Probleme.

Doch die Verlierer Deutschland und Russland traf es noch grundsätzlicher: Hier waren die alten gesellschaftlichen und politischen Ordnungsvorstellungen fragwürdig geworden und eine Rückkehr zu ihnen war nicht mehr möglich. Zukunftsvisionen mussten entwickelt werden.

Und so stellte sich auch im ehemaligen Zarenreich nach dem verlorenen Krieg die Frage: Wie sollte ein neues Russland aussehen?

Der Maler Juri Pimenow setzte das neue Russland 1937 ins Bild: „Das neue Moskau", so der Titel seines Gemäldes, das im öffentlichen Auftrag für eine Industrieausstellung entstand.

- Betrachtet die Menschen, die Straßen, Fahrzeuge, Gebäude und beschreibt sie.
- Wie stellt der Maler die Lebenswelt Moskau dar?
- Was möchte euch dieses Bild über den „Zukunftsentwurf Sozialismus" vermitteln?

„Es lebe die Weltrevolution!"

„Lenin verkündet die Sowjetmacht"
(Gemälde von Vladimir Serov, 1947,
im Stil des „Sozialistischen Realismus",
Ausschnitt).

1916 bringt der Krieg für Russland militärische Niederlagen. Anfang 1917 bricht die Versorgung der Bevölkerung zusammen. Aufstände sind die Folge. Im Februar 1917 protestieren in Petrograd (bis 1914 St. Petersburg) Hunderttausende gegen Hunger und Krieg. Soldaten schließen sich ihnen an. Liberale Kräfte ergreifen die Initiative. Sie zwingen den Zar zum Abdanken, gründen eine Provisorische Regierung.

Nahezu gleichzeitig bilden sich in den großen Städten Arbeiter-, Bauern- und Soldatenräte (Sowjets). Sie erheben ebenfalls Anspruch auf die Macht. März 1917 ist die Monarchie in Russland beseitigt, die Machtfrage bleibt jedoch zunächst ungelöst.

Am 3. April kommt ein Mann nach Petrograd, der den Ereignissen eine besondere Wendung geben wird. Wladimir I. Lenin, herausragende Gestalt der russischen Sozialisten, befindet sich bei Ausbruch der Revolution im Exil in Zürich. Er erkennt die politischen Möglichkeiten der neuen Situation und beschließt, nach Russland zurückzukehren.

Am Abend des 3. April 1917 erreicht Lenin den Finnländischen Bahnhof in Petrograd.

---

[1] Bolschewiki: „Mehrheitler", radikale Sozialisten (Kommunisten)
[2] Menschewiki: Minderheitler, gemäßigte Sozialisten

Vgl. hierzu auch S. 209 und S. 212/213.

M 1 Der Augenzeuge Nikolay N. Suchanov berichtet über Lenins Ankunft

Q Die Menge vor dem Finnländischen Bahnhof blockierte den ganzen Platz. […] Zahllose rote Fahnen wurden durch ein gewaltiges Banner mit der goldenen Inschrift: ‚Das Zentralkomitee der RSDRP' [Bolschewiki][1] überragt. Soldateneinheiten mit ihren Kapellen zogen unter roten Fahnen nahe dem Eingang auf […]. Wir warteten lange Zeit, der Zug hatte Verspätung. Schließlich kam er an. Der laute Gesang der Marseillaise erscholl auf dem Bahnsteig, und Willkommensgrüße wurden laut. Wir warteten in dem ehemaligen kaiserlichen Empfangszimmer […]. Lenin kam mit raschen Schritten in den Raum. Er trug eine runde Mütze, sein Gesicht war von der Kälte gerötet, in seinen Händen hielt er einen mächtigen Blumenstrauß. In die Mitte des Raumes eilend, blieb er vor Cheidze (dem menschewistischen[2] Vorsitzenden des Petersburger Sowjets) stehen, wie vor einem völlig unerwarteten Hindernis. Und Cheidze, […] verdrießlich dreinschauend, hielt die folgende ‚Willkommensrede' in Geist und Ton eines belehrenden Sermons:

„Genosse Lenin, im Namen des Petersburger Sowjets und der ganzen Revolution begrüßen wir Sie in Russland […]. Wir sind der Meinung, dass die Hauptaufgabe der revolutionären Demokratie jetzt in der Verteidigung unserer Revolution gegen alle Anschläge, von innen wie von außen, besteht. […] Wir hoffen, dass Sie gemeinsam mit uns diese Ziele verfolgen werden." Lenin stand da, als ob das, was hier um ihn geschehe, nicht das Geringste mit seiner Person zu tun hätte […]. Dann wandte er sich von der Begrüßungsdelegation völlig ab und sagte: „Teure Genossen, Soldaten, Matrosen und Arbeiter! Ich bin glücklich, in euch die siegreiche russische Revolution, die Avantgarde der proletarischen Weltarmee zu begrüßen […]. Der räuberische imperialistische Krieg bedeutet den Beginn des Bürgerkrieges in ganz Europa […]. Die Morgenröte der weltweiten sozialistischen Revolution hat schon begonnen […]. Die russische Revolution, von euch vollbracht, hat eine neue Epoche eingeleitet. Es lebe die sozialistische Weltrevolution!"

(N. Suchanov, 1917 – Tagebuch der russischen Revolution, Ü.d.A.)

Die Schilderung Suchanovs führt uns mitten in die politischen Auseinandersetzungen des Revolutionsjahres 1917.
Ausgehend von dieser Situation ergeben sich für den Beobachter zwei Fragehorizonte:

Zum einen der Blick auf die Vorgeschichte:

- Was waren die Gründe für den Umsturz der politischen Ordnung im Jahre 1917? Welche Vorgeschichte hatte die Revolution?

- Wer waren die „Träger" der Revolution? Gab es bereits eine „revolutionäre Tradition"?

- Welche „Ideologie" lieferte die Motive für die politische Umwälzung von 1917? Welche „Vorbilder" waren vorhanden?

Zum anderen der Blick auf die nachfolgende Entwicklung:

- Was wurde aus den Zielvorstellungen Lenins? Gelang die Verwirklichung des sozialistischen Zukunftsmodells?

- Wurde die politische, gesellschaftliche und wirtschaftliche Wirklichkeit des nun entstehenden neuen Russlands dem gesellschaftsutopischen Anspruch des ursprünglichen Zukunftsmodells gerecht?

Lenin – Ein Revolutionär hat ein Problem

Info Wie sieht das alte Russland aus?

Als Lenin 1917 Petrograd erreicht, ist er nicht unvorbereitet. Viele Jahre hat er die Sozialtheorie von Karl Marx studiert und mit Blick auf Russland überdacht. Er muss die besondere Situation dieses Landes berücksichtigen:
- Was waren die Gründe dafür, dass das alte Russland zusammenbrechen konnte?
- Ist Russland reif für die Revolution?
- Ist der Zeitpunkt richtig gewählt?
- Lässt sich der Kommunismus auf das Russland des Jahres 1917 übertragen?
- Kann der Zukunftsentwurf von Karl Marx das Fundament sein?

Fragen, die Lenin durch den Kopf gingen und um die es im Folgenden geht.

Will man verstehen, wie es in Russland zur Revolution kam, muss man sich die Krise dieses Staates vor Augen führen. An der Schwelle zum 20. Jahrhundert wurde immer deutlicher, dass Russland mit anderen Großmächten nicht Schritt halten konnte. Im Prozess der Industrialisierung war das Zarenreich zurückgeblieben. Soziale Probleme und Unruhen belasteten das Land.

Russland – Wer herrscht, wer wird beherrscht?

Russland war im 18. Jahrhundert unter Zar Peter I. zur europäischen Großmacht aufgestiegen. Nach Bevölkerungszahl und Fläche stellte Russland am Ende des 19. Jahrhunderts die mit Abstand größte Macht dar. Mehr als 160 Millionen Menschen lebten in einem Riesenreich, das sich von der Ostsee bis zum Pazifik und vom Nordpolarmeer bis zum Schwarzen Meer ausdehnte. Neben den „Großrussen" westlich des Urals – etwa die Hälfte der Bevölkerung – waren viele weitere Völkerschaften Untertanen des russischen Reiches.

In seiner wirtschaftlichen, sozialen und politischen Entwicklung war Russland jedoch hinter den anderen europäischen Staaten zurückgeblieben. Das Land verfügte kaum über Industrie. Die Impulse der Aufklärung und der revolutionären Bewegungen des 18. und 19. Jahrhunderts erreichten Russland nicht. An der Wende zum 20. Jahrhundert herrschte Nikolaus II. nach wie vor

als Zar „autokratisch", d. h. unumschränkt. Seine Macht war weder durch ein Parlament noch durch eine Verfassung eingeschränkt. Dabei stützte er sich auf den Adel, der über Grundbesitz verfügte, auf die Kirche und auf eine Beamtenschaft, die aufgrund ihrer privilegierten Stellung kein Interesse an einer Veränderung der politischen Verhältnisse hatte. Ein umfangreicher Polizeiapparat sollte sicherstellen, dass jede Handlung der Untertanen gegen das System der Autokratie unterbunden blieb. Ein Bürgertum – also jene Kraft, die in Europa reformerische oder revolutionäre Entwicklungen vorangetrieben hatte – war in Russland nahezu nicht vorhanden. Der Großteil der russischen Bevölkerung – etwa 85 % – bestand aus abhängigen Kleinbauern, die keine politischen Rechte hatten und damit der Willkür der adeligen Großgrundbesitzer ausgeliefert waren. Etwa drei Viertel aller Russen konnten weder rechnen noch schreiben.

1861 änderte sich die rechtliche Lage der Bauern in Russland. Als Reaktion auf die schwache wirtschaftliche Leistungsfähigkeit des Landes verkündete der Zar die Aufhebung der Leibeigenschaft. Die Bauern konnten nun selbst Verträge abschließen. Sie erwarben das Recht, bisher von ihnen bebautes Land auch weiter nutzen zu können. Sie mussten dieses Land allerdings durch Ratenzahlungen kaufen. Diese Reformschritte blieben jedoch ohne Erfolg. Der Anstieg der Bevölkerung bewirkte, dass immer mehr Bauern immer weniger Land teilen mussten. Veraltete Anbaumethoden verhinderten den Aufschwung. Viele Bauern verarmten und mussten zusätzliche Arbeit bei den Großgrundbesitzern annehmen.

„Revolution von oben"

1854–1856 führte Russland Krieg gegen England und Frankreich. Das Ergebnis: eine verheerende Niederlage für Russland. England und Frankreich wa-

1. Haltet eure Erkenntnisse gebündelt in einer Mind-Map fest:

Probleme ——— wirtschaftl. — **Russland** ——— polit. ⟍ Zarenherrschaft
⟋ Lage **vor der** Situation ⟨ Opposition
Reformen **Revolution** ⟍ Reformen

2. Fasst zusammen: Welche besondere Lage kennzeichnet das alte Russland?

3. Das könnt ihr diskutieren: Die Situation in Russland – spricht sie für die Vorgänge von 1917?

208

ren technisch haushoch überlegen gewesen. Und ebenso wichtig: Die russischen Soldaten hatten – im Gegensatz zu ihren Gegnern – wenig Begeisterung gezeigt, für ihr Land zu kämpfen.

All dies war Anlass für Zar Alexander II., in Russland eine „Revolution von oben" einzuleiten. Die Eigenverantwortung der nun freien Bauern sollte einen Aufschwung und Produktionszuwachs in der russischen Landwirtschaft einleiten – eine Hoffnung, die sich nicht erfüllte. Eine weitere Aufgabe sahen die Reformer im Aufbau einer modernen Industrie. Aufgrund des geringen Steueraufkommens war es jedoch nötig, ausländisches Kapital ins Land zu holen. Anfang des 20. Jahrhunderts stand Russland mit seiner Industrieproduktion weltweit an fünfter Stelle, mehr als die Hälfte der Anlagen befand sich jedoch in ausländischer Hand. Die Situation der russischen Arbeiter verbesserte sich durch die Industriereformen nicht. Harte Arbeitsbedingungen, niedrige Löhne und das Fehlen sozialer Absicherung kennzeichneten die Lebenssituation der Industriearbeiter.

Revolution von unten

Bauernbefreiung und Industrialisierung hatten also die Lebensverhältnisse der Mehrheit der russischen Bevölkerung nicht verbessert, oftmals sogar verschlechtert und damit den Nährboden für politische Unruhen geschaffen. Zu Beginn des 20. Jahrhunderts mehrten sich Streiks der Arbeiter.

Als in Russland 1905 wegen eines Krieges mit Japan Preissteigerungen hingenommen werden mussten und in russischen Städten die Lebensmittel knapp wurden, war dies Anlass zu einer Revolution. Etwa 140 000 Menschen zogen am 9. Januar 1905 zum Winterpalais des Zaren, um eine Bittschrift zu überreichen. Soldaten eröffneten das Feuer auf die Demonstranten und töteten ca. 1 000 Menschen.

1905: „Blutiger Sonntag" – Demonstranten ziehen zum Schloss.

Als Folge des „Blutsonntags" brachen fast überall in Russland Streiks aus, die auch auf Teile der Truppen übergriffen. Der Zar konnte jedoch auf die Loyalität des größten Teils der Armee bauen und ließ die Aufstände blutig niederschlagen. Unter dem Druck der Situation ließ der Zar aber die Ausarbeitung einer Verfassung und die Bildung eines Parlamentes, der „Reichsduma", zu. Aufgrund eines Wahlrechts, das Besitzende begünstigte, dominierten dort zarentreue Kräfte. Die Reichsduma hatte im Wesentlichen nur beratende Funktion und sehr begrenzte Befugnisse.

Die Opposition formiert sich

Ende des 19. Jahrhunderts erwiesen sich politische Gruppen, die dem Marxismus nahe standen, als Sammelpunkte all jener, die das autokratische System kritisierten bzw. abschaffen wollten. Die gedanklichen Grundlagen fanden diese Gruppen in den Werken von Karl Marx und Friedrich Engels. Die marxistisch orientierten Organisationen vereinigten sich 1898 zur Sozialdemokratischen Arbeiterpartei Russlands. Auf dem 2. Parteikongress 1903 bildeten sich in dieser Partei zwei Gruppierungen heraus, nach einer zufälligen Abstimmung „Bolschewiki" (Mehrheitler) und „Menschewiki" (Minderheitler) genannt. 1912 trennten sich beide Gruppen endgültig. Die radikaleren Bolschewiki unter Führung von Wladimir Iljitsch Lenin traten für eine proletarische Revolution im Sinne von Marx und Engels ein, also eine Revolution durch Arbeiter und Bauern. Die neu entstandenen Gruppen konnten jedoch nur einen sehr kleinen Teil der russischen Gesellschaft ansprechen. Ihre Wirkung beschränkte sich weitgehend auf die gebildeten Schichten und Teile der Arbeiterschaft in den Städten.

Nach der Revolution 1905 konnte die autokratische Regierung ihre Macht durch politische Zugeständnisse und wirtschaftliche Reformen erneut stabilisieren. Der Eintritt in den Krieg mit Deutschland und Österreich-Ungarn 1914 lenkte von den inneren Fragen ab. Ein Großteil der Opposition akzeptierte angesichts der Bedrohung von außen den innenpolitischen „Burgfrieden".

Forschungs-station

Theorie als Hindernis? – Lenin schreibt Marx um

Als Anhänger der marxistischen Theorie stand Lenin seit 1917 vor einem Problem, das sich Marx selbst nicht konkret gestellt hatte: Wie setzt man diese Theorie in die Praxis um, in eine Praxis, die durch die besonderen Bedingungen und Handlungsnotwendigkeiten in einem konkreten Land bestimmt ist? Lenin fand eine Antwort: den Leninismus.

Eure Forschungsfragen.

1. Wie stellt sich Lenin eine Revolution in Russland vor?

2. Inwiefern folgte er dabei seinem Vorbild Karl Marx?

1. **Tipp!** Ihr könnt jeden Quellentext in seinen wichtigsten Aussagen kurz thesenhaft zusammenfassen, zum Beispiel in Form einer Tabelle:

Lenins Theorie der Revolution	
M 1 Voraussetzungen:	
M 2 Umfang:	
M 3 Beteiligte/Träger:	
M 4 Verlauf:	
M 5 Ergebnisse:	

2. **Der Vergleich lohnt …**

Sozialismus als gesellschaftspolitische Ordnungsvorstellung war nicht neu. Lenin hat sich in der Zeit seines Exils mit dem „Urvater" des Sozialismus – Karl Marx – auseinander gesetzt.
Vergleicht eure Tabelle mit der Übersicht der Theorie von Karl Marx.
– Wo wandelt Lenin die „alte" Theorie ab?
– Inwiefern ist der Leninismus eine typisch russische Theorie?

Wladimir Iljitsch Lenin, 1870–1924

Wer war Lenin?

Wladimir Iljitsch Lenin, geboren am 22.04.1870, studierte zunächst Jura (1887–1891) in Kasan und Petersburg. Nach der Zulassung zum Rechtsanwalt 1893 schloss er sich in Russland der sozialistischen Bewegung an. 1897 wurde er wegen politischer Agitation gegen das Zarenregime bis 1900 nach Sibirien verbannt. Seitdem lebte er in London, München und Genf im Exil. 1906 kehrte er nach Russland zurück und übernahm die Führung der Bolschewiki. 1907 musste er erneut emigrieren und lebte bis 1917 in Genf, Paris, Krakau, Bern und Zürich. In dieser Zeit beschäftigte er sich mit der Weiterentwicklung der marxistischen Philosophie. April 1917 kehrte Lenin nach Russland zurück und bereitete mit den Bolschewiki eine Revolution im marxistischen Sinne vor.

M 1 **Voraussetzungen einer Revolution in Russland**

Q In bestimmten Perioden scharfer ökonomischer und politischer Krisen entwickelt sich der Klassenkampf zum unmittelbaren Bürgerkrieg, d.h. zum
5 bewaffneten Kampf zwischen zwei Teilen des Volkes. In solchen Perioden ist der Marxist verpflichtet, auf dem Standpunkt des Bürgerkrieges zu stehen. Jede moralische Verurteilung des
10 Bürgerkriegs ist vom Standpunkt des Marxismus völlig unzulässig.

(W. I. Lenin, Werke, Band 11, Berlin (Dietz Verlag) 1966, S. 209)

M 2 Umfang der Revolution

Q Die Ungleichmäßigkeit der ökonomischen und politischen Entwicklung ist ein unbedingtes Gesetz des Kapitalismus. Hieraus folgt, dass der Sieg des Sozialismus zunächst in wenigen kapitalistischen Ländern oder sogar in einem einzeln genommenen Lande möglich ist. Das siegreiche Proletariat dieses Landes würde sich nach Enteignung der Kapitalisten und nach Organisierung der sozialistischen Produktion im eigenen Lande der übrigen, der kapitalistischen Welt entgegenstellen, würde die unterdrückten Klassen der anderen Länder auf seine Seite ziehen, in diesen Ländern den Aufstand gegen die Kapitalisten entfachen und notfalls sogar mit Waffengewalt gegen die Ausbeuterklasse und ihre Staaten vorgehen.

(W. I. Lenin, Werke, Band 21, Berlin (Dietz Verlag) ³1970, S. 345)

M 3 Träger der Revolution

Q Ein siegreicher Kämpfer kann das Proletariat nur unter der Bedingung werden, dass sich die Masse der Bauernschaft seinem revolutionären Kampf anschließt. Reicht die Kraft des Proletariats dazu nicht aus, dann wird sich die Bourgeoisie an der Spitze der demokratischen Revolution erweisen und ihr einen inkonsequenten und eigennützigen Charakter verleihen. Um das zu verhindern, gibt es kein anderes Mittel als die revolutionär-demokratische Diktatur des Proletariats und der Bauernschaft.

(W. I. Lenin, Werke, Band 9, Berlin (Dietz Verlag) ⁵1971, S. 48)

M 4 Revolutionsverlauf

Q Die Eigenart der gegenwärtigen Lage in Russland besteht im Übergang zur Revolution, die die Macht in die Hände des Proletariats und der ärmsten Schichten der Bauernschaft legen muss.

Keine parlamentarische Regierung, sondern eine Republik der Arbeiter-, Landarbeiter- und Bauerndelegierten im ganzen Lande, von unten bis oben. Abschaffung der Partei, der Armee, der Beamtenschaft.

Beschlagnahme der gesamten Ländereien der Gutsbesitzer. Nationalisierung des gesamten Bodens des Landes.

(W. I. Lenin, Werke, Band 20/1, Berlin (Dietz Verlag) 1970, S. 114ff.)

M 5 Ergebnisse der Revolution

Q Die weitere Entwicklung, d.h. die Entwicklung zum Kommunismus geht nur über die Diktatur des Proletariats. Die Diktatur des Proletariats aber, d.h. die Organisierung der Unterdrückten zur herrschenden Klasse, bringt eine Reihe von Freiheitsbeschränkungen für die Unterdrücker, die Ausbeuter, die Kapitalisten. Ihr Widerstand muss mit Gewalt gebrochen werden, und es ist klar, dass es dort, wo es Unterdrückung, wo es Gewalt gibt, keine Freiheit, keine Demokratie gibt.

Erst in der kommunistischen Gesellschaft, wenn der Widerstand der Kapitalisten endgültig gebrochen ist, wenn es keine Klassen mehr gibt – erst dann hört der Staat auf zu bestehen, und es kann von Freiheit die Rede sein. Erst dann ist vollkommene Demokratie möglich.

(W. I. Lenin, Werke, Band 20/1, Berlin (Dietz Verlag) 1970, S. 344f.)

Zum Vergleich: Ein Blick zurück

Wie Karl Marx sich eine sozialistische Revolution vorstellt:

→ **Voraussetzungen:**
- Kapitalismus auf hoher wirtschaftlicher Stufe
- Industriearbeiter (Proletariat) bilden die Mehrheit der Bevölkerung.

→ **Umfang:**
Weltrevolution: gleichzeitige Revolution in mehreren Ländern

→ **Revolutionäre/Träger:**
Industrieproletariat

→ **Verlauf:**
Umkippen der Verhältnisse

→ **Ergebnisse:**
- Diktatur des Proletariats als Übergangsphase
- Kommunistische Gesellschaft: Abschaffung der Ausbeutung und der privaten Produktionsmittel
- Notwendigkeit staatlicher Gewalt entfällt.

Revolution in Russland

War der Blick bisher auf die Vorgeschichte der Revolution gerichtet, soll nun die Revolution selbst im Mittelpunkt des Interesses stehen. Wie verlief die Revolution? Mit welchen Mitteln wurde sie durchgeführt? Auf den beiden folgenden Doppelseiten werden diese Fragen untersucht.

Info — 1917: Zwei Revolutionen verändern Russland

Von der Februarrevolution ...

1917: Frauen demonstrieren in Petrograd.

Russland 1917: Innerhalb kurzer Zeit kommt es zu zwei aufeinander folgenden Revolutionen. Der Text gibt euch eine Übersicht der Ereignisse. Will man das komplexe Geschehen übersichtlich machen, empfiehlt sich die Anwendung von Prinzipien, die ihr bereits im Rahmen einer Konfliktanalyse kennen gelernt habt. Auch Revolutionen haben
- Ursachen/Motive
- Beteiligte
- Ziele
- Verlauf
- Resultate (Gewinner/Verlierer).

Ähnlich wie 1905 protestierten am 23. Februar 1917 in Petrograd Hunderttausende gegen Hunger und Not, gegen die Beteiligung Russlands am Ersten Weltkrieg, die große Opfer forderte, und gegen die fast unumschränkte Herrschaft des Zaren. Auch diesmal wollte Zar Nikolaus II. die Unruhen militärisch niederschlagen, doch die Soldaten weigerten sich, auf die Demonstranten zu schießen. Ein Regiment nach dem anderen schloss sich den Aufständischen an. Waffenarsenale, Gefängnisse und strategisch wichtige Punkte der Stadt wurden besetzt. Auch der Befehl des Zaren, die Duma aufzulösen, wurde nicht befolgt.

Die Revolution breitete sich noch im Februar des Jahres 1917 im ganzen Land aus. Der Zar hatte in wenigen Tagen jegliche Kontrolle über die Macht verloren und musste am 2. März abdanken.

Führende liberale Abgeordnete der Duma bildeten eine „Provisorische Regierung" und kündigten verfassungsgebende Neuwahlen an. Die Provisorische Regierung beabsichtigte, den Krieg zunächst weiterzuführen, und lehnte daher eine grundlegende wirtschaftliche Umgestaltung ab.

Nahezu zeitgleich bildeten sich in den Städten Arbeiter- und Soldatenräte, die von nun an alle Verwaltungsaufgaben übernahmen und damit faktisch die Macht eingenommen hatten. Zentrale Bedeutung erhielt der mehrheitlich von Menschewiki bestimmte Petrograder Sowjet, der für einen schnellen Friedensschluss eintrat, um das zentrale Ziel des Aufstandes, die Beseitigung der Not, einzulösen. Auch weiter reichende Forderungen wurden formuliert: Verkürzung der Arbeitszeiten, Kontrolle der Industrieproduktion durch die Arbeiter, Land und Vieh für die Bauern.

Wertet den Text aus und sammelt eure Ergebnisse auf einer Zettelwand. Wenn ihr von den fünf genannten Grundprinzipien ausgeht, könnt ihr euch so einen guten Überblick über die beiden Revolutionen verschaffen.

... zur Oktoberrevolution

Die Februarrevolution brachte also keine eindeutigen Machtverhältnisse hervor. Es existierte nun faktisch eine Doppelherrschaft von Provisorischer Regierung und Sowjets. In den Räten zögerte man, Regierungsaufgaben anzustreben; unter Berufung auf Karl Marx vertraten die Menschewiki die Auffassung, das rückständige Russland sei noch nicht zu einer sozialistischen Umwälzung bereit. Lenin gelang es dagegen, die Bolschewiki zu einem selbstbewussteren Auftreten zu bewegen. Sie lehnten die Zusammenarbeit mit der Provisorischen Regierung ab und forderten alle Macht für die Räte. Noch waren die Bolschewiki eine Minderheit, doch die von Lenin propagierten Forderungen nach Frieden, Land, Brot und Freiheit fanden die Zustimmung der Massen.

Erneute Kriegsrückschläge trieben im Juli Soldaten und Arbeiter in Petrograd wieder zu Protesten auf die Straße. Die Provisorische Regierung konnte mit Gewalt die Ruhe wiederherstellen und verfolgte die Bolschewiki. Im August gelang es der Provisorischen Regierung mit Mühe, einen Militärputsch von rechts abzuwehren.

Dagegen wuchs der Einfluss der Bolschewiki. Im September gewannen sie im Petrograder und Moskauer Sowjet die Mehrheit. Lenin vertrat die Meinung, dass man angesichts des Schwankens der Regierung eine Mehrheit der Bolschewiki im ganzen Land nicht mehr abwarten sollte, sprach sich für einen bewaffneten Aufstand aus und konnte sich schließlich durchsetzen.

Der von Trotzki, dem im September neu gewählten Vorsitzenden des Petrograder Sowjet, organisierte Aufstand begann in der Nacht des 24. Oktober. Am Ende des folgenden Tages hatten die bolschewistischen Truppen des „Militärrevolutionären Komitees" alle

Petrograder Sowjet der Arbeiter und Soldaten, März 1917

strategisch wichtigen Punkte der Stadt sowie den Winterpalast, den Sitz der Provisorischen Regierung, eingenommen und die Mitglieder der Provisorischen Regierung verhaftet.

Unter Lenins Vorsitz bildete sich am 26. Oktober die Regierung des „Rats der Volkskommissare". Als erste Amtshandlung erließ der Rat ein Dekret über sofortigen Friedensschluss mit den Kriegsgegnern und die Enteignung des Grundbesitzes. Da die neue bolschewistische Regierung damit wesentliche Forderungen der Arbeiter und Bauern umgesetzt hatte, wurde sie in den meisten Gebieten des Landes akzeptiert.

Dennoch erhielten bei den noch zur Zeit der Provisorischen Regierung ausgeschriebenen Wahlen zur verfassungsgebenden Nationalversammlung die Sozialrevolutionäre die Mehrheit. Als sich die neu gegründete Nationalversammlung im Januar 1918 weigerte, die bolschewistische Herrschaft anzuerkennen, wurde sie vom Rat der Volkskommissare gewaltsam aufgelöst.

Bolschewiki fordern den Rücktritt der Provisorischen Regierung. Auf dem Transparent steht: „Nieder mit den kapitalistischen Ministern! Alle Macht den Sowjets!" (Juni 1917)

Neuanfang unter Lenin – Was wird aus Russland?

Unmittelbar nach der Revolution übernahmen die neuen Machthaber die Regierung über ein Land, das politisch noch immer unstabil war und wirtschaftlich weitgehend am Boden lag. Diese Probleme galt es in den Griff zu bekommen, auch um die eigene Macht zu festigen und um zu verhindern, dass die Unruhen in Russland weiter andauerten.

> Mithilfe der Materialien auf dieser Doppelseite ist es möglich, die Situation in Russland unmittelbar nach der Machtübernahme zu erfassen und die Vorgehensweise der Bolschewiki zu rekonstruieren. Untersucht:
> - Welche Probleme ergaben sich unmittelbar nach der Revolution in Russland?
> - Wie reagierten die neuen Machthaber auf diese Krise?

1. Informiert euch mithilfe der Darstellung auf dieser Seite zunächst über die Krise in Russland.

2. Untersucht dann jeweils zu zweit entweder die politischen oder die wirtschaftlichen Maßnahmen der neuen Regierung. Tragt eure Ergebnisse der Klasse vor.

3. Überlegt gemeinsam, ob die Maßnahmen der neuen Regierung angemessen waren.

Krieg und Kriegskommunismus

Die bolschewistische Herrschaft beschränkte sich Anfang 1918 auf das russische Kernland. Nun wollten einige Völker, die bislang zum russischen Reich gehörten, selbstständig werden. Zugleich vereinigten sich Gruppen unterschiedlicher politischer Richtung, die gegen die Revolution waren, zum Kampf gegen die neuen Herrscher. Sie wurden dadurch ermuntert, dass auch westliche Staaten und Japan nun militärisch gegen den neuen Staat vorgingen. 1918 befand sich Russland im Krieg. Die „Rote Armee" aus freiwilligen Arbeiterbataillonen und Soldaten des Ersten Weltkriegs kämpfte gegen die Feinde der Revolution. Fast drei Jahre dauerte der mit äußerster Härte geführte Krieg. Erst 1921 gewann die Rote Armee die Kontrolle über das ehemalige russische Reich. 1922 wurde daraus die Union der Sozialistischen Sowjet-Republiken (UdSSR): der Form nach ein Bundesstaat, praktisch jedoch ein zentralistisch regierter Einheitsstaat.

In der Zeit des Krieges hatte die neue Regierung versucht, die Wirtschaft auf die Bedürfnisse des Krieges auszurichten, verbunden mit dem Ziel, schon jetzt Elemente des Sozialismus einzuführen. Betriebe wurden verstaatlicht und in die Verwaltung der Arbeiter gegeben. Bauern wurden verpflichtet ihre Erzeugnisse an den Staat abzugeben, der die Lebensmittel verteilte. Mit Ende des Krieges 1921 war das Land jedoch wirtschaftlich am Boden. Etwa fünf Millionen Menschen starben an Hunger.

Russisches Plakat: Hilfsaufruf während der Hungersnot 1921/22

Eine Folge des Krieges in Russland: hungernde Kinder (1922)

Im Kriegshafen von Kronstadt: Der Aufstand gegen die neue Regierung im März 1921 (s. M4) hat zu erheblichen Verwüstungen durch Straßenkämpfe geführt.

Lenin reagiert auf die politische Krise

M 4 Forderungen der Matrosen von Kronstadt

Aufgrund der wirtschaftlichen Not, aber auch aus Protest gegen das gewalttätige Vorgehen der neuen Regierung gegen anders Denkende kam es im März 1921 zu einem Aufstand der Matrosen im Kriegshafen von Kronstadt. Der Aufstand wurde wie viele andere von den bolschewistischen Herrschern blutig niedergeschlagen. Die Motive der Matrosen zu diesem Aufstand sind exemplarisch für die damalige Opposition all derjenigen, die ihre Träume von einem besseren Russland nicht erfüllt sahen.

Als die Arbeiterklasse die Revolution zum Erfolg führte, hoffte sie, ihre Befreiung zu erlangen. Das Ergebnis war aber eine noch größere Versklavung. Die Macht des Polizeimonarchismus ging in die Hände der kommunistischen Eindringlinge über, die den Werktätigen statt der Freiheit ständige Furcht vor der Folterkammer der Tscheka[1] brachten. Auf die Proteste der Bauern antworteten sie mit Massenerschießungen und Blutgier. Immer klarer zeichnet sich ab, dass die Kommunistische Partei nicht, wie sie vorgab, für die Werktätigen eintritt. Einmal an die Macht gelangt, kennt sie nur die Sorge, diese nicht wieder zu verlieren, und deshalb sind alle Mittel erlaubt: Verleumdung, Betrug, Mord und Rache an den Familienangehörigen der Aufständischen.

(Zit. nach: F. Kool/E. Oberländer, Arbeiterdemokratie oder Parteidiktatur, Olten 1967, S. 386f.)

---

[1] politische Polizei

M 5 Lenin auf dem 10. Parteitag, März 1921

Die politischen Unruhen zu Beginn des Jahres 1921 waren der Hintergrund dafür, dass Lenin auf dem 10. Parteitag Maßnahmen zum Umgang mit der politischen Opposition durchsetzte.

Wir brauchen jetzt keine Opposition, Genossen, es ist nicht die Zeit danach! Entweder hier oder dort mit dem Gewehr, aber nicht mit einer Opposition. Das ergibt sich aus der objektiven Lage, ob es ihnen passt oder nicht. Und ich denke, der Parteitag wird die Schlussfolgerung ziehen müssen, dass es jetzt mit der Opposition zu Ende sein, ein für alle Mal aus sein muss, dass wir jetzt der Opposition müde sind. Der Parteitag erklärt ausnahmslos alle Gruppen, die sich auf der ein oder anderen Plattform gebildet haben [wie die Gruppen der „Arbeiteropposition", des „demokratischen Zentralismus" usw.], für aufgelöst bzw. ordnet ihre sofortige Auflösung an.

(W. I. Lenin, Werke, Band 32, Berlin (Dietz Verlag) 1974, S. 201f.)

Lenin reagiert auf die Wirtschaftskrise

„Neue ökonomische Politik"

Auf dem 10. Parteitag im März 1921 reagierte die bolschewistische Führung auch auf die wirtschaftliche Situation des Landes. In der Zeit des Krieges hatten Beschlagnahmungen von Lebensmitteln und Zwangsmaßnahmen gegen die Bauern Versorgungsengpässe geschaffen. Die Industrieproduktion in den Städten konnte kaum aufrechterhalten werden. 1921 verstärkte eine Missernte die Not.

Eine „Neue ökonomische Politik" (NEP) sollte die Wirtschaft wieder auf die Beine bringen. Während des Krieges war die landwirtschaftliche Produktion unter staatliche Kontrolle gestellt worden. Nun wurde den Bauern zugestanden, die Hälfte ihrer Erzeugnisse frei zu verkaufen. Auch in Handel und Gewerbe wurde die ursprünglich von der neuen Regierung durchgesetzte staatliche Kontrolle gelockert. Kleinunternehmen konnten wieder eigenverantwortlich tätig werden. Die bolschewistische Regierung versprach sich davon eine deutliche Erholung der landwirtschaftlichen Produktion, des Handels und der Kleinindustrie. In allen anderen Bereichen wurde die staatliche Kontrolle jedoch grundsätzlich beibehalten.

Auswirkungen der NEP

M 6 Getreideerzeugung 1913–1927

	1913	1921	1927
Weizen	206	80	212
Roggen	189	–	244
Gerste	90	13	45
Hafer	134	100	133

(Angaben in Mio. dz)

M 7 Rohstofferzeugung 1913–1929

	1913	1921	1927	1929
Kohle (Mio. t)	29,5	7,8	32,2	34,5
Erdöl (Mio. Bls)	62,8	25,4	77	87,8
Eisen (1000 t)	4 220	115	2 977	3 374
Stahl (1000 t)	4 212	63	3 541	4 267

Das neue Russland

Zu Beginn des Jahres 1924, sieben Jahre nach der Revolution, stirbt Lenin, der bis dahin die prägende Persönlichkeit des neuen Russland gewesen war. In den Auseinandersetzungen um seine Nachfolge gelingt es einem Mann, die Macht an sich zu ziehen, der bereits unter Lenin führende Funktionärsposten bekleidet hatte: Stalin. Unter seiner Führung wird in den folgenden Jahrzehnten das neue Russland gestaltet.

Stalin im Kreml, 1932. Welches „Bild" von Stalin vermittelt das Foto?

M 1

Der neue Mann an der Spitze: Stalin

Nach dem Tode Lenins begann Stalin in Russland damit, sein Verständnis von Sozialismus umzusetzen.

- Wer war dieser Mann?
- Welche Zukunftsvorstellungen hatte er?
- Was wollte er anders machen als Lenin?

1. Informiert euch mithilfe der Darstellung auf dieser Seite zunächst über die Person Stalin.

2. Wertet anschließend die beiden Quellen auf Seite 217 aus und fasst zentrale Aussagen Stalins stichwortartig zusammen.

3. Überlegt dann, was neu ist an Stalins Position.

Ein Mann setzt sich durch

Zu Beginn des Jahres 1921 erleidet Lenin einen Schlaganfall und ist einseitig gelähmt. Ein parteiinterner Kampf um seine Nachfolge beginnt. 1922 wird Josef Stalin Generalsekretär der bolschewistischen Partei. Lenin warnt Ende 1922 in zwei Briefen den Parteitag vor Stalin. Er sei grob und intolerant und daher als Generalsekretär nicht geeignet.

Stalin nutzt seine Funktion als Generalsekretär und die Abwesenheit Lenins und besetzt bis 1924 etwa 16 000 Funktionsstellen in der Partei mit Leuten, die ihm persönlich ergeben sind. Im Januar 1924 stirbt Lenin. Stalin gelingt es in den folgenden Jahren, seine Gegner auszuschalten. Er schließt seinen schärfsten Rivalen, Leo Trotzki, 1927 aus der Partei aus und verweist ihn 1929 aus der Sowjetunion. 1940 wird Trotzki auf Befehl Stalins in Mexiko umgebracht. Wie Trotzki ergeht es vielen anderen, die Stalin gefährlich werden könnten. Sie werden gegeneinander ausgespielt, aus ihren politischen Positionen gedrängt oder beseitigt. 1929 hat Stalin sich auf diese Weise in seiner Führungsrolle durchgesetzt.

Wer ist Stalin?

Stalin, der „Stählerne" – eigentlich Jossif Wissarionowitsch Dschugaschwili – kommt 1879 als Sohn eines Schuhmachers in der Nähe der georgischen Hauptstadt Tiblisi zur Welt. Er besucht dort von 1894 bis 1899 das Priesterseminar. 1903 schließt er sich der bolschewistischen Partei an. Er wird mehrfach verhaftet. 1912 wird er Mitglied des Politbüros der Partei. Nach der Oktoberrevolution übernimmt er das Amt des Ministers für Nationalitätenfragen, bevor er 1922 zum Generalsekretär aufsteigt.

M 2 Stalin: Metall-Land

Q Das verflossene Jahr [1929] war ein Jahr des großen Umschwungs an allen Fronten des sozialistischen Aufbaus. Dieser Umschwung ging und geht im
5 Zeichen der entschiedenen Offensive des Sozialismus gegen die kapitalistischen Elemente in Stadt und Land vor sich.

Die zweite Errungenschaft der Partei
10 besteht darin, dass wir im verflossenen Jahr ein beschleunigtes Tempo in der Entwicklung der Produktion von Produktionsmitteln eingeschlagen und die Voraussetzungen für die Umwandlung
15 unseres Landes in ein Metall-Land geschaffen haben.

Schließlich über die dritte Errungenschaft der Partei im verflossenen Jahre, die mit den ersten zwei Errungenschaf-
20 ten organisch verbunden ist. Es handelt sich um den grundlegenden Umschwung in der Entwicklung unserer Landwirtschaft von der kleinen und rückständigen individuellen Wirtschaft
25 zur fortgeschrittenen kollektiven Großlandwirtschaft, zur gemeinsamen Bodenbearbeitung, zu Maschinen- und Traktorenstationen, zu Kollektivwirtschaften, die sich auf die neue Technik
30 stützen, und schließlich zu Riesen-Sowjetwirtschaften, die mit hunderten von Traktoren und Mähdreschmaschinen ausgerüstet sind. […]

Wir gehen mit Volldampf den Weg der
35 Industrialisierung – zum Sozialismus, unsere uralte russische Rückständigkeit hinter uns lassend. Wir werden zu einem Lande des Metalls, einem Lande der Automobilisierung, einem Lande
40 der Traktorisierung. Und wenn wir die Sowjetunion aufs Automobil und den Bauern auf den Traktor gesetzt haben – mögen dann die ehrenwerten Kapitalisten, die sich mit ihrer „Zivilisati-
45 on" brüsten, versuchen uns einzuholen. […]

(Zit. nach: Geschichte in Quellen, 1914–1945, München (Bayerischer Schulbuch Verlag) 1989, S. 141f.)

M 3 Stalin: Wirtschaft – national und international

Q Also, ist die Einrichtung der sozialistischen Wirtschaft in unserem Lande möglich ohne den vorherigen Sieg des Sozialismus in anderen Ländern, ohne
5 dass das siegreiche Proletariat des Westens direkte Hilfe mit Technik und Ausrüstung leistet?

Ja, sie ist möglich. Und sie ist nicht nur möglich, sondern auch notwendig und
10 unausbleiblich. Denn wir bauen bereits den Sozialismus auf, indem wir die nationalisierte Industrie entwickeln und sie mit der Landwirtschaft zusammenschließen. Indem wir das Genos-
15 senschaftswesen auf dem Lande entfalten und die bäuerliche Wirtschaft in das allgemeine System der sowjetischen Entwicklung einbeziehen, indem wir die Räte belegen und den Staatsapparat
20 mit den Millionenmassen der Bevölkerung verschmelzen, indem wir eine neue Kultur aufbauen und ein neues
25 gesellschaftliches Leben entfalten.

Es besteht kein Zweifel, dass unsere Aufgabe von Grund aus erleich-
30 tert würde, wenn uns der Sieg des Sozialismus im Westen zu Hilfe käme. Aber erstens wird der Sieg des Sozialis-
35 mus im Westen nicht so schnell zustande gebracht, wie wir das wünschten, und zweitens lassen sich diese

40 Schwierigkeiten überwinden, und wir überwinden sie bekanntlich schon.

Man kann nicht wirklich aufbauen, wenn man nicht weiß, mit welchem Ziel man baut. Die große Bedeutung
45 des Leninismus besteht unter anderem gerade darin, dass er einen Aufbau aufs Geratewohl, ins Blinde hinein nicht anerkennt, dass er sich einen Aufbau ohne Perspektive nicht denken kann, dass er
50 auf die Frage nach der Perspektive unserer Arbeit eine klare und bestimmte Antwort gibt, indem er erklärt, dass wir alles haben, was notwendig ist, um die sozialistische Wirtschaft in unserem
55 Lande zu errichten, dass wir die vollendete sozialistische Gesellschaft aufbauen können und müssen.

(Zit. nach: Hans-Joachim Lieber/Karl-Heinz Ruffmann (Hrsg.), Der Sowjetkommunismus. Dokumente, Band 1, Köln/Berlin 1963, S. 227ff.)

M 4

„Wir bauen den Sozialismus". Auch dieses Plakat aus dem Jahr 1927 verdeutlicht die Vorstellungen über die Entwicklung der Sowjetunion.

Lernstationen zum Thema: Gelebter Stalinismus

Auf den vorangegangenen Seiten habt ihr Stalins Pläne für die künftige Entwicklung der Sowjetunion kennen gelernt. Bis zu seinem Tode im Jahre 1953 hatte er die Möglichkeit, seine Visionen in die Tat umzusetzen.

Im Folgenden werden fünf ausgewählte Bereiche des täglichen Lebens in der UdSSR vorgestellt. Die ausgewählten Materialien ermöglichen einen Einblick in den sowjetischen Alltag der 20er-, 30er- und 40er-Jahre des 19. Jahrhunderts.

Für die Beschäftigung mit den folgenden Seiten bietet sich eine arbeitsteilige Vorgehensweise an, am besten in Gruppen. Jede Gruppe entscheidet sich für einen der fünf Bereiche. Dabei dürfen die einzelnen Gruppen nicht aus dem Auge verlieren, dass sie die Mitschüler über ihre Untersuchungsergebnisse informieren müssen. Das soll jeweils in Form eines Kurzreferats geschehen.

Alle Gruppen haben grundsätzlich die gleichen Leitfragen:

– Inwiefern ändert Stalins Politik den Alltag?
– Wie erleben die Betroffenen diese Veränderungen?
– Sind die Veränderungen zu begrüßen oder kritisch zu sehen?

So könnt ihr euer Kurzreferat vorbereiten:

1. Jede Gruppe muss zunächst die Materialien ihres Bereiches auswerten. Dafür erhaltet ihr auf den jeweiligen Seiten spezielle Hinweise.

2. Bestimmt Schwerpunkte, die später Abschnitte eures gemeinsamen Vortrags sind. Notiert zu jedem Abschnitt eine Überschrift und stichwortartig die wichtigsten Informationen. Beachtet dabei auch die o. g. Leitfragen.

3. Legt fest, wer von euch für welchen Abschnitt zuständig ist.

4. Bringt die Gliederung eures Kurzreferats an die Tafel, damit man eurem Vortrag gut folgen kann.

5. Wählt Textauszüge, Bilder, Statistiken aus, die euren Vortrag anschaulich machen. Ihr könnt sie euren Mitschülern auf einer Folie zugänglich machen, als Plakat präsentieren oder auf einer Leinwand projizieren.

6. Übt euren Vortrag im kleinen Kreis. Nutzt Stichwortzettel und sprecht möglichst frei.

STATION 1:
Leben im Kolchos
(S. 219–221)

STATION 2:
Was bringt die Industrialisierung?
(S. 222/223)

STATION 3:
Terror und Verfolgung
(S. 224/225)

ЖЕНЩИНА! УЧИСЬ ГРАМОТЕ!

STATION 4:
Frauen im Sozialismus
(S. 226/227)

STATION 5:
Totalitäre Herrschaft und Personenkult
(S. 228/229)

Gelebter Stalinismus – Lernstation 1: Leben im Kolchos

Kollektivierung: Realität und öffentliche Darstellung

Mit der Umwandlung der Sowjetunion in einen sozialistischen Staat ging auch eine Verstaatlichung bzw. Kollektivierung landwirtschaftlicher Betriebe einher. Aus ihnen wurden so genannte Kolchosen.

- Wie vollzog sich diese Kollektivierung?
- Was bedeutete sie für die betroffenen Menschen?
- Welche Erfolge hatte dieser Prozess?

Zwangskollektivierung der Landwirtschaft

Um das Programm des „Sozialismus in einem Land" zu verwirklichen, war es vorrangig nötig, Russland aus seiner wirtschaftlichen Rückständigkeit zu befreien.

Im Dezember 1929 wurde auf dem 15. Parteikongress ein erster Fünfjahresplan beschlossen, der auch die Zwangskollektivierung der bäuerlichen Betriebe vorsah. Alle Bauern waren nun gezwungen, ihre Arbeitskraft größeren Genossenschaften, so genannten Kolchosen, zu unterstellen. Gleichzeitig wurden staatliche Landwirtschaftsbetriebe gegründet.

Man versprach sich von diesen Maßnahmen eine größere Leistungsfähigkeit der Betriebe, einen rationellen Maschineneinsatz, vor allem aber auch eine bessere „Kontrolle und Formung" des Bauerntums, das noch immer am Privatbesitz hing und aus sozialistischer Sicht als „rückständig" galt.

Vor allem ärmere Bauern wurden für die Kolchosen gewonnen. Eine Mehrheit der Bauern leistete jedoch Widerstand gegen die Zwangskollektivierung. Armee und Geheimpolizei mussten Stalins neuen Kurs mit Gewalt durchsetzen.

1. Sammelt aus der Darstellung stichwortartig die wesentlichen Grundzüge der Umgestaltung der Landwirtschaft.

2. Zwei offizielle Fotos: 1930 (M 1) und 1933 (M 2). Welchen Eindruck sollten beide Fotos in der Öffentlichkeit erwecken?

M 1

Bäuerinnen eines ukrainischen Dorfes stimmen geschlossen für den Eintritt in den Kolchos.

M 2

Traktorenparade in einer Kolchose

Die Kollektivierung betrifft die Menschen

In den beiden folgenden Quellen berichten Zeitzeugen darüber, wie sie die Kollektivierung der Landwirtschaft erlebt haben. Eine besondere Rolle spielt dabei das Schicksal der wohlhabenderen Bauern, der so genannten Kulaken.

1. Inwiefern änderte Stalins Politik den Alltag?

2. Was ist von diesen Maßnahmen zu halten? Notiert eine begründete Stellungnahme.

M 3 Der russische Schriftsteller Lew Kopelew schreibt in seinem Buch „Und ich schuf mir einen Götzen" über die Kollektivierung der Landwirtschaft:

Q Ich hörte, wie die Kinder schrien, sich dabei verschluckten, kreischten. Ich sah die Blicke der Männer: eingeschüchterte, flehende, hasserfüllte,
5 stumpf ergebene, verzweifelte oder in halbirrer böser Wut blitzende. Es war quälend und bedrückend, all dies zu sehen und zu hören, und noch bedrückender war es, selbst dabei mitzu-
10 machen. Ich sah, was durchgängige Kollektivierung bedeutete – wie sie kulakisierten und entkulakisierten, wie sie im Winter 1932/33 den Bauern erbarmungslos alles nahmen. Ich nahm
15 selbst daran teil, durchstreifte die Dörfer auf der Suche nach verstecktem Getreide, stocherte mit einem Stock in der Erde herum, um es zu finden. Gemeinsam mit anderen leerte ich die Vorrats-
20 kisten alter Leute und verstopfte mir die Ohren, um das Geschrei der Kinder nicht anhören zu müssen. Im schrecklichen Frühjahr 1933 sah ich, wie Menschen Hungers starben. Ich sah blau
25 angelaufene Frauen und Kinder mit aufgetriebenen Bäuchen und leeren, leblosen Augen, die kaum noch atme-
ten. Und ich sah Leichen in zerlumpten Schaffellen und ärmlichen Bastschu-
30 hen, Leichen in Bauernhütten, im tauenden Schnee der Altstadt von Wologda und unter den Brücken von Charkow. Ich sah all das und verlor doch nicht den Verstand. Ich verfluchte auch
35 diejenigen nicht, die mich ausgesandt hatten, um den Bauern im Winter oder im Frühjahr das Getreide wegzunehmen und die zum Skelett abgemagerten oder aufgedunsenen Menschen, die
40 sich kaum auf den Beinen halten konnten, zu überzeugen, auf die Felder zu gehen und den Anbauplan der Bolschewiki nach Art von Stoßbrigaden zu erfüllen. Ich verlor auch meinen Glau-
45 ben nicht. Wie bisher glaubte ich, weil ich glauben wollte.

(Zit. nach: Allan Bullock, Hitler und Stalin, Berlin (Siedler) 1991, S. 368)

M 4 Der Amerikaner John Scott, 1932 bis 1937 in der UdSSR, schildert eine Begebenheit auf der Baustelle im Stahlzentrum Magnitogorsk:

Q Ich nahm meine Schutzmaske und die Elektroden und begab mich zum Hochofen Nr. 3. Auf dem Weg dorthin traf ich Schabkow, einen früheren Kula-
5 ken, einen großen, heiteren Jüngling mit rotem Gesicht und freundlicher Stimme. Ihm fehlten zwei Finger der linken Hand.
„Ich weiß, dass ihr's schwer habt", sag-
10 te Popow, der hinzugekommen war, zu Schabkow. „Das habt ihr eben davon, dass ihr Kulaken gewesen seid." Schabkow lächelte breit. „Hört mal, ich will mich in keine politische Unterhaltung
15 einlassen, aber eine Menge von denen, die in dem besonderen Stadtteil wohnen, sind nicht mehr Kulaken als ihr." Popow lachte. „Das wundert mich gar nicht. Aber kannst du mir sagen, wie sie
20 eigentlich darüber entscheiden, wer nicht mehr als Kulak gilt?" „Oh weh", sagte Schabkow, „das ist eine verdammt gefährliche Frage an einen Kerl,

Wachturm auf einem Feld. Von hier aus suchten Parteiaktivisten nach verhungernden Bauern, die unerlaubt Getreideähren abschnitten. (Foto 1932/33)

der gerade versucht, seine Sünden mit
25 ehrlicher Arbeit zu sühnen. Aber wenn es zwischen uns Dreien bleiben kann, will ich's erzählen. Die armen Bauern eines Dorfes versammeln sich und sagen: ‚Der und der hat sechs Pferde, lan-
30 ge können wir ohne die nicht mehr im kollektiven Landbau auskommen. Außerdem hat er während der vorigen Ernte einen Knecht gehabt.' Die GPU wird benachrichtigt und dann ist's fer-
35 tig. Der Betreffende bekommt fünf Jahre. Sein Eigentum wird konfisziert und der Kollektivwirtschaft übergeben. Manchmal schicken sie die ganze Familie weg. Als sie uns rausschmeißen
40 wollten, nahm mein Bruder ein Gewehr und schoss auf die GPU-Leute. Die schossen zurück. Mein Bruder wurde getötet. Das machte die Sache natürlich nicht besser für uns. Wir kriegten alle
45 fünf Jahre und an verschiedenen Orten. Mein Vater soll im Dezember gestorben sein. Sicher weiß ich's nicht."
Schabkow nahm seinen Tabaksbeutel und seine Rolle Zeitungspapier heraus
50 und hielt beides Popow hin: „Bitte sehr, Kulakentabak gefällig?" Er lächelte bitter.

(John Scott, Jenseits des Ural. Die Kraftquellen der Sowjetunion, Stockholm (Bermann-Fischer) 1944, S. 240)

Die Kollektivierung schafft neue Gesellschaftsstrukturen

1. Vergleicht die beiden schematischen Schaubilder (M 5). Überlegt, was sich verändert hat und wie sich diese Veränderungen auf das Leben der Menschen ausgewirkt haben dürften.

2. Wertet die Tabellen aus: Inwiefern veränderte sich durch Stalins Maßnahmen die Gesellschaftsstruktur? Brachten die Maßnahmen wirtschaftlichen Erfolg?

M 5 Vorher ... nachher: von der russischen Landgemeinde zur Kolchose

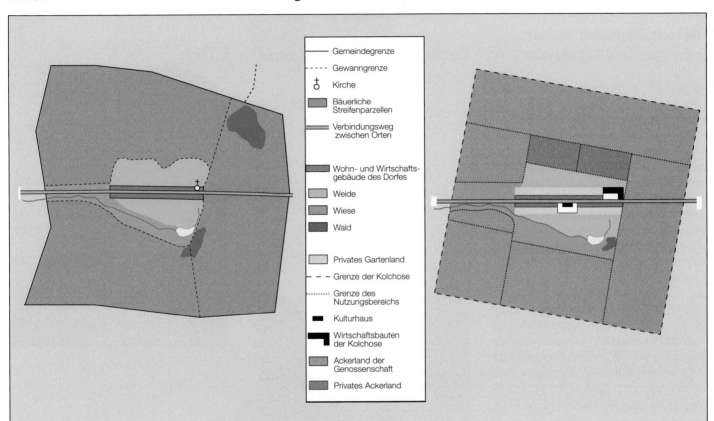

Legende:
— Gemeindegrenze
- - - Gewanngrenze
† Kirche
Bäuerliche Streifenparzellen
Verbindungsweg zwischen Orten
Wohn- und Wirtschaftsgebäude des Dorfes
Weide
Wiese
Wald
Privates Gartenland
- - - Grenze der Kolchose
.... Grenze des Nutzungsbereichs
Kulturhaus
Wirtschaftsbauten der Kolchose
Ackerland der Genossenschaft
Privates Ackerland

M 6 Entwicklung der Gesellschaftsstruktur

Anteil der Gruppen in %	1913	1928	1939
Arbeiter	14,6	12,4	33,5
Großbauern (Kulaken)	11,4	4,2	–
Private Kleinbauern und Handwerker	66,7	74,9	2,6
Bauern/Handwerker in Genossenschaften	–	2,9	47,2
Angestellte/Beamte/Funktionäre	2,2	3,0	17,7
Kapitalisten	4,9	0,4	–

M 7 Entwicklung der landwirtschaftlichen Produktion

Produkt in Mio. t	1913	1920	1928	1933	1940
Getreide	86	*	73,3	89,9	95,6
Baumwolle	0,7	*	0,8	1,3	2,2
Fleisch	1,3	*	0,7	*	1,5
Milch	2,3	*	1,9	*	6,5

* = unbekannt (1920 sank die gesamte landwirtschaftliche Produktion gegenüber 1913 auf 67%.)

Gelebter Stalinismus – Lernstation 2:

Was bringt die Industrialisierung?

Wirtschaftspolitik Stalins: Reformen und Ergebnisse

Im Mittelpunkt der Industrialisierungsbemühungen standen seit Beginn des ersten Fünfjahresplanes 1929 die verstärkte Gewinnung von Grundstoffen, wie Stahl, Kohle, Erdöl und Strom, sowie der Maschinenbau. Die Verkehrswege wurden verbessert und erweitert; neue Industriezentren entstanden am Ural, in Sibirien und an der Wolga. Vernachlässigt blieb dagegen die Konsumgüterindustrie; der Mangel an Wohnraum und Kleidung konnte auch mit den nachfolgenden Fünfjahresplänen nicht beseitigt werden. Um eine möglichst hohe Leistung der Arbeiter zu erreichen, wurde mangelnde Arbeitsdisziplin zur staatsfeindlichen Handlung erklärt und mit Freiheitsstrafe belegt. Gleichzeitig appellierte man mithilfe von Propaganda an die Opferbereitschaft der Menschen.

M 1 Jahresproduktion an Rohstoffen, Produktionsmitteln und Konsumgütern

Gegenstand	Einheit	1928	1940
Elektroenergie	Mrd. kWh	5,0	48,3
Erdöl	Mio. t	11,6	30,1
Kohle	Mio. t	35,5	165,9
Stahl	Mio. t	4,3	18,3
Chemiefasern	1000 t	0,2	11,1
Traktoren	1000 Stck.	1,3	31,6
Radios	Mio. Stck.	?	0,2

Beim Aufbau der Sowjetunion setzte Stalin besonders auf eine umfassende Industrialisierung des Landes.

- Wie vollzog sich der Prozess der Industrialisierung?
- Was bedeutete er für die betroffenen Menschen?
- War dieser Prozess erfolgreich?

Die Perspektive des Regimes

„Der Sieg des Sozialismus in unserem Land ist garantiert" (Plakat 1932)

„Ehre sei Stalin, dem großen Bauherrn des Kommunismus" (Plakat 1945)

M 2

M 3

СЛАВА СТАЛИНУ, ВЕЛИКОМУ ЗОДЧЕМУ КОММУНИЗ

---

1. Notiert aus der Darstellung stichwortartig die wesentlichen Grundzüge stalinistischer Wirtschaftspolitik.

2. Wertet die Tabelle aus und prüft, inwiefern Stalins Politik erfolgreich war.

3. Beschreibt beide Bilder genau. Welches öffentliche „Bild" wollte das Regime Stalins von sich selbst vermitteln?

Stalins Politik – von außen betrachtet

Auf dieser Seite findet ihr zwei Berichte von Menschen, die damals durch die Sowjetunion reisten.

1. Schreibt stichwortartig heraus, was diese Zeitzeugen an der Sowjetunion bemängeln.

2. Die Perspektive des Regimes (M 2/3) – die Außensicht (M 4/5): Vergleicht.

M 4 Elsbeth und Herbert Weichmann schildern ihr Eindrücke einer Reise durch die Sowjetunion in den Jahren 1930/31:

Q Das Gesetz gibt dem Russen nicht mehr als drei Quadratmeter Wohnraum. In diesem Raum kann gerade ein Bett und ein kleines Tischchen aufgestellt werden. Die Folge solcher Raum-
5 knappheit ist, dass es heute in Russland keine abgeschlossenen Wohnungen mehr gibt. In jedem Zimmer der alten Häuser müssen mehrere Personen hau-
10 sen. Wer den Raum nicht mit einer mehrköpfigen Familie teilen kann, muss ihn mit Fremden teilen. Im Allgemeinen sind die Leute aber schon zufrieden, überhaupt ein Bett und ein
15 Dach über dem Kopf zu haben. Diese Häuser, in denen die Menschen wie in einem Ameisenbau aufeinander hausen, strotzen begreiflicherweise vor Schmutz. Stiegenhäuser und Korridore
20 sind zerfallen, überall liegt Unrat; Fensterscheiben, sofern noch welche vorhanden sind, sind ungewaschen und trübe. Betten und Möbel sehen aus, wie sie notwendig aussehen müssen, wenn so
25 viele Menschen aneinander gepresst hausen. Das Schrecklichste aber ist die Luft, die Ausdünstung dieser armen ungewaschenen Menschen, die die Fenster niemals öffnen. Sachpflege muss in sol-
30 chen Verhältnissen ein ebenso fremder Begriff bleiben wie Wohnfreude. Man haust in Russland, aber man wohnt nicht. Man hat ein Dach über dem Kopf, aber kein Heim. […]
35 Viele, sehr viele irren umher, die nicht einmal ein Dach über dem Kopf haben, die auf freier Straße, auf den Treppen vor den Häusern, auf nackten Steinen kampieren müssen. Auf Gängen nachts
40 durch die Straßen findet man die Ärmsten der Armen überall herumliegen, ihr Hab und Gut in einem Sack verschnürt. Ihre Zahl wird verschieden geschätzt. Der Staat spricht von kaum nennens-
45 werten Größen. Andere Stimmen flüstern von 500 000 Obdachlosen, die allein in Moskau leben sollen. In Städten, in denen neue Fabriken entstanden sind, soll die Zahl der Obdachlosen bis zu ei-
50 nem Drittel der gesamten Einwohnerschaft betragen.
Bevorzugt sind in erster Linie alle, die überhaupt eine Lebensmittelkarte bekommen. Das sind die Angehörigen der
55 herrschenden Klasse, des industriellen städtischen Proletariats, das in den Fabriken und Behörden arbeitet. Alle bourgeoisen Elemente, Privathändler, Popen, Kulaken, Intellektuelle, die nicht in
60 staatlichen Diensten stehen, sind vom Bezug der Lebensmittelkarten ausgeschlossen. Die oberste Schicht ist die Rote Armee und die GPU, die bewaffnete Macht, die aus politischen Gründen be-
65 vorzugte Rationen erhält, damit sie auch innerlich als willfähriges Instrument der Sowjetmacht scharf geladen ist. Ihr unmittelbar folgen die Schwerarbeiter und der „Kommandostab der Betriebe", das
70 heißt die Techniker und Ingenieure. In der dritten Reihe stehen die Sowjetangestellten und die Studenten. Dann kommen die Nachzügler, die Übrigen. Die Übrigen sind die Arbeiter schlechthin,
75 die Masse der Unqualifizierten, die mühselige und beladene Masse, die in der ganzen Welt auf die Ration der Übrigen gesetzt ist.

(Elsbeth und Herbert Weichmann, Alltag im Sowjetstaat – Macht und Menschen. Wollen und Wirklichkeit in Sowjet-Russland, Berlin 1931, S. 49, S. 63f.)

M 5 Der Schriftsteller André Gide über seine Reiseeindrücke aus der Sowjetunion 1936:

Q In der Sowjetunion ist es von vornherein und ein für alle Mal ausgemacht, dass nur eine einzige Meinung existieren kann über sämtliche Dinge der
5 Welt. Übrigens hat man die Denkungsart der Leute so geformt, dass dieser Konformismus ihnen leicht, natürlich, unmerklich geworden ist, und ich glaube nicht, dass irgendwelche Heuchelei
10 dabei infrage kommt. Sind es wirklich diese Menschen, die die Revolution gemacht haben? Nein, es sind die, denen das Ergebnis zufällt. Jeden Morgen unterweist sie die „Prawda", was sie
15 schicklicherweise wissen, denken, glauben müssen. Und es tut nicht gut, davon abzugehen! Dergestalt, dass jedes Gespräch mit einem Russen den Eindruck erweckt, als spräche man mit
20 allen Russen. Nicht, als ob ein jeder geradezu einer gegebenen Parole gehorche, aber alles ist so eingerichtet, dass er von der Norm auf keinen Fall abweichen kann. Es tut dir z.B. Leid, dass je-
25 ne Leute dort stundenlang vor einem Laden „anstehen" müssen, sie selbst aber finden dieses Warten ganz natürlich. Das Brot, das Gemüse, das Obst will dir nicht munden, aber es gibt eben
30 kein anderes. Hässlich scheinen dir die Stoffe und Gegenstände, welche dir vorgelegt werden, man hat aber keine Wahl. Ein Publikum, dem jeder Anhaltspunkt zum Vergleichen genom-
35 men ist, begnügt sich gern mit dem, was ihm geboten wird. Worauf es hier ankommt, ist: die Leute zu überzeugen, dass sie glücklich sind. Das lässt sich nur erreichen, indem man jede Verbin-
40 dung mit der Außenwelt sorgfältig abschneidet (ich meine: mit der Welt außerhalb der Grenzen). Das Glück des russischen Arbeiters besteht aus Hoffnung, Vertrauen und Unwissenheit.

(André Gide, Zurück aus Sowjet-Russland, Zürich 1936, S. 46ff.)

Gelebter Stalinismus – Lernstation 3:

Terror und Verfolgung

Terror unter Stalin

Die umfangreichen Veränderungen in der Wirtschaft und in der Politik der Sowjetunion fanden nicht nur Befürworter. Seit Bestehen der UdSSR gab es Widerstand gegen Maßnahmen des Systems und dieses ging wiederum äußerst brutal mit Regimegegnern um. Die Verfolgung von Gegnern der Revolution erreichte seit 1934 einen Höhepunkt. Ein Attentat auf den Leningrader Parteisekretär Kirov wurde zum Vorwand Stalins für eine umfangreiche ,Säuberung'. Zehntausende von Parteimitgliedern wurden im Zusammenhang des Attentats verhaftet und deportiert. In den Jahren 1936 bis 1938 verschärften sich die Verfolgungen zum Massenterror. Kritiker Stalins, aber auch mögliche künftige Gegner wurden der Sabotage, des Hochverrats oder der Verschwörung bezichtigt und von der Staatspolizei umgebracht oder in sibirische Arbeitslager deportiert. Die Zahl der Opfer der stalinistischen Säuberungspolitik geht in die Millionen. Seinen sichtbaren Höhepunkt erreichte der Terror in Schauprozessen gegen Bolschewisten der ersten Stunde, die zum Tode verurteilt und erschossen wurden. 1938 war die Zahl der Opfer der stalinistischen Gewaltherrschaft so groß, dass selbst die Organisation der kommunistischen Partei ernstlich gefährdet war. Allein in den Jahren 1937/38 wurden unter Stalin etwa acht Millionen Menschen zu Zwangsarbeit verpflichtet und in Arbeitslager deportiert, etwa zwei Millionen Menschen starben dort.

Unmittelbar verbunden mit dem Namen Stalin sind der Begriff des Terrors und die Verschleppung und Ermordung von Millionen Menschen.

- Wie kann man sich Terror und Verfolgung unter Stalin vorstellen?
- Was haben die Menschen damals erlebt?

1. Wertet die Darstellung, die Tabelle und die beiden Bilder auf dieser Seite nach den euch bekannten Verfahren aus.

2. Übertragt eure Kenntnisse in eine Mind-Map oder ein Schaubild. Veranschaulicht darin die Erscheinungsformen und die Ausmaße des Terrors.

M 1

Magnitogorsk 1929: Auf der Baustelle des Stahlzentrums arbeiten Zwangsarbeiter.

M 2 Opfer des Terrors unter Stalin (nach Schätzungen franz. Historiker)

M 3

Zwangsarbeiter in einem Arbeitslager (um 1944)

- Niederwerfung der Bauernaufstände zwischen 1918 und 1922:   ca. 0,5 Mio.
- Hungersnot 1921/22 (mit verursacht durch das Prinzip der Zwangsabgaben):   ca. 5 Mio.
- Hungersnot 1932/33 (mit verursacht durch die Kollektivierungspolitik):   ca. 6 Mio.
- Hinrichtung wegen „konterrevolutionärer Verbrechen" zwischen 1922 und 1953: 1–2 Mio.
- Deportationsopfer, in Lagern Umgekommene 1934–1953:   ca. 1 Mio.

= Gesamtzahl der Opfer: ca. 15 Mio.
(andere Schätzungen: ca. 35 Mio.)

(nach: Spiegel, 48/1997, S. 212)

Schriftsteller beschreiben den Terror

M 4 Alexander Solschenizyn über die Verpflegung der Lagerinsassen

Q Das einzig Gute an der Lagersuppe war, dass man sie gewöhnlich heiß bekam. Aber was Schuchow jetzt vor sich hatte, war fast kalt; trotzdem aß er so
5 langsam und sorgfältig wie stets. Immer mit der Ruhe jetzt, auch wenn das Dach brennt! Abgesehen vom Schlafen, hatten die Sträflinge freie Zeit für sich selbst nur zehn Minuten beim
10 Frühstück, fünf Minuten bei der Mittagspause und nochmals fünf Minuten beim Abendessen.
Die Suppe änderte sich nicht von einem Tag zum anderen; was es gab,
15 hing davon ab, welches Gemüse sie für den Winter eingelagert hatten. Im vergangenen Jahr bestand der ganze Vorrat nur aus eingesalzenen Möhren, und so waren von September bis Juni nur
20 Mohrrüben in der Suppe. Und jetzt hatten sie Kohl. Am besten war die Lagerverpflegung im Juni, wenn es mit den Gemüsen zu Ende ging und es stattdessen Grütze gab. Die schlimms-
25 te Zeit war der Juli. Da kamen geschnittene Brennnesseln in den Kessel.

(Alexander Solschenizyn, Ein Tag im Leben des Iwan Denissowitsch, München/Zürich (Droemer Knaur) 1963, S. 32)

M 5 Dimitrij Witkowski schildert das Schicksal von Zwangsarbeitern

Q Nach Arbeitsschluss bleiben in den Baugruben die Leichen zurück. Bald sind ihre Gesichter vom Schnee zugeweht. Einer verkroch sich unter dem
5 umgekippten Schubkarren, seine Hände stecken Wärme suchend in den Ärmeln, so liegt er da, erfroren. Ein anderer sitzt starr, den Kopf zwischen den Knien vergraben. Dort sind zwei erfro-
10 ren, sie lehnen mit dem Rücken aneinander. Bauernburschen sind es, die zu arbeiten verstehen [...]. Zu Abertausen-den werden sie zum Kanalbau geschickt, nur darauf wird Acht gegeben,
15 dass keiner mit seinem Vater ins selbe Lager kommt. Dann brummt man ihnen vom ersten Tag an eine Norm auf, die auch im Sommer nicht zu schaffen ist. Unsereins findet nicht mehr die Zeit,
20 ihnen was beizubringen, sie zu warnen; sie sind von zu Hause gewohnt, mit ganzer Kraft zuzupacken – und werden rasch schwach und erfrieren [...]. Nachts kommt ein Pferdeschlitten und
25 klaubt sie auf. Es klingt wie Holz, wenn der Fuhrmann sie auf den Schlitten wirft. Im Sommer aber findet man von den nicht rechtzeitig fortgeschafften Leichen nur noch die Knochen. Die
30 werden mit den Kieselsteinen in den Betonmischer geschaufelt. Die letzte Schleuse vor der Stadt Belomorsk ist aus einem solchen Gemisch gebaut; es bleiben die Gebeine für alle Zeiten da-
35 rin eingemauert.

(Zit. nach: Alexander Solschenizyn, Der Archipel Gulag – Folgeband: Arbeit und Ausrottung/Seele und Stacheldraht, Bern (Scherz Verlag) 1974, S. 92ff.)

Auf dieser Seite findet ihr Texte russischer Schriftsteller, die selbst den Terror des Stalin-Regimes erlebt haben: Alexander Solschenizyn und Boris Pasternak. Sie beschreiben, was viele ihrer Zeitgenossen so oder ähnlich erlebten.

1. Lest die Texte M 4 – M 6. Versucht auf der Basis dessen, was Solschenizyn und Pasternak berichten, eure Gedanken und Gefühle zu beschreiben.
2. Noch heute ist für viele Russen und Menschen außerhalb Russlands der Name Stalin verbunden mit Terror und Angst. Erläutert dies vor dem Hintergrund der autobiografischen Schilderungen, die ihr gelesen habt.

M 6 Boris Pasternak beschreibt die Errichtung eines Lagers

Q Unsere Gruppe wurde aus den Waggons geholt. Schneewüste ringsum. In der Ferne – Wald. Bewachungsmannschaft in Bereitschaft mit gesenktem Ge-
5 wehr; Wachhunde. [...] Man ließ uns auf dem Feld in einem riesigen Viereck Aufstellung nehmen, den Rücken zur Mitte, damit einer den anderen nicht sehen konnte. Dann wurde befohlen, dass wir
10 uns niederknieten. Jeder Verstoß gegen das Verbot, zur Seite zu blicken, sollte die sofortige Exekution des Betreffenden zur Folge haben. Dann begann die endlose, entwürdigende Prozedur des
15 namentlichen Aufrufens, die sich über Stunden erstreckte. [...] Die anderen Gruppen wurden abgeführt, uns gab man bekannt: „Das hier ist euer Lager. Richtet euch ein, wie ihr wollt". Ein
20 Schneefeld unter freiem Himmel; in der Mitte ein Pfahl mit der Aufschrift: ‚Gulag 92 Ia 90'.
In der ersten Zeit mussten wir bei Frost mit bloßen Händen Stan-
25 genholz brechen [...]. Wir haben Bäume gefällt, unsere Unterstände errichtet, haben Palisaden-zäune gezogen, Gefäng-
30 nisse und Wachttürme gebaut – alles wir allein.

(Boris Pasternak, Doktor Schiwago, Frankfurt/M. (Fischer) 1958, S. 590f.)

Der russische Schriftsteller Alexander Solschenizyn:

| vor der Haft als Soldat im Zweiten Weltkrieg | nach der Verhaftung im Lager | nach der Entlassung aus der Lagerhaft |

Gelebter Stalinismus – Lernstation 4:

Frauen im Sozialismus

> Ziel der Bolschewiki war es, die Menschen aus ungleichen und ungerechten Bedingungen zu befreien.
>
> - Bedeutete das auch mehr Rechte, gar Gleichberechtigung für Frauen?
> - Wie stellte sich die bolschewistische Regierung die „neue" Frau vor?

Das Ideal ...

Hier findet ihr „Frauenbilder", die in der Sowjetunion – unter Lenin wie unter Stalin gleichermaßen – von staatlicher Seite gewünscht waren (M 1–M 4).

1. Wie wirken die Bilder auf euch?
2. Was ist dargestellt? Beschreibt sorgfältig. Achtet auf die Darstellung der Personen, ihre Tätigkeit, Kleidung, Körperhaltung, Gestik, Mimik.
3. Welches Frauenbild sollte vermittelt werden?

„Der 8. März – Tag der Befreiung der Frau" (Plakat zum internationalen Frauentag 1920)

„Blutiger Sonntag". Dieses auf die Revolution von 1905 (s. S. 209) bezogene Plakat wurde nach der Oktoberrevolution von der bolschewistischen Regierung veröffentlicht.

„Frau! Lerne lesen und schreiben!" (Plakat von 1923)

... und die Wirklichkeit

Die Plakate und die Plastik zeigen das von offizieller Seite propagierte Frauenbild. Doch hielt die Wirklichkeit das, was die „Bilder" versprachen?

1. Wertet die folgende Darstellung aus. Notiert eure Ergebnisse stichwortartig oder sammelt sie in einer Mind-Map „Frauenpolitik und Frauenalltag in der Sowjetunion".

2. Ideal und Wirklichkeit: Vergleicht zwischen dem in M 1–M 4 vermittelten frauenpolitischen Anspruch und der Lebenswirklichkeit der Frauen im Sozialismus.

Stichwort: Ehe und Familie

Bereits im Dezember 1917 wurden alle bestehenden Ehegesetze geändert. Die Ehe war nun keine staatlich geschützte Lebensform mehr. Ehe und eheähnliche Gemeinschaften wurden rechtlich gleichgestellt. Auch Scheidungen wurden erleichtert. Jeder Mann war verpflichtet, sowohl für seine ehelichen als auch für seine unehelichen Kinder gleichermaßen Unterhalt zu zahlen. Die Mutter eines Kindes musste im Gegenzug bei der Geburt des Kindes den Namen des Vaters angeben.

Ein Schwangerschaftsabbruch war von nun an bis zur 12. Woche straffrei, ohne dass dazu soziale oder medizinische Gründe genannt werden mussten. Der Wille der Frau allein reichte als Begründung. Da Verhütungsmittel in der Sowjetunion kaum zu erwerben waren, wurden Schwangerschaftsabbrüche zu einem Mittel der Familienplanung. Die meisten Frauen ließen im Laufe ihres Lebens mehrere Abbrüche vornehmen.

Für die Betreuung und Erziehung der Kinder gab es bald staatliche Angebote. Kinder wurden vom Säuglingsalter bis zum Erwachsenwerden in staatlichen Kinderkrippen, Kindergärten und Schulen betreut. Es gab allerdings nicht genug Kindergartenplätze, um alle Betreuungswünsche erfüllen zu können.

Stichwort: Bildung und Beruf

Der Staat förderte die Bildungschancen der Mädchen aus Arbeiter- und Bauernfamilien. Seit 1930 herrschte allgemeine Schulpflicht. Konnten 1920 nur 32% der Frauen lesen und schreiben, waren es 1926 bereits 43% und 1939 82%. Die Zahl der Frauen mit höherwertigen Ausbildungen nahm stetig zu. Frauen mit Hochschulabschluss fanden vor allem im schlechter bezahlten pädagogischen oder medizinischen Bereich eine Anstellung. Frauenarbeit in allen Bereichen der Industrie und der Landwirtschaft wurde zur Selbstverständlichkeit.

Ein großes Problem für viele Frauen bestand darin, Beruf und Familie unter einen Hut zu bekommen. Denn alle Arbeiten im Haushalt wurden von den meisten Männern nach wie vor als Frauensache angesehen. Nur wenige Männer waren bereit, sich an der Hausarbeit zu beteiligen.

Stichwort: Frauen in der Politik

In der Verfassung der Sowjetunion war die Gleichberechtigung beider Geschlechter garantiert. Seit den 1930er-Jahren gab es spezielle Frauenräte, die die Aufgabe hatten, sich besonders um die Belange der Frauen zu kümmern. Im Obersten Sowjet stellten die Frauen im Schnitt etwa ein Drittel aller Abgeordneten. Ebenfalls ca. ein Drittel der Parteimitglieder waren Frauen. In führenden Positionen waren sie jedoch deutlich weniger vertreten.

M 4

„Arbeiter und Kolchosbäuerin" (Plastik, Höhe ca. 10 m). Die Plastik zierte 1937 den sowjetischen Pavillon auf der Weltausstellung in Paris.

Gelebter Stalinismus – Lernstation 5:

Totalitäre Herrschaft und Personenkult

Eng verbunden mit der Ära Stalins ist der Begriff der „totalitären Herrschaft". Er wird auch auf die Herrschaftsstrukturen in faschistischen Regimes bezogen.
Was der Begriff der „totalitären Herrschaft" konkret bedeutet, kann das Schaubild (M 1) vermitteln. Aber auch die Bilder (M2–M5) zeigen den Versuch, die Macht „total" in die eigene Hand zu bekommen und die eigene Person absolut zu stellen.

M 1 Staatstruktur der Sowjetunion

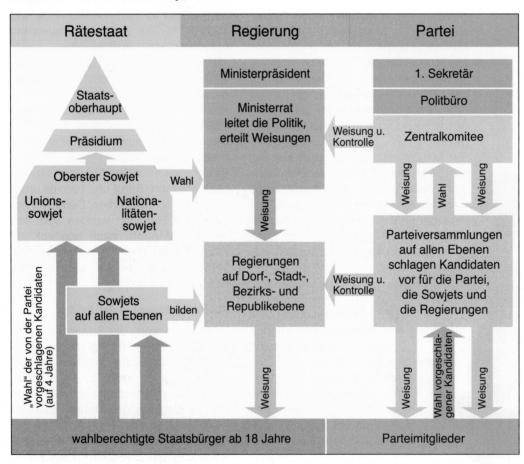

1. Wertet das Schaubild nach dem euch bekannten Verfahren aus.
   – Verdeutlicht euch besonders, wer politischen Einfluss hat und wer nicht.
   – Welche machtpolitische Position nahm Stalin ein (als Staatsoberhaupt, Ministerpräsident und 1. Sekretär)?

2. Erläutert vor dem Hintergrund des Schaubilds den Begriff „totalitäre Herrschaft".

3. Wie ließ sich Stalin auf den Bildern (M2–M5) darstellen? Wendet die euch bekannten Techniken der Bildinterpretation an.

4. Nehmt kritisch Stellung zur Bildaussage. Nutzt dazu euer Wissen über die Herrschaft Stalins.

Stalin – Ein Staatsmann stellt sich dar

Bilder spielen eine wichtige Rolle für unsere Vorstellung von den Dingen, besonders dann, wenn die dargestellte Wirklichkeit uns nicht unmittelbar zugänglich ist. Doch Bilder können den Betrachter auch darüber hinwegtäuschen, wie die Dinge wirklich sind.
Alle totalitären Systeme haben durch gestellte und manipulierte Bilder die Wahrnehmung der Menschen zu lenken versucht. Bilder stellen dann nicht die Wirklichkeit dar, sondern das, was die Herrschenden dargestellt haben wollten. Dies gilt auch für die Abbildungen auf Seite 229.

„Unsere Heimat
soll blühen
und gedeihen"
(Plakat aus den
1930er-Jahren)

Stalin auf dem
18. Parteitag
(Gemälde 1939)

„Geliebter Stalin – Glück des Volkes" (Plakat aus den 1930er-Jahren)

„Der beste Freund der Kinder". Das Bild Stalins mit Geli Markisowa
entstand nach einem Foto, 1936 bei einem Empfang im Kreml
aufgenommen. Gelis Vater wurde als „Volksfeind" erschossen, ihre
Mutter wurde verhaftet und beging später Selbstmord.

Stopp
Ein Blick zurück

Diese Begriffe kann ich jetzt erklären:

* Autokratie
* Bolschewiki
* Oktoberrevolution
* Sowjets
* Entstehung der Sowjetunion
* Sozialismus
* Marxismus
* Leninismus
* Stalinismus
* Totalitäre Herrschaft

Ein Plakat stellt sowjetische Geschichte dar

Marx und Engels, Lenin und Stalin – das sowjetische Plakat aus den 1930er-Jahren suggeriert eine Entwicklung und wertet sie. Stimmt das Bild?

1. Wie stellt das Plakat Geschichte dar?
2. Warum tut es das auf diese Weise?
3. Setzt euch mit der Aussage des Plakats kritisch auseinander.

Sowjetisches Plakat aus den 1930er-Jahren

M 1

„Vorwärts zum Kommunismus!"

„Ruhm der Partei Lenins-Stalins!"

„Für friedliche Arbeit!"

Goodbye Lenin?
Goodbye Marx?

Vor einer Schule in Ostberlin im Juli 1991: Marx und Lenin auf den Müll der Geschichte?

Kaum ein Staat hat das 20. Jahrhundert so sehr mitgeprägt wie die UdSSR. Doch Ende der 80er-Jahre zeigte sich zunehmend die wirtschaftliche Schwäche dieses Landes. Vielen osteuropäischen Staaten ging es ähnlich. Auch hier waren der Einfluss oppositioneller Kräfte. Der Reformdruck stieg, doch schließlich sind auch die Reformer nicht in der Lage, den Zerfallserscheinungen entgegenzuwirken. Ende des Jahres 1991 löste sich die UdSSR auf. Im bislang größten Staat der Erde konnte sich das sozialistische Gesellschaftssystem nicht mehr aufrechterhalten.

Mit dem Untergang der sozialistischen Regimes stellte sich bald die grundsätzliche Frage, ob die Idee des Sozialismus nicht von Anfang an zum Scheitern verurteilt war. Gehört die Theorie des Karl Marx auf die Schutthalde der Geschichte, so wie das Bild aus Ostberlin (M 2) suggeriert? Oder sind Marx und Engels unschuldig am Untergang der sozialistischen Staaten, so wie es das Graffiti vor dem Ostberliner „Palast der Republik" (M 3) verkündet? Die beiden folgenden Texte gehen dieser Frage nach.

Bronzeskulptur von Marx und Engels mit Graffiti vor dem „Palast der Republik" in Ostberlin, 1991. Das Graffiti nimmt deutlich Stellung. Stimmt die Aussage?

1. Fasst die Stellungnahmen der beiden Autoren (M 4/M 5) jeweils in drei Kernthesen zusammen.

2. Vergleicht beide Positionen.

3. Prüft beide Positionen vor dem Hintergrund eures Wissens über die Sowjetunion.
Welche erscheint euch plausibler?

M 4 Der russische Bürgerrechtler Wladimir Bukowski (1991)

Nach mehr als einem Jahrhundert ist es überflüssig, die Dummheit der marxistischen Theorien aufzuzeigen. Nicht nur, dass sich keine seiner Voraussagen
5 erfüllt hat, genau das Gegenteil ist eingetreten. Die Zahl der Proletarier in den hoch entwickelten Ländern ist beträchtlich zurückgegangen, anstatt zuzunehmen, ihr Lebensstandard stieg, anstatt
10 zu sinken. […]
Der Mensch hat sich für das Allgemeinwohl nicht mit mehr Eifer in die Arbeit gestürzt als für sein eigenes Wohl, er hat die Gleichheit der Freiheit nicht vorge-
15 zogen. […] Weder die Verzerrung durch die Ausführenden noch die Besonderheiten der russischen Geschichte haben alle Länder, die den Sozialismus errich-

tet haben, in die Katastrophe geführt,
20 sondern der prinzipielle Fehler der Anfangsidee, die der menschlichen Natur fremd ist.

(Wladimir Bukowski, UdSSR – von der Utopie zum Desaster, Herford (Busse + Seewald) 1991, S. 85, 89, 106f.)

M 5 Der Schweizer Soziologe Jean Ziegler (1992)

Die bürgerliche Staats- und Gesellschaftslehre hat Verdienstvolles geleistet im Erkennen und in der Verteidigung der menschlichen Individualrech-
5 te, das heißt jener Rechte und Freiheiten, die jeder Einzelne gegenüber der Gesellschaft und dem Staat geltend machen kann. […]
Die Kollektivrechte – deren Objekt die
10 gerechte Verteilung des vorhandenen

Reichtums, der verfügbaren Güter ist – hat die bürgerliche Gesellschaftswissenschaft jedoch diskret übergangen. Ihr höfliches Schweigen trifft heute auf
15 die Schreie der Vergessenen, der Gefolterten. Wir sind 5,2 Milliarden Menschen auf diesem Planeten. 3,8 Milliarden leben in einem der 122 so genannten Entwicklungsländer. Und den meis-
20 ten dieser vergessenen Mitbewohner unserer geplagten, geplünderten Erde geht es gegenwärtig hundsmiserabel. […] Marxismus […] heißt, diese Frage inmitten einer von Warenrationalität
25 und Profitwut zerstörten sozialen Landschaft zu stellen, zu aktualisieren und für sie konkrete Antworten zu schaffen.

(Jean Ziegler/Uriel da Costa, Marx – wir brauchen dich: Warum man die Welt verändern muss, übers. von Inge Leipold, München (Piper) 1992, S. 20f.)

Begriffe zum Nachschlagen

Absolutismus. Monarchische Regierungsform in den europäischen Staaten des 17. und 18. Jahrhunderts, in der ein Herrscher „von Gottes Gnaden" ohne Mitwirkung ständischer oder parlamentarischer Einrichtungen die ungeteilte und durch keine Gesetze eingeschränkte Macht ausübt.

Der Absolutismus hat die politische Macht des Adels gebrochen, ohne seine gesellschaftliche Stellung und seine Privilegien anzutasten. Mit der Zentralisierung der Macht, der Schaffung eines einheitlichen Staatsgebietes und einer einheitlichen Verwaltung sowie einer staatlichen Wirtschaftspolitik (Merkantilismus) legte der Absolutismus die Grundlagen des modernen Staates.

Im aufgeklärten Absolutismus, wie in Preußen zur Zeit Friedrichs des Großen, übernahm der Herrscher Gedanken der Aufklärung und betrieb als „erster Diener des Staates" eine Reformpolitik, deren Ziel die Schaffung wirtschaftlicher und militärischer Voraussetzungen für eine staatliche Machtsteigerung war.

Angestellte. Personen, die an der Entwicklung, Einrichtung, Steuerung, Verwaltung, Kontrolle von Arbeitsabläufen und Produkten in Unternehmen arbeiten. Im Gegensatz zu Arbeitern haben sie eine höhere Ausbildung. Ihre Beschäftigung weist kaum Handarbeit auf. Sie sind mehr in unternehmerische Verantwortungsbereiche einbezogen, erhalten Gehalt statt Lohn. Sie waren besonders in Deutschland bemüht, sich organisatorisch, im Verhalten und Lebensstil von Arbeitern abzugrenzen.

Antisemitismus. In einem sehr weiten Sinne meint der Begriff jede Form von Abneigung oder Feindschaft gegenüber den Juden. Diese ablehnend-distanzierte Haltung ist bereits in der Antike aufgetreten und durchzieht die Geschichte des christlich geprägten Abendlandes. Mehrfach, vor allem in Krisensituationen (etwa im Zusammenhang mit der Kreuzzugbewegung oder der Pestepidemie um 1347), entlud sich der „Judenhass" in aggressiven Handlungen gegen die als „Mörder Christi" diffamierten Juden.

Im engeren Sinne meint Antisemitismus eine politische Weltanschauung, die gegen Ende des 19. Jahrhunderts entstanden ist und die Judenfeindschaft mit biologisch-rassistischen Argumenten zu begründen versucht. In Anlehnung an die Überlegungen Darwins (Sozialdarwinismus) werden Juden als eine minderwertige „Rasse" betrachtet. Ganz gleich, ob sie in Deutschland, Frankreich oder Russland lebten, würden sie ihre „Wirtsvölker" ausbeuten, ohne selbst zu positiven Leistungen fähig zu sein. Um die Jahrhundertwende hatte sich dieser moderne Antisemitismus zu einem gesamteuropäischen Phänomen entwickelt. Letztlich bildete dieses Denken die Voraussetzung für die nationalsozialistische Ideologie und den grausamen Völkermord an den Juden.

Arbeit. Sie umfasst den Gesamtaufwand für die Herstellung eines Produkts oder die Erbringung einer Dienstleistung. Infolge der Industrialisierung wurde die Arbeitsleistung durch intensive Ausbeutung der menschlichen Arbeitskraft erheblich gesteigert. Mittel dazu waren der Einsatz von Maschinen, die rationelle Organisation von Arbeitsabläufen sowie die spezialisierte Verwendung von Arbeitskraft. Je nach Art der Verwendung spricht man von Lohnarbeit, Heimarbeit Fabrikarbeit, Handarbeit, Kopfarbeit.

Arbeiterbewegung. Als sich die Arbeiterschaft, zumindest bei ihren führenden Vertretern, ihrer sozialen Lage in der Industrialisierung bewusst wurde, erkannte sie die Notwendigkeit, organisiert solidarisch und kampfbereit für die Verbesserung ihrer sozialen, wirtschaftlichen und politischen Lage einzutreten.

Die Arbeiterbewegung entwickelte regional unterschiedlich zwei Stoßrichtungen: die wirtschaftlich ausgerichteten Gewerkschaften und die politisch ausgerichteten Arbeiterparteien (kommunistisch, sozialistisch oder sozialdemokratisch). Trotz Anfeindungen und Verboten durch den Staat festigte sich in Deutschland die Arbeiterpartei (SDAP bzw. SPD), die im Staat durch Reformen die Rechte der Arbeiterschaft sichern wollte, anstatt den Staat revolutionär zu bekämpfen (Kommunismus).

Aufklärung. Seit dem Ende des 17. Jahrhunderts von England und Frankreich ausgehende Denkrichtung, deren obersten Wert die menschliche Vernunft darstellt. Im Lichte der Vernunft sollten alle traditionellen Autoritäten und Wahrheiten in Wissenschaft und Religion, in Staat und Gesellschaft überprüft werden.

Aufgrund seiner vernünftigen Natur sollte jeder Mensch geachtet und respektiert werden. Jedem Menschen stünden deshalb in gleichem Maße Menschenrechte zu.

Die Aufklärung richtete sich an alle Menschen mit der Aufforderung, sich ihres Verstandes zu bedienen und sich von Bevormundung zu befreien. Sie richtete sich aber auch an die Herrschenden in Staat und Gesellschaft mit der Forderung, die Freiheit und Gleichheit der Menschen zu respektieren und die gesellschaftlichen Ungleichheiten der Ständegesellschaft und die politische Unterdrückung im Absolutismus zu verändern.

Autokratie. Autokratie (Selbstherrschaft) ist ein Sammelbegriff für Regierungsformen, bei denen die Staatsgewalt uneingeschränkt in der Hand eines Einzelnen liegt.

Bolschewismus. Dieser Begriff wird oft gleichbedeutend mit Kommunismus verwendet. Er leitet sich ab von den „Bolschewiki", den „Mehrheitlern", jenem radikalen Flügel der Sozialdemokratischen Arbeiterpartei, der seit 1903 den revolutionären Gedanken Lenins folgte.

Bourgeoisie. Karl Marx hat mit diesem Begriff jene Gesellschaftsklasse bezeichnet, die im Industriekapitalismus die Produktionsmittel besitzt. Bourgeoisie und Proletariat stehen einander als gegnerische Gesellschaftsklassen gegenüber.

Chauvinismus. Zunächst in Frankreich nach 1870 Bezeichnung für militärische Gruppen, denen vorgeworfen wurde, den Staat ausschließlich nach militärischen Gesichtspunkten organisieren zu wollen. Über diesen französischen Ursprung hinaus ist mit „Chauvinismus" jede übersteigerte, blind nationalistische Haltung gemeint.

Diktatur. Der Begriff bezeichnet die auf Gewalt beruhende, uneingeschränkte Herrschaft eines Einzelnen oder einer Gruppe. Im 20. Jahrhundert können z. B. der Nationalsozialismus oder der Stalinismus als Diktaturen bezeichnet werden.

Diktatur des Proletariats. Karl Marx prägte diesen Begriff als Bezeichnung für die Übergangsphase zwischen der proletarischen Revolution und der anzustrebenden herrschaftsfreien, klassenlosen Gesellschaft. In dieser Übergangsphase herrscht die Mehrheit des Proletariats über die Minderheit der Bourgeoisie.

Doppelmonarchie. Im Zuge der 1867 vollzogenen Umgestaltung des Habsburger-Reiches wurden Österreich und Ungarn zwei selbstständige Staaten mit eigener Regierung und Verwaltung. Die Außenpolitik, das Heerwesen und die Finanzverwaltung wurden von beiden gemeinsam gestaltet. Der Kaiser von Österreich war auch König von Ungarn. Die Doppelmonarchie bestand bis 1918.

Dreiklassenwahlrecht. Ein indirektes Wahlrecht, bei dem die Wähler entsprechend ihrem Anteil am Steueraufkommen in drei Gruppen geteilt werden, wobei jede Gruppe eine gleich große Anzahl von Wahlmännern stellt (Zensuswahlrecht).
Nach diesem Wahlrecht wurde in Preußen seit 1848/50 das Abgeordnetenhaus gewählt. Im Jahr 1893 z. B. zählten 4 Prozent der Wähler zur ersten, 14 Prozent zur zweiten und 82 Prozent zur dritten Gruppe. Dieses Wahlrecht bevorzugte somit den zah-

lenmäßig geringeren, besitzenden Teil der Bevölkerung, während es die Masse der Arbeiter aufgrund ihres geringeren Steueraufkommens politisch benachteiligte. Das Dreiklassenwahlrecht wurde in Preußen erst durch die Revolution von 1918 durch ein gleiches Wahlrecht ersetzt.

Dualismus. (von lat. dualis, zweifach). Die Doppelherrschaft, d. h. das Nebeneinander von zwei politischen Mächten in einem Bund oder Staatensystem, die entweder zusammenwirken oder gegeneinander arbeiten.
Als klassisches Beispiel des Dualismus gilt der preußisch-österreichische Gegensatz im Deutschen Bund seit 1815.

Emanzipation. Der aus dem römischen Recht stammende Begriff bezeichnet ursprünglich den Rechtsakt, durch den ein erwachsener Sohn aus der väterlichen Verfügungsgewalt in die Selbstständigkeit entlassen wurde. Mit Beginn des 19. Jahrhunderts wird der Begriff erweitert und zu einem politischen Schlagwort. Er bezeichnet die Befreiung eines Menschen oder einer Gruppe aus einem Zustand der rechtlichen oder gesellschaftlichen Abhängigkeit oder Unterdrückung. Er wird zum Sammelbegriff für alle Bestrebungen, die auf die Abschaffung sozialer, rechtlicher, politischer oder wirtschaftlicher Abhängigkeit abzielen. Diese Bestrebungen stützten sich auf die Grundgedanken der Aufklärung und setzten sich seitdem in immer mehr Bereichen fort (Emanzipation der Juden, Sklavenemanzipation, Emanzipation der Frauen).

Fabrik. Ein räumlich zentral organisierter Großbetrieb zur Herstellung von Industrieware. Darin wird der Produktionsprozess in kleine Schritte zerlegt (Arbeitsteilung) und vorwiegend durch Maschinen ausgeführt, die gleich bleibende Qualität garantieren. Die Waren werden auf Vorrat für einen überörtlichen Markt hergestellt.

Gewerkschaften. Zur Verbesserung der sozialen und wirtschaftlichen Verhältnisse der Arbeiterschaft haben Arbeiter diese Interessenverbände geschaffen. Hatten sich anfangs nur Handwerksgesellen gegen ungerechte Be-

handlung zusammengeschlossen, so traten bald auch die Lohnarbeiter mit höherer fachlicher Qualifikation (Buchdrucker) und schließlich die un- und angelernten Arbeiter dazu. Ihr wichtigstes Kampfmittel war der Streik. Die Mitgliedschaft schwankte sehr, doch in Streikzeiten waren die Arbeiter auf die Hilfe der Gewerkschaftskasse angewiesen. Die wichtigsten Errungenschaften im Kaiserreich waren der 10-Stunden-Tag, Tarifvereinbarungen, Lohnerhöhungen, Genossenschaften (Konsumläden, Wohnungsbau) und vor allem die Einigung der Arbeiterklasse zum entscheidenden Gegengewicht gegen die Unternehmer.

Ideologie. Die wörtliche Übersetzung aus dem Griechischen lautet „Lehre von den Ideen". Im engeren Sinne meint der Begriff aber nicht jede beliebige Ansammlung von Ideen oder Anschauungen. Nur solche Denkmuster und Wertvorstellungen bilden eine Ideologie, die die Wirklichkeit nicht angemessen wiedergeben, aber erstens genau diese allgemeine Gültigkeit der eigenen Deutung historischer Sachverhalte beanspruchen und zweitens dem Interesse bestimmter gesellschaftlicher Gruppen dienen.
Beispiel: Die mittelalterlichen Kreuzzüge wurden von der Vorstellung geleitet, das Heilige Grab in Jerusalem zu befreien, und die Ritter hatten die Gewissheit: „Gott will es!" Aus heutiger Sicht erscheint dieses Denken als ideologisch, denn in Wirklichkeit spielten bei den Kreuzzügen auch sehr weltliche Faktoren eine Rolle. Die Fachwissenschaft unterscheidet verschiedene Typen von Ideologien, z. B. den Typus der Verschleierungsideologie (die durch das Angebot einfacher Losungen von differenzierten Analysen abhält; Beispiel: „Die Juden, Ausländer … sind schuld!"), die Rechtfertigungsideologie („Es ist die Bürde des weißen Mannes, die Völker in Übersee zu zivilisieren.") oder die Integrationsideologie, als deren Musterbeispiel der Nationalismus gilt. Die Ideologie unterscheidet sich von einer Lüge dadurch, dass keine bewusste Falschaussage vorliegt; der Anhänger einer Ideologie ist subjektiv davon überzeugt, die Wahrheit zu sagen. Aufgabe der Ideologiekritik ist es, die Inte-

ressengebundenheit des ideologischen Denkens aufzudecken und damit nachzuweisen, dass dieses Denken mit der Wirklichkeit nicht übereinstimmt, aber für die Träger der Ideologie Nutzen bringt.

Imperialismus. Direkte oder indirekte Herrschaft über die Bevölkerung eines fremden Landes mit politischen, wirtschaftlichen und kulturellen Mitteln. In der Geschichtswissenschaft wird die Bezeichnung „Imperialismus" vor allem auf die Expansionspolitik der europäischen Großmächte, Japans und der USA in dem Zeitraum zwischen 1880 und dem Ersten Weltkrieg angewandt, die darauf gerichtet war, insbesondere in Afrika und Asien neue Kolonialreiche (Kolonialismus) zu gründen und Interessensphären zu schaffen, um neue Rohstoffquellen und Absatzmärkte zu erschließen und die eigene Stellung als Großmacht zu festigen und weiter auszubauen.

Historiker unterscheiden zwischen zwei Grundmustern imperialistischer Herrschaft, der „formellen" und der „informellen" Herrschaft: Während „formelle Herrschaft" stets die Eroberung eines bestimmten Gebietes zur Voraussetzung hat, sodass einheimische Herrscher abgesetzt werden und die Macht direkt von den Kolonialherren ausgeübt wird, beruht die indirekte „informelle Herrschaft" auf der „friedlichen" Durchdringung eines Gebietes vor allem mit ökonomischen Mitteln, sodass dessen politische und staatliche Strukturen weitgehend bestehen bleiben. Die „informelle" Herrschaft einer Kolonialmacht stützt sich jedoch häufig nicht nur auf die wirtschaftliche Ausbeutung des abhängig gewordenen Gebietes, sondern auch auf ein System von Stützpunkten, das die eigenen politischen und ökonomischen Interessen militärisch absichern soll.

Industrialisierung. Wegen der umfassenden Veränderung der gesamten Gesellschaft, von einigen auch als „Industrielle Revolution" bezeichnet, ist die Industrialisierung eigentlich ein langfristiger und komplexer Prozess. Industrialisierung meint den Übergang von einer agrarisch-handwerklich bestimmten Wirtschaftsordnung zu fabrikmäßiger Massenproduktion, bei der die Waren in arbeitsteiligem, durchra-

tionalisiertem Verfahren und mit weitgehendem Einsatz von Maschinen für einen unpersönlichen Markt (Massenproduktion) hergestellt werden. Dieser Vorgang hat Einfluss auf die gesellschaftliche Zusammensetzung der Bevölkerung (Entstehung der Arbeiterklasse), beschleunigt das Wachstum der Wirtschaft, verändert die Verteilung des Wohlstands, beeinträchtigt die Umwelt, nicht nur in der Frühphase, sondern auch heute durch Raubbau an Rohstoffen, mangelhafte Entsorgung etc. und beeinträchtigt das Klima. Eine andauernde Verarmung des Proletariats hat es entgegen den Befürchtungen von Zeitgenossen nicht gegeben.

Die Industrialisierung vollzog sich in den Ländern in verschiedenen Phasen. In Deutschland begann die Beschleunigung des industriellen Wachstums am Ende der Vierziger- und Fünfzigerjahre des 19. Jahrhunderts. Im Vordergrund standen der Eisenbahnbau, Schwerindustrie und Maschinenbau. Diese Phase des raschen Wandels wird häufig als Industrielle Revolution bezeichnet. Die zwei Jahrzehnte nach 1895 gelten als Hochindustrialisierung. Die deutsche Wirtschaft erzielte hohe Wachstumsraten, neue Sektoren (Elektrotechnik, Chemie) waren beteiligt, Deutschland wurde zusammen mit England und den USA zur weltweit führenden Industrienation.

Julikrise (1914). Mit dem Begriff bezeichnet die Geschichtswissenschaft die Krisenentwicklung auf diplomatischer, politischer und militärischer Ebene, die im Juli 1914 nach dem Attentat von Sarajewo (28.6.1914) durch fortschreitende Steigerung zum allgemeinen Krieg zwischen den europäischen Großmächten und wegen der Kolonialreiche zum Ersten Weltkrieg führte.

Kapitalismus. Das Wirtschaftssystem der Industrialisierung wurde besonders von den Kritikern als Kapitalismus bezeichnet. Gemeint ist, dass alle Abläufe der Wirtschaft vom Besitz/Nichtbesitz von Kapital sowie von der Art seines Einsatzes abhängen. Kapital umfasst dabei sowohl das frei verfügbare Vermögen als auch das in Grund-

stücken, Gebäuden, Maschinen, Werkzeugen und anderen Betriebsmitteln investierte Kapital. Alles wirtschaftliche Handeln richtet sich am Gewinn aus, der auf dem Markt erzielt wird. Die Produktionsmittel befinden sich in der Hand privater Unternehmer, ihnen stehen die lohnabhängigen Arbeiter gegenüber.

Klasse. Eine gesellschaftliche Klasse ist eine Gruppe, die wesentliche Merkmale gemeinsam hat. Diese Merkmale betreffen nach marxistischer Auffassung vor allem den Besitz bzw. Nichtbesitz an Produktionsmitteln. Als weitere Merkmale treten der Grad der beruflichen Selbstständigkeit, die Ausbildung, die Höhe des Einkommens, der Lebensstil und Wertvorstellungen hinzu. Schließlich kommt es darauf an, dass sich die Mitglieder einer solchen Gruppe auch ihrer Ähnlichkeiten bewusst sind und sich entsprechend verhalten (Klassenbewusstsein). Als Klassenkampf bezeichnet man das feindliche Aufeinandertreffen gegensätzlicher Klassen, die sich den Herrschaftsanspruch in der Gesellschaft streitig machen.

Kolonialismus. Wirtschaftliche Expansion eines Staates, die die Ausbeutung von fremden Gebieten ermöglichen soll und die durch die politische Herrschaft über die Bewohner dieser Gebiete abgesichert wird. Der Kolonialismus der Neuzeit begann im 15. Jahrhundert und war durch die „Europäisierung" der Erde gekennzeichnet. Als Höhepunkt des Kolonialismus gilt das Zeitalter des Imperialismus. Folgen des Kolonialismus – z.B. willkürlich geschaffene Grenzen, wirtschaftliche Monostrukturen oder eine nur gering entwickelte Industrialisierung – sind auch heute noch vielfach in den Gebieten spürbar, die in der Vergangenheit von Kolonialherrschaft betroffen waren.

Kommunismus. Aus der Kritik an der kapitalistischen Wirtschaft entstand in den 1840er-Jahren bei Karl Marx, Friedrich Engels und anderen die Vision einer gerechten Gesellschaft, in der jeder nach seinen Fähigkeiten arbeitet und alle materiellen Bedürfnisse befriedigt werden können. Diese Stufe des allgemeinen Glücks setzte für sie aber voraus, dass die gesellschaftlich fortschrittlichsten Kräfte, das war im Kapitalismus das Proletariat, die

Führung übernehmen, um die jeweils weniger entwickelte Klasse durch Revolution zu entmachten. Marx hat den Zustand des Kommunismus nicht genau beschrieben, doch gilt als wesentlich das Aufhören der Arbeitsteilung. Der Begriff steht auch für die von Karl Marx und Friedrich Engels angestrebte herrschaftsfreie, klassenlose Gesellschaft. Oft wird der Begriff auch ähnlich wie „Sozialismus" als Bezeichnung für die mit der Oktoberrevolution in Russland etablierte Herrschaftsform verwendet.

Liberalismus. Der Begriff bezeichnet eine Grundeinstellung, derzufolge die Staats-, Wirtschafts- und Gesellschaftsordnung darauf ausgerichtet sein soll, die Freiheit des Individuums zu gewährleisten und die freie Entfaltung seiner Persönlichkeit zu ermöglichen.

Der Liberalismus beruht auf Grundgedanken der Aufklärung. Träger des Liberalismus ist v. a. das Bürgertum, das sich auf der einen Seite gegen feudale und absolutistische Machtstrukturen, auf der anderen Seite gegen radikale Gleichheitsforderungen sozialrevolutionärer Gruppen wandte und auf eine Weiterentwicklung von Staat und Gesellschaft durch Reformen setzte.

Im politischen Bereich fordert der Liberalismus den Verfassungs- und Rechtsstaat, in dem die staatliche Macht nach dem Grundsatz der Gewaltentrennung begrenzt ist und damit die individuelle Rechtssicherheit verspricht. Im wirtschaftlichen Bereich tritt der Liberalismus dafür ein, dass der Wirtschaftsprozess nicht vom Staat, sondern von den privaten Wirtschaftsteilnehmern auf der Grundlage des freien Wettbewerbs und Privateigentums bestimmt wird. Im gesellschaftlichen Bereich vertritt der Liberalismus den Grundsatz einer „offenen Gesellschaft" auf der Grundlage der Toleranz und garantierter Menschen- und Bürgerrechte. Neben den Grundsatz der freien Entfaltung der Persönlichkeit tritt zunehmend der Gedanke der Gleichheit der Lebenschancen.

Manager. Ein leitender Angestellter, der, ohne selbst Eigentümer eines Unternehmens zu sein, vorwiegend Leitungsfunktionen wahrnimmt, wird nach dem amerikanischen Sprachgebrauch (in den USA entstand dieser Angestelltentyp) Manager genannt. Er arbeitet professionell, sachorientiert, handelt nicht primär aus Familienrücksichten, sondern nach wirtschaftlichen Grundsätzen.

Marxismus. Gesamtheit der Lehren von Karl Marx und Friedrich Engels. Im Zentrum steht die geschichtspolitische Vorstellung, dass die wirtschaftliche und gesellschaftliche Entwicklung notwendig auf eine sozialistische Gesellschaft hinausläuft (Historischer Materialismus). Vor diesem Hintergrund analysieren und kritisieren Marx und Engels die wirtschaftlichen Gegebenheiten ihrer Zeit. Sie entwerfen Vorstellungen von der Beschaffenheit einer künftig anzustrebenden Gesellschaftsordnung und zeigen mögliche Wege ihrer Durchsetzung auf.

Marxismus-Leninismus. Der Begriff bezeichnet die von Lenin vorgenommene Ausdeutung, Erweiterung bzw. Veränderung der marxistischen Lehre zu einer ideologischen Grundlage des politischen Systems der UdSSR und anderer Staaten, z. B. der DDR.

Maschinen. Maschinen übernehmen Arbeit in gleich bleibender Qualität bei außerdem höherer Produktivität als der der menschlichen oder tierischen Arbeitskraft. Durch die Verbindung von Kraft- und Arbeitsmaschine wurde die industrielle Fertigung von Waren möglich (Mechanisierung). Maschinen verdrängen insofern den Menschen von einem Arbeitsplatz, aber sie erleichtern auch die Arbeit und schaffen neue Arbeitsplätze in anderen Bereichen.

Massenproduktion. Handwerkliche Arbeit geschieht meist auf Bestellung für einen bekannten Kundenkreis, dessen individuelle Wünsche berücksichtigt werden können. Massenproduktion dagegen gilt für einen anonymen Kundenkreis und erfolgt auf Vorrat. Die Befriedigung einer großen Nachfrage, weitgehende Standardisierung der Waren und damit Kostensenkung ist nur bei Massenproduktion möglich.

Milieu (soziales). Die Sozialwissenschaft geht von der einfachen Überlegung aus, dass zwar jedes Mitglied einer menschlichen Gesellschaft unverkennbare Merkmale aufweist, dass sich aber trotz individueller Unterschiede Menschen mit gleichen oder ähnlichen Merkmalen zu Gruppen zusammenfassen lassen. Der Begriff des Sozialmilieus dient nun dazu, solche Menschen zu einer Bevölkerungsgruppe zusammenzufassen, die ähnliche Einkommen und Bildungsabschlüsse aufweisen und sich auch hinsichtlich der Wertorientierungen, der Lebensweisen und der Einstellungen gleichen. Je offener und differenzierter eine Gesellschaft ist, desto schwieriger wird es, die Milieus voneinander abzugrenzen und einzelne Menschen einzuordnen.

Militarismus. Bezeichnung, die das Vorherrschen militärisch-soldatischer Wertvorstellungen ausdrückt. Kennzeichnend sind die Betonung autoritärer Strukturen, das Denken in den Kategorien von Befehl und Gehorsam, die Zurückstellung individueller Ansprüche, die Bejahung von Kampf und Krieg als Notwendigkeit. Im politisch-öffentlichen Bereich beeinflusst der Militarismus innen- und außenpolitische Entscheidungen und zieht gesteigerte Rüstungsausgaben nach sich. Von sozialer Militarisierung spricht man, wenn militärische Prinzipien auch in eigentlich zivilen oder alltäglichen Lebensbereichen bestimmenden Einfluss haben. Militarismus steht im Widerspruch zu vielen Grundsätzen demokratischer oder liberaler Systeme (Diskussion, Kompromiss, Freiheit).

Modernisierung. Modernisierung werden die politischen, wirtschaftlichen, sozialen und kulturellen Veränderungsprozesse genannt, die seit dem ausgehenden 18. Jahrhundert die fortgeschrittenen Gesellschaften in den USA und Europa umformten. Das Prinzip der Veränderung setzte sich gegen das der Tradition durch. Individuelle Freiheit, Fortschrittsdenken, Verweltlichung gehörten zu den Leitideen. Die Gesellschaften wurden offener, vielfältiger.

Nation. In der Umgangssprache wird Nation oft mit Nationalstaat verwechselt. Eine Nation besitzt jedoch keine festen Grenzen, sie ist eher eine Vorstellung oder eine „gedachte Ordnung". Sie existiert dann, wenn eine nennenswerte Zahl von Menschen davon überzeugt ist, dass man aufgrund vieler oder wichtiger Gemeinsamkeiten zusammengehört. Diese Gemeinsamkeiten können sich auf recht unterschiedliche Merkmale beziehen: auf die Herkunft, das Wohngebiet oder die Religion, auf Sprache, Kultur oder Geschichte, auch auf gleiche Welt- und Gesellschaftsvorstellungen. Nicht immer sind alle diese Merkmale vorhanden. Wichtig ist aber, dass die Angehörigen einer Nation sich mit den Angehörigen anderer Nationen vergleichen und von ihrer Andersartigkeit überzeugt sind. In der Abgrenzung entwickeln sie ihr eigenes Nationalgefühl.

Nationalismus. Heute wird der Begriff häufig als übersteigerte Form des Nationalgefühls und als Überbewertung der eigenen Nation verstanden. Ein so verstandener Nationalismus kann dazu führen, dass die Unterschiede zwischen den einzelnen Nationen mit massiven Auf- und Abwertungen verknüpft werden – bis hin zur offenen Feindschaft gegenüber anderen Nationen. Der österreichische Schriftsteller Grillparzer hat vor dem unheilvollen Weg gewarnt, der „von der Humanität über die Nationalität zur Bestialität" führe. Die Geschichtswissenschaft spricht etwas vorsichtiger von einem idealtypischen 3-Phasen-Modell, in dessen Verlauf die ursprünglich positiven Inhalte des Nationalismus immer mehr verloren gehen. Phase 1: Die Idee des Nationalismus ist eng mit freiheitlich-demokratischen Vorstellungen (vgl. Liberalismus) verbunden. So achteten etwa die nationalistischen Freiheitskämpfer in den Befreiungskriegen gegen Napoleon durchaus die Andersartigkeit der anderen Nationen. Phase 2: War die Bildung eines Nationalstaates gelungen, zeigte sich nach innen die Neigung zur Intoleranz gegenüber Gruppen, die nicht dem Idealbild der neuen Nation entsprachen und sich dem Integrationsdruck verweigerten. Konflikte mit nationalen Minderheiten, politischen Kritikern usw. waren unvermeidlich. Phase 3: Die positiven Züge des Nationalismus gingen völlig verloren, als sich die Tendenz zur Aufwertung der eigenen Nation mit klaren Vorstellungen vom minderwertigen „Feind" verband und sich in eine aggressive Expansionspolitik verlängerte (vgl. Imperialismus). Dieses 3-Phasen-Modell scheint nicht nur geeignet, um die Entwicklung im 19. Jahrhundert zu beschreiben; es wird auch herangezogen für moderne Konflikte (auf dem Balkan, in der ehemaligen Sowjetunion oder in Afrika).

Nationalstaat. Der politische Zusammenschluss von Menschen in einem die gesamte Nation umfassenden Staat. Nation und Staat bilden in einem Nationalstaat eine Einheit.
Der Nationalstaat ist das Ziel der nationalen Bewegungen im 19. Jahrhundert gewesen.

Obrigkeitsstaat. Begriff für eine Staatsordnung, in der politische Entscheidungen weitgehend von einem Herrscher oder einer kleinen Führungselite getroffen werden. Die Regierung eines Obrigkeitsstaates ist davon überzeugt, das Wohl des Gesamtstaates im Auge zu haben, während die einzelnen Bürger oder Parteien nur Einzelinteressen verfolgen, die für das übergeordnete „Ganze" schädlich sind. Die Einwohner werden nicht als politisch ernst zu nehmende Staatsbürger verstanden, sondern als Untertanen, von denen Gehorsam erwartet werden darf. Der antidemokratische Gehalt zeigt sich auch in Parolen von der Notwendigkeit des „starken Mannes" oder der Abwertung des Parlamentes.

Ökologie. Die Eingriffe der Industrie in natürliche Ressourcen (massenhafte Ausbeutung von Rohstoffen, Schadstoffausstoß vor allem bei Energiegewinnung und -verbrauch, im Privathaushalt, im Verkehr, in der Industrie, die Versiegelung von Boden u. a.) sind im 19. Jahrhundert als Problem z.T. schon bekannt gewesen, haben aber noch kaum gesellschaftliche oder politische Reaktionen ausgelöst. Erst das Erkennen weltweiter Belastungen, langfristiger Folgeschäden und unwiederbringlicher Verluste (Treibhauseffekt, Klimabeeinträchtigung, Ozonloch) hat im 20. Jahrhundert die Verantwortung gegenüber der Natur stärker bewusst werden lassen. Der Begriff „Fortschritt" erhält eine veränderte Bedeutung. Es wächst die Einsicht, einer nachhaltigen Lebensweise verpflichtet zu sein. Die Natur soll nur so weit in Anspruch genommen werden, dass ihre Funktionsfähigkeit für die kommenden Generationen erhalten bleibt.

Oktroyierte Verfassung. Eine vom Staatsoberhaupt verordnete, nicht von gewählten Volksvertretern geschaffene staatliche Grundordnung, so z.B. die im Dezember 1848 von König Friedrich Wilhelm IV. erlassene preußische Verfassung.

Partei. In einer Partei finden sich Menschen zusammen, die gleiche oder ähnliche Absichten haben. Ziel der Partei(mitglieder) ist es, die Staatsführung zu übernehmen oder zumindest zu beeinflussen. Je nach politischem Einzugsbereich unterscheidet man Volks- und Interessenparteien.
Bis weit ins 19. Jahrhundert existierten in Mitteleuropa keine Parteien, wie wir sie heute kennen. Es gab allenfalls Wahlvereine oder Debattierklubs, in denen sich politisch interessierte Bürger locker zusammenschlossen. Erst mit der Entwicklung parlamentarischer Strukturen entstanden nach und nach Parteien modernen Typs. Vorreiter waren die britischen Parteien der „Whigs" und der „Tories", die sich bereits als dauerhafte Organisationen verstanden. In Deutschland entstanden im 19. Jahrhundert mit den Liberalen, den Konservativen, dem politischen Katholizismus und den Sozialdemokraten vier Parteiströmungen.

Privilegien. Vorrechte der herrschenden Stände in der Ständegesellschaft, wie z.B. die Steuerfreiheit, das Jagdrecht etc.

Proletariat. Dieser Sammelbegriff umfasste im Denken von Karl Marx alle Arbeiter, die als Gegenpart der Bourgeoisie, den Besitzern der Produktionsmittel, nur ihre Arbeitskraft auf dem Markt verkaufen können. Sie führen gegen Lohn die vom Unternehmer verlangte Arbeit aus. Nach Marx sollte das Proletariat zum Träger der sozialistischen/kommunistischen Revolution werden.

Rätedemokratie. Dieses Regierungssystem entstand in Russland, wo es sich 1917 durchsetzte. Eine Aufteilung der Gewalten in Exekutive, Legislative und Judikative wird abgelehnt, die gesamte Gewalt liegt bei den so genannten Räten. Die Mitglieder entstammen der Klasse der Arbeiter, Bauern und Soldaten. Anders als die Abgeordneten im parlamentarischen System, die ihrem Gewissen verpflichtet sind, sind Räte an die Beschlüsse der Gruppe gebunden, die sie gewählt hat. Sie sind jederzeit abwählbar. Die Regierung ist an die Weisungen des Rätekongresses gebunden. Die politische Zielsetzung besteht in der Enteignung der Besitzenden, der Beseitigung der Klassenunterschiede und damit der Durchsetzung einer sozialistischen Staats- und Wirtschaftsordnung.

Rassismus. Im Gegensatz zur wissenschaftlichen Biologie, die Rassen nach angeborenen äußeren Merkmalen beschreibt und unterscheidet (z. B. Hautfarbe), behauptet der Rassismus, dass Rassen, ja sogar einzelne Völker erblich bedingte Eigenschaften und Verhaltensweisen aufweisen. Diese Merkmale werden nun bewertet, wobei die eigene Rasse positive Attribute erhält (leistungsstark, überlegen usw.), die fremde dagegen als minderwertig eingestuft wird. Die historische Entwicklung hat gezeigt, dass der rassistische Glaube an die Existenz höher- bzw. minderwertiger Rassen von aggressiven Tendenzen begleitet wird und klar umrissene Feindbilder hervorruft. Ideengeschichtlich entfernt sich das rassistische Gedankengut, das gegen Ende des 19. Jahrhunderts populär wird, von den Grundsätzen der unteilbaren Menschenwürde und der Gleichberechtigung aller Menschen. Unter anderem rechtfertigte der Rassismus die imperialistische Expansion der europäischen Großmächte und kennzeichnet auch den modernen Antisemitismus.

Reform. Veränderung der Gesellschaft auf der Basis der bestehenden Verhältnisse mit dem Ziel einer Modernisierung einzelner Bereiche von Staat und Gesellschaft.
Der aufgeklärte Absolutismus nutzte Reformen zur Modernisierung des Staates. Als Reaktion auf die Französische Revolution führte Preußen zwischen 1808 und 1814 unter Leitung von Stein und Hardenberg Reformmaßnahmen durch, die den Staat stärken und gleichzeitig revolutionäre Veränderungen (Revolution) verhindern sollten.

Restauration. Die wörtliche Übersetzung bedeutet: Wiederherstellung früherer Zustände. Im engeren Sinne meint der Begriff ein politisches Programm, das die Jahre 1815 bis 1848 kennzeichnete. Inhaltlicher Kern dieser Restaurationszeit war das Bestreben, die Neuerungen der Französischen Revolution von 1789 zu beseitigen und die vorrevolutionäre Situation wiederherzustellen (Wiener Kongress). Gegenläufige Strömungen, wie Liberalismus und Nationalismus, wurden bekämpft.

Revolution. Im politischen Sprachgebrauch meint Revolution die im Allgemeinen unter Einsatz von Gewalt ablaufende Umwälzung einer politischen Ordnung, die gleichzeitig zu tief greifenden gesellschaftlichen Veränderungen führt. Als klassisches Beispiel eines solchen Umsturzes gilt die Französische Revolution von 1789. Aber auch frühere Jahrhunderte und vor allem das 19. und 20. Jahrhundert kennen zahlreiche Beispiele von Revolutionen. Im 20. Jahrhundert brachte in Europa die Russische Revolution von 1917 wohl die einschneidendsten Folgen.
In einem weiteren Sinne wird der Begriff Revolution auch auf andere Bereiche übertragen, in denen eine umfassende Veränderung stattfindet („Industrielle Revolution").

Sozialdarwinismus. Der britische Naturforscher Charles Darwin (1809–1882) entwickelte die Lehre von der Entstehung und Selbstbehauptung der Arten. Ins Zentrum dieser Evolutionstheorie stellte er die These, dass sich nur die biologisch stärkeren oder angepassteren Lebewesen im „Kampf ums Dasein" durchsetzen.
Im Sozialdarwinismus wird diese Überlegung auf das Zusammenleben der Menschen übertragen. Sowohl die Beziehungen innerhalb einer Gesellschaft als auch die der Völker und Staaten untereinander werden als Kämpfe verstanden, in denen sich der Stärkere rücksichtslos durchsetzen muss, um nicht selbst unterzugehen.
Der Rassismus und der Antisemitismus greifen auf dieses sozialdarwinistische Denkmodell zurück.

Soziale Frage. Unter diesem Begriff werden die vielfältigen Probleme zusammengefasst, die sich vor allem aus der ersten Phase der Industrialisierung im 19. Jahrhundert ergaben. Im engeren Sinn umfasst der Begriff die Nachteile für die arbeitende Bevölkerung (z. B. niedrige Löhne, Wohnungselend, keine Versorgung bei Krankheit, Not und Tod, schlechte Arbeitsbedingungen, Arbeitslosigkeit).

Sozialismus. Der Begriff steht sowohl für eine Weltanschauung als auch für eine politische Bewegung mit sozialistischen Zielen. Der Sozialismus verfolgt das Ziel einer umfassenden Veränderung von Staat, Gesellschaft und Wirtschaft. Es gibt im 19. Jahrhundert verschiedene Ausprägungen des Sozialismus. Im Kern geht es jedoch allen Richtungen darum, eine sozial ungleiche und als ungerecht empfundene Verteilung von Besitz in der Gesellschaft zu beseitigen oder zumindest Eigentum umzuverteilen und auf der politischen Ebene demokratische Gleichberechtigung unterprivilegierter Schichten zu erkämpfen. Die Überlegungen hinsichtlich des Weges und der Mittel bei diesem Kampf um die Veränderung der bestehenden Ordnung reichen von der Reform bis zur Revolution.

Sozialstaat. Der Sozialstaat strebt nach sozialer Gerechtigkeit in den gesellschaftlichen Verhältnissen. Mit der Sozialgesetzgebung Bismarcks wurde der erste Schritt zum Sozialstaat getan: Arbeiter erhielten den Rechtsanspruch auf soziale Leistungen.

Staatenbund. Lockerer Zusammenschluss von selbstständigen Staaten, wobei die einzelnen Staaten ihre Unabhängigkeit behalten, sich aber gemeinsame Einrichtungen schaffen, in denen in verschiedenen vereinbarten Bereichen eine gemeinschaftliche Politik für alle Mitgliedstaaten festgelegt wird. Im Gegensatz zum Bundesstaat hat im Staatenbund die Zentralgewalt deutlich weniger Rechte und Machtmittel zur Durchsetzung ihrer Beschlüsse als die Regierungen der jeweiligen Einzelstaaten.

Ständegesellschaft. Seit dem Mittelalter und bis in die frühe Neuzeit in Europa vorherrschende Gesellschaftsordnung, die durch eine Gliederung in Stände (Klerus, Adel, Dritter Stand) gekennzeichnet ist. Den Ständen sind bestimmte Aufgaben, Rechte (Privilegien) und Pflichten zugeordnet. Mit der frühen Neuzeit geriet diese starre Gesellschaftsordnung durch den ökonomischen Aufstieg des Bürgertums und durch die Kritik der Aufklärung an der ungleichen Verteilung politischer und gesellschaftlicher Macht in Bewegung.

Stalinismus. Der Begriff meint zum einen die Erweiterung der Lehre von Marx, Engels und Lenin durch Josef Stalin. Zum anderen wird damit jene Periode der Geschichte der UdSSR bezeichnet, in der Stalin weitgehend unumschränkte Macht ausübte. Terror, Verfolgung, straffe wirtschaftliche Organisation und Personenkult bildeten markante Merkmale dieser Phase.

Totalitarismus. Mit diesem Begriff werden die Eigenarten solcher politischen Systeme des 20. Jahrhunderts bezeichnet, deren Absicht es ist, alle Lebensbereiche der Gesellschaftsmitglieder vollständig zu erfassen und gleichzuschalten. Dabei spielt die Ausrichtung auf ein neues, dem bisher bestehenden entgegengesetztes Wertesystem eine entscheidende Rolle: Ein „neuer Mensch" soll geschaffen werden. Um dies zu erreichen, bedienen sich totalitäre Systeme neuartiger Mittel, die erst durch die moderne Technik zur Verfügung gestellt werden: Informations- und Propagandamonopol durch Beherrschung der Massenmedien, Geheimpolizei, die gegen die eigene Bevölkerung eingesetzt wird, eine Monopolpartei als Mittel der Massenerfassung und -mobilisierung.
Der Totalitarismusbegriff wurde vorwiegend eingesetzt, um die strukturellen Ähnlichkeiten zwischen dem Nationalsozialismus und dem Bolschewismus aufzuzeigen. Bis heute ist eine solche Parallelisierung umstritten.

Unternehmer. Unternehmer entscheiden in einem Betrieb über die Ziele des Unternehmens. Sie wählen das geeignete Personal, besonders für leitende Positionen, aus. Sie kennen die Marktlage und passen dieser das Unternehmen an (Einkauf, Standortfragen, Finanzierung, Investitionen, Produktangebot, Werbung). Sie beobachten und beeinflussen das wirtschaftspolitische Umfeld und sind am Gewinn des Unternehmens interessiert. Die Vielzahl dieser Entscheidungen erfordert Durchsetzungsvermögen, fachliche Kompetenz und ein Gespür für Markttendenzen. In der Frühindustrialisierung waren Unternehmer zuvor oft Handwerker gewesen, später auch Kaufleute, Techniker, Angestellte und schließlich Söhne von Unternehmern.

Verfassung. Grundgesetz eines Staates. Die Verfassung legt die Verteilung der staatlichen Gewalt fest und regelt die Herrschaftsausübung. Sie legt die Rechte und Pflichten der Bürger dieses Staates sowie ihre Teilhabe an der staatlichen Macht fest. Eine Verfassung umschreibt somit die Rahmenbedingungen des politischen Zusammenlebens. Demokratische Verfassungen (zuerst im Jahre 1787 in den USA) werden in der Regel schriftlich fixiert. Sie kommen durch einen Akt der Verfassungsgebung zustande. Das Volk als Inhaber der Volkssouveränität ist direkt oder durch gewählte Vertreter an der Erarbeitung und Inkraftsetzung der Verfassung beteiligt. Demokratische Verfassungen garantieren die Menschenrechte, freiheitliche Grundrechte, die Gewaltenteilung, Kontrolle der Regierenden sowie die Mitbestimmungsrechte des Einzelnen.

Verstädterung. Verstädterung (Urbanisierung) heißt die Veränderung eines Gebietes in einen überwiegend städtisch geprägten Raum. Sie vollzog sich häufig im Zusammenhang mit der Industrialisierung. Verstädterung ist am Wandel der Beschäftigungsstruktur (wenig Landwirtschaft), an der Dichte der Besiedlung, der größeren Vielfalt an Erwerbs- und Dienstleistungsangeboten, der dichten Infrastruktur (Verkehr, Ver- und Entsorgung) ablesbar. Zugleich nimmt die Bildung und unterschiedliche Entwicklung von Stadtvierteln zu. Verstädterung bedeutet deshalb nicht für alle Bewohner, wohl aber insgesamt eine Verbesserung der Lebensqualität und des Wohlstands.

Vielvölkerstaat. Staaten, in denen mehrere Völker unter einer politischen Führung leben, sind in der Geschichte keine Seltenheit. Fast alle Großmächte umfassten bis weit ins 19. Jahrhundert hinein mehr als ein Volk (etwa Preußen oder die Habsburger Monarchie, in der mehr als zehn Volksstämme lebten). Unterschiedlich war das Maß an Freiheit, das den Minderheiten von der Staatsmacht eingeräumt wurde; das Spektrum reichte von der Unterdrückung bis hin zu weitgehender Autonomie. Vielvölkerstaaten sind dann in ihrer Existenz gefährdet, wenn sich die Idee des Nationalstaates durchsetzt, wonach jedes Volk auch den Anspruch auf einen eigenen Staat mit einer homogenen Bevölkerung besitzt.

Wilhelminische Epoche. Bezeichnung für die 30-jährige Regierungszeit Wilhelms II. (1888–1918), die als Musterbeispiel für einen Obrigkeitsstaat gilt. Wilhelm repräsentierte in seiner Person die Widersprüchlichkeit dieser Epoche, die nebeneinander beeindruckende Modernisierungsleistungen und Rückständigkeiten aufwies und in der die zahlreichen Konflikte hinter der Fassade einer allgemeinen vaterländischen Gesinnung hervortraten.

Zensuswahlrecht. Ein Wahlrecht, das die Möglichkeiten zur Ausübung der Wahl an die Höhe des Vermögens bzw. der Steuerleistung bindet.
Das Dreiklassenwahlrecht in Preußen beruhte auf dem Zensuswahlrecht.

Zionismus. Die zionistische Bewegung entstand Ende des 19. Jahrhunderts als Gegenbewegung zum aufkommenden Antisemitismus und dem völkischen Nationalismus. Die Zionisten betonten die religiöse, kulturelle und politische Eigenständigkeit des Judentums und strebten eine Rückkehr der Juden nach „Zion" an (Bezeichnung für die Stadt Jerusalem aus dem Alten Testament). Der Begründer dieser Bewegung, Theodor Herzl, forderte auch den internationalen Zusammenhalt der verstreut lebenden Juden und die Neubelebung des Hebräischen als gemeinsamer Sprache. Die Errichtung des souveränen Staates Israel (1948) wird allgemein als ein herausragendes Ergebnis der zionistischen Idee gesehen.

Register